Lionel Shriver
Die Letzten werden die Ersten sein

PIPER

Zu diesem Buch

Seit 32 Jahren sind Remington und Serenata ein Paar. Nach einer schmachvollen Frühpensionierung beschließt Remington, für einen Marathon zu trainieren. Und Serenata, die schon als Teenager ihre eigenen Fitnessübungen erfunden und seither jeden Tag Sport getrieben hat, tut sich schwer, den Spätberufenen zu unterstützen. Dass sie wegen einer Arthrose in den Knien selbst nicht mehr joggen kann, macht die Sache auch nicht leichter. Sechs Monate später tritt Remington tatsächlich zu seinem ersten Marathon an. Doch um welchen Preis?
»Die Letzten werden die Ersten sein« ist eine beißend komische Satire auf den Fitnesswahn unserer Zeit, auf Selbstoptimierung und Selbstaufgabe an den nächsten Trend – eine bitterböse, wunderbar unterhaltsame Lektüre.

»Lionel Shrivers Roman enthält die zärtlichsten Zeilen darüber, was es heißt, in einer langen Ehe alt zu werden.« *The Times*

Lionel Shriver, geboren 1957 in Maryland, lebt in London und Brooklyn. Ihr in 25 Sprachen übersetzter Roman »Wir müssen über Kevin reden« wurde mit dem Orange Prize for Fiction ausgezeichnet. Auch »Liebespaarungen« erhielt international höchstes Kritikerlob und stand über Wochen auf den Bestsellerlisten.

Bettina Abarbanell lebt in Potsdam und hat Werke von F. Scott Fitzgerald, Denis Johnson, Rachel Kushner, Elizabeth Taylor und Jonathan Franzen übersetzt. 2014 erhielt sie den Übersetzerpreis der Heinrich Maria Ledig-Rowohlt-Stiftung.

Nikolaus Hansen war Verleger von Rogner & Bernhard, Rowohlt, marebuchverlag und Arche / Atrium. Er ist Autor, Mitveranstalter des Harbour Front Literaturfestivals in Hamburg und Übersetzer, u. a. von Joseph Conrad, Edward St Aubyn, Willy Vlautin und Kamila Shamsie.

Lionel Shriver

Die Letzten werden die Ersten sein

Roman

Aus dem amerikanischen Englisch
von Bettina Abarbanell und
Nikolaus Hansen

Mehr über unsere Autorinnen, Autoren und Bücher:
www.piper.de

Wenn Ihnen dieser Roman gefallen hat, schreiben Sie uns unter Nennung des Titels »Die Letzten werden die Ersten sein« an *empfehlungen@piper.de*, und wir empfehlen Ihnen gerne vergleichbare Bücher.

Wir behalten uns eine Nutzung des Werks für Text und Data Mining im Sinne von § 44b UrhG vor.

Von Lionel Shriver liegen im Piper Verlag vor:
Wir müssen über Kevin reden
Liebespaarungen
Dieses Leben, das wir haben
Großer Bruder
Eine amerikanische Familie
Die perfekte Freundin
Die Letzten werden die Ersten sein

Ungekürzte Taschenbuchausgabe
ISBN 978-3-492-32029-0
Dezember 2023
© Lionel Shriver
Titel der amerikanischen Originalausgabe:
»The Motion of the Body Through Space«, Harper,
ein Imprint von Harper Collins Publishers, New York 2020
© der deutschsprachigen Ausgabe:
Piper Verlag GmbH, München 2022
Umschlaggestaltung: Cornelia Niere, München
Umschlagillustration: Cornelia Niere, München
unter Verwendung von Shutterstock.com
Satz: Satz für Satz, Wangen im Allgäu
Gesetzt aus der Whitman
Gedruckt von ScandBook in Litauen
Printed in the EU

*Für Jeff – dank dessen verschwenderischer Trägheit
mir die Handlung dieses Romans erspart geblieben ist.
Zusammenaddiert und geteilt durch zwei ergeben wir
eine perfekt ausgewogene Person.*

»Die Herrlichkeit des Leidens ist wahrscheinlich der größte und immer wiederverwertbare Schwindel der Menschheit.«
      Melanie Reid, *The World I Fell Out Of*

»Offenbar war sein persönlicher Gott, sein *chi*, nicht für Großes bestimmt. Kein Mann konnte sich über das Schicksal seines *chi* erheben. Was die Ältesten sagten, stimmte nicht – dass, wenn ein Mann zu seinem *chi* ja sage, sein *chi* zustimme. Denn in seinem Fall sagte sein *chi* trotz der eigenen Bejahung nein.«
      Chinua Achebe, *Alles zerfällt*

1

»Ich habe beschlossen, einen Marathon zu laufen.«

In einer zweitklassigen Sitcom hätte sie Kaffee über ihr Frühstück gespuckt. Aber Serenata war ein zurückhaltender Mensch und gerade zwischen zwei Schlucken. »Was?« Ihr Ton war ein wenig spitzbübisch, aber höflich.

»Du hast mich schon verstanden.« Am Herd lehnend, bedachte Remington sie mit einem irritierend ruhigen Blick. »Ich denke an den Lauf in Saratoga Springs im April.«

Sie hatte das Gefühl – selten in ihrer Ehe –, sie müsse achtgeben, was sie sagte. »Du meinst es ernst. Du willst mich nicht auf den Arm nehmen.«

»Tue ich das oft? Dass ich eine Absichtserklärung abgebe und dann sage: April, April, war nur Spaß? Mir ist nicht klar, wie ich deinen Zweifel nicht als Beleidigung auffassen sollte.«

»Mein *Zweifel* könnte etwas mit der Tatsache zu tun haben, dass ich dich noch nie auch nur von hier ins Wohnzimmer habe laufen sehen.«

»Warum sollte ich ins Wohnzimmer laufen?«

Seine wörtliche Auslegung war nichts Ungewöhnliches. Für Remington und Serenata war es völlig normal, einander mit solchen Korinthenkackereien zu beharken. Es war ein Spiel. »In den letzten zweiunddreißig Jahren hast du dich kein einziges Mal zu einem Dauerlauf um den Block aufgerafft. Und jetzt erzählst du mir, ohne mit der Wimper zu zucken, dass du einen

Marathon laufen willst. Du musstest damit rechnen, dass ich ein wenig überrascht sein würde.«

»Na, dann los. Sei überrascht.«

»Es stört dich nicht …«, Serenata schien ein gewisses Maß an Behutsamkeit weiterhin angeraten, obwohl sie mit Behutsamkeit lieber nichts am Hut gehabt hätte, »… dass dein Vorhaben hoffnungslos banal ist?«

»Überhaupt nicht«, sagte er leutselig. »Das ist etwas, das *dich* stört. Mal ganz abgesehen davon, dass mein Verhalten immer noch von der großen Masse der Menschen bestimmt wäre, wenn ich nur deshalb keinen Marathon laufen würde, weil so viele andere Leute es tun.«

»Was ist das hier, Projekt *Löffelliste?* Hast du deine alten Beatles-Platten gehört, und plötzlich ist dir klar geworden, dass sich *When I'm Sixty-Four* auf dich beziehen könnte? *Löffelliste* …«, wiederholte sie und schreckte zurück. »Wo habe ich das bloß her?«

Tatsächlich war das ständige Wiederholen dieses inzwischen dem allgemeinen Sprachgebrauch einverleibten Idioms genau die Art von lemminghaftem Verhalten, das sie zur Weißglut trieb. (Die Gleichsetzung tat den Lemmingen schweres Unrecht. In einer Dokumentation, die den Mythos ihres Massenselbstmords propagierte, hatten die Filmemacher die armen Kreaturen von der Klippe geworfen. Insofern war die berühmte, aber auf einem Trugschluss beruhende Metapher für massenhafte Konformität selbst ein Beispiel für massenhafte Konformität.) Okay, es war nichts verkehrt daran, sich einen neuen Begriff zu eigen zu machen. Was nervte, war die Tatsache, dass plötzlich alle munter und vollkommen selbstverständlich von ihrer *Löffelliste* redeten, als sei es das *Normalste von der Welt*.

Serenata hatte das Interesse an ihrem Tablet und den Neuigkeiten aus Albany verloren und stemmte sich aus ihrem Stuhl hoch. Sie waren erst vor vier Monaten nach Hudson gezogen, und sie fragte sich, wie lange sie die Verbundenheit zu ihrer ehemaligen Heimatstadt noch vorzutäuschen gewillt sein würde, indem sie online die *Times Union* las.

Sie selbst war erst sechzig – allerdings war ihre Generation die erste, die einen derart ernüchternden Sachverhalt mit dem Zusatz *erst* versah. Nachdem sie eine halbe Stunde in derselben Stellung verharrt hatte, waren ihre Knie steif geworden, und das rechte zu strecken erwies sich als knifflig. Wenn es einmal verkrampft war, konnte man es nur *sehr langsam* aus seiner Position befreien. Außerdem wusste sie nie genau, wann eines der Knie etwas Gruseliges oder Unerwartetes veranstalten würde – zum Beispiel plötzlich *Pong* machen und ein bisschen aus dem Gelenk springen und dann wieder zurück. Das war es, was alte Leute beschäftigte und wovon sie redeten. Sie wünschte, sie könnte sich bei ihren verstorbenen Großeltern, deren medizinisches Gejammer sie als Kind kaum hatte ertragen können, nachträglich entschuldigen. Alte Menschen unterschätzten die erbarmungslose Selbstbezogenheit ihrer Nächsten und Liebsten und ergingen sich in detaillierten Schilderungen der eigenen Leiden, weil sie unterstellten, dass jeder, der sich für sie interessierte, sich auch für ihre Schmerzen interessieren würde. Doch niemand hatte sich für die Schmerzen ihrer Großeltern interessiert, und jetzt würde sich niemand für die Schmerzen von deren Enkeltochter interessieren, die einst so gefühlskalt gewesen war. Brutale Gerechtigkeit.

Der Übergang in den aufrechten Stand war ein Erfolg. Herrje, welche mickrigen Errungenschaften würden ihr in ein paar Jahren als Triumph erscheinen. Sich an das Wort *Mixer* zu erinnern. Einen Schluck Wasser zu trinken, ohne das Glas fallen zu lassen. »Hast du dir über den Zeitpunkt dieser Ankündigung Gedanken gemacht?« Sie stöpselte das Tablet ein – Beschäftigungstherapie; die Batteriekapazität war noch bei 64 Prozent.

»Was ist damit?«

»Er fällt mit einer gewissen Invalidität zusammen. Ich habe gerade erst im Juli mit dem Laufen aufgehört.«

»Ich wusste, dass du es persönlich nimmst. Darum hatte ich Angst, es dir zu erzählen. Willst du wirklich, dass ich mir etwas versage, nur weil es bei dir ein Gefühl der Wehmut auslöst?«

»*Wehmut*. Du meinst, das löst bei mir ein Gefühl der *Wehmut* aus?«

»Missgunst«, korrigierte sich Remington. »Aber wenn ich mich auf ewig an einen Stuhl fessele, ist deinen Knien damit auch nicht geholfen.«

»Ja, das ist alles sehr rational.«

»Das hört sich an, als wolltest du mich kritisieren.«

»Du findest es also *irrational*, auf die Gefühle deiner Frau Rücksicht zu nehmen.«

»Wenn ein Opfer, das ich erbringe, nicht dazu führt, dass sie sich besser fühlt, dann ja.«

»Du planst das schon länger?«

»Seit ein paar Wochen.«

»Hat dieses untypische Erwachen eines Interesses an körperlicher Betätigung deiner Meinung nach irgendwas mit den Vorfällen im Amt für Transport und Verkehr zu tun?«

»Nur insofern, als mir die *Vorfälle* im Amt ein unerwartetes Maß an Freizeit beschert haben.« Obwohl er das Thema damit vom Tisch gewischt hatte, machte es Remington nervös. Er kaute auf der Innenseite seiner Wange herum, wie es seine Art war, und sein Ton wurde eisig und säuerlich, garniert mit ein paar Tropfen Bitterkeit, wie ein Cocktail.

Serenata verachtete Frauen, die ihre Gefühle zum Ausdruck brachten, indem sie in der Küche herumlärmten, aber es kostete sie ein geradezu lächerliches Maß an Selbstbeherrschung, nicht die Spülmaschine auszuräumen. »Wenn du Probleme hast, deinen Terminkalender zu füllen, vergiss nicht, warum wir überhaupt hergezogen sind. Der letzte Besuch bei deinem Vater ist schon wieder verdammt lange her, und in seinem Haus gibt es an allen Ecken und Enden etwas zu reparieren.«

»Ich werde nicht den Rest meines Lebens unter der Spüle meines Vaters verbringen. Ist das deine Methode, mir den Marathon auszureden? Das kannst du doch besser.«

»Nein, ich möchte selbstverständlich, dass du tust, was immer du tun willst.«

»So selbstverständlich scheint mir das nicht zu sein.«

Die Spülmaschine hatte sich als unwiderstehlich erwiesen. Serenata hasste sich dafür.

»Du bist so lange gelaufen ...«

»Siebenundvierzig Jahre lang«, sagte sie schroff. »Gelaufen, und noch vieles andere mehr.«

»Also – vielleicht kannst du mir ein paar Tipps geben.« Remingtons Vorschlag kam zögerlich. Er wollte keine Tipps.

»Vergiss nicht, dir die Schuhe zuzubinden. Sonst gibt es weiter nichts zu bedenken.«

»Schau mal ... Es tut mir wirklich leid, dass du etwas aufgeben musstest, was du geliebt hast.«

Serenata richtete sich auf und stellte eine Schüssel ab. »Ich habe das Laufen nicht *geliebt*. Hier ist doch ein Tipp für dich: Niemand liebt das Laufen. Die Leute behaupten das, aber sie lügen. Das einzig Gute ist, *gelaufen zu sein*. Während man es tut, ist es öde und hart im Sinne von anstrengend, aber nicht im Sinne von schwierig zu bewältigen. Es ist monoton. Es führt nicht geradewegs in die Offenbarung, wie man dich garantiert hat glauben machen. Wahrscheinlich bin ich dankbar dafür, dass ich eine Entschuldigung habe aufzuhören. Vielleicht ist es das, was ich mir nicht verzeihen kann. Aber immerhin bin ich endlich der riesigen Meute von Schwachköpfen entronnen, die auf dieser Welle mitreiten und sich für etwas verdammt Besonderes halten.«

»Schwachköpfen wie mir.«

»Schwachköpfen wie dir.«

»Du kannst mich nicht dafür verachten, dass ich etwas tue, was du, ich zitiere, *siebenundvierzig Jahre lang* getan hast.«

»Ach nein?«, sagte sie mit einem verbissenen Lächeln, bevor sie sich zur Treppe umwandte. »Wart's ab.«

*

Remington Alabaster war ein schlanker, hochgewachsener Mann, der sich seine Figur scheinbar ohne Mühe hatte erhalten können. Seine Gliedmaßen waren von Geburt an wohlgeformt. Mit ihren schmalen Fesseln, festen Waden, glatten Knien und Oberschenkeln, die nicht schlabberten, hätten diese Beine nach einer kurzen Rasur jeder Frau zur Ehre gereicht. Er hatte schöne Füße – ebenfalls schlank, mit hohem Spann und langen Zehen. Wann immer Serenata ihm die Fußsohlen massierte, waren sie trocken. Die Muskeln seiner unbehaarten Brust waren erfreulich dezent, und sollten sie infolge andauernden verbissenen Bankdrückens je übermäßig an Umfang zulegen, würde Serenata eine solche Transformation als Verlust empfinden. Zugegeben, in den letzten Jahren hatte sich bei ihm oberhalb der Gürtellinie ein kleiner Wulst gebildet, den zu erwähnen sie vermied. So lautete doch wohl die unausgesprochene Vereinbarung aller Paare: Solange er das Thema nicht von sich aus ansprach, waren derartige Schwankungen des körperlichen Zustands allein seine Sache. Weshalb sie sich am Morgen, obwohl sie sehr versucht gewesen war, die Frage verkniffen hatte, ob es bei diesem Marathonquatsch nicht einzig darum ging, dass er angesichts einer Gewichtszunahme von schätzungsweise höchstens zweieinhalb Kilo durchdrehte.

Abgesehen von dem harmlosen Wulst alterte Remington gut. Seine Gesichtszüge waren immer schon markant gewesen. Die Maske der Unempfindlichkeit, die er sich in den letzten Jahren seines Berufslebens zugelegt hatte, war eine Abwehrreaktion, eine Schutzmaßnahme, für die allein eine gewisse Lucinda Okonkwo verantwortlich gemacht werden konnte. Seit er sechzig geworden war, schienen jene Gesichtszüge wie von einer Ascheschicht überzogen: Es war diese Homogenisierung des Teints, die hellhäutigen Gesichtern mit zunehmendem Alter ein immer unprägnanteres, konturloseres und irgendwie verschossenes Aussehen verlieh, Vorhängen gleich, deren einst kräftige Farben und Muster von der Sonne ausgebleicht worden waren. Doch vor ihrem inneren Auge pflegte Serenata die ergraute, provisorischere Gegenwart mit den entschiedeneren Zügen seines jüngeren Gesichts zu überblenden, sie zog die Linien um die Augen nach und rötete seine Wangen, als würde sie ihn im Geiste schminken.

Sie sah ihn. Sie konnte ihn mit einem einzigen Blick in unterschiedliche Altersstufen versetzen und sogar, wenn auch unfreiwillig, in dem immer noch vitalen Gesicht den gebrechlichen alten Mann erkennen, der er einmal sein würde. Diesen Mann in seiner Gänze zu erfassen, als den, der er jetzt war, als den, der er einmal gewesen war, und als den, der er einmal sein würde, darin bestand ihre Aufgabe. Es war eine bedeutsame Aufgabe, umso bedeutsamer, da er alterte, denn für ihre Mitmenschen wäre er bald nichts weiter als ein greiser Knacker. Aber er war nicht bloß ein greiser Knacker. Mit siebenundzwanzig hatte sie sich in einen attraktiven Bauingenieur verliebt, und der steckte immer noch in ihm. Es war verwirrend:

Andere Menschen alterten Tag für Tag und bemerkten die geheimnisvollen Veränderungen an sich selbst, für die sie nicht notwendigerweise die Verantwortung trugen. Sie wussten von sich, dass sie einmal jünger gewesen waren. Aber Junge wie Alte nahmen andere in ihrer Umgebung gleichermaßen als unbewegliche Konstanten wahr, wie Parkschilder. Wer fünfzig war, war fünfzig und sonst nichts, war es immer gewesen und würde es immer bleiben. Permanent seine Vorstellungskraft einzusetzen war vielleicht schlicht zu anstrengend.

Auch war es ihre Aufgabe, ihren Mann mit Wohlwollen zu betrachten. Dinge zu sehen und zu übersehen. Mit den Augen zu blinzeln und die Ausbrüche unwillkommener Hautveränderungen zu glätten – zu einer *Alabaster*-Oberfläche. Eine Generalamnestie für sämtliche Leberflecken, für jede sich durch Erosion vertiefende Spalte zu erlassen. Der einzige Mensch auf Erden zu sein, der die leichte Verdickung unter seinem Kinn nicht als Charakterschwäche deutete. Der einzige Mensch, der aus dem schütter werdenden Schläfenhaar nicht den Schluss zog, dass es auf ihn nicht mehr ankam. Im Gegenzug würde Remington ihr die runzeligen Ellenbogen verzeihen und die scharfe Linie entlang ihrer Nase, wenn sie zu lange auf der rechten Seite geschlafen hatte – eine tiefe Einkerbung, die bis weit in den Nachmittag hinein Bestand haben konnte und bald gar nicht mehr verschwinden würde. Sollte er registriert haben, und es konnte ihm unmöglich entgangen sein, dass die körperliche Beschaffenheit seiner Frau nicht mehr identisch war mit der jener Frau, die er einst geheiratet hatte, so wäre Remington der Einzige, der dies nicht als Zeichen dafür deuten würde, dass sie etwas falsch gemacht hatte, vielleicht sogar auf moralischer Ebene. Er würde ihr nicht vorhalten, dass sie eine Enttäuschung sei. Auch das war Teil der Vereinbarung. Es war ein guter Deal.

Doch dafür, dass Remington, als sie sich kennenlernten,

nicht in eine Schutzhülle aus Plastik eingeschweißt gewesen war wie ein Personalausweis, musste er das schier grenzenlose Vergebungspotenzial seiner Frau kaum anzapfen. Für vierundsechzig sah er verdammt gut aus. Es sei dahingestellt, wie er es geschafft hatte, ohne nennenswerte körperliche Ertüchtigung so schlank, dynamisch und wohlproportioniert zu bleiben. Sicher, er ging viel zu Fuß und nahm ohne Murren die Treppe, wenn irgendwo ein Fahrstuhl nicht funktionierte. Aber weder hatte er irgendwelche Sieben-Minuten-Ganzkörper-Work-outs ausprobiert, noch war er jemals Mitglied in einem Fitnessstudio gewesen. Mittags aß er zu Mittag.

Mehr Sport würde seine Durchblutung ankurbeln, den Gefäßwiderstand erhöhen und dem Abbau kognitiver Fähigkeiten vorbeugen. Sie hätte sich über seinen Sinneswandel freuen sollen. Hätte ihn mit Proteinriegeln füttern und auf einem Schreibblock in der Diele voller Stolz die Fortschritte bei der Erweiterung seiner Laufstrecke aufzeichnen sollen.

Die ganze Nummer mit der Unterstützung wäre natürlich machbar gewesen, wenn er sein Vorhaben mit dem gebührenden Verdruss angekündigt hätte: »Mir ist schon klar, dass ich die Distanzen, die du früher gelaufen bist, niemals auch nur *annähernd* schaffen werde. Dennoch frage ich mich, ob es nicht vielleicht gut für mein Herz wäre, wenn ich zwei- oder dreimal die Woche, na, sagen wir, bescheidene drei Kilometer laufen würde.« Aber nein. Es musste gleich ein *Marathon* sein. Für den Rest des Tages widmete sich Serenata voller Hingabe der Vortäuschung intensiver Berufsausübung, um ihrem Mann aus dem Weg zu gehen. Sie kam erst nach unten, um sich einen Tee zu machen, als sie hörte, dass er das Haus verlassen hatte. Das war nicht nett, nicht *rational*, aber die spezifische Teilmenge an menschlicher Erfahrung, um die es hier ging, gehörte ihr, und sein Timing war nun einmal grausam.

Wahrscheinlich hatte bei ihr alles damit angefangen, dass sie selbst andere nachmachte – auch wenn es sich damals nicht so angefühlt hatte. Ihre beiden Eltern bewegten sich wenig und neigten zur Fülligkeit, und daraus wurde, was in der Natur der Sache lag, schnell Übergewicht. Ihre Vorstellung von körperlicher Betätigung bestand im Rasenmähen mit Handmäher, doch der wurde bei der erstbesten Gelegenheit gegen einen Motormäher eingetauscht. Was an sich nicht zu kritisieren war. Im Amerika ihrer Kindheit waren »arbeitssparende Gerätschaften« schwer angesagt. Die Reduktion des Einsatzes persönlicher Energie stand in den Sechzigerjahren hoch im Kurs.

Als Marktanalyst für Johnson & Johnson musste ihr Vater ungefähr alle zwei Jahre den Ort wechseln. Serenata war im kalifornischen Santa Ana geboren, hatte aber nicht die Möglichkeit gehabt, die Stadt richtig kennenzulernen, ehe die Familie nach Jacksonville, Florida, gezogen war. Bald ging es weiter nach West Chester, Pennsylvania; Omaha, Nebraska; Roanoke, Virginia; Monument, Colorado; Cincinnati, Ohio, und schließlich an den Hauptsitz des Unternehmens in New Brunswick, New Jersey. Die Folge war, dass sie keine regionale Bindung entwickelte und zu einem der seltenen Geschöpfe wurde, deren einziger geografischer Identifikator das große schlabbrige Land als Ganzes war. Sie war *Amerikanerin*, ohne genauere Kennung oder Ergänzung – denn sich als *Amerikanerin mit griechischen Wurzeln* zu bezeichnen, nachdem sie in ihrer Kindheit kaum einmal eine Schüssel Avgolemono-Suppe gelöffelt hatte, wäre ihr verzweifelt vorgekommen.

Da sie als Mädchen von einer Schule auf die nächste wechseln musste, war sie argwöhnisch geworden, was den Aufbau von Beziehungen anging. Erst im Erwachsenenalter hatte sie eine Vorstellung von Freundschaft entwickelt, aber auch dann nicht ohne Schwierigkeiten – sie neigte dazu, Weggefährten aus bloßer Gedankenlosigkeit aus den Augen zu verlieren, so wie man auf der Straße ein Paar Handschuhe verbummelte. Für Serenata war Freundschaft eine Fertigkeit. Sie war allzu einverstanden mit sich selbst, und manchmal hatte sie sich gefragt, ob es vielleicht ein Manko war, sich nicht einsam zu fühlen.

Ihre Mutter war den zahllosen örtlichen Verpflanzungen auf ihre Weise begegnet, indem sie, sobald die Familie in einer neuen Stadt Quartier bezog, an zahlreichen Kirchen- und Freiwilligengruppen andockte wie ein Oktopus auf Speed. Dank der mit diesen Mitgliedschaften einhergehenden permanenten Zusammenkünfte war ein Einzelkind zwangsläufig auf sich gestellt, ein Umstand, der Serenata alles in allem behagte. Als sie alt genug war, sich ihre Fluffernutter-Sandwiches selbst zu schmieren, verbrachte sie ihre unbeaufsichtigte Zeit nach Schulschluss mit dem Aufbau von Kraft und Kondition.

Sie legte dann zum Beispiel die Handflächen auf den Rasen und zählte, wie viele Sekunden – *eins-eintausend, zwei-eintausend* – sie es schaffte, die gestreckten Beine dreißig Zentimeter über dem Boden schweben zu lassen (entmutigend kurz, aber es war ja erst der Anfang). Oder sie packte einen tief hängenden Ast und mühte sich damit ab, das Kinn darüber zu bringen, lange bevor sie erfuhr, dass diese Übung *Klimmzug* genannt wurde. Sie erfand ihre eigene Gymnastik. Beim sogenannten *Beinbruch* musste man auf einem Fuß einmal rund um den Garten hüpfen, während das andere Bein wie beim Entengang nach vorne gestoßen wurde, und das Ganze dann rückwärts wiederholen. Für sogenannte *Rolly-Pollies* legte man sich ins Gras, zog die Knie an die Brust, schaukelte auf dem Rücken *eins-zwei-drei!* vor und zurück, um dann die Beine gerade über den Kopf zu werfen; später erweiterte sie den Abschluss der Übung um eine Kerze. Als Erwachsene erinnerte sie sich beklommen und ungläubig daran, dass es ihr, wenn sie mit ihren selbst erfundenen Übungen ihre eigene Gartenolympiade veranstaltete, nie in den Sinn gekommen war, die Kinder aus der Nachbarschaft einzuladen.

Viele ihrer Verrenkungen hatten etwas Albernes, aber wenn sie sie nur oft genug wiederholte, war sie immerhin reichlich erschöpft. Angenehm erschöpft, obwohl nicht einmal diese selbst ausgedachten Übungen – über die sie in einem gebundenen Notizheft, das sie unter ihrer Matratze versteckte, in verkrumpelten Druckbuchstaben akribisch und heimlich Buch führte – ihr wirklich Spaß machten. Es schien ihr interessant herauszufinden, dass es möglich war, keine besondere Lust darauf zu haben und sie trotzdem zu absolvieren.

Während der *Physical Education* ihrer Schulzeit waren die mickrigen athletischen Ansprüche, die an Mädchen gestellt wurden, eine der wenigen Konstanten, denen sie in Jacksonville, West Chester, Omaha, Roanoke, Monument, Cincinnati und New Brunswick gleichermaßen begegnete. In der Grundschule wurde in der halbstündigen Pause meist Kickball gespielt – und wenn man es schaffte, unterwegs zu sein, ehe die Mitspielerinnen das Inning verloren, durfte man vielleicht ganze *zehn Meter* zur First Base laufen. Völkerball war noch absurder: mit dem einen Fuß in die eine Richtung springen, mit dem anderen in die andere. Beim regulären Sportunterricht in der Mittelstufe gingen zwanzig der fünfundvierzig Minuten für das An- und Ausziehen der Sportklamotten drauf. Die Sportlehrerinnen wiesen die Mädchen unisono an, *zehn* Hampelmänner und *fünf* Burpees zu machen und dann für *dreißig Sekunden* auf der Stelle zu laufen. Nach einem derart schlaffen Herumgestrampel, das die Bezeichnung Krafttraining kaum verdiente, war es im Grunde nicht fair, die Fitness ebendieser Mädchen in der achten Klasse einer formalen Wertung zu unterziehen – wobei die Sportlehrerin, nachdem Serenata bei den Sit-ups die

Einhundertermarke erreicht hatte, einschritt und ihr mit panikschriller Stimme aufzuhören befahl. In den folgenden Jahrzehnten sollte sie Sit-ups in Fünfhundertergruppen absolvieren. Sit-ups waren nicht wirklich effizient, was die Bauchmuskulatur betraf, aber Serenata hatte eine Schwäche für die Klassiker.

Um Missverständnissen vorzubeugen: Serenata Terpsichore – was sich auf *Hickory* reimte, auch wenn sie sich mit Lehrern hatte abfinden müssen, die den Namen auf der ersten Silbe betonten und die letzte wie eine lästige Pflicht nachschleppten – hatte keinerlei Ambitionen, im Leistungssport zu reüssieren. Sie wollte keinen Platz in der Volleyballnationalmannschaft ergattern. Sie wollte nicht zum Ballett. Sie hatte es nicht auf Meisterschaften für Gewichtheberinnen abgesehen oder darauf, Adidas als Sponsor zu gewinnen. Sie hatte es nie auch nur in die Nähe irgendeiner Rekordmarke geschafft und es auch nicht versucht. Das Aufstellen von Rekorden lief letztendlich darauf hinaus, die eigenen Leistungen in Relation zu den Leistungen anderer zu setzen. Es stimmte, sie hatte sich seit ihrer Kindheit tagtäglich drastische, selbst erfundene körperliche Leistungen abverlangt, aber das hatte *rein gar nichts* mit anderen zu tun. Liegestütze waren Privatsache.

Serenata hatte nie eine tiefere Beziehung zu irgendeiner bestimmten Sportart entwickelt. Sie lief, sie radelte, sie schwamm; sie war weder *Läuferin* noch *Schwimmerin* noch *Radsportlerin*, alles Bezeichnungen, die es diesen bloßen Fortbewegungsarten erlaubt hätten, einen Anspruch auf sie zu erheben. Auch war sie kein, wie hieß es so schön, *Teamplayer*. Auf einer in ihren Augen idealen Laufstrecke war sie allein. Sie genoss die Ruhe eines leeren Schwimmbeckens. Seit zweiundfünfzig Jahren war das Fahrrad ihr bevorzugtes Fortbewegungsmittel, und jeder in Sichtweite befindliche Radfahrer beraubte sie ihrer Einsamkeit und verdarb ihr die Stimmung.

Wenn man davon ausging, dass Serenata auf einer einsamen Insel in der Gesellschaft von Fischen prächtig hätte gedeihen können, war es befremdlich, dass sie so häufig von der *Masse der Menschen*, wie Remington es ausgedrückt hatte, kooptiert worden war. Früher oder später wurde jede Marotte, jede merkwürdige Angewohnheit oder Obsession von einer Menschenmasse kolonisiert.

Mit sechzehn hatte sie, einem Impuls folgend, ein düsteres Etablissement in Cincinnati aufgesucht, um sich auf der zarten Innenseite ihres rechten Handgelenks ein winziges Tattoo stechen zu lassen. Das Design, für das sie sich entschied, war im wahrsten Sinne des Wortes aus der Luft gegriffen: eine fliegende Hummel. Da keine weiteren Kunden im Studio waren, nahm sich der Tätowierer Zeit. Kunstvoll stach er die transparenten Flügel, die forschenden Fühler, die zur Landung bereiten feinen Beinchen. Das Motiv hatte nichts mit ihr zu tun. Doch wer ein Wesen aus dem Nichts erschuf, griff auf das zurück, was auf der Hand lag; wir alle waren Kunstwerke, die sich der Zufälligkeit verdankten. Und so verwandelte sich das Willkürliche schon bald in ein Markenzeichen. Die Hummel wurde ihr *Emblem*, unzählige Male auf die Leinendeckel ihrer Ringbücher gekritzelt.

In den Siebzigern waren Tattoos im Wesentlichen Hafenarbeitern, Seeleuten, Gefängnisinsassen und Motorradgangs vorbehalten. Für eigensinnige Kinder der Mittelschicht bedeuteten sie, die damals noch nicht *Tats* hießen, eine Art Schändung. In jenem Winter verbarg Serenata die Tätowierung vor ihren Eltern mittels langer Ärmel. Im Frühjahr dann wechselte sie ihre Armbanduhr aufs rechte Handgelenk, mit dem Zifferblatt nach unten. Sie lebte in der ständigen Furcht, entdeckt zu werden, während die Geheimhaltung das Bild zugleich mit gewaltigen Kräften auflud. Rückblickend wäre es würdiger gewesen, die

Verstümmelung freiwillig zu gestehen und die Konsequenzen zu tragen, aber das war die Sichtweise eines Erwachsenen. Junge Menschen, für die die Zeit wie im Flug verging, sodass es in jedem Augenblick den Anschein hatte, als könnte die Gnadenfrist ewig währen, legten viel Wert aufs Hinauszögern.

Unweigerlich verschlief sie eines Morgens den Wecker. Ihre Mutter, die gekommen war, um die Schlafmütze hochzuscheuchen, erspähte das bloße, nach oben gekehrte Handgelenk. Nachdem der Teenager zugegeben hatte, dass das Bildchen nicht aus einem Filzstift stammte, fing ihre Mutter an zu weinen.

Der entscheidende Punkt: Serenata war auf der Highschool wahrscheinlich die einzige Schülerin mit Tattoo. Heute dagegen? Mehr als ein Drittel der Achtzehn- bis Fünfunddreißigjährigen hatten mindestens ein Tattoo, und die Gesamtfläche amerikanischer Haut, auf der es von Hobbits, Stacheldraht oder Barcodes, von Augen, Tigern oder Tribals, von Skorpionen, Totenköpfen oder Superhelden nur so wimmelte, entsprach der Größe von Pennsylvania. Serenatas abenteuerliche Reise in die Unterwelt hatte sich vom Kühnen ins Banale verkehrt.

In ihren Zwanzigern, frustriert darüber, dass sich in herkömmlichen Haargummis Strähnen ihres dicken schwarzen Haars verfingen, nähte Serenata Röhren aus buntem Stoff, durch die sie kräftige Gummibänder fädelte. Sie knotete die Enden der Gummibänder zusammen und vernähte die Stoffröhren zu geschlossenen Ringen. Das Ergebnis waren Haargummis, die ihr die Haare aus dem Gesicht hielten, ohne sich in ihnen zu verfangen, und die zugleich ihrer Haarpracht einen gewissen Pep verliehen. Einige Freundinnen fanden die Handarbeit überkandidelt, aber nicht wenige ihrer Arbeitskolleginnen wollten wissen, wo man so ein Ding bekommen könne. Bis in den Neunzigern plötzlich die meisten ihrer Landsmänninnen mindestens fünfundzwanzig Exemplare in allen erdenklichen Farben besaßen. Sie kappte ihr Haar knapp unterhalb der Ohren und warf die inzwischen offenbar *Scrunchies* genannten Haargummis in den Müll.

Es musste auch ungefähr 1980 gewesen sein, als sie einen ihrer aufwendigen Anläufe unternahm, Freundschaften zu schließen, und eine Handvoll Kolleginnen von der Kundenbetreuung bei Lord & Taylor zum Abendessen einlud. In den vorangegangenen Jahren hatte sie mit der japanischen Cuisine herumgestümpert, getrieben von einem Enthusiasmus, den sie der aussichtslosen Affäre mit einem Mann verdankte. Er hatte sie zu einem *Hole-in-the-Wall* mitgenommen, wo seine ausgewanderten Landsleute es sich schmecken ließen. Sie war begeistert von der Glätte, der Kühle, der Raffinesse. Zu Hause experimentierte sie mit Sushireis, grünem Wasabipulver und einem scharfen Messer. Erpicht darauf, ihre Entdeckungen mit anderen zu teilen, servierte sie ihren Gästen eine Vielzahl von Gerichten, in der Hoffnung, jenen Effekt zu erzielen, der später als *Wow-Faktor* bekannt werden sollte.

Doch ihre Kolleginnen waren entsetzt. Keines der Mädchen konnte die Vorstellung ertragen, rohen Fisch zu essen.

Heute dagegen ließen sich rund um einen einzigen Block in einer mittelgroßen Stadt in Iowa problemlos drei verschiedene Sushibars entdecken. Jeder noch so trostlose Student hatte eine Vorliebe für Fluss- oder Seeaal. Natürlich konnte Serenata für die jahrhundertealten Traditionen einer sagenumwobenen Inselnation im Osten keinerlei Urheberrecht beanspruchen. Und doch, was einst eine Besonderheit gewesen war, fiel nun unter *Crowdfunding*.

Die Armbanduhr, die ihre Sünde der Selbstverstümmelung verdeckt hatte? Sie hatte hervorragend als Tarnung getaugt, weil sie von ihrem Vater stammte. Seither hatte Serenata immer übergroße Männerarmbanduhren getragen. Und siehe da, in den 2010er-Jahren trugen alle Frauen auf einmal wuchtige Männeruhren. Lieblingsbücher, die bei Erscheinen kein oder kaum Aufsehen erregt hatten – *Ein Zuhause am Ende der Welt* oder *Die Stadt am Ende der Zeit* –, wurden samt und sonders verfilmt, und plötzlich waren diese privaten Totems öffentliches Eigentum. Kaum hatte sie, bevor irgendjemand auch nur wusste, dass es so etwas gab, die fast vergessene Kunst des Quiltnähens, des Zusammensteppens von Stücken abgetragener Cordhosen und alter Handtücher wiederbelebt – wobei sie *Breaking Bad* schaute –, schon schossen mit epidemischer Wucht überall im Land aufs Quiltnähen spezialisierte Handarbeitsgruppen aus dem Boden. Sollte sich Serenata Terpsichore jemals für eine obskure Band begeistern, die ausschließlich in mickrigen Clubs oder auf Hochzeiten spielte, dann stiegen genau diese Nobodys im darauffolgenden Jahr garantiert in die Top 40 auf. Sollte sie sich, um besser durch den Winter in Albany zu kommen, unglaublich warme, weiche Lammfellstiefel anschaffen, die bis dahin ausschließlich in der kleinen australischen und kalifornischen Surferszene populär gewesen waren, konnte man sicher sein, dass Oprah Winfrey bald die gleiche Entdeckung machen würde. Grrr.

Vielen anderen Menschen musste Ähnliches widerfahren sein. Es gab nur eine begrenzte Anzahl von Dingen, die man anziehen, toll finden, tun konnte. Und es gab zu viele Menschen. Also wurde alles, was man für sich selbst beanspruchte, früher oder später von mehreren Millionen Gleichgesinnter adaptiert. Was bedeutete, dass man sich entweder von den eigenen Begeisterungen verabschieden oder sich wie betäubt dem Erscheinungsbild sklavischer Konformität unterwerfen musste. Meistens hatte sich Serenata für Letzteres entschieden. Und trotzdem kam es ihr jedes Mal wie eine Art Belagerungszustand vor, als würde eine Horde Fremder in ihrem Garten campieren.

Und so war es im Laufe der vergangenen zwanzig Jahre auch mit jeglicher Form von Sport gewesen, die sich stetig und doch mit wachsender Geschwindigkeit ausbreitete. Sie konnte sie förmlich hören, ein Getrampel in ihrem Schädel wie von einer wild gewordenen Herde Gnus. Staub stieg ihr in die Nase, das Gestampfe der Hufe kam vom Horizont her immer näher. Diesmal hockten die Vielen nicht ruhig und isoliert in ihren Häusern und äfften ihren Musik- und Literaturgeschmack nach, nein, sie kamen massenweise, überzogen in Scharen die Hügel und Täler öffentlicher Parks, sie platschten in geschlossener Front über alle sechs Bahnen ihres angestammten Schwimmbades, sie traten als Horden von Radfahrern mit gesenktem Kopf hechelnd und keuchend in die Pedale, jeder versessen darauf, das Gefährt vor sich zu überholen, nur um an der nächsten roten Ampel anhalten zu müssen – wo die Meute lauerte, bereit, über die anderen herzufallen wie Hyänen. Diesmal war der Einbruch in ihr Territorium keine bloße Metapher, er ließ sich in Quadratmetern messen. Und nun hatte sich ihr geliebter Ehemann unter die hirnlosen, uniformen Geschöpfe dieser dampfenden Herde gemischt.

2

Obwohl das rechte Knie bei jedem Schritt protestierte, weigerte sich Serenata, die Treppe Stufe für Stufe zu nehmen wie ein Kleinkind. Als sie am nächsten Nachmittag heruntergehumpelt kam, saß Remington im Wohnzimmer. Auch wenn sie sich noch nicht daran gewöhnt hatte, dass er unter der Woche zu Hause war, wäre es nicht in Ordnung gewesen, dem eigenen Ehemann die Anwesenheit übel zu nehmen, wo es doch auch sein Haus war. Die Frühpensionierung war nicht seine Idee gewesen, oder, genauer gesagt, seine Schuld.

Sein Aufzug allerdings war in jeder Hinsicht irritierend: Leggings, grüne Funktionsshorts, darunter leuchtend violette Kompressionsshorts und ein glänzend grünes Shirt mit violetten Netzeinsätzen zur Belüftung – ein komplettes Set, dessen Preisschild noch hinten am Kragen baumelte. Am Handgelenk schimmerte eine neue Sportuhr. Bei einem jüngeren Mann hätte das rote Stirnband vielleicht verwegen gewirkt, bei Remington mit seinen vierundsechzig Jahren sah es nach einer Verkleidung aus, die jeder Kinogänger auf den ersten Blick entschlüsselt hätte: *Dieser Typ ist ein Vollidiot.* Und wenn das Stirnband nicht reichen sollte, genügte in jedem Fall ein Blick auf die orangefarbenen Air-Traffic-Control-Schuhe mit Zierstreifen, auch die *violett*.

Erst als Serenata hereinkam, beugte er sich vor und umfasste mit beiden Händen eines seiner Sprunggelenke. Er hatte auf sie gewartet.

Also schön, sie sah ihm zu. Er hielt das Sprunggelenk, hob dann die Arme über den Kopf und tauchte hinab zum anderen Bein. Als er auf einem Fuß ins Wanken geriet, während er das andere Knie vor die Brust zog, ging sie, um sich einen Earl Grey zu machen. Bei ihrer Rückkehr stand er da, beide Hände an der Wand abgestützt, und dehnte einen Wadenmuskel. Das ganze Ritual roch verdächtig nach Internet.

»Mein Lieber«, sagte sie. »Es spricht einiges dafür, dass Dehnübungen ihr Gutes haben, aber erst *nach* dem Laufen. Vorher haben sie nur einen einzigen Zweck, nämlich das Unangenehme hinauszuzögern.«

»Du bist echt zickig, was das Thema angeht.«

»Wahrscheinlich«, sagte sie leichthin und rauschte nach oben ab. Als die Haustür ins Schloss fiel, traute sie sich auf die Seitenveranda im ersten Stock und lugte über das Geländer. Nachdem er minutenlang auf die komplizierte Armbanduhr eingestochert hatte, brach der Unerschütterliche zu seinem Antrittslauf auf – er trottete durchs Gartentor und die Union Street hinunter. Sie hätte ihn als Spaziergängerin überholen können.

Der Impuls war boshaft, aber sie sah auf die Uhr. Zwölf Minuten später hörte sie die Haustür wieder auf- und zugehen. Fürs Duschen würde er länger brauchen. War das die Art, wie sie dieses Martyrium durchstehen wollte? Mit Herablassung? Es war erst Oktober. Es würde ein langer Winter werden.

»Wie war das Laufen?«, zwang sie sich während eines wortkargen Abendessens zu fragen.

»Erfrischend«, verkündete er. »Ich fange an zu verstehen, warum du das gemacht hast, all die siebenundvierzig Jahre.«

Aha. Warte ab, bis es kalt wird, bis der Schneeregen einsetzt und dir der Sturm ins Gesicht bläst. Warte ab, bis dein Gedärm sich mel-

det und du noch zehn Kilometer zu laufen hast, bis du dich zusammenkauerst zu einem verkrampften Knäuel und hoffst, dass du es schaffst, ehe sich alles in deine glänzend grünen Shorts entlädt. Mal sehen, wie erfrischend du das dann findest.

»Und bis wohin bist du gelaufen?«

»Am Highway Nine hab ich kehrtgemacht.«

Keinen Kilometer von ihrer Haustür entfernt. Aber er platzte schier vor Stolz. Fasziniert sah sie ihn an. Es war unmöglich, ihn zu beschämen.

Und warum sollte sie ihn auch beschämen wollen? Was sie an seinem dämlichen Mitmachimpuls, *einen Marathon zu laufen,* so sehr aufregte, war eben die Tatsache, dass sich ein derart fieses Bedürfnis bereits in ihrem Kopf breitmachte, nachdem die einzige sportliche Betätigung ihres Mannes darin bestand, dass er einen Lauf von anderthalb Kilometern absolviert hatte – wenn man das überhaupt einen *Lauf* nennen konnte. Sie war keine streitsüchtige Xanthippe, war es in den zweiunddreißig Jahren ihres Zusammenseins nie gewesen. Im Gegenteil, es lag in der Natur argwöhnischer Einzelgänger, sich ganz und gar und uneingeschränkt hinzugeben, nachdem die furchterregenden Barrieren, die sie vor allem und jedem errichteten, einmal überwunden waren. Die meisten Menschen fanden Serenata unnahbar, und das war ihr auch ganz recht; als eine Frau wahrgenommen zu werden, die andere auf Abstand hielt, half dabei, sie auf Abstand zu halten. Aber mit Remington Alabaster war sie nicht auf Abstand geblieben, schon nach der Hälfte ihres ersten Dates nicht mehr. Generell auf Abstand zu bleiben bedeutete nicht, dass man das normale menschliche Bedürfnis nach Gesellschaft nicht kannte. Es bedeutete, dass man es vorzog, alles auf ein Pferd zu setzen. Remington war ihr Pferd. Sie konnte es sich nicht leisten, diesem Pferd etwas zu verübeln – es beschämen zu wollen oder zu hoffen, dass es scheitern würde, wenn es sich einer Sache zuwandte, die sich zu einem ziemlich banalen Kennzeichen des eigenen Status entwickelt hatte.

Sie verdankte ihm, dass etwas, das andernfalls zu dürrer Einsamkeit hätte werden können, nun rund und prall und reichhaltig war. Sie hatte es genossen, seine einzige Vertraute zu sein, als es beim Amt für Transport und Verkehr den Bach runterging; er hatte es nicht riskieren wollen, sich mit irgendwelchen Arbeitskollegen zu besprechen. Während des ganzen Debakels hatte er unerschütterlich darauf vertraut, dass sie zuverlässig an seiner Seite stand. Ihr fehlte die Kameraderie dieser gemeinsamen Empörung. Ab und an waren sie durchaus unterschiedlicher Meinung gewesen, besonders, was die Kinder betraf, die sich beide, offen gesagt, ein wenig sonderbar entwickelt hatten. Nichtsdestotrotz, die Bemessungsgrundlage für eine Ehe war eine militärische: Wenn die Ehe gut war, war sie eine *Allianz*.

Außerdem hatte sie gerade überhaupt nicht weitergewusst, als sie sich begegneten. Sie verdankte ihm ihre Berufswahl.

Als Kind, nach einem Familienurlaub auf Cape Hatteras, hatte sie ihren größten Wunschtraum verkündet, nämlich Leuchtturmwärterin zu werden – verbannt an die überhängende Spitze einer Landzunge, hoch oben mit einem Blick in endlose Weiten, angesichts derer man sich je nach Stimmung sehr klein oder sehr groß fühlen konnte. Wie eine Königin über einen großartigen Leuchtturm zu herrschen. Sie würde in einem kleinen runden, mit Treibholz dekorierten Zimmer leben, auf einer Heizplatte Dosensuppen warm machen, unter einer am Kabel schwingenden, nackten Glühbirne *Pippi Langstrumpf* (na ja, sie war damals erst acht) lesen und auf einem winzigen Schwarz-Weiß-Fernseher, wie es ihn in dem Hotel auf den Outer Banks gab, Wiederholungen von *Bezaubernde Jeannie* (dito) anschauen. Später, während der bei Mädchen typischen

Pferdeschwärmphase, malte sie sich aus, einmal Aufseherin in einem Nationalpark zu werden und allein endlose Waldgebiete zu durchreiten. Noch später, inspiriert von einer Liste ungewöhnlicher Berufe, die sie in einer Zeitung gefunden hatte, begeisterte sie die Vorstellung, Verwalterin eines Anwesens auf einer tropischen Insel zu sein, das einem sehr reichen Mann gehörte, welcher nur einmal im Jahr mit seinem Privatjet und in Begleitung eines Aufgebots an Promigästen vorbeischauen würde. Die restliche Zeit hätte sie das Herrenhaus für sich – mit einer Tafel für hundert Personen, einem von Lüstern erleuchteten Ballsaal, einer privaten Menagerie, einem Golfplatz und Tennisplätzen, und das alles, ohne zunächst Geld verdienen und irgendein langweiliges Unternehmen aufbauen zu müssen. Bei der letzten dieser Fantasien kam ihr nie in den Sinn, dass unbegrenzter Zugang zu einem Golfplatz und zu Tennisplätzen nur von begrenztem Wert war, wenn man niemanden hatte, mit dem man spielen konnte.

Nachdem sie die Gartenturnübungen ihrer Kindheit als Teenager durch ein zwar heimliches, aber ehrgeiziges Fitnessprogramm ersetzt hatte, zog Serenata Jobs in Betracht, die ihr in der praktischen Ausübung einige Kraftanstrengung abverlangen würden. Sie sah sich als einzige Frau in einem Bautrupp, die Nägel einschlug, riesige Rigipsplatten schleppte und schwere Pressluftbohrer bediente – und auf diese Weise ihre männlichen Kollegen beeindruckte, die sich zunächst über das Anfänger-Girlie lustig gemacht hatten, sie aber bald bewunderten und in Bars ihre Ehre verteidigten. Oder sie wäre eine wichtige Kraft in einem Umzugsunternehmen (die Kollegen würden sich über sie lustig machen, sie bald bewundern und in Bars ihre Ehre verteidigen …). Sie zog eine Tätigkeit als Baumpflegerin in Betracht. Doch leider Gottes war harte körperliche Arbeit offenbar den schlecht Ausgebildeten vorbehalten und schlecht bezahlt, und ihre Mittelschichtseltern taten all diese Knochenjobideen als lächerlich ab.

Jahrelang hatte das Einzelkind seine Eltern mit der Produktion eigener Hörspiele amüsiert. Sie nahm sämtliche Rollen auf einem tragbaren Kassettenrekorder auf und unterlegte diese Dramen mit Soundeffekten – knallenden Türen, Schritten, Papierknüllen für ein Feuer. Plötzlich schien Serenatas alles beherrschende Kindheitssehnsucht, einen eigenbrötlerischen Beruf zu ergreifen, in eine intuitive Selbsterkenntnis zu münden. Schriftstellerin zu werden passte demnach genau.

Klar, ihre Eltern betrachteten diese Bestrebung als ebenso ungeeignet wie den Beruf der Bauarbeiterin. Sie fanden, ihre Tochter solle einfach heiraten. Aber immerhin würde eine literarische Veranlagung ein Collegestudium rechtfertigen, womit sich die Qualität und das potenzielle Einkommen ihrer Freier verbessern würde. Also gaben die Eltern ihren Segen. Sie immatrikulierte sich im Hunter, einen Steinwurf von New Brunswick entfernt, und erwies sich anschließend, wie die meisten graduierten Geisteswissenschaftler, als gänzlich unvermittelbar.

In ihren Zwanzigern war Serenata planlos und lebte von der Hand in den Mund. Sie konnte sich keine eigene Wohnung leisten, musste sich ihre Bude also (Anathema) mit anderen Mädchen teilen, die in ihren Zwanzigern planlos waren und von der Hand in den Mund lebten. Die einfachen Jobs, die Serenata fand, setzten wahrlich keinen Collegeabschluss voraus. Sie versuchte, sich Zeit für *ihre Arbeit* zu nehmen, ohne dass sie diese anmaßende Formulierung laut aussprach. Es war demütigend, dass sämtliche Leute ihres Alters, denen sie in New York begegnete, sich ebenfalls als Schriftsteller bezeichneten und sich ebenfalls Zeit für *ihre Arbeit* nahmen.

Das Blatt wendete sich, als sie Telefondienste in der Kundenbetreuung von Lord & Taylor übernahm. Ein junger Mann rief an und wollte eine geschmacklose Krawatte zurückgeben, die er geschenkt bekommen hatte. Er beschrieb das knallbunte Teil hochkomisch in allen Einzelheiten. Er brachte sie dazu zu erklären, was ein Kunde mit respektive ohne Quittung unternehmen sollte, sofern er die Quittung denn noch hatte oder eben nicht mehr hatte. Allmählich dämmerte ihr, dass er sie am Apparat zu halten versuchte. Schließlich bat er sie inständig, ihm diese Worte nachzusprechen: »Zurückbleiben, bitte.«

»Wie?«

»Sagen Sie's einfach. Mir zuliebe. *Zurückbleiben, bitte.*«

Na ja, er hatte sie ja schließlich nicht gebeten, ihm nachzusprechen und »kann ich bitte Ihren Schwanz lutschen« zu sagen. Sie erfüllte seine Bitte.

»Perfekt«, sagte er.

»Ich kann mir schwer vorstellen, wie man das schlecht sagen könnte.«

»Die meisten Menschen würden es schlecht sagen«, erwiderte er – und erklärte ihr dann, dass er beim städtischen Amt für Transport und Verkehr arbeite. Er sei beauftragt, einen neuen Ansager für den öffentlichen Nahverkehr zu suchen, und bitte sie, sich um den Job zu bewerben. Sie war misstrauisch, natürlich. Als Vorsichtsmaßnahme schlug sie das Amt für Transport und Verkehr von New York City im Telefonbuch nach, und die Adresse stimmte mit der überein, die er ihr genannt hatte.

Am Ende wurde von höherer Stelle verfügt, dass die New Yorker für eine weibliche Autoritätsperson noch nicht reif seien, und sie bekam den Job nicht. Wie Remington ihr später verriet, hatte einer der Männer im Team, nachdem ihr Bewerbungsband zum wiederholten Mal abgespielt worden war, erklärt, dass bei dieser sinnlichen Stimme kein männlicher Fahrgast den Inhalt der Ansagen mitbekäme; er würde davon träumen, den Lautsprecher zu besteigen.

Doch noch bevor die enttäuschende Entscheidung getroffen war, hatte sie einem gemeinsamen Abendessen zugestimmt – allerdings erst nach Remingtons zweiter Einladung. Die spontane erste Einladung, unmittelbar im Anschluss an ihre Bewerbungsaufnahme, hatte sie ablehnen müssen, weil die Fahrradstrecke zwischen ihrem Apartment im East Village und dem *downtown* gelegenen Amt offiziell zu kurz war, um zu *zählen*; sie konnte unmöglich essen gehen, ohne vorher *trainiert* zu haben. Später verabredeten sie sich im Café Fiorello am Broadway, einer teuren italienischen Trattoria, die Langzeit-New-Yorker gerne Touristen empfahlen. Trotz der Exklusivität des Ortes bestand Serenata darauf, wie immer mit dem Fahrrad zu kommen.

Offenbar hatte Remington vom Eingang des Restaurants aus beobachtet, wie sie neben einem Parkschild ihre standardmäßige Cinderella-Verwandlung vollzog. Mit der Schuhspitze streifte sie einen verranzten Sneaker vom Fuß, balancierte auf dem anderen und schüttelte sich die Jeans vom Bein – wobei sie sicherstellte, dass der Rock, der darüberflatterte, sie in geziemender Weise bedeckte. Es war März und noch frisch, und eine hautfarbene Strumpfhose hatte ihr als zusätzliche Isolierung gedient. Aus einer Satteltasche zog sie ein paar umwerfende rote Lacklederschuhe. Als Nächstes stützte sie sich, auf einem Stöckelschuh balancierend, auf dem Fahrradsattel ab und wiederholte den Striptease mit dem anderen Bein, um die zusammengerollte Jeans anschließend in die Satteltasche zu stopfen. Nachdem sie den Rock zurechtgezogen hatte, malte sie sich hastig die Lippen nach; für rote Wangen hatte die Fahrt selbst gesorgt. Sie nahm den Helm ab, schüttelte das dicke schwarze Haar und bändigte es mit einem ihrer selbst genähten Stoffgummis, der damals noch nicht *Scrunchie* hieß. Inzwischen hatte sich Remington ins Restaurant zurückgezogen, um ihr Zeit zu geben, ihre siffige Jacke und die speckigen Satteltaschen, deren ursprüngliches Leuchtgelb inzwischen den ekelerregenden düsteren Farbton einer vergammelten Olive angenommen hatte, an der Garderobe abzugeben.

Bei Hummerpasta reagierte ihr Gegenüber auf die von ihr geäußerte Absicht, Schriftstellerin zu werden, auf eine Weise neutral, die ein inneres Augenrollen verborgen haben musste. Schließlich rollte sie ja selbst die Augen darüber. »Ich fürchte, ein solches Vorhaben wirkt mittlerweile ziemlich ichbezogen. Und alle, denen ich in dieser Stadt begegne, wollen auch Schriftsteller werden.«

»Wenn es das ist, was Sie wirklich machen wollen, dann spielt es keine Rolle, dass es ein Klischee ist.«

»Aber ich weiß nicht, ob es das ist, was ich wirklich will. In der Isolation blühe ich auf. Aber es drängt mich nicht, mich selbst zu offenbaren. Ich will andere Menschen um jeden Preis aus meinen Angelegenheiten raushalten. Ich ziehe es vor, meine Geheimnisse für mich zu behalten. Immer wenn ich versuche, einen erzählenden Text zu schreiben, entstehen Figuren, die nichts mit mir zu tun haben.«

»Ha! Vielleicht liegt Ihre Zukunft tatsächlich in der Literatur.«

»Nein, es gibt da noch ein anderes Problem. Das wird Ihnen nicht gefallen.«

»Jetzt haben Sie mich neugierig gemacht.« Er lehnte sich zurück und ließ seine Gabel in den Fettuccine stecken.

»Sie kennen das doch, dass man in den Nachrichten immer nur Menschen sieht, die hungern oder bei einem Erdbeben sterben, oder? Ich begreife langsam, dass sie mich nicht weiter kümmern.«

»Naturkatastrophen ereignen sich oft in weiter Ferne. Die Opfer kommen uns abstrakt vor. Vielleicht ist es einfacher, etwas für Leute zu empfinden, die dem eigenen Zuhause näher sind.«

»Leidende Menschen kommen mir nicht abstrakt vor. Im Fernsehen sind sie so real wie die Sünde. Und was die Menschen angeht, die meinem Zuhause näher sind – die kümmern mich auch nicht.«

Remington schmunzelte. »Das ist entweder wohltuend oder abscheulich.«

»Ich plädiere für abscheulich.«

»Wenn andere Menschen Sie nicht kümmern, was bin ich dann für Sie?«

»Möglicherweise«, sagte sie vorsichtig, »eine Ausnahme. Ich mache hin und wieder welche. Aber meine Standardeinstellung ist Selbstvergessenheit. Das ist eine miserable Qualifikation für eine Schriftstellerin, finden Sie nicht? Außerdem ... Ich weiß gar nicht, ob ich die richtige Stimme habe, um aufzufallen.«

»Na, und ob«, sagte er, »auf jeden Fall haben sie eine *Stimme*. Ich würde Ihnen begeistert zuhören, wenn Sie mir das komplette Einkommenssteuergesetz vorlesen.«

Sie ergänzte den seidigen Ton in ihrer Kehle um eine raue Komponente: »*Wirklich?*« Remington gestand später, dass er bei diesem Adverb eine Erektion bekommen hatte.

Sie wechselten das Thema. Aus reiner Höflichkeit fragte sie, warum er beim Amt für Transport und Verkehr gelandet sei. Seine Antwort war überraschend leidenschaftlich.

»Auf den ersten Blick sieht es nach reiner Mechanik aus, aber Verkehr ist eine höchst emotionale Angelegenheit! Es gibt keinen anderen Aspekt des Stadtlebens, der derart heftige Gefühle hervorruft. In manchen Straßen kann es zum Aufruhr kommen, wenn man eine Fahrspur für den Radverkehr reserviert. Wenn eine falsche Ampelschaltung dazu führt, dass die Grünphase für Fußgänger zwei Minuten dauert, kann man die Autofahrer durch die geschlossenen Wagenfenster auf ihre Lenkräder einhämmern hören. Busse, die bei minus fünf Grad eine Stunde Verspätung haben ... U-Bahnen, die eine halbe Ewigkeit unterm East River feststecken, ohne dass über Lautsprecher eine Erklärung erfolgt ... fürchterlich konzipierte Autobahnauffahrten, bei denen eine unübersichtliche Kurve den Einbiegern die Sicht auf den Verkehr versperrt ... eine verwirrende Beschilderung, die einen auf dem New Jersey Turnpike dreißig Kilometer ohne Ausfahrt nach Süden rasen lässt, wenn man nach Norden will, und man ist sowieso schon spät dran. Andere Menschen scheren Sie vielleicht einen feuchten Kehricht, aber der Verkehr? Verkehr schert jeden.«

»Mag sein. Ich betrachte mein Fahrrad als Pferd. Ein geliebtes Pferd.«

Er gestand, dass er ihre Burleske auf dem Bürgersteig beobachtet hatte. »Und was, wenn wir zusammen irgendwo hinwollten?«

»Ich würde mit dem Fahrrad kommen und Sie dort treffen.«

»Auch wenn ich Ihnen anbieten würde, Sie abzuholen?«

»Ich würde ablehnen. Höflich.«

»Das *Höflich* würde ich mal bezweifeln, weil schon die Ablehnung an sich stur und rüde wäre.«

»Darauf zu bestehen, dass ich eine lebenslange Praxis ändere, bloß um Ihnen einen Gefallen zu tun oder einer Konvention zu genügen, wäre doch genauso rüde.«

Wie die meisten unbeugsamen Menschen kümmerte es Serenata wenig, ob ihre Inflexibilität eine sonderlich betörende Eigenschaft war. Die wahrhaft Verstockten ließen sich nie zum gewinnenderen Geben und Nehmen überreden. Sie hielten sich ans Programm.

*

Serenata gab dem entwaffnenden Drängen des Bauingenieurs nach und ging zu einem Vorsprechen für einen Synchronisationsjob bei einer Werbeagentur. Sie wurde vom Fleck weg engagiert. Ähnliche Engagements folgten mit solcher Regelmäßigkeit, dass sie ihre Arbeit bei Lord & Taylor aufgeben konnte. Sie erwarb sich eine gewisse Reputation. Bald las sie auch Hörbücher ein, und heute bestand ein Großteil ihrer Arbeit in Infomercials und Videospielen. Wenn sie sich auch für andere Menschen wenig interessierte, so doch sehr für Exzellenz, und es freute sie unbändig, wenn sie ein neues Timbre entdeckte oder ihre Stimmlage nach oben oder unten ausweiten konnte, um zickige Kinder oder grummelige alte Männer zu geben. Es war eine der schönsten Qualitäten des Sprechens, dass man sich nicht auf die begrenzte Anzahl von Noten auf einer Tonleiter beschränken musste, und sie berauschte sich an den endlosen Tonabstufungen eines Glissandos der Enttäuschung.

Da sie als Kind so oft umgezogen war, verfügte sie über eine geradezu exotisch unspezifische und nützlicherweise auch flüssige Diktion. In ihren Ohren klangen sämtliche Aussprachevarianten von *Balkon* oder *Soße* oder *Pecannuss* gleichermaßen richtig und gleichermaßen beliebig. Es fiel ihr leicht, Dialekte zu imitieren, weil sie nicht in ihrem eigenen gefangen war – und selbst routinierte Lingualdetektive vermochten die Ursprünge ihres Jargons nicht zu identifizieren. Remington hatte sie erklärt: »Ich komme nirgendwoher. Manchmal missverstehen die Leute meinen Vornamen und schreiben ihn *Sarah Nada*: Sarah Nichts.«

Doch ihr Liebeswerben war merkwürdig keusch. Ihre verhaltene Art hatte frühere Freier zu dem Versuch verleitet, die Schutzwälle zu stürmen – mit fatalen Folgen. Vielleicht war es also schlau von Remington, ihrer Zurückhaltung seinerseits mit Zurückhaltung zu begegnen, aber sie begann zu befürchten, dass er deshalb die Finger von ihr ließ, weil er sie einfach nicht attraktiv genug fand. »Ich weiß, du bist auf meine Stimme abgefahren«, bemerkte sie schließlich. »Aber als die Stimme dir in Fleisch und Blut gegenübertrat – war die Dreidimensionalität ein Abtörner?«

»Du schützt deine Grenzen«, sagte er. »Ich habe auf die Erteilung eines Visums gewartet.«

Also küsste sie ihn – nahm dabei seine Hand und drückte sie fest auf die Innenseite ihres Schenkels und damit in aller Form den Stempel in seinen Pass. Jetzt, viele Jahre später, stellte sich die Frage: Wenn es damals Remington Alabasters Respekt vor ihrem erbitterten Gebietsschutz gewesen war, der sie bezaubert hatte, warum überschritt er jetzt, im Alter von vierundsechzig Jahren, ihre Grenzen?

*

»Fertig mit dem oberen Badezimmer«, verkündete die junge Frau und zerrte sich die Gummihandschuhe übers Handgelenk, sodass sie sich verkrumpelt von innen nach außen kehrten.

Serenata wies mit dem Kopf auf die feuchten, muffig riechenden Handschuhe auf der Küheninsel. »Du hast es schon wieder getan.«

»Oh, Mist!«

»Ich bezahl dich nicht stundenweise dafür, dass du die Finger einzeln wieder zurückkrempelst.« Das war erkennbar frotzelnd gemeint.

»Okay, wird von der Arbeitszeit abgezogen.« Mit einem Blick auf ihre Armbanduhr begann Tomasina March – kurz Tommy – mit der mühsamen Arbeit, in den verkrumpelten Zeigefinger des ersten Handschuhs hineinzustochern und ihn millimeterweise durch die klebrige gelbe Röhre zu ziehen.

Obwohl ihre Eltern eine Putzfrau beschäftigt hatten, hatte Serenata vor dem Umzug nach Hudson Haushaltshilfen stets verschmäht. Nein, sie litt nicht an liberalem Unbehagen, was Bedienstete anging. Sie wollte einfach keine Fremden – keine *anderen Leute* – in ihrem Haus haben. Doch mit sechzig hatte sie einen Punkt erreicht, der ihr einen neuen Überblick erlaubte. Sie war auf den Gipfel gestiegen und überschaute nun den vor ihr liegenden Abstieg. Sie konnte sich dafür entscheiden, einen beträchtlichen Teil des erstaunlich kurzen und potenziell steilen Niedergangs damit zu verbringen, die Seifenränder am Abfluss der Dusche wegzuschrubben, oder sie konnte jemand anderen dafür bezahlen, es zu tun. Die Antwort lag auf der Hand.

Zwar wäre Serenata die Anwesenheit einer weiteren Fitnessfanatikerin normalerweise zuwider gewesen, aber als sie am Tag ihres Einzugs die neunzehnjährige Nachbarin auf ihrem mit kaputten Möbeln übersäten Rasen Hunderte Burpees machen sah, fühlte sie sich an die *Beinbrüche* und *Rolly-Pollies* ihrer eigenen Kindheit erinnert. Tommy, die sich über das Taschengeld (Serenata zahlte zehn Dollar die Stunde – in Upstate New York schrecklicherweise ein üppiger Lohn) freute, war ein spargeliges Mädchen, langgliedrig und ungelenk, dünn, aber unförmig. Ihr honigfarbenes Haar war fein und strähnig. Sie hatte ein offenes und argloses Gesicht. Dass es noch so unbeschrieben wirkte, brachte einem schlagartig in Erinnerung, wie wahrhaft fürchterlich es war, dieses ganze bescheuerte Leben vor sich aufragen zu sehen, ein Leben, um das man nicht gebeten hatte, und keine blasse Ahnung zu haben, was man mit ihm anfangen sollte. In Tommys Alter wurden die meisten jungen Leute, die halbwegs bei Verstand waren, von dem mulmigen Gefühl beschlichen, dass es für jeden Plan, den sie vielleicht irgendwann zusammengeschustert hätten, zu spät wäre, weil sie etwas hätten unternehmen müssen – *mit neunzehn* –, um das Stratagem in die Praxis umzusetzen. Es war unbegreiflich, warum Menschen beim Gedanken an ihre Jugend nostalgisch wurden. Diese Wehmut war pure Amnesie.

»Wo ist eigentlich Remington?«, fragte Tommy.

»Der ist *laufen*, ob du's glaubst oder nicht. Das heißt, es bleiben uns noch ganze sechs Minuten, um hinter seinem Rücken über ihn zu ratschen.«

»Ich wusste gar nicht, dass er läuft.«

»Hat er auch nie getan. Bis vor zwei Wochen. Jetzt will er einen Marathon laufen.«

»Na, gut für ihn.«

»*Ist* das gut für ihn?«

»Klar doch.« Tommys Konzentration galt dem Handschuh. Sie hatte den Zeigefinger immer noch nicht gerettet. »Alle wollen einen Marathon laufen, was soll daran verkehrt sein?«

»Genau die Tatsache, dass alle es wollen. Ich weiß, dass er nicht viel mit sich anzufangen weiß, aber ich wünschte, er hätte sich was Originelleres ausgesucht.«

»Es gibt nicht so viel, was man machen kann. Was immer einem einfällt, irgendjemand hat es schon gemacht. Originell sein ist eine aussichtslose Sache.«

»Ich bin gemein«, sagte Serenata, ohne sich auf Remington zu beziehen – aber natürlich war sie auch, was ihn anging, gemein. »Diese Handschuhe – ich werde dir einfach ein neues Paar kaufen. Obwohl du schneller vorankämst, wenn du aufhören würdest, hier die ganze Zeit so rumzuhampeln.«

Tommy fuhr fort, vor und zurück durch die Küche zu hüpfen, während sie Serenata triumphierend den richtig gekrempelten Zeigefinger präsentierte. »Kann ich nicht. Erst bei zwölftausend, und es ist schon vier.«

»Zwölftausend was?«

»Schritte.« Sie zeigte auf das Plastikband an ihrem linken Handgelenk. »Ich habe ein Fitbit. Eine Billigkopie, aber genauso gut. Allerdings, wenn ich unterbreche, zählt das Ding aus irgendeinem bescheuerten Grund die ersten dreißig Schritte nicht. In der Anleitung steht als Begründung, »falls du nur jemandem die Hand schüttelst«, als würden irgendwelche Leute sich allen Ernstes dreißigmal die Hand schütteln. Diese Gebrauchsanweisungen werden doch alle von chinesischen Menschen geschrieben, denen amerikanische Sitten und Gebräuche offensichtlich komplett fremd sind. Das soll nicht heißen, dass mit chinesischen Menschen irgendwas nicht stimmt«, schob sie besorgt hinterher. »Darf man die so nennen? Chinesische Menschen? Klingt irgendwie beleidigend. Egal, diese dreißig verlorenen Schritte, wieder und wieder – da kommt was zusammen.«

»Und warum spielt das eine Rolle? Dein ewiges Hin und Her macht mich ganz dusselig.«

»Na ja, man postet seine Schritte. Jeden Tag. Online. So ziemlich alle verbuchen für sich um die zwanzigtausend oder mehr, und Marley Wilson, diese blöde Scheißkuh aus der Abschlussklasse, die postet regelmäßig *dreißig*.«

»Wie viele Kilometer sind das?«

»Rund fünfundzwanzig«, sagte Tommy wie aus der Pistole geschossen.

»Wenn sie sich nicht schwer ranhält, braucht sie gut und gerne fünf Stunden am Tag, um so eine Strecke zu gehen. Macht sie sonst noch irgendwas?«

»Darauf, was sie sonst noch macht, kommt es nicht an.«

»Warum kümmert es dich, wie viele Schritte andere Leute schaffen?«

»Du kapierst es nicht. Der Hauptgrund, warum es dich wurmt, dass Remington mit dem Laufen angefangen hat, ist der, dass du aufgehört hast.«

»Ich hab nicht gesagt, dass es mich wurmt.«

»Musstest du auch nicht. Er schlägt dich. Selbst wenn er nur sechs Minuten unterwegs ist, schlägt er dich.«

»Ich trainiere immer noch, nur anders.«

»Nicht mehr lange. Letzte Woche hast du diese ganze Tirade abgelassen, dass es praktisch keine Aerobicübung gibt, bei der du nicht die Knie brauchst. Du kannst nicht mal mehr schwimmen, wenn sie zu doll geschwollen sind.«

Es wäre lächerlich gewesen, beleidigt zu sein, weil Tommy lediglich Serenatas eigene Äußerungen zitierte.

»Falls es dich beruhigt«, fügte Tommy hinzu und wedelte siegesfroh mit einem komplett zurückgekrempelten Handschuh, »die meisten Leute, die Marathons laufen, geben das Laufen ziemlich bald danach wieder ganz auf. Wie die Biggest Loser, die sich gleich hinterher wieder fett fressen. Sie haken das Kästchen auf ihrer Löffelliste ab, und weiter geht's.«

»Wusstest du, dass es den Begriff *Löffelliste* erst seit ungefähr zehn Jahren gibt? Ein Drehbuchautor hat eine Liste aufgestellt, was er noch alles machen will, bevor er *den Löffel abgibt*. Und weil ganz oben auf der Liste die Produktion eines seiner Drehbücher stand, hat er ein Drehbuch zum Thema geschrieben. Der Film muss ganz gut gelaufen sein, denn der Begriff ging viral.«

»Vor zehn Jahren. Da war ich neun. Was mich angeht, haben wir das schon immer gesagt.«

»Der Begriff *viral gehen* ist auch erst ein paar Jahre vorher *viral gegangen*. Ich frage mich, ob es dafür eine Bezeichnung gibt – für etwas, das genau das ist, was es beschreibt.«

»Du interessierst dich mehr für die Bezeichnungen von Sachen als ich.«

»Das nennt man Bildung. Solltest du auch mal probieren.«

»Wozu? Ich hab dir doch gesagt, ich will Synchronsprecherin werden wie du. Lesen kann ich schon ganz gut. Jetzt muss ich vor allem besser werden im *Noch mal, mit mehr Gefühl*, wie du gesagt hast.«

Diese ob des Altersunterschieds ungewöhnliche Freundschaft hatte ihren Anfang genommen, als das Mädchen entdeckte, dass Serenata Terpsichore das Hörbuch zu einem ihrer liebsten Young-Adult-Romane eingelesen hatte. Tommy hatte noch nie jemanden gekannt, dessen Name bei einem Amazon-Download auftauchte, weshalb ihre Nachbarin für sie auf der Stelle zum Superstar wurde.

»Ich glaube, was an diesen schlagartig ubiquitären Ausdrücken nervt ...«

Tommy fragte nicht nach.

»... was heißt, dass plötzlich jeder sie benutzt«, fügte Serenata hinzu. »Es ist einfach so, dass Leute, die mit Modewörtern um sich werfen, meinen, sie seien ach so hip und erfinderisch. Aber hip und erfinderisch, das schließt einander aus. Man kann nur unhip und erfinderisch oder hip und konformistisch sein.«

»Für eine Lady, die sich nicht dafür interessiert, was andere Leute denken und tun, redest du verdammt viel darüber, was andere Leute denken und tun.«

»Das liegt daran, dass mir andere Leute die ganze Zeit *auf die Pelle rücken*.«

»Ich rücke dir auf die Pelle?«, fragte Tommy schüchtern und blieb tatsächlich stehen.

Serenata zog sich hoch – es war ein Schlimmes-Knie-Tag –

und legte einen Arm um das Mädchen. »Auf gar keinen Fall! Wir beide gegen den Rest der Welt. Nachdem du jetzt stehen geblieben bist, kannst du die nächsten dreißig Schritte eh abschreiben. Also machen wir uns einen Tee.«

Dankbar sank das Mädchen auf einen Stuhl. »Wusstest du, dass sich dein ganzer Körper innerhalb von fünfzehn Minuten, wenn du dich hinsetzt, also, dass er sich verändert und so? Dein Herz und alles.«

»Ja, das habe ich mal gelesen. Aber ich kann nicht mehr zwölf Stunden am Stück stehen. Das tut weh.«

»He, ich wollte dir vorhin kein schlechtes Gewissen machen. Wegen dem Laufen und so. Weil, also, das steht ja wohl mal fest, für einen alten Menschen ... siehst du noch ziemlich heiß aus.«

»Danke, kann schon sein. Erdbeer-Mango, okay?« Serenata zündete die Flamme unter dem Kessel an. »Aber so eine halbwegs gute Verfassung hält nicht ewig. Trainieren war mein Geheimnis. Ein Geheimnis, das out ist, fürchte ich.«

»Gar nicht so out. Die meisten Leute sehen furchtbar aus. Wie meine Mutter.«

»Du hast doch erzählt, sie hat Diabetes.« Dass Serenata genau in diesem Moment einen Teller Mandelkekse vor sie hinstellte, war schlechtes Timing. »Sei nicht so streng mit ihr.«

Tommy March wurde nicht nicht geliebt, aber sie wurde zu wenig geliebt, und das war schlimmer – so wie eine radikale Fastenkur in ihrem Absolutismus stärkend wirkte, während eine endlose Diät einen reizbar und schwach machte. Der Vater war vor langer Zeit abgehauen, und ihre Mutter verließ kaum das Haus. Vermutlich lebten sie von Sozialhilfe. Deshalb wohnte Tommys Mutter, obwohl das hier eine Gegend mit niedrigen Immobilienpreisen war – dieses riesige Schindelhaus mit zwei Bädern, drei Veranden und sechs Schlafzimmern war für 235 000 Dollar ein Schnäppchen gewesen –, zwangsläufig immer noch zur Miete. Sie hatte ihre Tochter nie darin bestärkt, aufs College zu gehen. Was ein Jammer war, denn Tommy steckte voller Energie, aber ihrem Drang zur Selbstoptimierung fehlte das Ziel. Wie eine Flipperkugel kullerte sie von Fimmel zu Fimmel, ohne die größeren gesellschaftlichen Kräfte zu durchschauen, von denen die Flipper in Bewegung gehalten wurden. Als sie sich zur Veganerin erklärte (um nach zwei Wochen festzustellen, dass sie ohne den Käse auf der Pizza nicht leben konnte), meinte sie, die Idee sei ihr aus heiterem Himmel gekommen.

Deshalb hatte Tommy auch ein nervöses Verhältnis zu Zucker, typisch für ihre Zeit und Generation. Als würde sie das Gebäck hinter dem eigenen Rücken stibitzen, schoss ihre Hand wie die Zunge einer Eidechse blitzschnell vor und schnappte sich einen Keks. »Was Social Media angeht, bist du immer noch die griesgrämig-verpeilte alte Lady, stimmt's?«

»Ich habe Besseres zu tun. In der realen Welt.«

»Soziale Medien sind die reale Welt. Viel realer als diese hier. Das weißt du bloß nicht, weil du dich selbst ausgeschlossen hast.«

»Ich ziehe es vor, dich als Spionin zu benutzen. Remington habe ich jahrelang auf die gleiche Weise missbraucht. Er zog hinaus in die amerikanische Arbeitswelt und hat mir dann berichtet. Und wenn ich bedenke, was er dort rausgefunden hat ... Eine Isolationsschicht scheint mir vernünftig.«

»Ich glaube bloß, dass du wissen solltest ... Also, auf diesen YA-Plattformen ...« Tommy sah Serenata jetzt nicht mehr in die Augen. »Es ist irgendwie nicht so super, wenn Weiße, die Hörbücher einlesen, Akzente imitieren. Schon gar nicht bei *POC*.«

»*People of Color!*«, sagte Serenata. »Ich wette, du hast gedacht, dass ich das nicht weiß. Remington fand es immer irrsinnig lustig, dass er rausfliegen würde, wenn er bei der Arbeit stattdessen Colored People gesagt hätte. Aber dann ist er trotzdem geflogen. So viel zum Korbleger, wenn du kein professioneller Basketballspieler bist.«

»Also, ich mache die Regeln nicht.«

»Aber natürlich machst du die Regeln. Remington meint, dass diese willkürlich zusammengebastelten Tabus ihre Macht erst dadurch entfalten, dass jeder sie sklavisch befolgt. Er meint, Regeln, die rundum nicht befolgt werden, sind *nur Empfehlungen*.«

»Du hörst mir nicht zu! Der Punkt ist, dass dein Name kursiert. Und nicht im positiven Sinne.«

»Und was war noch mal verkehrt daran, Akzente zu benutzen? Ich kann das nicht nachvollziehen.«

»Es ist ... problematisch.«

»Und was heißt das?«

»Es heißt einfach alles. Es ist ein großes, dickes, fettes Wort für absolut alles, was superschlimm ist. Jetzt sagen nämlich alle, dass es *Mimikry* ist, wenn weiße Leser so tun, als würden sie wie Randgruppen sprechen, und auch so was wie kulturelle Aneignung.«

»Es deprimiert mich zutiefst, dass du *Randgruppen* und *kulturelle Aneignung*, was immer das sein soll, runterrasseln kannst, während du das Wort *ubiquitär* nicht kennst.«

»Ich kenne es ja! Es bedeutet, dass jeder es tut.«

»Nein. Omnipräsent, überall. Also, warum kursiert mein Name?«

»Ehrlich? Deine Akzente in den Hörbüchern. Ich glaube, es liegt daran, dass du sie so gut beherrschst. Du hast einen Ruf auf dem Gebiet. Wenn diese Leute ein Beispiel brauchen, fällt ihnen dein Name ein.«

»Nur damit ich das richtig verstehe«, sagte Serenata. »Ich

soll den Dialog mit einem Koksdealer in Crown Heights jetzt so sprechen, als wäre er Professor für Mittelalterliche Literatur in Oxford. ›Jo, Bro, die Tusse is nix wie 'ne Hure, echt jezz ma.‹« Sie hatte den Satz mit einer englischen, aristokratischen Hochnäsigkeit unterlegt, und Tommy musste lachen.

»Bitte erzähl Remington nichts von alldem«, sagte Serenata. »Versprich's mir. Ich meine es todernst. Er flippt sonst aus.«

»Erzähl Remington nichts wovon?« Der Genannte höchstpersönlich schloss hinter sich die Terrassentür. Es war November, und er hatte den üblichen Fehler gemacht, sich dick einzumummeln, obwohl das größte Problem beim Laufen darin bestand, dass einem heiß wurde. Unter den ganzen Wintersportklamotten war er schweißgebadet, sein Gesicht war rot angelaufen. Die rötliche Färbung wurde durch ein Glühen verstärkt, das eher von innen kam. Du liebe Zeit, sie hoffte inständig, dass sie selbst nie derartig vor Selbstgefälligkeit strotzend von einem lächerlich kurzen Lauf zurückgekommen war.

3

»So, ich habe geblutet und mich verkabeln lassen für dich, und jetzt kann ich Entwarnung geben«, verkündete Remington, kaum dass er die Tür hinter sich geschlossen hatte. Der Checkup war nicht seine Idee gewesen, und er wollte gute Laune verbreiten. »Doktor Eden hat eine minimale Herzrhythmusstörung festgestellt, aber er hat mir versichert, das sei ganz normal und kein Grund zur Beunruhigung.«

»Was für eine Rhythmusstörung?« Er hätte am liebsten überhaupt keine negativen Befunde erwähnt, aber zu Serenatas Glück nahm ihr Mann es mit der Wahrheit peinlich genau.

»Ich habe vergessen, wie sie heißt.« Er hatte beschlossen, sich nicht zu erinnern, um zu verhindern, dass sie die Panik herbeigoogelte. »Entscheidend ist, dass es mir gut geht. Eden sieht keinen Grund, warum ich nicht den Marathon laufen sollte, solange ich die Distanzen Stück für Stück steigere und mich an das Programm halte.«

»Was für ein Programm?«

»Ich trainiere nach einem Plan aus dem Internet.« Sein Ton war beflissen.

»Du konntest nicht *selbst* rauskriegen, wie man es anstellt, jede Woche ein bisschen weiter zu laufen?«, sagte sie ihm in den Rücken, als er zum Wagen zurückging.

»Das ist nicht so einfach«, sagte er, während er zwei unförmige Taschen vom Rücksitz zerrte. »Man muss sich Ziele setzen, längere Läufe absolvieren und dazwischen immer mal wieder kürzere. Das Tempo variieren. Das Ganze ist eine Wissenschaft. Du bist selbst nie einen Marathon gelaufen ...«

»Jetzt lassen wir also den Fachmann raushängen.«

»Ich verstehe diese Geringschätzung nicht, die du gegenüber allen Unternehmungen anderer Leute an den Tag legst.« Als er die Taschen neben dem Esstisch abstellte, schepperte es darin. »Warum ist die Tatsache, dass ich die wesentliche Literatur zu diesem Thema zurate ziehe, ein Zeichen von Schwäche? Schwach ist es, dass du dem Rest der Menschheit feindselig gegenüberstehst. Damit gerätst du evolutionär ins Hintertreffen. Zeig doch mal Demut, dann kannst du von den Fehlern anderer Leute lernen.«

»Was ist das für Zeug?«

»Hanteln. Ich muss meine Rumpfmuskulatur trainieren.«

Serenata rang einen Anfall von geistiger Übelkeit nieder. »Was ist falsch an dem Wort *Oberkörper*? Und ich habe Hanteln. Du hättest dir meine leihen können.«

»Du hast von Anfang an ziemlich wenig Bereitschaft zum Teilen gezeigt. Es ist besser, dass ich mir meine eigene Ausrüstung zulege. Ich dachte mir, ich nutze eines der freien Schlafzimmer als Fitnessraum.«

»Du meinst, du willst eines der Schlafzimmer in Beschlag nehmen«, sagte sie.

»Du hast doch selbst eins für deine Kreiselübungen *in Beschlag genommen*, oder nicht?«

»Du hast noch dein Arbeitszimmer. Obwohl ich nicht weiß, wozu das gut sein soll.«

»Du kannst mir nicht ernsthaft vorwerfen, dass ich arbeitslos bin. Sag, dass du das nicht so gemeint hast.«

»Nein. Oder vielleicht doch, aber das war nicht nett. Mir hat das Wort *Kreiselübungen* nicht gefallen. Das war wie ein Schlag in Gesicht. Tut mir leid.«

»Ein schwererer Schlag. Ich nehme *Kreiselübungen* zurück. Fitnessübungen. Ich nenne sie, wie immer du willst.«

»Na, dann los, nimm dir eins der freien Schlafzimmer. Wir wohnen in einem großen Haus und sind schließlich nicht die europäischen Mächte, die nach dem Ersten Weltkrieg den Mittleren Osten unter sich aufteilen.«

Sie nahm Remingtons Gesicht in beide Hände und küsste ihn auf die Stirn, um den wiederhergestellten Frieden zu besiegeln. Es war nach halb sieben, und in Serenataland musste man sich sein Abendessen verdienen.

Sie entschwand also nach oben und wechselte in schmuddelige Shorts und ein zerfranstes T-Shirt, während sie sich fragte, ob die erwähnte Herzrhythmusstörung wirklich kein Grund zur Beunruhigung war; die ärztliche Schweigepflicht würde verhindern, dass die Fakten auf den Tisch kamen. Obwohl sie ihrem Mann glaubte, dass er hinsichtlich der *Entwarnung* die Wahrheit sagte, war er dermaßen versessen darauf, diesen Saratoga Springs Marathon zu laufen, dass sie ihm zutraute, eine Anomalie zu trivialisieren, die Anlass zur Sorge geben müsste.

Zu größerer unmittelbarer Sorge gab der schnippische Ton ihrer Gespräche seit Oktober Anlass, der kaum mehr mit den geschliffen trockenen Wortgefechten à la *Der dünne Mann* aus den frühen Tagen ihrer Ehe zu vergleichen war. Die letzten beiden Monate waren von billigen Seitenhieben typischer *Empty Nester* geprägt gewesen, denen nach dem Auszug der Kinder keine Gemeinsamkeiten mehr geblieben waren, auch wenn sie sich die Rückkehr zur trauten Zweisamkeit jahrelang als Befreiung vorgestellt hatten. Es wurmte sie, dass ihre Zurückhaltung nicht positiv gewertet wurde. Seit Anfang Dezember, nach jeder Menge Training, nach Onlineauswertungen der investierten Zeit und knapp zweitausend Dollar Kosten für Ausrüstung (sie hatte alles im Blick), hatte Remington sich zu einer respektablen Laufdistanz von acht Kilometern hochgearbeitet. Mit dem Tempo ging es allerdings eher bergab! Als er am vergangenen Samstag dieses bemerkenswerte Streckenpensum in gut einer Stunde geschafft hatte, musste er auf eine Laufzeit von neun Minuten pro Kilometer gekommen sein. Die Selbstbeherrschung, die es sie kostete, sich nicht über ihn lustig zu machen, wusste er nicht im Entferntesten zu schätzen.

Dieser Teil des Tages weckte in ihr, wie üblich, keinerlei Eifer, und wenn es nicht schon so spät gewesen wäre, hätte sie eine plötzliche Entschlossenheit gepackt, die Wäsche zusammenzulegen. Sie amüsierte sich immer über Faulpelze, die erklärten, dass ihnen, ach, wisst ihr, das Trainieren einfach *keinen Spaß* machte. Schon wahr, einige Sportarten waren so unterhaltsam, dass man die Anstrengungen vergaß, die sie einem abverlangten, aber reines Fitnesstraining war eben abscheulich, und jeder vernünftige Mensch absolvierte es mit Grauen. Für den heutigen Abend standen diverse *Kreiselübungen* auf dem Programm, die ausschließlich ihre Beine ansprechen sollten, und ihr Orthopäde hatte betont, sie könnten gar nicht *stark genug* sein, eine Bemerkung, die diese Patientin als Herausforderung auffasste. Unter den diversen Masochismen, denen sie zuneigte, rangierte das Beintraining, was die Langeweile anging, mit Abstand an erster Stelle.

Sie hatte die Heizung abgestellt, und im Zimmer war es eiskalt – sodass ihr, um warm zu werden, nichts anderes übrig blieb, als sich körperlich zu betätigen. Der Fernseher war groß, laut, smart und mit Hunderten Kabelkanälen bestückt, außerdem gab es Netflix, Hulu und Amazon Prime. Als Notreserve war die Festplatte mit Filmen und Boxsets vollgestopft. Ohne Fernsehen hätte sie sich diesen anderthalbstündigen Firlefanz des Haltens und Springens und Streckens und Dehnens geschenkt und sich stattdessen eine Kugel in den Kopf gejagt.

Aber die Auswahl dessen, was an optimaler Online-Verpflegung infrage kam, war gering. Die Kost durfte nicht zu schwer sein, weil sie die durch Ergriffenheit absorbierte Energie nicht erübrigen konnte. Sie durfte nicht zu lustig sein, weil sie die durch Lachen absorbierte Energie nicht erübrigen konnte. Untertitel kamen nicht infrage. Dokumentationen waren okay, solange sie nicht pseudokünstlerisch daherkamen. Ideal war *guter Mist*. Blöderweise hatte sie die letzte Staffel von *Crazy Ex-Girlfriend*, einer geradezu idealen Serie, zu Ende gesehen.

Sie entschied sich lustlos für einen Nachrichtensender, legte sich die Schlaufe eines Nylongurts ums Fußgelenk und fixierte die Ankerplatte am anderen Ende unter der geschlossenen Tür. Dann arbeitete sie sich durch die vier Phasen der Hüftstärkungsübung: das schwarze Theraband spannen, indem das gestreckte Bein (theoretisch gestreckt; da sie an einer *reduzierten Kniestreckung* litt, war das rechte Bein stets ein wenig gekrümmt) nach vorne, nach rechts, nach hinten und nach links geführt wurde, zwanzigmal in jede Richtung, während sie darüber nachdachte, wie groß der prozentuale Anteil ihres bisherigen Lebens war, den sie dieser Art von Monotonie geopfert hatte. Anderthalb Stunden eines Tages mit sechzehn Wachstunden machten ... Unmöglich, während der bewussten Wiederholung von Bewegungsabläufen *(eins, zwei, drei, vier ...)* mathematische Berechnungen anzustellen. Es genügte aber auch festzuhalten, dass es sich um einen hohen Prozentsatz handelte: ein Grund, stolz oder entsetzt zu sein? Mit ihrem letzten Atemzug würde sie Jackie Kennedys nicht verbürgte Klage auf dem Sterbebett wiederholen: »Warum in aller Welt habe ich all diese Sit-ups gemacht?« Serenata hatte bereits eine gehörige Portion der ihr auf Erden zur Verfügung stehenden Zeit damit verbracht, sich zu Tode zu langweilen. (*Linkes Bein, zweite Runde. Eins, zwei, drei, vier ...*) Auch hatte sie einen erstaunlichen Teil ihres kurzen, endlichen Lebens mit *Zählen* verbracht. Wie eine Kindergärtnerin.

In den Werbespots der Pharmaindustrie sah man quadratschädelige ältere Männer mit vollem grau meliertem Haar an der Seite von schicken Frauen in grellen Leggings und farblich abgestimmten Trainingsjacken stehen, Letztere mit einer eingefärbten grauen Strähne im Haar als einzigem Hinweis auf ihr fortgeschrittenes Alter. Ungeachtet aller durch welche Krankheiten auch immer verursachten Gebrechen, die die Darsteller nachäfften, liefen in jeder dieser Werbungen die Leidtragenden irgendwelche Uferpfade entlang, radelten über Landstraßen oder wanderten auf Waldwegen. Und immer lachten sie, sodass man sich fragte, was an dieser pausenlosen Emsigkeit so wahnsinnig lustig war.

Senioren in der Arzneimittelwerbung sahen mit seligem Blick aus dem Fenster in den Sonnenuntergang, Porzellanteetassen zwischen Daumen und Zeigefinger. Irgendetwas war geschehen, und Serenata hatte die Sache untersucht. Die Veränderung war zunächst schleichend vonstattengegangen, unmerklich sogar, schließlich aber, in ihrer vollkommenen Universalität, abrupt.

Am deutlichsten war der Wandel bei Frauen zu beobachten gewesen, die als Mädchen zwar vielleicht hatten schlank sein wollen, aber sichtbare Muskeln am weiblichen Körper als unansehnlich, unschicklich und maskulin erachteten. Serenatas Begeisterung für einen gut definierten Bizeps galt damals als befremdlich, wenn nicht gar suspekt, und mit kurzen Ärmeln war sie nicht selten als *Lesbe* beschimpft worden.

Schnellvorlauf in die Gegenwart. Selbst Models, die klassisch feminine Produkte wie Parfüms bewarben, trugen Sport-BHs.

In Magazinen wurden die Umrisse nach wie vor so mit Photoshop bearbeitet, dass in den schmalen Körpern keine Niere Platz gehabt hätte, aber die bei freiem Bauch sichtbaren, an verwehten Sand erinnernden Riffelungen waren neu. Bei Werbung auf Bussen waren die riesig vergrößerten Schultern scharf geschnitten, die Schenkel wie gemeißelt. Auf Plakatwänden ließen sogar in Nachtwäsche schmachtende Schönheiten durch die Schlitze ihrer Negligés Waden sehen, die voll und stramm waren. Angesichts des vielen Geldes, das im Spiel war, basierte das moderne Ideal, das die Werbebranche der Öffentlichkeit vor Augen führte, auf erstklassigen Recherchen, und in der werblichen Präsentation des heutigen Alltagslebens sah man überall verführerische junge Damen beim Kajaken, Bergsteigen, Schwimmen, auf Trimmrädern im Fitnessstudio, schweißgebadet an Rudermaschinen und beim Einprügeln auf Boxsäcke. Die verwegene Unterstellung, dass ausgerechnet Serenata das zeitgenössische Streben ihrer Geschlechtsgenossinnen nach Stärke verheißungsvoll und überhaupt ganz wunderbar finden sollte, machte die feuereifrigen straffen Frauenkörper, mit denen die Marketinglandschaft plakatiert war, umso nervtötender.

Sie setzte den rechten Fuß auf die Sitzfläche eines Holzstuhls und stieß sich mit dem linken Fuß vom Boden ab, stemmte sich auf den rechten Fuß und zog das linke Knie auf Brusthöhe. Einhundertmal mit dem rechten, einhundertmal mit dem linken Bein, und bei jedem Aufstieg tief ausatmen. Das Schwierige war, das Gleichgewicht zu halten.

Man musste bedenken, dass sie dieses anderthalbstündige Tuning kein bisschen nobler fand als das Tuning eines Autos. Gewissenhafte Autofahrer pflegten ihre Autos, erwarteten aber keine Medaille für den Ölwechsel, und so versuchte auch sie, sich als verantwortungsvolle Sachwalterin eines Mechanismus zu verhalten. Das hatte etwas von Aufopferung, aber nicht im religiösen Sinne. Sie opferte sich aus reinstem Eigeninteresse für den Erhalt dieses Gefährts auf: Es brachte sie von A nach B.

Sie schloss die Klettverschlüsse an den beiden Fünf-Kilo-Knöchelgewichten, und ein stechender Schmerz erinnerte sie daran, dass diese ritualisierten Anstrengungen mit dem Ziel der Erlösung, sollte sie ein tägliches Fitnessmartyrium jemals als Ausweis moralischer Qualitäten betrachtet haben – als Mittel, auf einer Leiter der Erleuchtung in große Höhen vorzudringen oder in der gesellschaftlichen Hierarchie immer weiter nach oben getragen zu werden –, ein Fehlschlag gewesen waren. Sie wurde bestraft. Die Diagnose von Dr. Churchwell war auf beleidigende Weise prosaisch gewesen, großväterlich, ruhestandempfehlend: Arthrose in beiden Knien, in allen drei Sektoren Knochen auf Knochen. Da sich für dieses Leiden keine familiäre Veranlagung feststellen ließ, erklärte er von oben herab, dass der Zustand eindeutig von einer *Überbeanspruchung* herrühre. Die Erwartung, dass sicher, wenn schon nicht Tugendhaftigkeit, so doch wenigstens angemessenes Verhalten belohnt werden würde, war naiv gewesen, was aber nichts an der Heftigkeit des Gefühls änderte – *dass es nicht fair war.*

*

Beim Abendessen hatte Remington eine Agenda.

»Es ist mir nicht entgangen«, setzte er an, »dass du meine Entdeckung des Ausdauersports als etwas empfindest, das dir weggenommen wird. Ich möchte gern mit dir herausfinden, was es mit deinem *Besitzanspruch* – anders kann ich es nicht nennen – auf körperliche Fitness auf sich hat.«

»Ich denke, körperliche Fitness *ist* mein Besitz«, sagte sie kühl.

»Du hast sie erfunden?«

»Ich habe sie für mich erfunden.«

»Das heißt, die Athener, die die 42,195 Kilometer von der Stadt Marathon nach Athen gelaufen sind – sie haben einen Zeitreisenden geschickt, um dir die Idee zu stehlen.«

»Das wäre höchst unwahrscheinlich. Zumal ich, wie du vorhin ja so treffend festgestellt hast, nie einen Marathon gelaufen bin, nicht wahr? Obwohl ich sechsundzwanzig, siebenundzwanzig Kilometer am Stück gelaufen bin. Damals hab ich mich in Australien verirrt und musste weiter, bis ich wieder auf irgendeine Art von Zivilisation stieß – ich hätte also wahrscheinlich auch noch fünfzehn mehr geschafft, wenn es nötig gewesen wäre.«

»Du hast immer gesagt, wenn du jemals einen Marathon laufen würdest, dann allein.«

»Das stimmt.«

»Nur dass das nun nicht mehr passieren wird.«

»Na, das ist heute nicht gerade der Serenata-soll-sich-wohlfühlen-Tag, oder?«

»Die einzige Art, wie du es jemals geschafft hättest, 42,195 Kilometer zu laufen, wäre ein Gruppenevent gewesen, wie alle anderen das auch machen.«

»Ich finde große Mengen von Menschen, die am selben Ort dasselbe tun, ein wenig abstoßend.«

»Nein, du findest sie sehr abstoßend. Aber auf normale Menschen hat die Gesellschaft anderer, die sich mit ihnen in eine gemeinsame Anstrengung hineinbegeben, eine eher motivierende Wirkung.«

»Ich bin unfähig, mich in einer Menge zu verlieren. Ich verspüre keinerlei Verlangen, mit anderen zu einer riesigen pulsierenden Amöbe zu verschmelzen.«

»Ist es dir je in den Sinn gekommen, dass du vielleicht etwas verpasst?«

Serenata überlegte. »Nein.«

»Du fühlst dich über Menschen *erhaben*, die zu einer kollektiven Erfahrung fähig sind.«

»Ja, das ist wohl so. Gottesdienste, Fußballspiele und sogar Rockkonzerte lassen mich kalt. Das mag schade sein, aber auch hakenkreuzfahnenschwenkende Massen im Nationalsozialismus hätten mich nicht berührt.«

»Soweit ich weiß, bist du nirgendwo Mitglied. Nicht in einem Berufsverband, nicht in einer politischen Partei; ich kann mich nicht mal erinnern, dass du jemals einen Bibliotheksausweis hattest. Immerhin bleibst du dir also treu, auch wenn mich deine konsequente Verweigerung gesellschaftlicher Bindungen ein wenig frösteln macht. Aber ich will noch mal auf die Sache mit dem *Besitzanspruch* zurückkommen.«

»Na dann«, sagte sie großmütig.

»Denk mal drüber nach: all die Sportarten, die Menschen betreiben und seit Generationen betrieben haben. Du bist so stolz darauf, *Liegestütze* zu machen, aber der Begriff ist von irgendjemandem vor langer Zeit geprägt worden. Die Rekordbücher sind voll von Leistungen jenseits deines Horizonts: die erste Frau, die den Ärmelkanal durchschwommen hat. Das Fahrrad, mit dem du zum Café Fiorello gekommen und mit dem du seitdem sturköpfig zu allen Restaurants geradelt bist: Du hast das Fahrrad nicht *erfunden* ...«

»Ein Besitzanspruch ist eine Empfindung. Ich kann das Gefühl haben, etwas zu besitzen, ohne dass mir dafür formell das Recht eingeräumt wird.«

»Aber der Besitzanspruch auf körperliche Fitness ist nicht nur irrational. Er ist geisteskrank. Und was dich und mich angeht, ist deine wahnwitzige Verteidigung dieses Territoriums hochgradig problematisch.«

»Oh, bitte benutz dieses Wort nicht, laut Tommy ist *proble-*

matisch heutzutage das Etikett für Grenzüberschreitungen weißer Menschen, die unvorstellbar böse sind.«

»Also weißer Menschen, Punkt. Das unvorstellbar Böse versteht sich von selbst.«

Für einen Moment standen sie auf derselben Seite.

»Du verstehst mich viel besser, als du vorgibst«, sagte sie. »Natürlich sind schon vor mir jede Menge Menschen durch die Gegend gerannt, auf und ab gehüpft, irgendwo mit dem Fahrrad hingefahren – aber nicht *annähernd* so viele, wie heute das Fahrrad für sich entdeckt haben, nicht *annähernd*. Natürlich gibt es auch so was wie professionelle Athleten – von denen sprechen wir aber nicht. Plötzlich machst du den Fernseher an, und alle Figuren sind im Fitnessstudio. In den letzten Jahren hatte das *einzige* Thema, von dem du *sicher* sein konntest, dass es die Popularitätsliste auf der Website der *New York Times* anführen würde, irgendwas mit *körperlicher Ertüchtigung* zu tun. So ziemlich die einzigen Artikel, die es geschafft haben, Empfehlungen zum Intervalltraining vom ersten Platz zu verdrängen, sind die, die den gesundheitsfördernden Eigenschaften von Rotwein das Wort reden. Inzwischen sind die Zeitschriften voll mit Porträts von Ikonen, die achtzig Kilometer am Tag laufen. Oder hundertzwanzig. Oder hundertsechzig. Marathons – Schatz, Marathons sind ein alter Hut. Es wird erwartet, dass du deinen guten alten Marathon vor dem Frühstück läufst.«

»Das ist nicht gerade hilfreich.«

»Ich versuche nicht, hilfreich zu sein. Ich versuche, dir zu erklären, wie ich mich fühle. Und ich beobachte, dass dir die Idee, im Training Absolution oder einen Lebenszweck zu finden, von außen übergestülpt wurde. Das ist eine Infektion, wie Herpes. Du warst immer leichter zu beeinflussen als ich.«

»Wenn das ganze Land, wie du sagst, urplötzlich mit nichts

als Fitness beschäftigt ist, wie kommt es dann, dass die Amerikaner immer fetter werden?«

»Weil es bei diesem gesellschaftlichen Tsunami nicht um Ergebnisse geht. Es hat was damit zu tun, was Menschen anstreben. Kein Mensch interessiert sich mehr dafür, vor seinem Tod noch einmal nach Italien zu fahren oder *Moby Dick* zu lesen. Meine Güte, ich glaube, sie wollen nicht mal mehr alle noch einen Roman schreiben. Es geht ihnen allein darum, sich irgendein extremes sportliches Ereignis herauszugreifen, und hinterher sitzen sie bestimmt zur Rechten Gottes.«

»*Ich* glaube, dass dir die wachsende Popularität von Extremsport zu schaffen macht, weil du mit deinen eigenen Waffen geschlagen wirst. Immer mehr ganz normale Amateure setzen Bestmarken, die weit jenseits der deinigen liegen, hab ich Recht?«

»Fühle ich mich bloßgestellt, weil ich mit meinen *Kreiselübungen* in einer vergleichsweise mickrigen Liga spiele? Ja, wahrscheinlich ist das so.«

»Mit anderen Worten, wenn ich im April den Marathon schaffe, eine Strecke, von der du jahrelang unterstellt hast, dass du sie laufen könntest – und ich neige dazu, dir Recht zu geben, obwohl du es nie bewiesen hast, und nun werden wir es nicht mehr erfahren –, dann wird dein eigener Gatte dich bloßstellen.«

»Ist das deine Absicht?«

»Nein, ist es nicht, und einer der Gründe, warum ich dieses Gespräch suche, ist der, dieses Missverständnis auszuräumen.«

»Bisher glich es eher einem Verhör.«

»Ich glaube außerdem, du haderst mit dem Umstand, dass Fitness just in dem Moment eine gewisse Überhöhung erlebt, in dem du – etwas früh mit sechzig – Anzeichen von Gebrechlichkeit zeigst.«

»Na, Gratulation, Sherlock.«

»Ich meine das verständnisvoll.«

»Es hat sich nicht verständnisvoll angehört. Aber wenn du mich mit meinen eigenen Waffen schlagen willst – was du nicht willst, wie du behauptest: Der Sieg gegen einen Krüppel kommt mir eher wie Schummelei vor.«

»Im Gegenteil, wenn dein Knorpelgewebe in Ordnung wäre, hätte ich vielleicht die Idee vorgebracht, dass wir den Lauf in diesem Frühjahr zusammen machen.«

»Lügner«, sagte sie. »Du willst Anerkennung für diesen kuscheligen Vorschlag, aber du kannst ihn nur machen, weil du weißt, dass er unmöglich umzusetzen ist.«

»Wer weiß, was noch alles möglich ist, wenn du irgendwann in den sauren Apfel beißt und dir Knieprothesen einsetzen lässt.«

»Ist dir klar, was die da *machen*? Ich habe mich durchgerungen, es nachzuschauen. Sie *sägen* einem die Enden von den Knochen ab. In den Videos auf YouTube tragen die Ärzte und Schwestern alle so eine Art Schweißermaske, um sich vor den ganzen Blutspritzern zu schützen. Ein Typ, der keine Vollnarkose wollte, hat online beschrieben, wie sein ganzer Körper vibrierte und dass er das ohrenbetäubende Raspeln des Sägeblatts hören konnte. Als wäre er nicht im Krankenhaus, sondern auf einer Baustelle. Sie entfernen die Kniescheibe und ersetzen sie durch ein Stück Plastik. Sie schmeißen meine Knie in den Mülleimer. Und kloppen Metallschätte in mein Schienbein und meinen Oberschenkel, *bam, bam, bam*, wie eine Axt in einen Holzklotz, um Feuerholz zu spalten.«

»Knieprothesen sind inzwischen etwas ganz Normales ...«

»Bloß weil man etwas häufig macht, heißt das noch lange nicht, dass es keine große Sache wäre. Solche Operationen verlaufen auch nicht immer nach Plan, das gilt für alle schweren chirurgischen Eingriffe. Die Folgen können chronische Schmerzen, chronische Entzündungen oder schwere Infektionen sein.«

Remington seufzte. »Es tut mir wahnsinnig leid, dass du da vielleicht durchmusst.«

»Ja. Ja, das weiß ich.« Sie griff nach seiner Hand. »Aber wenn es schiefgeht, kann diese Operation mein Leben ruinieren.«

»Ist das nicht ein bisschen übertrieben?«

»Nein«, sagte sie sofort. »Ich müsste jemand ganz anderes werden. Wir beide würden einen schmerzlichen Verlust erleiden. Wenn es stimmt, was Churchwell sagt, bleiben dir allerhöchstens noch achtzehn Monate mit der Frau, die du einmal geheiratet hast.«

»Auch mit Oberschenkelstümpfen wärst du immer noch die Frau, die ich einmal geheiratet habe.«

»Ich wünschte, das wäre wahr. Unglücklicherweise verbreiten sich Gefühle wie Enttäuschung und Verbitterung wie Kartoffelfäule. Schon wenn ich über die Superhelden *lese*, die den ganzen Tag Ultramarathons laufen, denke ich: *Wartet ab.* Eh ihr's euch verseht, liegt ihr auf dem OP-Tisch, über euch die chirurgische Säge, ihr verdammten Idioten. Die Vorstellung erfüllt mich mit Genugtuung.«

»Du hast eine gehässige Seite.«

»*Seite?* Ich glaube nicht, dass es nur eine Seite ist.« Eine der Freuden ihrer Ehe war die gegenseitige Erlaubnis, hinter geschlossenen Türen abscheulich sein zu dürfen.

Sie standen auf, um die Teller abzuräumen, auf denen die verbliebenen Bissen längst vertrocknet waren. »Weißt du, dieser neue Fitnessfetisch hat eine ganz besondere *Textur*«, sagte Serenata. »Du hast gesagt, der Sport erlebt eine gewisse *Überhöhung*. Das ist ein treffender Begriff. Aber ich habe Training nie überhöht. Es ist biologische Hausarbeit, wie den Wohnzimmerteppich saugen. Heutzutage erlangt man einen Zustand der Heiligkeit, wenn man sich körperlich verausgabt. All diese Anfänger scheinen zu glauben, dass sie den Sprung vom Menschen zum Gott vollziehen. Diese ... Scheinheiligkeit, diese ... Selbstgefälligkeit. Das hat mir den Geschmack an meinen eigenen Fitnessübungen verdorben, wie während meiner Schwangerschaft, als alles metallisch schmeckte. Und jetzt fürchte ich, na ja ... ich will nicht, dass auch du dich mit diesem salbungsvollen Pseudo-Nazi-Narzissmus infizierst.«

»Du hast also Angst, dass ich ein Arschloch werde«, sagte Remington. »Aber, meine Liebste, und ich sage das so zärtlich wie möglich: Das Arschloch bist du.«

»Ha! Ich glaube nicht, dass man das zärtlich sagen kann, mein Liebster.«

»Regelmäßiges energisches Training hilft dabei, ein gesundes Gewicht zu halten. Es kann die Reduktion von Diabetes Typ 2 bewirken, es verringert die Wahrscheinlichkeit, an Krebs zu erkranken, und es kann möglicherweise sogar den Verlauf von Parkinson positiv beeinflussen. Es verbessert den Schlaf. Es erhöht die Lebenserwartung und schärft den Verstand, und häufig ist es wirksamer gegen Depressionen als jedes Medikament.«

»Dann bist du also einer von diesen Lesern, die solche Artikel im Netz ganz nach oben treiben.«

»Abgesehen davon«, fuhr er fort, »dass du einen strafferen Körper bei deinem Ehemann vielleicht attraktiver finden könntest. Aber deine Reaktion auf die wachsende Aktivität deiner Landsleute ist Verzweiflung. Du willst die Erträge deiner lebenslangen Gewohnheiten ganz für dich allein haben. Wenn du etwas tust, dann ist das eine weise, wohlüberlegte Betätigung, und wenn alle anderen dasselbe tun, dann ist es ein verabscheuungswürdiger Fimmel. Also: Das Arschloch bist du.«

Serenata lachte. »Na schön, ich bin ein Arschloch. Nur spielt es überhaupt keine Rolle, was ich empfinde. Ich kann dasitzen und in meiner Wut still vor mich hin schmoren, weil mich an der Kreuzung plötzlich all diese anderen Fahrradfahrer anglubschen. Kein Einziger von denen wird auf die gesundheitlichen Vorteile des Radfahrens verzichten und sein neumodisches Gerät in den Keller verbannen – bloß weil er sonderbare, Furcht einflößende Feindseligkeitsvibes von einer durchgeknallt aussehenden älteren Dame kassiert hat, die sich krampfhaft an ihren Lenker klammert. Emotionen dienen, genau wie Meinungen, der Unterhaltung. Wenn ich diese athletische Revolution feiern würde, statt sie zu verdammen, griffe deswegen auch nur ein einziger Amerikaner mehr nach einer Hantel? Und ich bin nicht der Hipp-hipp-hurra-Typ. Deshalb finde ich es amüsanter, die Empörte zu geben.«

»Aber es spielt eine Rolle«, sagte Remington mit plötzlicher Ernsthaftigkeit und legte ihr eine abwaschwassernasse Hand an die Wange, »was du mir gegenüber empfindest.«

*

Im Januar handelte Serenata entsprechend der Theorie, dass sich alte Menschen vor allem nach den Feiertagen einsam fühlten. Verwandte konnten versucht sein, ihre liebevolle Zuwendung an Weihnachten als Ausrede dafür zu benutzen, sich danach eine Weile rarzumachen.

Auf dem kurzen Fußweg inspizierte sie die Straßen und stellte Spekulationen darüber an, woran es lag, dass Hudson kaum den Eindruck einer blühenden Stadt machte. Die meisten Maschendrahtzäune rosteten nicht, doch es gab Ausnahmen. In einer beliebigen Häuserzeile mochte nur ein einziges Gebäude mit Brettern vernagelt sein, aber genau dieses eine strahlte in ökonomischer und ästhetischer Hinsicht etwas aus, das sich erheblich von der einer Häuserzeile ohne ein einziges vernageltes Gebäude unterschied. Einige der Geschäfte an der Warren Street waren schick und neu – und trugen oft peinliche wortspielerische Namen wie *Mauerblümchen* oder *HaarGenau* –, aber ihre optimistische Aura schien etwas Wahnhaftes zu haben. Die meisten vermittelten einem das starke Gefühl, dass sie es nicht schaffen würden. Kirchenfenster wurden durch vorgehängte Plexiglasscheiben geschützt, hinter denen das bemalte Glas wie geschwärzt und auch ein wenig feindselig aussah, als fürchtete man, ortsansässige Jugendliche mit schlechten Zukunftsperspektiven könnten Steine schmeißen. Säkularisierte und umgewidmete Kirchen ließen vermuten, dass die Gemeinden derer, die noch in Betrieb waren, alterten und schwanden.

Das kleine Städtchen mit seinen etwa sechstausend Einwohnern hielt sich besser als die meisten anderen in der Gegend. Wenn man Bescheid wusste, welche der schicken Cafés noch geöffnet hatten, bestand die Aussicht auf einen anständigen Cappuccino. Es gab ordentliche gehobene Restaurants, in denen man passabel essen konnte. Der Bahnhof lag an der Hudson Line, die auf einer pittoresken Strecke entlang des Flusses direkt in die City führte; insofern profitierte Hudson von Wochenendbesuchern und reichen New Yorker Sommerhausbesitzern samt deren Gästen, die hier auf einen Drink oder eine kleine Tour durch die Antiquitätenläden haltmachten, ehe sie auf ihre Panoramablick-Terrassen in den Berkshires flohen. Nichtsdestotrotz vermittelte Hudson als Städtchen zum Verweilen und nicht nur zur Durchreise das Gefühl einer gewissen Überforderung; da erging es ihm wie all den anderen Orten, deren Ökonomie wesentlich auf einem Krankenhaus fußte.

Remington war hier aufgewachsen. Menschen aus kleinen Heimatstädten tendierten dazu, sie entweder zu schmähen und die Flucht zu ergreifen oder sie zu romantisieren – nachdem man geflohen war. Ihr Mann hatte den Fehler gemacht, beides zu tun. Provinzielle Enge wurde erst aus einer gewissen Distanz zu provinziellem Charme. Schon als Teenager war ihm jede Ausrede recht gewesen, um südwärts Richtung Zivilisation zu entkommen. Als sie aber fanden, sie müssten Albany verlassen, und sei es nur wegen der mit dem Ort verbundenen Assoziationen, hatte Hudson als sicherer, tröstlich vertrauter Schlupfwinkel gelockt, genau richtig, um die eigenen Wunden zu lecken. Rückblickend war es vielleicht vorhersehbar gewesen, dass Remington schon bald einen Lagerkoller bekam. Serenata, die von der ganzen geografischen Vielfalt ihres Landes gekostet hatte, war es nie sonderlich wichtig, wo sie lebte; sie war sich selbst Ort genug. Aber jeder, der wieder dort endete, wo er aufgebrochen war, musste zwangsläufig befürchten, dass er es in der Zwischenzeit nirgendwohin geschafft hatte. Sie wünschte, ihr Mann würde begreifen, dass ihm, sobald sein Herzschlag wieder auf Normalfrequenz und der widerliche Geruch seiner unverschämt teuren Laufschuhe verflogen wäre, die gleiche Erfahrung von Stillstand, ja vielleicht sogar von Unheil drohte, wenn er einen Marathon lief. Da stehst du nun wieder, wo alles begann, und nichts hat sich verändert.

»Bitte bleib sitzen!«, rief Serenata durch die Haustür. »Du weißt, ich hab einen Schlüssel. Ich hab nur geklingelt, um dich vorzuwarnen.«

Die Aufforderung war vergeblich. Griff Alabaster hatte die Grundregeln der Gastfreundschaft noch nicht ad acta gelegt – nicht, dass er jemals besonders höflich gewesen wäre, aber er wollte auf gar keinen Fall wie ein Invalide behandelt werden. Als sie aus dem Flur hereinkam, hatte er sich hochgekämpft und war nun dabei, den Hindernisparcours durch sein vollgestelltes Wohnzimmer zu bewältigen. Da sich ihr Schwiegervater der Demütigung eines Rollators verweigerte, stemmte er seinen Stock vor sich auf den Boden und zog sich vorwärts. Er schwankte wie auf hoher See, als stakte er einen Kahn über den Holzfußboden.

»Nur du heute, Herzblatt?«

»Ja, ich fürchte, du musst heute mit mir allein vorliebnehmen«, sagte sie lächelnd und holte den Shepherd's Pie aus der Einkaufstasche. Sie fragte sich, ob es ihm nicht eigentlich lieber war, wenn sie allein zu Besuch kam. Er war schon seit Langem regelrecht peinlich vernarrt in sie. Seine Frau Margaret war tüchtig, aber anspruchslos gewesen. Sie hatte lediglich eine Ausbildung als Sekretärin absolviert (der ungewöhnliche Vorname ihres jüngsten Sohnes verdankte sich dem Schreibmaschinenhersteller); vor dem Zusammenbruch der Fischindustrie in Hudson hatte sie zur Aufbesserung des mageren Familieneinkommens in einer Fabrik Meeresgetier ausgenommen. Zu Lebzeiten war diese unansehnliche, sich zwanghaft selbst erniedrigende Frau auf ihre schlanke, adrette Schwiegertochter eifersüchtig gewesen.

»Ich schwöre, ich hab den Jungen öfter gesehen, als ihr noch in Albany gewohnt habt«, sagte Griff. »Dabei seid ihr jetzt keine sechs Blocks entfernt.«

»Na ja, du weißt, dass er seine Vorbereitung auf diesen Marathon im April wahnsinnig ernst nimmt!«, sagte sie in dem Versuch, fröhlichen Enthusiasmus zu verbreiten, während sie die Kasserolle in die Küche brachte. Vor ein paar Tagen hatte sie Tommy dafür bezahlt, dass sie hier putzte, doch die Arbeitsflächen waren schon wieder schmutzig.

Das ganze Haus war zwar nicht gerade verwahrlost, aber es gab auch keinerlei Veränderungen, abgesehen von dem unerbittlichen schleichenden Wandel, den man nicht wahrnahm, wenn man dem Verfall tagtäglich beiwohnte. Die verschossenen Blumenmuster-Vorhänge hielt Griff tagsüber oft geschlossen, um sich die Mühe des Auf- und Zuziehens zu sparen. Billige Reproduktionen alter Meister in selbst gebastelten Rahmen waren so verblichen, dass die Ölgemälde eher an Aquarelle erinnerten. Es wäre Griff nie in den Sinn gekommen, neue Sofakissen zu kaufen, geschweige denn neue Möbel, obwohl alle Polster durchgesessen waren und man Hustenreiz auslösenden Staub aufwirbelte, wenn man sie zurechtklopfte. Im Allzweckraum neben der Küche hing immer noch der schwere Mantel am Haken, den er an kalten Tagen zur Arbeit getragen hatte, aber das Leder war steif geworden, sodass er eher einer ausgestopften Jagdtrophäe glich. Die Wände im Wohnzimmer waren nach Jahren des offenen Kaminfeuers verrußt; in der Küche gab es Ecken, in die Tommy nicht vorzudringen vermochte und die vor Dreck starrten. Der Nippes, der jedes freie Fleckchen besetzte, war vermutlich nicht nach Griffs Geschmack – Porzellanfiguren von Milchmädchen –, aber seine verstorbene Frau hatte die Teile ausgesucht, und sie hatten, was vielleicht weit wichtiger war, immer an einer bestimmten Stelle gestanden, an der sie deshalb bis ans Ende aller Tage verweilen würden. Griff ließ Tommy seine abgrundtiefe Untröstlichkeit spüren, wenn sie die leere Bonbonschale aus Milchglas nach dem Abstauben drei Zentimeter neben ihren angestammten Platz stellte.

Für Serenatas Schwiegervater war *irgendein* Zuhause, das nicht *sein* Zuhause war, gänzlich unvorstellbar, aber dass er auf dem Erhalt seiner Unabhängigkeit beharrte, lag auch in Remingtons und ihrem Interesse. Der Umzug in ein Heim würde den Verkauf dieses Hauses notwendig machen, und der Erlös würde von den monatlichen Unterbringungskosten aufgezehrt. Ihre eigenen Eltern waren, wie jeder gute Amerikaner, verschuldet gestorben. Dass Griff *in situ* sterben würde, war ihre einzige Aussicht auf ein bescheidenes Erbe – und angesichts

Remingtons strafreduzierter Rente und der mit ihrer freiberuflichen Tätigkeit verbundenen Unsicherheit, eines kriselnden Immobilienmarktes, der den Wert ihres Hauses in Albany spürbar reduziert hatte, und der weiterhin laufenden Kosten für zwei erwachsene Kinder, die es wohl niemals schaffen würden, auf eigenen Beinen zu stehen, würden sie dieses Erbe wohl brauchen.

»Zu meiner Zeit«, rief ihr Schwiegervater, »wurde man dafür bezahlt, dass man sich verausgabte!«

»Erschöpfung ist eine richtige Industrie geworden«, sagte sie, zurück aus der Küche. »Stell dir das mal vor! Heutzutage kannst du Leuten *erlauben*, die Balken für dich zu schleppen, mit denen du dich früher selbst abmühen musstest, und die Stahlträger deines Hauses hochzustemmen, und du kannst sie für das Privileg auch noch zahlen lassen. Du darfst es bloß nicht *Baustelle* nennen, sondern musst *Sportzentrum* sagen. Oh, und wir müssen uns einen schnittigen Namen ausdenken – also, statt Pilates oder CrossFit könntest du dein Trainingsprojekt … *Erektion* nennen.«

Griff stieß ein röchelndes Lachen aus, während er sich in seinen durchgesessenen braunen Fernsehsessel sinken ließ. »Du hast eine Fantasie wie eine Jauchegrube, Kleine.«

»Ich glaube, *Erektion* ist genial. Das kannst du als Markenzeichen eintragen lassen – tausch einfach das *k* gegen ein *c* und gründe ein Franchise-Unternehmen. Deine Mitglieder können unter dem Motto *Fitness für Vielfraße* Fundamente ausheben, Rohbauten errichten und mit mickrig kleinen Schippen per Hand Zugangsstraßen aufschaufeln – und dabei zahlen sie eine anständige monatliche Gebühr. Du würdest ein Vermögen machen. Die Erlöse aus dem Verkauf der Gebäude, die sie errichten, brächten auch noch zusätzliches Kleingeld ein.«

»Früher haben die Leute herabgeschaut auf Menschen, die

mit den Händen arbeiten«, sagte Griff, während sie sich in den Ohrensessel setzte, der früher allein seiner Frau vorbehalten gewesen war. »Wer sein Brot mit Knochenarbeit verdiente, den erwartete nicht nur ein früher Tod, dem zollte auch niemand je Respekt. Gilt auch für meine Söhne, muss ich leider sagen.«

»Mit deinen achtundachtzig Jahren kannst du ja wohl kaum von einem frühen Tod sprechen, Griff. Aber egal, ich glaube, körperliche Arbeit wird heute keinen Deut mehr respektiert als früher. Darum würde *Erection* wahrscheinlich niemals funktionieren: Neuerdings erwirbst du dir damit, dass du dich bis an den Rand des Zusammenbruchs verausgabst, nur dann Anerkennung, wenn du dabei absolut nichts erreichst.«

»Das musst du gerade sagen.«

»Ja, allerdings. Meine Knie sind der beste Beweis.«

»Ich werde nie vergessen, wie du, als du zum ersten Mal dieses Haus betreten hast, gleich nach oben gerannt bist und dir diese knappen roten Shorts angezogen hast«, erinnerte er sich (mal wieder). »Raus aus der Tür ohne ein Wort, der arme Remy blieb zurück und musste erklären – und auf dem Tisch dampfte das Huhn. Margaret war so wütend.« Seine Frau war nicht die Einzige gewesen, die wütend war – Griff hatte eine ziemlich heftige Tirade abgelassen, als die neue Freundin von ihrem Fünfzehn-Kilometer-Lauf zurückkam –, aber mit den Jahren war die Anekdote milder geworden.

Ähnlich wie Griff selbst. Remingtons Vater war mit seinen kräftigen und narbigen Unterarmen ein stattlicher Mann gewesen, der zu Wutausbrüchen neigte. Der Trinker – er konsumierte immer noch deutlich mehr Stout, als seine Ärzte guthießen – hatte als Vater jede Menge Prügel ausgeteilt, und als Remington und Serenata sich kennenlernten, legte der Alte noch immer die gleiche brutale Direktheit an den Tag, mit der er einst den Werkzeuggürtel geschwungen hatte, wenn er seine

Söhne versohlte. Sie hatte ihn bedrohlich gefunden. Die Entspanntheit, mit der sie sich heute unterhalten konnten, war hart erarbeitet.

Irgendwann hatte seine Gestalt an Imposanz verloren. Nach über vierzig Jahren körperlicher Arbeit hatten gesundheitliche Probleme ihn in den Ruhestand gezwungen; seine Gelenke waren zerbröselt, und er litt unter chronischen Rückenschmerzen. In den letzten zehn Jahren war Griff zusammengeschrumpft wie eine Hüpfburg mit kleinem Leck – ein Eindruck, der dadurch verstärkt wurde, dass er darauf bestand, weiterhin seine alten, waldgrünen Arbeitsklamotten von der Hudson Valley Construction Company zu tragen, in denen er inzwischen zwergenhaft klein wirkte. Seine immer gleiche Streitlust war im Laufe der Jahre immer gleicher Erschöpfung gewichen – dieselbe Emotion, nur ins Gegenteil verkehrt. Es lag nicht in seinem Interesse, seine häuslichen Betreuer zu verprellen, und das liebenswürdigere Gebaren seiner späten Jahre war bis zu einem gewissen Grad kalkuliert.

Serenata vermisste es, Angst vor ihm zu haben. Griffith Alabaster war ein beeindruckender Mann gewesen, und obwohl er nie ein College besucht hatte – um die minimale Bedeutung eines solchen Besuches wussten nur die, die Colleges aus eigener Anschauung kannten –, war er klug. Und auch jetzt tat sich zwar die eine oder andere Gedächtnislücke auf, aber er war alles andere als senil.

»Was ist plötzlich in Remy gefahren? Jahrelang nichts als Verkehrsplanung und öffentliche Verkehrsmittel und Verkehrsfluss, und plötzlich redet er nur noch von *Jogging*. Die blöden Vorfälle beim Amt müssen was damit zu tun haben.«

»Oh, das ist nur ein Grund unter vielen. Er braucht Ablenkung. Was Hobbys angeht, ist Laufen vielleicht besser als Taxidermie oder dem Alkohol zu verfallen. Obwohl, wenn ich's mir recht überlege, würde mich Taxidermie wahrscheinlich mehr interessieren. Präparierte Füchse mit gefletschten Zähnen im Keller? Das könnte mir gefallen.«

»Schlimmer als Arbeiten«, erklärte Griff, »ist nur, nicht zu arbeiten.«

»Aber mit vierundsechzig findet er keinen Job mehr. Und Remington hat noch gut und gerne dreißig Jahre vor sich. Die Vorstellung, drei Jahrzehnte bloß die Zeit totzuschlagen, ist grauenhaft.«

»Was du nicht sagst«, spottete Griff.

»Er hat sich für den Weg der Entrüstung entschieden. Aber in gewisser Hinsicht schämt er sich auch. Keiner verlässt einen Job, den er so lange ausgeübt hat, gern mit eingekniffenem Schwanz. Ich bin sicher, dass es ihn beschämt, wie die Sache ausgegangen ist. Und er fürchtet, dass er mich enttäuscht hat. Dass er dich enttäuscht hat.«

»Um ehrlich zu sein, war ich erleichtert zu hören, dass der Junge über eine Beherrschung verfügt, die er auch verlieren kann.«

»Er war nicht immer so, das weißt du. So unbeirrbar, so felsenfest.«

Tatsächlich war es Remingtons größte berufliche Leistung gewesen, dass er gelernt hatte, den Mund zu halten. Aber Selbstkontrolle gehörte zu jenen virulenten Fähigkeiten, die paradoxerweise schwer zu kontrollieren waren. Während der letzten Jahre in Albany hatte er selbst in seinen eigenen vier Wänden zunehmend wortkarg reagiert, als könnte jede freimütige Äußerung schlechte Angewohnheiten befördern. Wenn er redete, hüllte er all seine Bemerkungen in eine tarnende Milde, sodass sein Gegenüber nie sicher sein konnte, ob er den Verlust einer Socke im letzten Waschgang beklagte oder Abschiedsworte sprach, bevor er sich eine Kugel in den Kopf jagte.

»Er hat sich für fünf Sekunden wie ein Mann verhalten, und er hat dafür bezahlt«, sagte Griff. »Wenn ich in letzter Zeit den Fernseher anmache, dann sind da lauter so Männer, die sich den Schwanz abschneiden lassen, weil sie sich *wie Mädchen fühlen*. Glaub ich sofort. Sie benehmen sich wie Mädchen. Echte Männer sind selten geworden wie weiße Raben.«

»Mhm«, sagte Serenata verhalten. »Womöglich fühlen sich manche Männer nicht immer und überall in der Lage, den Verantwortlichen, den Experten, die Autorität zu markieren. Denjenigen, der stark und souverän sein muss. Immer der Beschützer, niemals der Beschützte. Das ist eine schwierige Aufgabe. Frauen haben heutzutage die Wahl. Wir kreischen und verlangen von den Männern, dass sie die Wasserwanze in der Küche killen, und wenn dann jemand kommt und unseren Mut in Zweifel zieht, dann setzen wir uns aufs hohe Ross und spielen die Beleidigten. Ziemlich guter Deal, wenn man es recht bedenkt. Wir können als die Marktbeherrscherinnen auftreten und ganze Firmen leiten, und sobald Hilflosigkeit politisch nützlich ist, behaupten wir, von einer Hand auf dem Knie traumatisiert zu sein. Männer haben diese Option im Grunde nicht. Und sie laufen ständig Gefahr, als Enttäuschung rüberzukommen. Denn Männlichkeit als Ideal ist ziemlich albern. Und wenn sie dann unerwarteten Erfolg damit haben, stark, furchtlos und emotional ungerührt zu sein, ganz gleich, welches Grauen sie durchzustehen haben – Säulen der Macht, des Rechts und der Handlungsfähigkeit, auf allen Seiten müssen sie Drachen erschlagen –, dann wird das wie selbstverständlich von ihnen erwartet, oder etwa nicht? Die Wahl zwischen Pest und Cholera. Es ist vielleicht kein Wunder, dass so viele von ihnen gerne Kleider anziehen würden.«

»Remy würde gerne Kleider anziehen?«

»Nicht, soweit ich das bei der letzten Durchsicht meiner Garderobe feststellen konnte.«

»Aber er findet, dass er als Mann ein schweres Kreuz zu tragen hat.«

»Nein, ich glaube, dass er die Last seines Geschlechts immer ziemlich leicht getragen hat. Aber das Klima heute findet er unfair. Nach dem Motto: Wie du's machst, machst du's verkehrt. Zeig dich empfindsam, und du bist ein Weichei. Tritt für deine Mannschaft ein, und du bist nicht nur ein Rüpel, sondern auch von gestern.«

»Ich hab hart gearbeitet, um meine Familie zu ernähren, und ich hatte nicht das Gefühl, die Wahl zu haben. Aber ich hab mir auch nicht leidgetan.«

»Das ist bei Remington genauso. Hinter all der Gelassenheit und Sanftmut ist er gemeingefährlich. Und eine bestimmte Person würde er besonders gerne umbringen.«

»Aber er wird niemanden ermorden. Er läuft über dreißig Kilometer. Was beweist das?«

»Zweiundvierzig *Komma eins neun fünf* Kilometer«, korrigierte sie. »Oh, und du wirst bemerkt haben, dass er ein paar Pfund abgespeckt hat.«

»Halleluja.« Griff hatte, quasi aus Versehen, fünfzig Pfund abgenommen. »Ich würde seiner Figur größeren Respekt zollen, wenn er abnimmt, indem er mein Feuerholz schleppt. Letzte Woche hatte ich nur noch Kienspan, bis Tommy vorbeikam.«

»Sie muss sich draufgestürzt haben.«

»Woher weißt du das?«

»Zusätzliche *Schritte*«, sagte Serenata geheimnistuerisch. »Aber jetzt, wo du es sagst ...«

Sie brachte zwei Schubkarrenladungen aus dem Garten ins Haus und vergaß auch das Anzündholz nicht. Während sie die

Scheite neben dem Kamin stapelte, fragte sie zögernd: »Ist es gut, wenn du noch offenes Feuer machst? Mit all den rumfliegenden Funken ... Was, wenn du einschläfst?«

»Ich hab in meinem Leben mehr Feuer gemacht, als du Essen gekocht hast. Im Winter ist das das einzig Wahre. Ich zieh den Kettenvorhang vor. Ich bin alt, aber kein Idiot.«

»Soll ich dir eins anmachen? Es wird schon dunkel.«

»Lieber nicht. Ich hab meine eigene Methode, wie ich die Scheite aufschichte, und du würdest es anders machen ...«

»... woraufhin du mir den Kopf abreißen würdest.«

»Ich hab nicht mehr so viel zu tun. Ein schöner Moment, das Holz für das abendliche Kaminfeuer aufzuschichten. Macht mir einfach Spaß.«

Sie sah auf ihre Hände, während sie den Dreck abschlug. »Weißt du, wenn man bedenkt, dass Remington nie sehr sportlich war ... Könntest du dir vorstellen, bei Gelegenheit mal einen lobenden Kommentar abzugeben, so was wie *Du hast mich echt überrascht, mein Junge*, oder *Gut gemacht, Kleiner*, oder gar ...«

»Nein, und ich habe nicht die Absicht.« Er unterbrach sie mit einer Heftigkeit, die sie überraschte. »Du bist Mutter, darum solltest du das eigentlich wissen. Es kann einem fürchterlich auf den Wecker gehen, wenn Kinder immer von einem erwarten, dass man ihnen anerkennend den Kopf tätschelt, weil sie finden, sie verdienten für irgendwas Bewunderung. Wenn du etwas Falsches sagst – und frag Remy, ich denke, ich habe jede Menge Falsches gesagt –, sitzen sie am Ende brüllend in der Ecke, und es tut dir leid. Wenn sie klein sind, verhätschelst du sie also. Du hängst ihre lausigen Zeichnungen mit Magneten an den Kühlschrank. Aber wenn sie groß sind, können sie nicht davon ausgehen, wie Erwachsene behandelt zu werden, wenn sie gleichzeitig die hohlen Komplimente erwarten, mit denen du sie als Kinder verwöhnt hast. Remy wird mit meiner ehrlichen Meinung leben und sie ertragen müssen. Ich war wirklich beeindruckt, als der Junge beim Amt eine Grenze gezogen hat. Den Respekt dafür zolle ich ihm gern. Aber in meinem Alter brauch ich ihm ja wohl nichts mehr vorzuspielen, bloß weil ich sein Vater bin, bloß um seine Gefühle nicht zu verletzen. Kein erwachsener Mann jenseits der sechzig sollte noch auf Daddys verdammte Bestätigung Wert legen. Sag mir, mein Lämmchen, du findest diesen ganzen Marathonquatsch doch auch zum Davonlaufen.«

Sie holte tief Luft und wählte ihre Worte mit Bedacht. »Wenn es meinem Mann etwas bedeutet, dann wünsche ich ihm nur das Beste. Aber als Antwort auf die Frage, was er mit seinem nächsten Lebensabschnitt anfangen soll, finde ich Ausdauersport ein wenig ... *mager*.« Sie war im Begriff, noch etwas hinzuzufügen, überlegte es sich aber anders.

»Es ist *nutzlos*«, erklärte Griff.

»Der Lauf gibt ihm wenigstens ein Ziel.« Immerhin versuchte sie tapfer, ihrem Mann die Stange zu halten, keine Frage. »Ich kann das nur für mich sagen, aber die Sechziger scheinen mir schwierig. Ich schätze, jedes Alter ist schwierig. Und deins ist vielleicht noch härter. Aber Remington und ich, wir haben nicht mehr viel, worauf wir uns freuen können.«

»Vorfreude wird überschätzt. Jahrelang habe ich mich auf die Zeit gefreut, wo ich ausschlafen kann. Seit 1994 steht es mir frei, bis mittags im Bett zu bleiben, und ich steh immer noch um fünf auf.«

»Aber unsere Generation wird wahrscheinlich weit über neunzig, vielleicht sogar über hundert. Wenn man all diese Jahrzehnte des Niedergangs vor sich hat – na ja, da erscheint einem die Zukunft irgendwie grausam. An manchen Tagen mach ich mir von morgens bis abends schreckliche Sorgen – frage mich, welche Krankheit hinter der nächsten Ecke lauert oder was ich mit dem winzigen bisschen Zeit anfangen soll, bis der Vorhang fällt. Remington durchlebt vielleicht ganz ähnliche Phasen.«

»Er meint, er könne die Zeit anhalten.«

»Vielleicht sogar, sie zurückdrehen. Aber ihm seinen Wahn zu lassen kostet uns nicht viel.«

»Eine Lüge kostet immer etwas.«

»Na ja, wir müssen nur noch drei Monate überstehen.« Serenata stand auf und holte ihren Mantel. »Oh, das hätte ich fast vergessen.« Sie kramte in ihrer Tasche. »Ich hab dir ein paar CDs mitgebracht. Allerdings musst du demnächst technisch aufrüsten, weil es die nicht mehr lange geben wird. Das ist mein jüngstes Hörbuch. Ein Thriller, aber du bist ja nicht allzu wählerisch.«

»Oft kann ich der Handlung nicht folgen, aber du weißt ja, ich hör's mir trotzdem bis zu Ende an.« Griff war nie ein großer Leser gewesen, aber die meisten seiner Freunde waren tot. Er lauschte gerne Serenatas Aufnahmen, um in Gesellschaft zu sein und sich am Klang ihrer Stimme zu wärmen.

»Die Leute machen ein Gewese darum, wie widernatürlich es ist, ein Kind zu verlieren«, sagte sie nachdenklich, während er darauf bestand, sie zur Tür zu bringen. »Aber es dürfte sich fast genauso widernatürlich anfühlen, seine eigenen Kinder *alt werden* zu sehen.«

»Oh, für mich sind Remy und du immer noch wie die Turteltauben, frisch und putzmunter.«

Sie hob den Zeigefinger. »Sieh dich vor! *Eine Lüge kostet immer etwas.*«

Auf der Schwelle beugte sie sich ein wenig zu ihm herunter, damit er ihr einen Abschiedskuss auf die Wange geben konnte. »Hmm ... noch eine letzte Sache«, sagte sie. »Im April quetscht sich Valeria samt Familie in ihren Transporter, und dann fahren wir alle rauf nach Saratoga Springs, um zusammen den Marathon anzuschauen. Wenn du Lust hast mitzukommen …«

»Warum in Gottes Namen sollte ich den weiten Weg da hoch auf mich nehmen, bloß um ein paar Idioten dabei zuzusehen, wie sie mit Nummern auf der Brust und kleinen Wasserflaschen in der Hand an mir vorbeilaufen?«

»Weil einer dieser Idioten dein Sohn sein wird. Ich bin sicher, dass es ihm eine Menge bedeuten würde, wenn du ihn mit Applaus an der Ziellinie empfängst.« So. Sie hatte ihre Pflicht getan.

4

Sie hätte es vorhersehen können. Ihr Mann war ein ernsthafter, methodisch vorgehender Mensch und bis vor Kurzem daran gewöhnt, eine beträchtliche Verantwortung für das Funktionieren des Verkehrs in einer mittelgroßen amerikanischen Stadt zu tragen. Sie konnte die Ernsthaftigkeit, mit der er das Projekt in Angriff nahm, nicht einmal unverhältnismäßig nennen, wenn dieser heiß geliebte Marathon für ihn, dem die beträchtliche Verantwortung für das Funktionieren des Verkehrs in einer mittelgroßen amerikanischen Stadt entzogen worden war, das Größte in seinem Leben war.

Und doch war sie überrascht, wie akribisch er einem Onlineplan folgte, den sich jeder ignorante Trottel hätte ausdenken können. Bis zu jenem traurig schicksalhaften Abend im Juli, als ihre Knie auf Pampelmusengröße angeschwollen waren, hatte sie für ihren regelmäßigen Fünfzehnkilometerlauf ganz unspektakulär das Haus verlassen, sodass Remington bei ihrer Rückkehr nicht einmal mitbekommen hatte, dass sie weg gewesen war. Der Lauf am Normans Kill war bloße Routine gewesen, die sie, immer mit Blick aufs Wetter, nach einer Studiosession in ihren Tagesablauf zu quetschen hatte, und die Einsamkeit, die er ihr gewährte, bot ihr vor allem die günstige Gelegenheit, über andere Dinge nachzudenken (wie zum Beispiel darüber, ob sich, wenn sie eine ganz und gar andere Mutter gewesen wäre, die Dinge mit Valeria anders entwickelt hätten). Bei ihrem Mann machten seit Oktober jegliche Lauf- oder Krafttrainingsaktivitäten, die der Plan vorgab, *seinen Tag aus*, in dessen Verlauf Einkaufen oder Besuche beim Vater irgendwie eingebaut werden mussten – und seltsamerweise blieb dafür häufig nicht so wahnsinnig viel Zeit. Als sie ihn einmal fragte, worüber er nachdachte, wenn er sich auf die Strecke begab, antwortete er zu ihrer Verblüffung, ohne zu zögern: »Na, übers Laufen natürlich.«

»Aber was gibt es übers Laufen nachzudenken?«, fragte sie ehrlich verwirrt.

»Tempo, Fußhaltung, Atmung«, antwortete er gereizt. Die Herablassung ging mittlerweile in beide Richtungen.

Natürlich gab es Smoothies. Große Fleischportionen zur Belohnung. Kisten mit teurem elektrolythaltigem Mineralwasser. Und die Nahrungsergänzungsmittel. Sich rasch vermehrende Behälter aus Hartplastik verdrängten den Toaster vom Küchentresen rauf auf die Mikrowelle. Im ersten Stock verwahrte er seine Sammlung an Linimenten. Nach dem Duschen rieb er die Muskeln derart exzessiv mit öligen Substanzen ein, dass das Laken auf seiner Seite des Bettes eine Spur dunkler wurde. Er hatte es sich zur Angewohnheit gemacht, im Haus zweieinhalb Kilo schwere Knöchelgewichte zu tragen, sodass die alten unebenen Dielen unter seinen Schritten bebten und ächzten. Das zusätzliche Gewicht ließ seine Füße wie ein Pendel ausschwingen, *ra-damm, ra-damm*, und verlieh selbst dem Gang zum Kühlschrank Nachdruck.

Sie hätte ihn warnen können, dass es manchmal unangenehm war, im New Yorker Winter draußen laufen zu gehen, und am Anfang hoffte sie, dass er das Spektrum an scheußlichen Bedingungen und den Umstand, dass seine Frau diese über Jahrzehnte fast klaglos ertragen hatte, zu würdigen imstande wäre. Doch Remington war derart verbissen auf seine persönliche Seligsprechung fokussiert, dass er an die Wechselfälle ihres Lebens in längst vergangenen Zeiten keinen einzigen Gedanken verschwendete. Als er einmal im Januar vom Laufen zurückkam, schloss er hinter sich die Tür und presste die Handflächen gegen das Holz, wie um irgendeinen bösen Geist daran zu hindern, ihm ins Haus zu folgen.

»Wind«, erklärte er nach einer dramatischen Pause. Offenbar waren die Bewegungen der Atmosphäre die persönliche Entdeckung ihres Mannes. Und folgerichtig gehörte der Geist zurück in die Flasche: Er bestellte sich ein Laufband.

Nicht irgendein Laufband. Es handelte sich um ein hochmodernes Monstrum aus gebürstetem Stahl mit Surround-Sound und einem Zweiunddreißig-Zoll-Touchscreen, der den Lauf virtuell in eine Landschaft mit grünen Hügeln und Tälern voller blökender Schafe verlegte. Man konnte auch Tannenzweige wählen, die einen beidseitig streiften, während man einen Waldweg in den Bergen entlanglief; sie wäre nicht überrascht gewesen, wenn das Ding einen Tannennadelduft verströmt hätte, durchmischt mit den beißenden Gerüchen von Waldbränden, die aus der Ferne herüberwehten. Ein weiterer Menüpunkt zauberte einen Meereshorizont auf den Bildschirm, und schon trottete man zum Schmatzen der Wellen im Sonnenuntergang einen Strand entlang. Bei diesem Küstenprogramm rollten und donnerten Brecher im Hintergrund, während im Vordergrund jedes Mal, wenn man den Schuh aufsetzte, ein nackter Fuß platschte und spritzte; nicht unwahrscheinlich, dass einem dabei eine erfrischende Brise über die Wangen strich und man das Salz auf den Lippen schmeckte.

Sie hasste das Teil. Es war riesig und laut. Das dröhnende Geräusch war viel schlimmer als die Knöchelgewichte und brachte das ganze Haus zum Beben. Wenn Remington statt der Soundeffekte lieber Musik hören wollte, dann waren das bombastische Symphonien oder uralte trashige Diskoplaylists, die er sich nicht einmal in den Achtzigern angehört hätte. Die Anschaffung bedeutete darüber hinaus eine beträchtliche Investition, denn Remington war dem typisch amerikanischen Impuls anheimgefallen, Geld auf etwas zu verschwenden, das man nicht kaufen konnte.

Am schlimmsten waren die Langstreckenläufe, die er immerhin weiter im Freien absolvierte. Am Abend vorher ging er zimperlich um neun ins Bett, was bedeutete, dass das Abendessen um fünf stattfinden musste. Das Frühstück hatte ekklesiastischen Charakter. Eine gestärkte weiße Serviette lag ausgebreitet vor ihm wie ein Altartuch. In priesterlicher Versenkung zelebrierte Remington jeden Bissen mit Bedacht, kaute lange auf einem Ei herum. Seinen Orangensaft trank er in ehrfürchtigen Schlucken wie den Messwein zum Abendmahl. Er verbrachte eine Dreiviertelstunde im Badezimmer. Nachdem er sein Ornat angelegt hatte, zog er die Schnürsenkel seiner orangefarbenen Schuhe Schlaufe für Schlaufe fest, prüfte den Sitz mit einem versonnenen Schritt, zog die Schleife zu und korrigierte noch einmal die Spannung. Die Tatsache, dass seine Frau diesem Ritus entsagen musste, hatte ihn inspiriert, seine Dehnübungen über eine halbe Stunde oder länger hinzuziehen. Wenn er endlich zum Aufbruch bereit war, verabschiedete er sich derart feierlich, dass man hätte meinen können, sie würden sich nie wiedersehen. »Wünsch mir Glück«, verfügte er schwermütig, während er ihr eine Haarsträhne hinters Ohr strich.

»Viel Glück«, sagte sie dann gehorsam – was immer das hieß.

Schließlich, zwei Wochen vor dem Lauf, nahm Remington die wirklich anspruchsvolle Distanz von dreißig Kilometern in

Angriff. Er war *fünfeinhalb Stunden* unterwegs – derweil seiner Frau der Gedanke kam, dass das ganze Trainingsprogramm vielleicht nur eine Scharade war und er tatsächlich an der nächsten Ecke in ihrem Stammcafé saß und Kreuzworträtsel löste, während ihm ständig koffeinfreier Kaffee nachgeschenkt wurde. In Wahrheit war sie erstaunt, dass ihr Mann so weit zu laufen vermochte, ganz gleich, in welchem Tempo – denn dreißig Kilometer waren eine beachtliche Distanz, selbst wenn man sie nur gehend absolvierte.

Als er an jenem Nachmittag zurückkam, ließ er sich auf den Orientteppich im Wohnzimmer sinken, die langen Beine gerade von sich gestreckt, die Arme zu den Seiten, die Füße übereinandergeschlagen, den Kopf bekümmert zur Seite geneigt, und blieb in dieser horizontalen Kruzifixhaltung eine geschlagene Stunde liegen.

Oh, an Tagen wie diesem hätte sie ihn nur zu gerne verhätschelt, wenn er sich nicht schon selber die ganze Zeit verhätschelt hätte. Seine Glorifizierung der eigenen Heldentaten auf dem Gebiet der Fortbewegung amüsierten sie auf eine Weise, die sich als Herzlosigkeit interpretieren ließ. Ihre unterschiedlichen Ansichten zu diesem großartigen Projekt schufen eine Kluft zwischen ihnen, die in ihrem Alter eigentlich nicht hätte entstehen durfen. So fern hatte sie sich ihm nicht mehr gefühlt, seit sie sich darüber gestritten hatten, wie sie mit Deacon während dessen niederschmetternder Pubertät verfahren sollten. (Remingtons Lösungen waren immer eher autoritärer Natur gewesen, während Serenata befürchtete, dass Härte gegenüber dem Jungen am Ende nichts bringen würde; Remington warf ihr vor, gar nichts unternehmen zu wollen, und dann räumte sie ein, ja, wahrscheinlich: Sackgasse.) Nach langer glücklicher Ehe in tendenziell unterbewerteter Behaglichkeit hatte sie vergessen, wie es war, nicht zu wissen, was in seinem Kopf vorging, und von einer gewissen Angst verfolgt zu werden, dass es ihr nicht gefallen würde, wenn sie es jemals erführe.

Es ließ sich nicht verbergen, jedenfalls nicht vor ihr selbst: Sie konnte es kaum erwarten, dass der Lauf vorbei war.

*

»Ich mache mir Sorgen, dass irgendwas mit mir nicht stimmt, wenn mir vor dem Besuch meiner eigenen Tochter graut.« Dass alle Vorbereitungen für ihre Gäste – Betten beziehen, Speisepläne aufstellen, Lebensmittel einkaufen – nun allein ihr Problem waren, machte Serenata nur noch saurer.

»Die traurige Wahrheit ist«, sagte Remington, »dass es sie wahrscheinlich auch davor graut, unseren gottlosen Haushalt zu besuchen.«

Ihm blieb noch eine Woche zum Trainieren. Mit dem Näherrücken des Marathons wurde das Programm entspannter, denn es galt, die Kräfte für den großen Tag aufzusparen. Die heutige Distanz von fünfzehn Kilometern war die mickrige Standardstrecke seiner Frau gewesen. Also saß Remington sogar aufrecht am Esstisch, wenn auch mit den Armen über zwei Stühlen und vor berechtigter Erschöpfung schlaff herabhängenden Händen. Nach seiner unfreiwilligen Frühpensionierung war er anfangs bereit gewesen, das Kochen zu übernehmen. Im Oktober hatte er seine Küchenaktivitäten dann jedoch abrupt eingestellt, und Serenata stand seither wieder am Herd.

»Valeria behauptet, sie würde nicht missionieren«, sagte sie, während sie eine Mehlschwitze anrührte. »Aber sie tut es, und zwar unerbittlich. Indem sie die ganze Zeit diesen Warum-begibst-du-dich-nicht-in-die-Hände-Jesu-Quatsch redet, zwingt sie uns, sie zurückzuweisen. Wieder und wieder.«

»Was sie in ihrer Sicht der Dinge bestätigt«, sagte er. »Kalte, fiese Eltern; liebendes, ewig leidendes Kind. Aber du kannst doch den Tagen, in denen sie sich rargemacht hat, nicht hinterhertrauern.«

»Nicht Tagen. Jahren. Und komplett zu verschwinden ist weitaus schlimmer, als *sich rarzumachen*. Es ist ganz schön unverfroren von ihr, im Zusammenhang mit uns von *Missbrauch* zu sprechen. Ein Kind, das sich im Alter zwischen fünfundzwanzig und neunundzwanzig unerlaubt von der Truppe entfernt, ganz und gar und ohne auch nur mal eine Postkarte zu schreiben – also, das nenne ich Missbrauch.«

»Steiger dich da jetzt nicht wieder so rein. Schon gar nicht, wo sie morgen kommen.«

»Ach, ich sollte nicht in alten Wunden bohren. Nach allem. Das ist schließlich Valerias Fachgebiet.« Tatsächlich missbrauchte Serenata ihre schwierige Tochter schamlos, um so etwas wie elterliche Kameraderie zwischen sich und Remington zu erzeugen. Sie beide fühlten sich falsch behandelt, sie beide waren perplex angesichts der wirren Vorwürfe, die das Mädchen ihnen machte, und sie waren beide verzweifelt wegen ihrer Mitgliedschaft im Shining Path Ministry, dessen Gründer sicher nicht ahnten, dass sie ihre Kirche nach einer peruanischen Terrororganisation benannt hatten. Vereint im Entsetzen war man immerhin vereint, und sie hatte nicht einmal ein schlechtes Gewissen dabei, Valerias gedankenlose Vergangenheit auszubeuten, um Solidarität herzustellen. Der Schmerz musste schließlich für irgendetwas gut sein.

»Sie hat ein solches Trara darum gemacht, dass sie uns *vergibt* ...«, sagte Remington.

»Mir. Es ist lieb von dir, dass du dich miteinbeziehst, aber wir wissen beide, dass ich es bin, mit der sie Probleme hat.«

»Nur, dass Vergebung gegenseitig sein muss.«

»Ich lege keinen Wert darauf, dass mir vergeben wird. Ich

habe nichts getan. Das Mädchen legt seine Vergebung aus wie eine Bärenfalle. Soll ich ihr für ihre Gnade dankbar sein? *Erwischt.* Schuldig im Sinne der Anklage.«

»Vielleicht bist du selber schuld. All der Quatsch, dass andere Menschen dich *nicht kümmern*.«

»Aber sie kümmern mich nicht.«

»Das ist eine Pose und eine Lüge. Du kannst sehr zartfühlend sein. Man muss sich nur anschauen, wie du dich um meinen Vater kümmerst. Oder wie sehr Tommy dich verehrt. Sogar zu mir warst du ziemlich nett«, fügte er etwas zu bemüht hinzu, um es dann zu relativieren, »meistens jedenfalls. Und als Mutter warst du viel hingebungsvoller, als du jetzt meinst. Aber Valeria hat eben, weil es zu der Geschichte passt, die sie sich selbst erzählt ...«

»Zum *Narrativ*, ihrem Narrativ«, korrigierte ihn Serenata. *Geschichte* war durch *Narrativ* ersetzt worden, so wie *Oberkörper* durch *Rumpf*, und das schamhaft untertreibende *Beunruhigend* hatte in einer ansonsten fiebrigen politischen Landschaft *absolut beschissen* verdrängt. Diese Substitute galt es, strikt einzuhalten. Genauso strikt, wie – auch bei der plötzlichen Ubiquität der *Löffelliste* – es das Eingeständnis zu vermeiden galt, dass man jemals etwas anderes behauptet hatte.

»Natürlich – das *Narrativ*. Sie nimmt jedenfalls liebend gern deine Beschreibung von dir als kalte, solipsistische Misanthropin für bare Münze. Darum solltest du damit aufhören, andauernd diese alberne Selbstkarikatur zum Besten zu geben.« Trotz seiner theatralischen Erschöpfung hatte sich Remington erhoben, um ihr am Herd einen Kuss in den Nacken zu drücken. »Es ist Zeit, der schrecklichen Wahrheit ins Gesicht zu sehen: Serenata Terpsichore ist ein netter Mensch.«

Sie war kein netter Mensch und wollte auch keiner sein. Ihre kompromisslose Feindschaft gegenüber dem 42,195 Kilometer langen Heiligen Gral war ganz und gar nicht nett. Schon wahr, nach außen hin hatte sie den Kampf gegen sein aufgeblasenes Training aufgegeben. Aber sie freute sich auf den Moment, da er die Ziellinie überqueren würde, weil sie am Tag darauf den ersten Schritt machen könnten, um wieder ein Team zu werden. Sie könnte sogar Brownies backen, um die leichte Wölbung über seiner Taille wiederherzustellen, denn sie wurden beide älter, und das so ziemlich einzig Gute am Älterwerden war, dass man sich gegenseitig gestatten konnte, unvollkommen zu sein.

Der Plan war, dass Valeria mit den beiden ältesten Enkelkindern im Auto von Rhode Island herüberkommen und ein paar Tage bei ihnen verbringen sollte, bis sie am Freitag alle zusammen nach Saratoga Springs fahren würden. (Glücklicherweise blieb Valerias geistloser Gatte Brian mit den kleineren Kindern daheim; er war ein prüder, voreingenommener Mann, dessen Reaktion auf soziales Unbehagen darin bestand, in der Ecke zu sitzen und scheinheilig im Neuen Testament zu blättern.) Der Marathon war am Sonntag, aber Remington wollte zwei Tage vorher anreisen, um sich *einzuleben* und die Strecke zu erkunden. Eine zusätzliche Übernachtung für die ganze Truppe würde Hunderte von Dollar kosten, ein weiterer Tag mit Restaurantverköstigung wäre ähnlich teuer. Aber die zusätzlichen Aufwendungen für diesen einzigartigen Anlass ließen sich in den Folgejahren problemlos wieder einsparen. Vielleicht könnten sie das neumodische Laufband verkaufen. Allerdings war, wenn Serenata sich nicht irrte, der amerikanische Markt für Second-Hand-Laufbänder – und für StairMaster, Crosstrainer und Rudermaschinen – gesättigt.

*

Valeria war ein ängstliches Kind gewesen, leicht übergewichtig, was sie immer noch war und was seinerzeit zu gewissen Spannungen zwischen ihr und ihrer gertenschlanken Mutter geführt hatte. Für Serenata spielte es keine große Rolle, dass ihre Tochter ein bisschen mollig war, allerdings war sie nicht bereit, selbst vierzig Pfund zuzulegen, bloß damit sich das Mädchen besser fühlte – was auch gar nicht der Fall gewesen wäre. Mit einunddreißig hatte Valeria ein hübsches rundes Gesicht mit Grübchen, und dank regelmäßigen Färbens waren die goldenen Löckchen der Vorschulzeit wieder zum Vorschein gekommen. Mutter und Tochter hatten gewisse Ähnlichkeiten, aber man musste genau hinschauen, um sie zu entdecken. Vielleicht wurde das Aufspüren der genetischen Verwandtschaft durch die geringen Ähnlichkeiten in anderen Bereichen erschwert.

Serenata, die in solch rascher Folge, wie man sie sonst nur aus Träumen kannte, von einer Stadt in die nächste verpflanzt wurde, hatte sich schon seit früher Kindheit zu einem in sich abgeschlossenen Aggregat entwickelt, wie eine mobile Waschmaschine auf Rollen, deren Schläuche ordentlich im Fahrgestell verstaut waren. Als Teen war sie längst und aus freien Stücken zur Einzelgängerin geworden, während für Valeria die Unfähigkeit, im Mädchenalter Freundschaften zu schließen, ein Quell allen Leids gewesen war (zu diesem Schluss war jedenfalls ihre Mutter gekommen, wenn auch erst viel später). Serenata war immer eine gute Schülerin gewesen, wenn auch der besonderen Art. Die staatlichen Schulen in Amerika stellten keine sehr hohen Anforderungen, und diese lächerlich niedrigen Schwellen zu überwinden hatte sie keinerlei Mühe gekostet; erst im College bekam sie eine Vorstellung davon, was mit dem Wort *studieren* gemeint war. Obwohl sich die pädagogischen Standards für die folgende Generation im stetigen Sinkflug befanden, hatte Valeria zu kämpfen gehabt. Sie gab ungern zu, wenn sie etwas nicht verstand, und so verlor sie unweigerlich den Anschluss. Aber sie war ein stilles Kind, kein Störenfried, und damit die Art von erzieherischem Unfallopfer, das die Lehrer ignorieren konnten.

Als Mädchen war Serenata ihren Eltern dankbar für deren Lässigkeit im Umgang mit ihr. Allenfalls hätte sie sich gewünscht, noch länger allein in ihrem Zimmer bleiben zu dürfen, wo sie mit Soundeffekten für ihre Hörspiele experimentierte und versuchte, ihren eigenen Rekord im Dauerkopfstand zu brechen. Als es also darum ging, die eigene Tochter großzuziehen, versuchte sie, die Art von Mutter zu sein, die sie sich selbst gewünscht hatte.

Was ein Fehler war. In der Zwischenzeit hatte sich der Zeitgeist in der Erziehung Richtung Kontrolle entwickelt. Keiner ließ seine Kinder mehr *zum Spielen* raus in die Wildnis. Von den Eltern wurde erwartet, dass sie sich, mehr noch als ihr Sprössling selbst, darüber empörten, dass Marigold Battersby ebendiesen Sprössling in der Samstagsspielgruppe ignoriert hatte. Und so hätte sich Valeria, anstelle von ihrer Mutter mit ihren Figurproblemen alleingelassen zu werden, vielleicht Wiegesessions und Zielvorgaben und Gewichtstabellen gewünscht. Nachdem sie eine von Rache motivierte vierjährige Untertauchaktion hatte ertragen müssen, die bezwecken sollte, dass sie über ihre Sünden nachsann, war Serenata schließlich zu dem Schluss gekommen, dass das, was für sie Freiheit bedeutete, in Valerias Augen schlicht Vernachlässigung war.

Es war Valerias jüngerer Bruder, der den Löwenanteil elterlicher Aufmerksamkeit auf sich zog, allerdings aus den falschen Gründen. Deacon hätte es *geliebt*, ignoriert zu werden, um besser irgendwelchen Blödsinn anstellen zu können. Die moderne Entwicklungspsychologie behauptete, dass Lügen bei Kindern ein Zeichen von Intelligenz sei, was bedeutet hätte, dass Deacon ein Genie war. Im Gegensatz zu seiner Schwester mit ihrem ramponierten Selbstwertgefühl wusste Deacon genau, wer er war; nur war er wild entschlossen, dieses Wesen vor aller Welt zu verbergen. Er stahl – und wenn er erwischt wurde, stellte sich heraus, dass er Sachen hatte mitgehen lassen, mit denen er rein gar nichts anzufangen wusste: eine Puderdose, die CD einer Band, die er furchtbar fand, einen Teddy, für den er zu alt war. Weil es ihm nicht um materielle Begehrlichkeit ging, zog er das Klauen von Dingen, die den Menschen in seinem Umfeld etwas bedeuteten, dem unpersönlichen Ladendiebstahl vor, bei dem es, wie die Täter fälschlicherweise glaubten, keine Opfer gab. Er stahl, um zu stehlen. Er mochte das Gefühl. In der Pubertät begann er dann mit Vandalismus, auch das Schaden um des Schadens willen. Allerdings legte er mittlerweile eine schmierige Höflichkeit an den Tag, die ihm die Lehrer und Ordnungshüter erstaunlicherweise komplett abkauften. Serenata, der er nichts vormachen konnte, begrüßte er spöttisch grinsend mit einem: »Und wie geht es dir heute, liebe Mutter?« Und sie lernte früh, dass man Deacon nicht unbewacht in einem Zimmer oder Garten allein lassen durfte; sonst bekam man bald die Quittung – oder schlimmer, jemand anders bekam sie. Nicht dass es irgendetwas geändert hätte, aber sie hatte ihn erbittert bewacht. Wenn eines der Kinder gehorsam, kleinlaut und anspruchslos ist, während das andere regelmäßig ins Zimmer des Direktors beordert, vom Unterricht ausgeschlossen und später in Polizeigewahrsam genommen wird, dann beansprucht der Verursacher dieses Chaos die gesamte elterliche Zeit. Man sagt, das Leben sei nicht fair, und, nun ja, Familien sind es auch nicht.

Valeria und Deacon hatten keinerlei Gemeinsamkeiten, und sie waren sich als Kinder auch nicht nah. Die konventionelle Dynamik der Geburtenreihenfolge auf den Kopf stellend, schien Valeria lange Angst vor ihrem jüngeren Bruder zu haben.

Wann immer sie ihn als kleines Mädchen mit Geschenken bedachte, hatten diese Aktionen etwas Beschwichtigendes. Noch eigenartiger war es, dass Deacon auch mit seinen beiden Eltern kaum etwas gemein zu haben schien. Oh, er hatte Remingtons schlaksiges und attraktives Äußeres geerbt, aber nichts von dessen Bedachtsamkeit oder Selbstkontrolle. Und auch Serenata erkannte sich nicht in dem Jungen. Wo sie einzelgängerisch war, war Deacon geheimnistuerisch, und das war ein großer Unterschied. Wo sie am Wohlergehen anderer Leute nicht interessiert war, schien Deacon der gesamten Menschheit aktiv übel zu wollen, und das war ein noch weitaus größerer Unterschied. Alles in allem war es genetisch gesehen rätselhaft, wie diese beiden Menschen von Eltern abstammen konnten, die kein bisschen mit ihnen verwandt zu sein schienen, und Serenata hätte eine solche Familie niemals für möglich gehalten, bevor sie sich unversehens in ihr wiederfand.

Was den Wiedergeburtsglauben anging, dem ihre Tochter neuerdings anhing, gelang es Serenata zwar, das Problem wie eine mathematische Gleichung zu behandeln, aber tief in ihrem Inneren begriff sie es nicht. Diese Jetzt-versammeln-wir-uns-am-Fluss-Bewegungen warteten mit vorgestanzten Gruppenkonzepten auf, und ihre Mitglieder waren nicht wählerisch. Man musste weder klug noch aufgeweckt, sympathisch, attraktiv oder lustig sein; man musste lediglich *Jesus als seinen Erlöser* akzeptieren. Vermutlich war dieses billige Gefolgschaftsversprechen ein angemessener Eintrittspreis für ein Mädchen, das sich zu Schulzeiten als totale Außenseiterin gefühlt hatte. Valeria war, so jedenfalls stellte es sich rückblickend dar, viel zu sehr auf sich allein gestellt gewesen und hatte immer einen unsteten Eindruck gemacht. Sie konnte sich urplötzlich für irgendwelche Marotten begeistern – Salsa, Hello Kitty –, die sie ebenso schnell wieder *ad acta* legte, und immer ließ sie sich in ihrem

Enthusiasmus von anderen anstecken wie bei einer Grippe. Später drückte sie sich davor, aufs College zu gehen, wahrscheinlich, weil sie keine Ahnung hatte, in welchem Fach sie auf ein Examen hinsteuern sollte, und wurde stattdessen – ach, wie herrlich wäre es, wenn die eigenen Kinder mit wirklich neuen, mit unterhaltsamen und überraschenden Lebensentwürfen aufwarten würden – mit neunzehn schwanger. Diesem ersten Fehler die Treue halten, machte sie ihn drei Jahre später noch einmal. Überall war immer dieselbe Leier von elterlicher Verantwortung zu hören; es wurde viel zu wenig von elterlicher Unfähigkeit gesprochen. Man konnte seinen Kindern Möglichkeiten bieten, aber man konnte sie nicht formen – was bedeutete, dass man ihnen nicht geben konnte, was die meisten Kinder am allerheftigsten ersehnten. Wenn die Möglichkeit bestanden hätte, für eine Tochter Leidenschaft, Zielstrebigkeit, Richtung und konkrete Interessen – oder was auch immer Jemand-Besonderes-Sein einschloss – zu kaufen, wäre Serenata die Erste gewesen, die noch vor Valerias zehntem Geburtstag zum Identitätsladen gerannt wäre.

Insofern boten die Evangelikalen, was eine Mutter nicht bieten konnte: eine Form für Valerias Wackelpudding. Im Handumdrehen, siehe da, wurden einer labilen jungen Frau leitende Prinzipien und Lebensregeln an die Hand gegeben. Das Beste war, dass eine, die als Studentin versagt, die nie eine Berufung gefunden und sich immer ein wenig benachteiligt gefühlt hatte, als Konvertitin von der Jesusbrigade mit einer Erzerhabenheit über alle umnachteten Heiden ausgestattet wurde, die das Licht nicht gesehen hatten – wie ihre Eltern.

All das bedenkend, begriff Serenata die Attraktivität des Ganzen trotzdem nicht, nicht wirklich. Irgendwo beizutreten, um sich sagen zu lassen, was man zu tun, zu denken, zu sagen hatte? Was für eine Verschwendung des Erwachsenseins.

Was genau den töchterlichen Absentismus ausgelöst hatte, wurde nie ganz klar. Noch bis vor ungefähr sechs Jahren hatten sie und Remington als Eltern geglaubt, sich mit ihrer Tochter gut zu verstehen, bis ihnen plötzlich auffiel, dass sie seit ein paar Monaten nichts mehr von Valeria gehört hatten. Ein Anruf auf ihrem Handy ergab, dass die Nummer neu vergeben worden war, denn sie erreichten einen gewissen Lee Fong, der sie freundlich anhörte, aber kein Englisch sprach. Serenata probierte es mit der letzten ihnen bekannten Festnetznummer, in Buffalo, wo ihre Tochter in Teilzeit in einem Nagelstudio gearbeitet hatte. *Kein Anschluss unter dieser Nummer*. E-Mails kamen zurück – *Benutzer unbekannt*. Ein Brief an die Buffalo-Adresse lag schon bald wieder in ihrem Briefkasten, und das gekritzelte *Zurück an Absender* ähnelte kein bisschen der schnörkeligen Handschrift ihrer Tochter. Die Annahme, dass Valeria beizeiten Kontakt zu ihnen aufnehmen würde, um sie zumindest über ihren neuen Aufenthaltsort in Kenntnis zu setzen, erwies sich als falsch. Monate vergingen. Sie waren kurz davor, sie als vermisst zu melden, als Deacon im Laufe eines seiner Geldbettelbesuche verlauten ließ, dass er von Valeria gehört habe und sie nicht gefunden werden wolle, jedenfalls nicht von ihren Eltern. Er sagte leichthin, dass seine Schwester wohl *ein Hühnchen zu rupfen* habe, verweigerte aber nähere Auskünfte. Er genoss die Macht des Mittelsmannes über die Maßen. Und die Eltern drängten ihn nicht allzu sehr, ihre Kontaktdaten herauszurücken. Wenigstens war Valeria am Leben.

Die Kommunikation abzubrechen und den Kontakt zu ihren einzigen beiden Enkelkindern zu unterbinden erschien Serenata damals grausam und, auch wenn sie sich das selbst nicht so sagte, unchristlich. Als Bestrafung war diese Kriegslist jedoch höchst raffiniert. Valerias Verschwinden forderte tagtäglich einen subtilen Tribut, selbst wenn sie nicht an ihre Desertation per se dachten, und bis zum Moment ihres Wiederauftauchens drohte der Elternboykott unbefristet zu sein. Noch raffinierter war das Ersinnen einer Bestrafung für ein unbenanntes Verbrechen, was die gesamte Erziehung des Mädchens unter einen kafkaesken Verdacht stellte. Niemand hatte das Kind mit einem heißen Bügeleisen geschändet. Was also hatten sie Schreckliches getan? Abgesehen von dem zwiespältigen Verdacht, nicht fürsorglich genug gewesen zu sein, fiel Serenata nach wie vor nichts ein. Nur so viel hatte sie sich zusammengereimt: Valeria wünschte sich, dass sie etwas Schreckliches getan hätten, und das auf so machtvolle Weise, dass sie inzwischen ihre gesamte Familiengeschichte rückabgewickelt haben mochte.

An einem scheinbar zufälligen Datum vor zwei Jahren hatte die Tochter ihre Eltern in Albany angerufen. Serenata ging ans Telefon, und obwohl sie allen Grund hatte, verärgert zu sein, ähnelte das Gefühl, das sie erfasste, demjenigen, wenn bei einem Arcade-Spiel der Schatz an einem Haken über einem baumelte. Serenata erinnerte sich daran, wie sie sich beschworen hatte, ja keine ruckartigen Bewegungen zu machen. Mit einer Steifheit, die erkennen ließ, dass sie ihren Auftritt geprobt hatte, erklärte Valeria, dass sie eine Therapie gemacht und Jesus gefunden habe. Nach Beratung mit ihren Ärzten und ausgiebigen Gebeten mit der Bitte um göttliche Führung habe sie beschlossen, ihren Eltern alles zu vergeben, was diese ihr angetan hatten. Sie sei jetzt stark genug. Sie folge den Grundsätzen ihres Glaubens und beabsichtige, die andere Wange hinzuhalten und eine Herzensgröße an den Tag zu legen, die sich ihr nur dank der unmittelbaren Zwiesprache mit Gott erschlossen habe, denn es sei jetzt im Sinne ihrer *Gesundung*, die Vergangenheit hinter sich zu lassen. Es war, als würde Valeria Urdu sprechen, so wenig Sinn ergab das alles für ihre Mutter, aber Serenata übte sich in Geduld und ließ sie reden. Es musste an die zwanzig Minuten gedauert haben, bis Valeria beiläufig erwähnte, ach so, ja, übrigens habe sie geheiratet und noch zwei Kinder bekommen.

Serenata hatte sich die Bemerkung verkniffen, dass Paare mit überdurchschnittlich vielen Kindern sonderbarerweise häufig die größten Probleme hatten, sie zu ernähren, und sie behielt diesen Gedanken selbst dann noch für sich, als das Mädchen acht Monate später erneut schwanger wurde. Seitdem sich Valeria ihnen wieder angenähert hatte, waren ihre Besuche stets von jener vergifteten Zurückhaltung geprägt, die sich auch Serenatas bemächtigt hatte, als Remington ihr sagte, er werde diesen verflixten Marathon laufen. Sie und ihr Mann schienen auf Bewährung zu leben. Um die brüchige Textur wiederhergestellter Beziehungen wissend, hatte sie keinen Druck auf Valeria ausgeübt, damit sie ihnen erklärte, was in aller Welt ihre Eltern falsch gemacht haben sollten.

In Anbetracht dieser fragilen Umstände hatte Serenata ihre Tochter darin bestärkt, zu kommen und ihren Vater anzufeuern, als diese so unerwartete Begeisterung für die Fahrt nach Saratoga Springs äußerte. Allerdings würde Valerias Anwesenheit den Druck auf ihre Mutter erhöhen, sich tadellos zu verhalten. List, Schauspielerei, Distanzierung, eine erzwungene Verneigung vor den schablonenhaften Vorstellungen von Ehefrau, Mutter und Großmutter: Das ganze Gebinde war der Grund dafür, dass sie von Anfang an Bedenken gegen die Gründung einer Familie gehegt hatte.

*

An jenem Montag parkte Valeria ihren Minivan gegen vier Uhr nachmittags vor dem Haus, eine missliche Zeit, einerseits zu spät für einen Ausflug oder gar ein Mittagessen, andererseits zu früh, um sich aufs Abendessen vorzubereiten. Die Zeit reichte lediglich für ein bisschen *Beschnuppern*, ein Fach, in dem Serenata schon bei höchst geselligen Gästen nicht brillierte, geschweige denn bei einem kirchenfrommen Kind, das noch dazu gereizt war. Sie trippelte durch den Vorgarten, um Valeria zu begrüßen, und hatte keine Ahnung, wie sie die nächsten Stunden, geschweige denn die ganze nächste Woche mit nichts als *Schnupperei* durchstehen sollte. Politik war in diesen Tagen tabu. Fragen nach dem Ältesten und danach, wie er in der siebten Klasse zurechtkam, waren sinnlos, weil Valerias Kinder zu Hause unterrichtet wurden. Wenn sie mit dem Wetter und der Schuppenflechte der Zweitjüngsten durch waren, blieben ihnen ausschließlich Themen mit Streitpotenzial.

Sie stand in gehörigem Abstand und winkte, während Valeria sich alle Zeit der Welt ließ, mit den Sitzgurten herumzufummeln, den Kindern Befehle zu erteilen und ihr Baby aus dem Kindersitz auf der Rückbank zu befreien. Serenata war nicht klar gewesen, dass ihre Tochter auch das jüngste Exemplar ihrer Brut mitbringen würde.

Andererseits, warum sollte sie auf einen derart wirkungsvollen Selbstschutz verzichten? Valeria hievte das sieben Monate alte Kind auf ihre ausladende Hüfte, als trüge sie einen Sechs-Schuss-Revolver im Holster mit sich herum. Man durfte eine Mutter mit Baby nicht kritisieren, man durfte sich in Gegenwart einer Mutter mit Baby nicht unfreundlich äußern, und man durfte einer Mutter mit Baby keine unangenehmen, neugierigen oder schwierigen Fragen stellen – denn die Madonna neben dem Dodge Grand Caravan strahlte Wohlbefinden, Unantastbarkeit und Selbstaufopferung aus, womit sie über jeden Tadel erhaben war.

Jeder sollte ein solches Baby haben.

»Hi, Mama«, sagte Valeria und vermied jeglichen Blickkontakt, während ihre Mutter, unsicher wegen des Wange-oder-Lippen-Protokolls, ein schlecht platziertes Küsschen neben das linke Ohr ihrer Tochter setzte. Vor ihrem vierjährigen Versteckspiel hatte Valeria ihre Eltern mit *Mom* und *Dad* angesprochen. Nach der Versöhnung hatten sie sich auf geheimnisvolle Weise in *Mama* und *Papa* verwandelt und hießen nun wie die Rockband. Was immer sich hinter der Umbenennung verbarg, es fühlte sich an, als hätte Valeria ihre Namen vergessen.

»Hi, Gramma.« Die Zwölfjährige bedachte ihre Großmutter mit einem verängstigten Blick, die Hände fromm vor dem Schoß gefaltet. Ob privates Ritual oder nervöser Tick, jedenfalls stellte sie sich wiederholt auf die Zehenspitzen, um sodann auf die Fersen zurückzusinken. Es war ein milder Frühlingstag in Upstate New York, aber ihr schien kalt zu sein.

»Hallo, Nancee«, sagte Serenata. »Hallo, Logan. So schön, euch wiederzusehen!« Nancee war ein Opfer jener nomenklatorischen Marotte, die es als Ausdruck von Originalität feierte, nicht richtig buchstabieren zu können. »Und, Schatz, hattest du eine gute Fahrt?«

»Klar.« Valeria fing an, Windelpakete, Tragetaschen und knisternde Tüten mit Reiseproviant aus dem Wagen zu räumen. Drei fast unmittelbar aufeinanderfolgende Schwangerschaften hatten ihre Spuren hinterlassen: Sie sah eher wie fünfundvierzig aus und nicht wie einunddreißig. »Wir haben die ganze Fahrt über gesungen. Mach Gramma mal vor, wie wir uns die Zeit vertreiben, Nancee. Sing *Jesus liebt mich* für Gramma. Das ist eins unserer Lieblingslieder!«

Nancee blickte stur geradeaus und begann mit einer unmelodischen, hastigen Darbietung, die jeder Emotion entbehrte: »... alleKinderschwachundklein, lädErherzlichzusichein ...«

Zum Entsetzen ihrer Großmutter leierte Nancee fünf geschlagene Strophen herunter, einschließlich der Refrains – im

Takt zu diesem monotonen pseudosowjetischen Kirchenliedchen weiterwippend, dessen Melodie Serenata in ihrer schieren Blödheit immer als leicht bedrohlich empfunden hatte und dessen Text Kinder lehrte, dass sie nicht nur indoktrinierte Automaten, sondern auch bar jeder Selbstachtung zu sein hatten. Immerhin gab die grausige Vorstellung ihr die Gelegenheit, das Mädchen eingehend zu mustern. Mehr noch als beim letzten Besuch machte sie einen unterernährten Eindruck. Ihre Haut schimmerte aschgrau. Ihre Schultern waren schmal und spitz. Arme und Beine glichen dünnen Stöckchen, und die sich am Hals ihres eng anliegenden Funktionsshirts abzeichnenden Riffel auf beiden Seiten des Brustbeins erinnerten an den Kühlergrill eines Cadillac Coup DeVille. Genau wie ihre Mutter, die keine sportliche Faser im Körper hatte, trug das Mädchen Nylonleggings mit dem Nike-Swoosh, die unterhalb des Knies endeten, ein offenes pastellfarbenes Sweatshirt mit Reißverschluss sowie aufgemotzte Laufschuhe – alles in allem also »sportliche Freizeitbekleidung«, was ein Widerspruch in sich zu sein schien. Ihre Körpersprache verriet Gereiztheit – Valerias Kinder strahlten alle eine aggressive Wachsamkeit aus –, doch in ihren Augen glänzte eine Härte, die Serenata bekannt vorkam.

Im Gegensatz dazu war ihr neunjähriger Bruder weich und fleischig wie seine Mutter. Logan war der Einzige unter ihnen, der aussah, als sei er nicht unterwegs zum Fitnessstudio. Er trug ausgebeulte Jeans und ein Cordjacket – eine der wenigen Jacken, die Serenata seit Jahren an einem Kind gesehen hatte und die nicht den Eindruck vermittelte, als könne man darin den Mount Everest bezwingen. Wenn man bedachte, dass amerikanische Kinder ausschließlich Sportschuhe trugen, musste er nach diesen Lederslippers lange gesucht haben. In sein Handy versunken, stand der Junge trotzig vornübergebeugt da, was ihr irgendwie gefiel. Eine der unergründlichen Fragen bei diesen wiedergeborenen Familien war doch, warum die Kinder ihren Eltern so selten sagten, dass sie sich ihren Jesus Christus unseren Herrn und Erlöser in den Arsch stecken sollten.

Remington kam angelaufen, um beim Tragen zu helfen, als Nancee gerade ihr letztes *Die Bibel sagt mir die-hie-hies* zum Abschluss brachte.

»Papa!«, rief Valeria voller Begeisterung. »Meine Güte, wie muskulös und schlank du geworden bist! Ich hätte dich auf der Straße kaum wiedererkannt! Der Herr sei gelobt, du musst trainiert haben wie der Teufel!«

»Och, ich hab einfach ein Onlineprogramm abgearbeitet«, sagte er bescheiden.

»Ich bin so stolz auf dich! Ich bin ... so beeindruckt! Die innere Kraft, die du hast aufbringen müssen, einfach unglaublich! Ich hoffe, dass du das nicht falsch verstehst, Papa, aber der Herr möge mir vergeben, ich hatte ja keine Ahnung, dass so etwas in dir steckt!«

Natürlich hatte Valeria nicht immer so geredet. Nassforscher bibeltreuer Positivismus durchzog ihre Sprache mit impliziten Ausrufungszeichen und ließ sie am Ende ihrer Sätze staunend die Stimme heben. Sie musste gewusst haben, dass programmatischer Jubel ihre Eltern auf die Palme bringen würde.

Nachdem aller Krempel ins Haus geschleppt war, bedeckten Jacken, Schuhe, Plastiktüten und Packungen mit Wegwerfwindeln dort jeden freien Flecken, und Serenata fragte sich, warum sie und Tommy sich die Mühe gemacht hatten aufzuräumen. Valeria veranstaltete ein großes Autoritätsgewese und befahl den Kindern, ihr Gepäck nach oben zu bringen und sich die Hände zu waschen, die gebrauchten Gläser in die Spülmaschine zu stellen und nicht zu vergessen, sich bei Gramma für den Apfelsaft zu bedanken – und Logan, kannst du bitte gerade sitzen, die Schultern nach hinten, so ist es schon besser. Untersteh dich, mit diesem verdammten Handy rumzuspielen, wenn du bei anderen Leuten zu Gast bist, das gehört sich nicht. Die pausenlosen Instruktionen demonstrierten ihre absolute Herrschaft über ein drei Menschlein zählendes Lehen, die typische Kompensation nicht berufstätiger Eltern dafür, dass sie anderswo so wenig zu bestimmen hatten.

»Und, Mama, wie geht es den Knien?«, fragte Valeria unvermittelt, während sie sich mit dem Baby an den Esstisch setzte.

»Mal so, mal so.«

»Papa hat gesagt, dass du das Laufen aufgeben musstest. So schade.«

»Ich kann immer noch mit hochgezogenen Knien auf der Stelle laufen, auf einem Stück Teppich.«

»Aber das ist nicht dasselbe. Kein richtiges *Laufen*, oder?«

»Nein, das kann man nicht behaupten.«

»Am besten siehst du das philosophisch, denk ich mal: Du schlägst ein völlig neues Kapitel auf – das letzte Kapitel. Und in gewissem Sinne bist du auch selber schuld.«

»Du meinst, dass ich es verdient habe?«

»Ich meine, dass Gott uns gibt, was wir brauchen.«

»Ich dachte, das war von Mick Jagger.«

Valeria blitzte sie an. »Wenn man alt wird, muss man sich auf das biblische Prinzip der *Gnade* besinnen. Man muss beiseitetreten und vitaleren Leuten Platz machen, stimmt's?«

»Für deine einunddreißig Jahre weißt du ja ganz schön gut Bescheid übers Älterwerden.«

»Vielleicht solltest du deine *Beeinträchtigung* als Chance begreifen, weißt du. Als Chance, ein besserer Mensch zu werden. Möglicherweise stellst du fest, dass du mit den Schwächen anderer großzügiger umgehen kannst, wenn du selbst nicht mehr ganz so perfekt bist. Mein Pfarrer sagt, wenn wir selbst der Vergebung bedürfen, sind wir geneigter, anderen zu vergeben.«

»Mein Schatz, mir scheint, du solltest dir deine Vergebung für jemanden aufheben, der sie wirklich braucht. Die beste Behandlung von Arthrose ist nicht Gnade, sondern ein künstliches Kniegelenk.«

»Du bist nie einen Marathon gelaufen, oder? Daran würde ich mich doch erinnern.«

»Nein. Aber willst du die Wahrheit wissen, Liebling?« Sie tätschelte ihrer Tochter die Hand. »Nie im Leben 42,195 Kilometer am Stück gelaufen zu sein, finde ich kein bisschen niederschmetternd.« Serenata entschuldigte sich, um oben im Arbeitszimmer das WLAN-Passwort für Logan nachzuschauen, und war froh, ihrer Tochter zu entkommen. Waren es nicht eigentlich die Kinder, die sich bei Familienzusammenkünften unbehaglich fühlten und dann fragten, ob sie spielen gehen dürften? Als sie in der Diele im Erdgeschoss um die Ecke bog, kam Nancee gerade die Treppe runter, nur um unten auf dem Absatz kehrtzumachen und wieder hochzulaufen. »Hast du was vergessen?«, erkundigte sich ihre Großmutter. Nancee blieb abrupt oben stehen. »Eigentlich nicht.«

Zur Verstimmung ihres Mannes hatte Serenata ihren Enkelsohn in Remingtons Fitnessraum einquartiert, wo es einen Futon gab; der Marathonmann sollte es in den Tagen vor dem Lauf am Sonntag ohnehin ruhig angehen lassen. Doch als sie den Jungen suchte, um ihm das Passwort zu geben, entdeckte sie Logan am Boden sitzend in dem spärlich möblierten Gästezimmer, das sie Nancee zugeteilt hatte.

»Gefällt dir das Zimmer besser? Mir ist es egal.«

»Nancee wollte das Zimmer mit den Hanteln und all dem Kram«, sagte er, während er das Passwort eingab. »Logisch.«

»Deine Schwester macht nicht den Eindruck, als würde sie permanent Gewichte heben.«

»Tut sie aber. Und noch andere Sachen. *Toe Touches*. Alles Mögliche. Sie und Cynthia, das Mädchen von nebenan, die machen so 'ne Art Wettkampf, mit Listen und so. Total beknackt. Ich weiß gar nicht, wie sie den Überblick behält, weil sie nicht mal vier Bohnen zusammenzählen kann.«

»Die Fitnessnummer ... ist wohl nicht so deins.«

»Das ist langweilig. Man macht das alles, und am Ende ... hat man nicht mal Geld verdient oder irgendwas gelernt, was man nicht schon vorher wusste. Ich verstehe echt nicht, was sie daran findet.«

»Und du liest lieber oder siehst fern, oder was?«

»Wir dürfen nicht fernsehen«, sagte er finster.

»Du darfst nicht fernsehen, aber deine Mom erlaubt dir, im *Internet* unterwegs zu sein?«

Endlich hob er den Blick und sah sie prüfend an. »Sie glaubt, dass bei meinem Handy die Kindersicherung aktiviert ist.«

»Keine Angst. Ich sage nix.«

»Ist ein Kinderspiel, die zu knacken. Manchmal hat es auch seine Vorteile, wenn die Leute glauben, man ist blöd.«

»Unser Geheimnis. Und ich verrate deiner Mom auch nicht, wie schlau du bist.«

»Danke.«

Bedrückt machte sie sich auf den Weg zurück zur *Schnupperei* – verdammt, es war erst Viertel nach fünf. Unterwegs traf sie abermals auf Nancee, die die Treppe runterlief, kehrtmachte und sie wieder hochrannte. Als sie ihre Großmutter auf dem oberen Absatz bemerkte, blieb sie abrupt mitten auf der Treppe stehen, als sei sie bei etwas Unerlaubtem ertappt worden.

»Du läufst Treppen«, stellte Serenata fest. Das Mädchen nickte widerstrebend. »Ich bin viel Treppen gelaufen. Ich hab das Treppenlaufen *erfunden*. Auf dem College war mein Zimmer im elften Stock. Ich hab nie den Fahrstuhl benutzt. Manchmal bin ich diese Treppen zwischen Seminar und Zimmer zehnmal hoch- und runtergelaufen. Das war wie aufs Empire State Building steigen. Später, in meinen Zwanzigern, hab ich, wenn es schneite oder so, in meinem Wohnblock die Nottreppe genommen. Das waren jedes Mal bis zu zweihundert Stufen.«

»Zweihundert?«, wiederholte Nancee mit skeptischem Blick. Vielleicht passte das Treppenlaufen nicht so recht zu einer Großmutter. Wahrscheinlicher war jedoch, dass selbst eine unterernährte Zwölfjährige jeden verabscheute, der ihre persönliche Bestmarke übertraf.

Unten am Tisch hatte sich Remington zu Valeria gesellt – ein unguter Platz für eine Zusammenkunft, weil er die Erwartung nährte, dass nun jeden Moment das Abendessen aufgetragen würde, was nicht der Fall war. Es gab ohnehin wenig, worauf man sich freuen konnte, denn Valeria würde ihren Eltern nicht *erlauben*, in Anwesenheit der Kinder Wein zu trinken – und es zeugte von der Brüchigkeit ihres Verhältnisses, dass die Eltern es zuließen, sich von ihrer Tochter in ihrem eigenen Haus herumkommandieren zu lassen. Später würden alle dankbar sein, wenn die Ablenkungen der Mahlzeit nicht zu früh am Abend verplempert wären, weil dann vor dem Zubettgehen noch eine gehörige Strecke *Schnupperei* zu bewältigen bliebe.

»Wir fragen uns manchmal, wie er eigentlich seinen Lebensunterhalt verdient«, sagte Remington gerade.

»Es macht mich fertig, wie naiv du und Mama sein könnt, was Deacon angeht«, erwiderte Valeria.

»Oh?«, sagte Remington. »Ich glaube, dass Deacon uns die Naivität gründlich ausgetrieben hat.«

»Sagen wir mal so«, Valeria prüfte mit einem Blick über die Schulter, ob Kinder in Hörweite waren, und senkte die Stimme,

»bei all den Opioidabhängigen in diesem Land muss es ja jemanden geben, der ihnen das Zeug verkauft.«

»Ist das, was du vermutest, dass er es tut, oder was er dir erzählt hat, dass er es tut?«, fragte Serenata und setzte sich wieder auf ihren Platz.

»Es liegt auf der Hand«, sagte Valeria. »Aber ich erwarte nicht, dass ihr mir glaubt.«

»Ich habe nicht behauptet, dass ich dir nicht glaube«, sagte Serenata. »Es ist ja beileibe nicht unwahrscheinlich.«

»Nein, wie auch? Weil Deacon nämlich geschädigt ist. So wie ich geschädigt bin.«

Serenata warf ihrem Mann einen warnenden Blick zu: *Bloß nicht anbeißen.*

»Meine Frage lautet, warum er dann immer noch zu uns kommt, um sich Almosen abzuholen«, sagte Remington trocken zu seiner Frau. »Wenn er macht, was Valeria behauptet – sehr gut entlohnter Job, wie man weiß, und dabei sehr niedrig besteuert.«

»Ich nehme an, er wird dem zugerechnet, was man Gig Economy nennt«, sagte Serenata. »Unregelmäßige Arbeitszeiten, stark schwankende Einkünfte und keine Krankenversicherung. Und wir dürfen seine erheblichen Kapitalisierungskosten nicht vergessen.«

»Findet ihr das, was Deacon macht, etwa *witzig*?«, rief Valeria. »Er ist mit Satan im Bunde!«

Während Valeria zum Angriff überging und schützend die Hände vor ihr Baby hielt, dämmerte es Serenata, dass der kultivierte Schlagabtausch, den die Eltern so aneinander schätzten, die Hauptquelle der Antipathie ihrer Tochter war. Die ganze Zeit hatten sie und Remington geglaubt, dass ihre Wortgefechte am Abendbrottisch ihre Kinder entzückt hätten. Also, *das* war naiv.

»Ich finde es nicht witzig«, sagte Serenata. »Aber Deacons Standardeinstellung ist Verächtlichkeit. Seelentötende Drogen zu verkaufen ist eine Arbeit für Leute, die ihre eigene Kundschaft gering schätzen. Ich habe das grässliche Gefühl, dass er gut darin ist.«

»Ich habe ihm am Telefon mein Herz ausgeschüttet und versucht, ihn zu überzeugen, dass Gott alle Sünder liebt, aber nur, wenn sie bereuen. Er lebt in Dunkelheit. Und du und Papa auch. Wenn ihr nur demütig wärt vor dem Herrn, eure Herzen öffnen und damit aufhören würdet, solche Besserwisser zu sein, dann könntet ihr dieselbe grenzenlose Freude erleben, die mir zuteilwird.«

Serenata hatte gelernt, dieses Auf-die-Bibel-Pochen so konsequent zu ignorieren wie das dumpfe Dröhnen eines Schlagzeugtracks, der durch die Bodendielen aus der Wohnung unter einem durchdringt. Wenn das, was ihre Tochter ausstrahlte, grenzenlose Freude war, dann würde sie Verzweiflung vorziehen, herzlichen Dank.

»Weißt du, ich wollte dich mal fragen«, sagte Serenata, um das Thema zu wechseln, »obwohl ich mich nicht einmischen will ...«

»Genau das willst du, dich einmischen«, sagte Valeria.

»Nein, aber ... Machst du dir keine Sorgen, weil Nancee ein bisschen dünn ist?«

»Oh, sie ist bloß sehr wählerisch, was Essen angeht. Und sie ist ein echter Duracell-Hase. Kann nicht still sitzen.« Valeria wippte das Baby auf ihrem Knie auf und ab, dem das allerdings nicht zu gefallen schien. Ihre aggressive Fürsorge wirkte ostentativ: *So* sieht gutes Muttersein aus, *Mama*.

»Hast du es mit Proteinshakes versucht?«, fragte Remington. »Die gibt es in Geschmacksrichtungen, die Kinder mögen – Erdbeer, Schokolade, Banane.«

»So was würde ich Nancee nie zu trinken geben. Nicht, wenn die mit Gewichtszunahme werben.«

Valerias Antworten waren widersprüchlich. Aber Serenata wollte nicht näher darauf eingehen. »Jacob ist eine ganz schöne Belastung, wenn man noch vier weitere Kinder im Auge behalten muss«, bemerkte sie höflich mit Blick auf das Baby. »Könntet ihr euch vorstellen, es bei fünf bewenden zu lassen?«

Valeria musterte das Gesicht ihrer Mutter, vielleicht auf der Suche nach Kritik, obwohl Serenata ihre Frage so neutral wie irgend möglich formuliert hatte. »Wenn es Gott gefällt, uns mit weiteren kostbaren neuen Leben zu segnen, ist es das Mindeste, was wir tun können, Seine Kleinen auf dieser Welt willkommen zu heißen. Die Größe unserer Familie liegt nicht in unseren Händen.«

Ein paar Packungen Antibabypillen in jenen Händen würden Wunder wirken, was das Handlungsmachtgefühl ihrer Tochter anging, aber Serenata hielt den Mund.

»Wird es nicht allmählich ein bisschen ... schwierig?«, sagte Remington. »Ich meine finanziell.«

»Keine Angst, der Herr wird für uns sorgen. Das hat er immer getan.«

Alle fünf Kinder waren bei Medicaid, der Gesundheitsfürsorge für Bedürftige. Brians Eltern *halfen* der Familie und hatten den Dodge Grand Caravan bezahlt. Remington hatte ihnen bei ihren letzten drei Besuchen mit der scherzhaften Bemerkung, sie habe während ihres *Urlaubs von der Familie* »jede Menge Weihnachten und Geburtstage verpasst«, üppige Schecks in die Hand gedrückt. Serenata fragte sich, ob für den Entschluss ihrer Tochter, wieder mit ihnen in Kontakt zu treten, weniger ihre Gebete oder die Therapie als vielmehr das Geld ausschlaggebend gewesen war. Bisher hatte der Herr herzlich wenig für sie gesorgt.

»Du hast erwähnt, dass Brian Arbeit gefunden hat …?«, erkundigte sich Remington.

»Er ist in Teilzeit bei Walmart, aber er kann nicht mehr Stunden arbeiten, weil er die Zeit für seine Studien braucht.«

»Oh!«, sagte Remington. »Ich hatte gar nicht mitbekommen, dass Brian wieder studiert. Das hört sich gut an! Auf was für einen Abschluss?«

»Ich rede natürlich von Bibelstudien. Und dann haben wir ja noch unsere Mission. Das Evangelium verbreiten. Ich hab wegen der Kinder natürlich nicht so viel machen können, aber auch wegen meiner eigenen emotionalen Reise. Die wahnsinnig zeitraubend und wahnsinnig harte Arbeit war. Sowohl meine Therapeutin als auch mein Pfarrer sagen, ich müsste die Selbstheilung als meinen eigentlichen Beruf begreifen. Aber das bedeutet, dass Brian an doppelt so vielen Türen klingeln muss, um unseren Beitrag für die Kirche zu leisten.«

Serenata und Remington nahmen Blickkontakt auf: Unser Schwiegersohn ist der Typ auf der Veranda, vor dem wir uns in der Küche verstecken, peinlich darauf bedacht, dass kein Licht brennt und die Kaffeemühle nicht läuft.

»So! Papa!«, sagte Valeria und wechselte das Thema. »Du musst mir von diesem ganzen Training erzählen! Ich bin so gespannt auf Sonntag, ich könnte platzen! Du musst mir erklären, wie du es geschafft hast, so hart an dir zu arbeiten, dass du einen ganzen *Marathon* laufen kannst. Das ist dir vielleicht nicht klar, aber ich könnte wetten, dass du Kraft von einer höheren Macht beziehst. Du musst lernen, diese Kraft zu kanalisieren, so als würdest du eine Verlängerungsschnur in den Himmel einstecken. Dann kann sich das anfühlen, als hättest du Motoren in den Schuhen! Ich schwöre, du siehst zehn Jahre jünger aus! Also, wie hast du angefangen?«

Remington erzählte begeistert von der Steigerung der Distanzen, von den Durchbrüchen beim Tempotraining, von der Arbeit an seinem *Rumpf*. Serenata schaute verstohlen auf ihre Armbanduhr.

»Entschuldigung«, sagte sie ruhig und stand auf. »Bevor mich diese Unterhaltung allzu sehr erschöpft, muss ich selbst noch ein bisschen trainieren.«

Valerias Ausdruck erstarrte. »Typisch. Gerade wenn wir alle hungrig sind und meine Kinder auf dem letzten Loch pfeifen. Nach einer endlosen Fahrt im dicksten Verkehr. Aber halb so wild, wir warten alle, bis du fertig bist mit Rumhüpfen. Ich hab schon in meiner Kindheit jede Menge Zeit mit Hungern und tödlicher Langeweile zugebracht, während ich darauf gewartet habe, dass du mit deinem *Training* fertig bist. Was machen da schon zwei Stunden mehr.«

Dieses eine Mal gab es keine Verschleppungstaktik und auch kein Grauen. Serenata war nie glücklicher gewesen, fünfhundert Sit-ups machen zu dürfen, und hätte nur allzu bereitwillig noch weitere tausend draufgelegt.

*

Als sie sich am Abend bettfertig machte, fragte sie: »Und, was steht für morgen auf dem Zettel?« Sie hatte sich geschworen, während der letzten Trainingswoche mehr Interesse zu zeigen.

Natürlich missverstand Remington die Frage nicht dahingehend, dass sie sich erkundigte, was zum Teufel sie den ganzen Tag mit Valeria und den Enkelkindern unternehmen sollten. Aber seine Antwort verriet, dass er mit den Gedanken woanders war. »Vierzig Minuten lockeres Laufen, mit vier einminütigen Sprintintervallen.«

»Du hast das Glück, aus einer ziemlich wohlhabenden Familie zu stammen«, sagte er eine Minute später, während er sich auszog. »Dein Vater hat sich in seinem Unternehmen die Sporen verdient und kann als erfolgreicher amerikanischer Mann seiner Generation gelten. Deine Mutter hat ehrenamtlich gearbeitet, aber auch das war normal für die Sechziger. Du hast dir, nach ein oder zwei Fehlstarts, aus eigener Kraft und Beharrlichkeit einen Ruf als Synchronsprecherin erworben, die erstklassige Aufnahmen abliefert, auf die du stolz sein kannst. Mein Vater hat uns zwar geschlagen, aber das war eine andere Zeit, Eltern machten das damals, und er war immer ein zuverlässiger Mann, der für sein Leben einstand. Nie Geld vom Staat genommen zu haben, das war Ehrensache für ihn, wie er dir mehr als einmal unter die Nase gerieben haben dürfte; dass er Anspruch auf Sozialleistungen hat, interessiere ihn nicht, sagt er. Viele der Häuser, die er gebaut hat, stehen heute noch. Meine Mutter hat Rechnungen geschrieben und später Fisch ausgenommen, und wenn sie abends nach Hause kam, roch sie entsprechend – alles nur, damit sie ihre Kinder in saubere und neue Klamotten stecken konnte. Ich war der Erste in meiner Familie, der aufs College durfte, und ich habe mich eine ganze Gesellschaftsschicht hochgearbeitet, mit einer Laufbahn im öffentlichen Dienst, die man als bemerkenswert bezeichnen könnte, ganz gleich, wie sie geendet ist. Unsere Kinder aber«, er hielt inne, ehe er aus seinen Boxershorts stieg, »sind *White Trash*.«

5

Sie hatten geplant, an jenem Freitag am späten Vormittag nach Saratoga Springs aufzubrechen, aber die Kinder waren mäkelige Esser. Nachdem diverse Frühstücke zubereitet und anschließend weggeräumt werden mussten, verkündete Valeria, nun sei es Zeit fürs Mittagessen.

Zwar hatte sich Serenata Sorgen gemacht, wie in aller Welt sie die vorangegangenen drei Tage mit Aktivitäten füllen sollten, aber diese häusliche Entropie hatte sich jedes Mal von Neuem eingestellt, wenn sie sich auf eine Unternehmung verständigt hatten – einen Ausflug ins Feuerwehrmuseum (von dem sie gedacht hatte, er würde Logan Spaß machen, Pustekuchen), eine Bootsfahrt auf dem Hudson (sie verpassten das letzte Schiff) oder die Besichtigung des Dr. Oliver Bronson House mit seinem berühmten elliptischen Treppenhaus (eingeschränkte Besucherzeiten verlangten, sich zu einer ganz bestimmten Zeit auf den Weg zu machen; konnte man vergessen). Die vielversprechendste Freizeitaktivität der Gegend, eine Spritztour mit diversen Weinproben, kam mit einer überzeugten Antialkoholikerin leider nicht infrage, und auch Remington trank kaum noch. Spätestens wenn das Baby umgezogen, gefüttert und gebadet war und die Kinder wettergerecht gekleidet waren, alle Gedärme und Blasen des Hauses geleert, stand die nächste Nahrungs- und Flüssigkeitsaufnahme an, damit man endlich wieder scheißen und pinkeln konnte. Ein derart fürchterliches Leben führte Valeria zweifellos auch daheim: hektisch damit beschäftigt, den Anschein von Aktivität zu erwecken, während man auf der Stelle trat – wie die einzige Art von Lauf, den Serenata noch bewerkstelligen konnte: in Intervallen, auf dem Teppich, mit den Fußballen aufstampfend. Insofern war ihr die Erfahrung vertraut, dermaßen viel Energie ins Vorwärtskommen zu investieren, ohne dass sich die Szenerie je änderte. Das bisher einzig Gute an dem Besuch war ein wachsendes Mitgefühl mit ihrer Tochter. Angesichts von zwei weiteren solcher Stillstand produzierenden Maschinen, die ihrer Mutter daheim den Sauerstoff wegsaugten wie Luftfilter, war von der jungen Frau kaum zu erwarten, dass sie auch noch große Fortschritte bei ihrer *wahnsinnig zeitraubenden und wahnsinnig harten Selbstheilung* machte.

Natürlich bekam Remington, wenn er zu den kürzeren und leichteren Läufen aufbrach, die ihm für seine letzte Trainingswoche verschrieben waren, ein überschwängliches *Los, schnapp sie dir, Champ!* mit auf den Weg, während seine Frau ihre Fitnessübungen oben hinter geschlossener Tür absolvierte, um nicht einen weiteren Ausbruch von Valerias lebenslanger Feindseligkeit auszulösen. Serenata hatte sich naiverweise vorgestellt, dass sie während des Familienbesuchs auch ein paar Stunden in den Logitech-Infomercial würde investieren können. Aber Menschen, die keiner Arbeit nachgingen – eine Kohorte, zu der nunmehr erschreckenderweise auch Remington gehörte –, fanden jede Tätigkeit außer Essen, Saubermachen und Einkaufen vollkommen abwegig. Als sie sich ein einziges Mal in ihr Studio zurückziehen wollte, hätte sie genauso gut verkünden können, sie würde zu einer Pediküre abzischen. In Valerias Augen war die Arbeit ihrer Mutter reine Selbstgefälligkeit.

Das gleiche Problem war in aller Heftigkeit zutage getreten, als im vergangenen August Jacobs Geburt mit den Aufnahmen einer Fantasy-Tetralogie zusammenfiel. Wie üblich in diesem Genre waren die Bücher enorm dick. Das Studio in Manhattan war gebucht, der sechswöchige Job wurde gut bezahlt, und sie hatte zugesagt, ehe sie erfuhr, dass ein weiteres *kostbares neues Leben* unterwegs war. Als Serenata erklärte, dass sie jene Wochen beim besten Willen nicht in Rhode Island würde verbringen können, um der frischgebackenen Mutter die Versorgung ihrer anderen *vier* Kinder abzunehmen, explodierte Valeria. Arbeit, was immer das sein mochte, galt nicht als akzeptable Entschuldigung, schon gar nicht bei einer Freiberuflichen, die ihre belanglose und frei einteilbare Betätigung doch wohl zwischen das Einräumen der Spülmaschine und dem Putzen der Kinderzähne würde quetschen können. Valeria warf ihrer Mutter Egoismus vor. So verbrachte Serenata nicht nur endlose Tage mit Sprachaufnahmen und verlor am Ende gar die Stimme, sondern musste sich auf den nachtdunklen Heimfahrten im Zug auch noch wie eine *Schlechte Großmutter* fühlen – um dann in ein leeres Haus zu kommen, weil der *Gute Großvater* als Ersatz eingesprungen war.

Es war Nachmittag, als sie sich endlich in Valerias Minivan zwängten, sodass sich, was ursprünglich als anderthalbstündiger Trip geplant gewesen war, dank Feierabend- und Wochenendverkehr auf der I-87 endlos hinzog. Eine längere Fahrt wäre zu verkraften gewesen, wenn da nicht die ausgedehnte Kirchenliederfolter gewesen wäre – *Ich bin das Licht*, *Er hält die ganze Welt in seiner Hand* und, am schlimmsten, *Ich habe Freude, Freude, Freude, Freude in meinem Herzen*, das die Kinder dreimal sangen. Tommy, gerührt, dass man sie eingeladen hatte mitzukommen, war noch dabei, sich in die dem Anlass angemessene Stimmung hineinzufinden, aber die Tatsache, dass sie mitsummte, fühlte sich an wie Verrat, und die unerbittliche Abfolge von *Freude, Freude, Freude, Freude* wummerte in Serenatas

Schädel wie ein Presslufthammer. Es war doch zweifellos abartig, die Redundanz des unvorstellbaren Glücks als Knüppel einzusetzen. Gab es wirklich jemanden, der diese Lieder *mochte*? Sie musste erst noch herausfinden, ob Nancee und Logan ernsthaft indoktriniert waren oder die Indoktrinierten lediglich teuflisch gut spielten. Das gleiche Problem hatte sie bei der Einschätzung von Volkes Stimme aus Nordkorea.

Saratoga Springs war eine wohlhabende Stadt voller alter Laubbäume und dahinter verborgener stattlicher Häuser mit großzügigen Veranden aus dem neunzehnten Jahrhundert, die ihre Entstehung den Vermögen verdankten, die damals wegen der gesunden Quellen zu den hiesigen Heilbädern pilgerten. Nach wie vor auf Tourismus angewiesen – sie und Remington hatten den einen oder anderen Hochzeitstag hier gefeiert –, war es der Stadt gelungen, beträchtliches kulturelles Kapital anzuhäufen, darunter ein Kulturzentrum, in dem während des Sommers das New York City Ballet residierte, mehrere Theater, ein College, das derart renommiert war, dass keines ihrer Enkelkinder in dem unwahrscheinlichen Fall, dass sie sich hätten bewerben wollen, aufgenommen worden wäre, und eine Schriftstellerkolonie, deren implizite Überheblichkeit Serenata froh sein ließ, dass sie in ihren Zwanzigern einen anderen Berufsweg eingeschlagen hatte. Der Broadway, die Hauptgeschäftsstraße von Saratoga Springs, trug seinen Namen zu Recht, denn hier residierten, in gediegenen roten Backsteingebäuden, Geschäfte diverser Edelmarken. Den meisten Menschen war die Stadt natürlich durch ihre Pferderennbahn mit den mehrstöckigen Tribünen bekannt. Nancee reckte den Kopf aus dem offenen Fenster, um einen Blick auf die Stallungen zu erheischen, und war sauer, dass die Bahn erst im Juli öffnete.

»Wo sind die *Pferde*?«

Serenata hatte für eine ganz normale menschliche Aktivität,

die früher gratis gewesen war, großzügig über das inzwischen limitierte Familienbudget verfügt, dabei um die preisgünstigen Motels am Stadtrand, mit denen sie riskiert hätte, ihre Einstellung subeuphorisch erscheinen zu lassen, einen Bogen gemacht und drei Zimmer im Saratoga Hilton am Broadway gebucht. Ein persönlicher Vorteil: Es gab dort Fitnessräume.

Die Lobby war ein Meer von Sportklamotten. Die Mehrzahl der Läufer würde am nächsten Tag eintreffen, dies war also erst der Anfang.

Serenata wartete an der Rezeption, während die anderen auf der Suche nach einem Parkplatz ihre Kreise drehten, als eine Frau hinter ihr in der unvorhergesehen langen Schlange fragte: »Sie haben bestimmt eine Reservierung, nicht wahr?« Richtig. »Die haben die Zahl der zugelassenen Teilnehmer am Lauf in diesem Jahr nämlich auf fünftausend hochgesetzt. Ich finde das zynisch – zusätzliche Einnahmen aus den Startgeldern, und natürlich sind sie in der Stadt scharf auf all die vielen Touristen. Weil die meisten Teilnehmer mit großer Entourage anreisen, ist die Nachfrage nach Hotelzimmern enorm. Oh, verzeihen Sie«, sagte die Frau entschuldigend. »Ich bin einfach davon ausgegangen ... Sie sind doch eine von den Läuferinnen, oder?«

»Nein«, sagte Serenata.

»Puh, krass ... Ich hoffe, dann nehmen Sie das als Kompliment. Sie sehen nämlich aus wie eine. Ich meine, wie eine echte Läuferin. Nicht wie eine von diesen Zocklern.«

Serenata war geschmeichelt und deprimiert zugleich. »Zocklern?«, fragte sie ahnungslos.

Die Frau senkte die Stimme. »Der Abschaum ganz am Ende. Auch *Lauf-Geher* genannt. Mit Betonung auf *Geher*. Die Wohltätigkeitsläufer und die Erstteilnehmer sind schon schlimm genug. Aber heutzutage gibt es all diese«, sie wurde noch leiser, »fetten, unförmigen Löffellisten-Typen, die minimalen Einsatz bringen und sieben oder acht Stunden bis ins Ziel brauchen. Und hinterher brüsten sie sich damit, einen *Marathon* gelaufen zu sein. Wir reden von fünfzehn Minuten pro Kilometer. Heilige Scheiße, in Honolulu, wo es keinerlei Zeitlimit gibt, legen die Zockler mittags eine Essenspause ein. Sie lassen die Leistung, eine solche Distanz zu bewältigen, minderwertig erscheinen. Sorry, das ist bloß meine Meinung. Wahrscheinlich nicht sehr demokratisch. Ist wohl nur ein schmaler Grat zwischen *Elite* und *elitär.*«

In der Tat hatte die Frau einen Look, der inzwischen weitverbreitet war. Sie trug ein Lycra-Outfit und eine Fleecejacke mit offenem Reißverschluss, war drahtig und wettergegerbt und hatte kurzes Haar. Unter ihrem Brustkorb, an der Stelle, wo sonst auch schlanke Frauen nach der Menopause ein wenig Fleisch ansetzten, war bei ihr eine kleine Einbuchtung. Ähnlich wie Nancee konnte sie nicht still stehen, hob immer abwechselnd einen ihrer Adidas-beschuhten Füße, schüttelte die Beine aus. Sie war mindestens fünfundfünfzig und ging zweifellos davon aus, dass man ihr das Alter nicht ansah, dabei verriet ihr knochiger, sehniger Körper jedes Jahr. Leider Gottes durfte man in Serenatas Alter nicht so von anderen Frauen denken, ohne dass es auf einen selbst zurückfiel. Serenata konnte sich auch nicht vorstellen, dass sie wie sechzig aussah.

»Es überrascht mich, dass dieser Lauf solche Ausmaße angenommen hat«, sagte Serenata, bemüht, sich kommunikativ zu zeigen. »Er zählt schließlich eher zu den kleineren Veranstaltungen. Kein Vergleich mit New York oder Boston.«

»Früher galt noch das Motto, wer Touristen anlocken will, gründet ein Literaturfestival. Inzwischen veranstaltet jedes Kaff einen Marathon. Da kommen viel mehr Leute. Wie hoch Saratoga die Teilnehmerzahl auch ansetzt, sie werden jedes Mal Bewerber abweisen müssen. Die kleineren Veranstaltungen sind bei den Möchtegerns populär, weil sie keine Qualifikationszeit fordern.«

»Laufen Sie bei vielen mit?« Das Interesse war geheuchelt.

»Die vielen Marathons, die überall aus dem Boden schießen, haben auch ihr Gutes, weil ich quasi rund ums Jahr von einem zum nächsten reisen kann. Florida, Arizona und Kalifornien lauf ich im Winter. Ich mache immer bei der Lotterie für London mit, hatte aber bisher kein Glück. Die Chancen stehen einfach schlecht: Nur vierzigtausend Läufer werden zugelassen, bei zweihundertfünfzigtausend Bewerbungen.«

»Ernsthaft?«, sagte Serenata. »*Eine Viertelmillion Menschen* bewerben sich um eine Teilnahme am Marathon in London?«

»Und es werden jedes Jahr mehr«, sagte die Frau verdrießlich.

Serenata deutete mit dem Kopf zur Rezeption. »Kommt Sie Ihre jährliche Rundtour nicht ziemlich teuer?«

»Sie reden ja wie meine Kinder. Aber ich leg mich nicht mit Katzen ins Bett, nur damit sie ordentlich was erben. Sie scheinen zu vergessen, dass es immer noch mein Geld ist. Als ich angefangen habe, mich hiermit zu beschäftigen, wurde mir erst klar, dass *ich selbst* vergessen hatte, dass es mein Geld ist. Wozu soll eine Frühpensionierung sonst gut sein? Auf Bingo hab ich keine Lust.«

»Aber was ist mit Verletzungen?«

Sie lächelte schmal und grimmig. »Wie viel Zeit bleibt uns noch? He, wir sind doch Auslaufmodelle.«

Nachdem die anderen eingetroffen und auf ihre Zimmer verschwunden waren, verzog sich Serenata vor dem Abendessen in den Fitnessbereich, aber da war der Teufel los. Vor jedem Gerät Warteschlangen, und an jedem Fitnessbike klebte eine handgekritzelte Reservierungsliste. Die Atmosphäre war widerwärtig. Serenata beschränkte sich auf ein paar Übungen vor einem

CNN-Bildschirm und nahm die Treppe hoch in ihr Zimmer, aber sogar im Treppenhaus, das in Hotels, abgesehen von gelegentlichen Reinigungskräften, normalerweise verwaist war, musste sie sich zwischen Gästen hindurchschlängeln, die die Stufen rauf- und runterhasteten.

Serenata hatte sich selbst übertroffen in ihrem Bemühen, den Anschein zu erwecken, sie überträfe sich selbst. Den Tisch für das morgige Abendessen hatte sie für sechs Uhr reserviert, damit Remington problemlos um halb neun in der Falle liegen konnte, denn es würde nicht schaden, rechtzeitig vor dem Startschuss um halb acht an der Laufstrecke zu sein. Ihre Matratze war größer als mancher Hotelswimmingpool, sodass sie ihn nicht wecken würde, wenn sie später ins Bett kroch. Morgen war ein Ruhetag, und er wollte am Vormittag mit Valerias Minivan die Strecke abfahren, um sich eventuelle *Herausforderungen in der Topografie* einzuprägen, bevor sie für den Verkehr gesperrt würde. Am Nachmittag hatte sie für ihn im Roosevelt Spa ein Mineralienbad und eine Massage gebucht.

Während Remington durchgewalkt würde, erwartete Valeria in derselben Einrichtung ein von ihrer Mutter gebuchter entgiftender Algenwrap und ein *Arctic Berry Illuminating Facial* (das Anti-Cellulitis-Angebot erschien ihr undiplomatisch). Allein die Anwendungen im Spa würden sich auf über siebenhundert Dollar belaufen, doch da Serenata dieses ganze Gerubbel und Gesalbe für großen Quatsch hielt, würde sie immerhin darauf verzichten, sich selbst in Seegras wickeln zu lassen, um die Kosten nicht zusätzlich in die Höhe zu treiben. Das eigentliche Geschenk an Valeria bestünde in ihrem Angebot, sich um die Kinder zu kümmern, während sich die junge Frau geschlagene drei Stunden würde *verwöhnen* lassen, wie es beschönigend hieß. Wäre Valeria nur ein wenig wie ihre Mutter, würde sie fremde Hände, die ihren Körper von oben bis unten betatschten, nicht nur leicht befremdlich, sondern übergriffig finden. Aber das könnte sie niemals zugeben. Frauen waren darauf programmiert, Gesichtsbehandlungen, Massagen und Wärmeanwendungen als Gipfel des Genusses zu betrachten, und Valeria fehlte die Originalität, ihrer Enttäuschung zu trauen.

Angesichts der Tatsache, dass sich offenbar bis zu *fünftausend* andere Gruppen auf der Suche nach einem Ort zum Feiern in der Stadt herumtreiben würden, hatte sie vorsichtshalber zum Abschluss des *Großen Tages* Plätze für einen Festschmaus im 15 *Church* reserviert, wo sie und Remington anlässlich ihres dreißigsten Hochzeitstages gespeist hatten; sollte sich die Leistung ihres Mannes am Sonntag als schmachvoll erweisen, konnte sie immer noch stornieren. Das Restaurant war teuer, und krosse Austern in Buttermilch mit Ponzu und Foie-gras-Butter würden bei den Kindern eine Verschwendung sein. Aber das Drumherum, das den Jubel begleitete, taugte erfahrungsgemäß als Ersatz für den Jubel selbst. Festivitäten, die mehr waren als ein bloßer Verweis auf das zu Feiernde, gab es selten, weil das Hochgefühl im Moment des Geschehens eine solche Anstrengung darstellte, dass die meisten Ehrungen erst wirklich stattfanden, wenn das eigentliche Ereignis längst vorüber war und sich der Laureat beglückt die Fotos ansah. Andererseits konnte Serenata dem allem gelassen entgegensehen. Dieser alberne Blödsinn würde irgendwann vorbei sein, und dann könnte sie mit ihrem Mann in jedem Sinne des Wortes heimkehren.

Doch ungeachtet all ihres loyalen Ehefrauengetues erklärte Remington, als er sich am Freitagabend bettfertig machte, mit ruhiger Stimme: »Du machst hier niemandem was vor, nur dass du's weißt.« Er verzichtete darauf, das Gesagte näher zu erläutern, weil es sich erübrigte.

*

Während Remington die Strecke abfuhr, was schon im Auto eine Stunde in Anspruch nahm, genoss Serenata ein spätes gemütliches Frühstück im Speisesaal des Hotels. Tommy, die sie zusammen mit Nancee in einem Doppelzimmer untergebracht hatte, leistete ihr Gesellschaft. Die beiden schienen etwas gemeinsam zu haben – und das erwies sich als Problem.

»*Crunches*«, klagte Tommy und kaute ihren Toast. »*Raises*, *Planks* und *Lifts*. Plus jede Menge alberne Drehungen und Sprünge, die sie sich ausgedacht haben muss. Ich komm mir vor, als würde ich das Zimmer mit Hurrikan Sandy teilen. Nach dem Abendessen hab ich behauptet, ich gehe raus, um noch ein paar Schritte auf die Uhr zu bringen, aber in Wahrheit war ich unten in der Lobby, einfach um von ihr wegzukommen.«

»Gehört nicht *ein paar Schritte auf die Uhr bringen* in dieselbe Kategorie? Was ist der Unterschied?«

»Du weißt genau, wie das funktioniert. Alle, die weniger Fitness machen als du, sind Schlappschwänze, und alle, die mehr machen als du, sind Spinner.«

»Also ist Nancee eine Spinnerin.«

»Sie ist eine Fitnessbulimikerin.«

»Hast du sie erwischt, wie sie sich übergibt?«, fragte Serenata scharf.

»Ich will sagen, sie kotzt Energie.«

»Ich finde, sie sieht krank aus.«

»Sie isst zu wenig, um Muskulatur aufzubauen. Darum ist das ganze Rumgehüpfe zu nichts nütze.«

»Und wozu ist dein ganzes Fitbitting nütze?«

»Vorsicht. Du bist diejenige, die behauptet, dass alle dir alles *nachmachen*. Wozu war es *nütze*, dass du fünfzig Jahre lang die Fitnessfanatikerin gegeben hast?«

Serenata schmierte grübelnd Butter auf die Miniaturversion eines Cranberry-Muffins. »Als ich jünger war, hab ich mich selbst herausgefordert. Ich hab mir Ziele gesetzt und sie übertroffen. Das Problem ist, dass du dich nicht ewig selbst besiegen kannst.«

»Wie Fitbit«, sagte Tommy. »Wenn du einmal dreißigtausend Schritte am Tag geschafft hast, ist jeder wenigere Schritt …«

»Jeder Schritt *weniger*«, sagte Serenata.

Tommy sah sie wütend an. »… *weniger* hört sich irgendwie traurig an.«

»Persönliche Bestleistungen sind eine Tyrannei. Du läufst fünfzehn Kilometer, und morgen musst du sechzehn laufen. Das Problem betrifft vielleicht nicht nur den Sport.«

»Die Antwort lautet doch offenkundig, dass man am besten in allem scheiße bleibt.«

Serenata lachte. »Mag sein. Aber wenn du versuchst, dich selbst zu überbieten, stößt du immer an Grenzen. Grenzen dessen, was dein Körper zu leisten vermag, aber auch Grenzen dessen, wie sehr es dich kümmert.«

»Ja, mit dem Problem krieg ich's beim Fitbit auch zu tun«, sagte Tommy. »Ich meine, es ist bloß ein Spiel, falls du gedacht hast, ich nehm das ernst. Ich will Marley Wilson schlagen. Aber allmählich merke ich, dass es mir ein bisschen scheißegal wird, wegen dem, was du sagst. Also, das mit den Grenzen. Und in dem Moment, wo man sich den Grenzen nähert, ist es nicht mehr so interessant.«

»Was voraussetzt, dass es das jemals war.«

»Weißt du, ich kann immer noch nicht so ganz verstehen, warum du nicht willst, dass Remington an diesem Lauf teilnimmt. Ich finde das irgendwie gemein.«

»Es stört mich nicht, wenn er für sich alleine läuft. Was ich nicht ausstehen kann, ist diese Massenziegenfickerei.«

»Sei *still*«, flüsterte Tommy und deutet auf die anderen Frühstücksgäste. »Du bist unmöglich. Über Marathons herziehen und jemandem, der einen laufen will, die Unterstützung versagen – was Uncooleres kann ich mir kaum vorstellen. Das ist, also, das ist fast noch schlimmer, wie wenn man Rassist ist oder so.«

»Danke für den Hinweis.«

»Du hast keine Ahnung, was heutzutage im Netz los ist. Die Leute posten, welche Gewichte sie drücken, wie viele Kniebeugen sie schaffen und wie niedrig ihre Herzfrequenz ist. Auf Instagram gibt es haufenweise diese Glam-Shots von Mädchen mit Waschbrettbauch, alles eingeölt und angespannt und in Sport-BH. Und die Maßstäbe, was als wirklich *fit* gilt, gehen nach oben. Was letztes Jahr noch toll war, wird jetzt als total gedisst. Es ist eine Sache, so weit zu kommen, dass man sich nicht mehr selbst besiegen kann, wie du gesagt hast. Aber viel schlimmer ist es, von allen anderen besiegt zu werden.«

»Viele dieser Beiträge sind doch garantiert übertrieben.«

»Vielleicht. Aber diese Typen verbringen teilweise den ganzen Tag im Fitnessstudio, jeden Tag. Ich hab nur unseren Garten. Du und Griff werdet noch wesentlich mehr Dreck produzieren müssen, wenn ich demnächst rund ums Jahr für hundertfünfundzwanzig Dollar im Monat bei BruteBody meinen Körper stählen will.«

»Hast du wirklich keine bessere Verwendung für deine Ersparnisse?«

»Ohne diese Maschinen kann ich nicht mithalten. Letztes Jahr hat meine Freundin Anastasia ihren Geburtstag bei BruteBody gefeiert. Die *Party* bestand aus einer Reihe unglaublich harter und komplizierter Krafttrainingseinheiten, dazu gab es Techno-Rap. Alle achteten darauf, ob irgendwer nicht mithalten konnte, um ihn oder sie später fertigzumachen. Es gab nicht mal Kuchen. Hauptprogrammpunkt war ein Wettbewerb: Wer kann am längsten seilspringen, ohne sich zu verheddern. Ich war ganz gut, aber gewonnen hab ich nicht. *Du* hingegen«, sagte Tommy vorwurfsvoll, »*du* fühlst dich allen überlegen.«

»Tu ich nicht! Ich will mit den meisten Leuten nichts zu tun haben. Das heißt nicht, dass ich mich ihnen überlegen fühle.«

»Lügnerin. Man sieht es auf den ersten Blick, schon allein, wie du dastehst. Ganz aufrecht und kerzengerade und ein bisschen zurückgelehnt, und wenn dann Leute in der Nähe sind, die du nicht magst, dann sagst du fast nichts, und ich weiß genau, was du denkst.«

»Denkst du, ich fühl mich dir überlegen?«

»Na ja ... Ich mag das nicht, wenn du meine Grammatik korrigierst und so.«

»Ich versuche bloß, dir zu helfen. Möchtest du, dass ich das lasse?«

Tommy verschränkte die Arme und überlegte. »Ne. Ich meine, es irritiert mich, aber immerhin kümmerst du dich. Sonst hört mir überhaupt niemand zu. Wenn du dich als Lehrerin aufspielst, weiß ich, dass du mich beachtest.«

Die zur Entsagung mahnenden Joghurts um sie herum motivierten Serenata, sich einen weiteren Muffin zu holen.

»Weißt du, im Laufe der Zeit«, sagte sie, als sie zurückkam und kritisch das Gebäck begutachtete, »haben sich die Motive für meine sportliche Betätigung verändert. In deinem Alter, klar, da wollte ich attraktiv sein – und kräftig, nicht bloß schlank. Aber schon seit Jahren ... Bei meinen täglichen Übungen ging es mir in erster Linie darum, eine gewisse *Ordnung* zu bewahren. Ordnung und Kontrolle. Ich mache das, weil ich es immer gemacht habe. Ich bin davon überzeugt, dass mein Leben vollkommen aus den Fugen geraten würde, wenn ich damit aufhöre. Augenblicklich. Und mit katastrophalen Folgen.«

»Wie, würdest du dann eine heroinabhängige Alkoholikerin werden? Die von der Stütze lebt und raucht?«

»Und Ladendiebstähle begeht. Und an der Kasse die Sparschweine von der Wohlfahrt mitgehen lässt.«

»Dann solltest du vielleicht tatsächlich versuchen aufzuhören«, sagte Tommy mit einem Grinsen. »Klingt so, als könntest du am Ende doch noch ein bisschen Spaß haben.«

*

An jenem Abend aßen sie um halb sechs, eine barbarische Uhrzeit. Valeria machte ein solches Gewese um die Bestellung für das *Abendmahl* ihres Vaters – *Kohlehydratzuführung* sei nicht mehr angesagt –, dass Serenata schließlich dazwischenging. »Schatz, er ist nicht unterwegs zu seiner eigenen Hinrichtung.«

Als sie nach einem aufmüpfigen Absacker ins Zimmer zurückkam – beim abstinenten Abendessen hatten sich die verzichtsorientierte Rechtschaffenheit Jesu und die Fitnesswut perfekt ergänzt –, lag Remington zwar im Bett, war aber sichtlich unruhig. Sie kannte diese dauernden Blicke zur Uhr von seinen letzten Tagen beim Amt für Transport und Verkehr, als er besorgt gewesen war, nicht pünktlich bei der Arbeit zu erscheinen, aber auch besorgt, was passieren würde, wenn er dort ankäme. Er entspannte sich nur, als sie sich an seinen Rücken schmiegte, ihm einen Kuss in den Nacken gab und einen Arm um seine Brust legte. Sie hatten immer gut zusammengepasst. Auch wenn die klareren Linien seines schlankeren Körpers in den letzten Monaten eine Augenweide waren – er hatte auch vorher eine drahtige Figur gehabt, und sein nackt daliegender Körper fühlte sich tröstlicherweise unverändert an. Der auf fünf Uhr gestellte Wecker, das war schon extrem, aber in diesem besonderen Fall, dachte sie beim Einschlafen, würde es ihr nichts ausmachen, aus Solidarität mit ihm aufzustehen.

Falsch.

Mit übersinnlicher Gewalt riss sie das Klingeln aus tiefstem Tiefschlaf. Bis zu diesem Moment hatte das Wochenende die Beschaulichkeit eines Ausflugs gehabt, warum also tastete sie jetzt im Stockdunkeln nach dem Lichtschalter im Bad? Was sie endgültig wach machte, war ein Wutausbruch. Dieses ganze Unterfangen war doch idiotisch. Sie hatte monatelang so getan, als wäre es das nicht, und jetzt, wo sie das Spiel nur noch einen einzigen weiteren Tag mitspielen musste, konnte sie nicht mehr. Die Pose, mit der sie diesen ganzen Zirkus ernst nahm oder zumindest tolerierte, bis die Groupster-Verblendung ihres Mannes endlich das Schicksal eines Hula-Hoop-Reifens ereilen würde, war, wie es im Marathongewerbe hieß, einem Hungerast zum Opfer gefallen.

Während sich Remington an den Stellen, wo seine Schuhe scheuerten, die Füße mit Baumwollpflaster beklebte, stolzierte Tommy bereits in der Lobby auf und ab, fertig angezogen und zum Aufbruch bereit. Nancee, die sich nicht abhängen lassen wollte, blieb ihr, auf einem Bein hüpfend, dicht auf den Fersen.

»Zweitausendzweihundert Schritte!«, sagte Tommy und hob die Hand mit dem Aquastrap. »Das nenn ich, mit Schmackes in den Tag starten.« Die enthusiastische junge Frau schien sich nicht im Geringsten an der brutalen Uhrzeit zu stören.

Trotz des ganzen überschwänglichen *Lauf Papa, lauf*, mit dem sich ihre Tochter in der letzten Zeit hervorgetan hatte, reagierte Valeria in ihrem Zimmer am Ende des Ganges weder auf ein schickliches *Klopf-klopf*, noch auf ein wüstes Gehämmer, jedenfalls nicht sofort. Irgendwann erschien sie mit schmalen Augen und zerzaustem Haar in einem karierten Hotel-Morgenmantel. »Herrgott, Mom, es ist verdammt noch mal mitten in der Nacht!« Sie vergaß, dass sie den Namen des Herrn nicht missbrauchen durfte. Sie vergaß, dass sie inzwischen *Mama* sagte. Sie vergaß, dass sie niemals fluchte. Wenn Valeria häufiger bei Tagesanbruch aufstünde, könnten sie vielleicht miteinander klarkommen.

Serenata ließ sich die Schlüssel ihres Minivans geben und versprach, später wiederzukommen und die Langschläfer einzusammeln. Bei Remingtons Tempo würden Tochter und Enkelkinder seinen Zieldurchlauf auch dann nicht verpassen, wenn sie bis elf schliefen und dann noch ein paar *Eggs Benedict* bestellten.

Andere Teilnehmer mampften in der Lobby ihre Energieriegel; der Speisesaal des Hotels war geschlossen. Ausstaffiert mit seinem grün-violetten Nylon-Outfit, in dem er diesen Irrweg vor sechs Monaten angetreten hatte, schwenkte Remington den nach seinen persönlichen Vorstellungen befüllten Versorgungsbeutel: Bananen, Energy-Gels in den Farben von Plastikspielzeug, Red Bull und etwas, das sich *Chews* nannte. Serenata dagegen wollte *Kaffee*, besten Dank, und auch alle Cafés am Broadway wären garantiert noch geschlossen.

»Du könntest ein *kleines* bisschen fröhlicher sein«, sagte Remington auf dem Weg zum Van.

»Zu dieser Tageszeit? An deiner Stelle würde ich mich mit höflich zufriedengeben.«

Auf dem Gelände des Performing Arts Center im Spa Park war der Teufel los, als sie um sechs dort eintrafen. Peppiges Personal trug pinke T-Shirts mit der Aufschrift SARATOGA SPRINGS GIVES YOU A RUN FOR YOUR MONEY! Remington befestigte ehrfurchtsvoll seine schwarz-weiße Startnummer, 3788, an seinem Hemd und das Fußband am Gelenk, mit dessen Hilfe seine Laufzeit auf die hundertstel Sekunde genau gemessen wurde, wenn (und sofern) er das Ziel erreichte. Die Menge an Zuschauern und Teilnehmern wuchs rasant.

Serenata verabscheute Menschenansammlungen. Außerdem lag der Weltrekord über diese Distanz bei knapp über zwei Stunden, und die Zeit bei dieser Veranstaltung war auf acht Stunden begrenzt. Es gab also keinen einzigen vernünftigen Grund dafür, den Lauf um halb acht in der Früh zu starten. Sie hätten die erste Gruppe, Männer zwischen achtzehn und vierundzwanzig Jahren, mittags um zwölf auf die Strecke schicken können, dann wäre sie ausgeschlafen und mit Cranberry-Muffins gestärkt hier aufgetaucht.

Die Frühaufsteher-Startzeit war reine Show. Denn die Menschheit teilte sich in zwei unversöhnliche Lager: die schurkischen Bettflüchter und die Verbrenner mitternächtlicher Energiereserven. Die Unterscheidung reichte weit über die bloße Tageszeit hinaus. Der Nachtschwärmer war gleichbedeutend mit Unfug, Fantasie, Rebellion, Verfehlung, Anarchie und Exzess, ganz zu schweigen von Drogen, Alkohol und Sex. Der frühe Vogel stand für protestantische Werte wie Gehorsam, Fleiß, Disziplin und Sparsamkeit, aber in dieser freudigen Begrüßung des Tages lag auch eine militante, ja faschistische Entschlossenheit, die Sonnenseite des Lebens zu sehen. Mit anderen Worten, die Raus-aus-den-Federn-Typen waren ekelerregend, und wenn man mitansehen musste, wie viele Vögel den Wurm fingen, fühlte man sich in das Remake eines Hitchcock-Films versetzt. Diese quietschvergnügten, quicklebendigen, quirligen Leute liebten den Start um halb acht, der Ernsthaftigkeit und Askese bedeutete, und jeder Versuch, die Zeit im nächsten Jahr auf den Mittag zu verlegen, würde Krawalle nach sich ziehen.

Als es heller wurde, öffneten gnädigerweise die Imbissstände, sodass Serenata für die beiden Mädchen Donuts und für sich selbst einen Kaffee kaufen konnte. Er war schwach und schmeckte nach Staub, aber der Morgenkaffee war mindestens so sehr eine Idee wie ein Getränk – die Idee von Normalität und

Aufgabe –, also dimmte der Pappbecher ihre Stimmung immerhin von wütend auf missmutig herunter. Als eine junge Sportskanone Serenata den Kaffee über die Bluse kippte, bedachte die Frau sie, statt sich zu entschuldigen, mit einem manisch-wohlmeinenden Lächeln. »Ist das nicht alles wahnsinnig *aufregend?*«

»Warum«, sagte Serenata tonlos. »Warum ist das aufregend.«

»Meine Güte, du musst aber echt noch an deiner Einstellung arbeiten«, schnaubte sie und stolzierte davon.

Als sich Serenata mit Remington zu der Fahne durchschlängelte, bei der sich seine Altersgenossen versammelten, stach dort eine klar identifizierbare Untergruppe der Abgehalfterten heraus, die eine unangenehme Faszination auf sie ausübte. Es handelte sich um Männer in den Siebzigern und Achtzigern, alle mager bis an die Grenze zur Austrocknung, deren Gliedmaßen an Dörrfleisch erinnerten. Trotz der morgendlichen Kühle liefen sie mit bloßem Oberkörper herum. Es war April, und sie waren satt gebräunt. Ihre Augen glühten; sie hatten eine Mission. Sie machten ihre Dehnübungen in dem sichtlichen Bewusstsein, beobachtet zu werden. Ihre Armbanduhren wirkten protzig: Ehemalige Abteilungsleiter oder Firmenbosse vermutlich, die nun im Ruhestand eine weitere Sprosse auf der Erfolgsleiter erklommen. Sie schnappte Gesprächsfetzen auf, in denen es immer um dasselbe ging: »Unter fünf, wenn es einen Gott gibt.« »Wenn ich den Kilometer unter sechs Minuten schaffe, kann ich heute Nacht gut schlafen.« »In New York bin ich vier zweiundzwanzig achtzehn gelaufen, aber das ist inzwischen eine solche Massenveranstaltung ...« In dem Widerstreben, die ganze Person wahrzunehmen, was typisch ist für jeden harten Wettkampf, bedachten sich die hutzeligen Unsterblichen gegenseitig nur mit flüchtigen Seitenblicken. Sollte er wirklich

Feuer fangen, bot sich hier dann ein Ausblick auf Remingtons Zukunft? Der greisen Elite war noch eine andere Eigenschaft gemein: Als Partner wären sie unerträglich.

Inzwischen hatten sich hinter der Startlinie mehrere Hundert junge Männer versammelt. Nach der Begrüßungsansprache eines Vertreters der Stadt ertönte um Punkt halb acht der Startschuss. Die Zuschauer brüllten und schwenkten Plakate (WIR GLAUBEN AN DICH, LEONARD). Die Männer fluteten vorwärts und füllten die Zufahrtsstraße zum Arts Center bis an die Ränder wie Blutkörperchen in einer Vene. Auch wenn Serenata das Ereignis nicht erbaulich fand, musste sie widerstrebend zugeben, dass diese eifrigen Enthusiasten niemandem etwas zuleide taten.

Genauer gesagt, tat Remington niemandem etwas zuleide, auch nicht ihr. Er hatte hart für diesen Augenblick gearbeitet, und das, nachdem ein paar schwere Jahre hinter ihm lagen. Dieses Ereignis bedeutete ihm etwas, und es war nicht an ihr zu entscheiden, was ihm etwas zu bedeuten hatte und was nicht. Obwohl er natürlich wusste, wie und wo er punkten konnte, war es nicht seine Schuld, dass sie sich die Knie ruiniert hatte. Als also um 8.40 Uhr die Männer zwischen sechzig und vierundsechzig über Lautsprecher aufgerufen wurden, nahm sie sein Gesicht in beide Hände und sah ihm in die Augen. Ihre etwas verschrobene Ansprache würde die Echtheit ihrer Gefühle beweisen: »Los, schnapp sie dir, Champ!«

Hier wurde nicht bloß pro forma Unterstützung gemimt, und zum Zeichen, dass er um den Unterschied wusste, umarmte er sie länger, als er es sich leisten konnte, denn die Startzeiten der diversen Altersgruppen mussten strikt eingehalten werden. Menschenskind. Wann war sie das letzte Mal zärtlich zu ihm gewesen? Er musste am Verhungern sein.

Serenata sah sich nach ihren Begleiterinnen um und entdeckte Tommy, die Nancee gewaltsam am Handgelenk festhielt. »Sie will die ganze Zeit mitlaufen«, sagte Tommy, als sie beieinanderstanden. »Und das finden die anderen Zuschauer auch noch *niedlich*. Ich hab ihr wieder und wieder verklickert, dass sie hier bloß Zuschauerin ist.«

»Guckt euch doch die ganzen schimmeligen Alten an!«, quengelte Nancee. »Wenn die das schaffen, schaff ich das auch, kein Problem!«

»Man muss ein Startgeld zahlen«, sagte Serenata. »Und über achtzehn sein.«

»Das ist nicht fair! Ich bin viel schneller als diese alten Säcke. Lass mich laufen, dann beweis ich's dir!«

»Nancee, mein Schatz. Ich bin sicher, dass du bei euch im Viertel eine von den Schnellsten bist ...«

»Nicht bloß von den Schnellsten. Ich kann richtig lange rennen! Viel länger als *du*.«

Schrecklicherweise hatte sie damit inzwischen Recht.

Als Serenata die Mädchen kurz nach zehn zurück ins Hotel brachte, saßen Valeria, Logan und das Baby im Speisesaal beim Frühstück.

»Sieh mal, Mama«, sagte Valeria, »du kannst diese App downloaden, Papas Startnummer eingeben, und dann weißt du immer genau, wo auf der Strecke er gerade ist!«

Die Route verlief in einer langen schnurgeraden Diagonale über die Ballston Avenue, die auf knapp zwanzig Kilometern *beleidigend monoton sei*, wie Remington berichtet hatte. Der Rückweg beschrieb zwei Zacken – die Goode Street rauf, dann rechts in die Charlton, links in die Middleline und schließlich rechts in die Geyser und dann die letzten sechs Kilometer zurück zum Spa Park: für einen selbstverliebten bürgerlichen Zeitvertreib erschreckend lange Abschnitte auf öffentlichen Straßen und arg dicht am Autoverkehr.

»Oh, wow!«, sagte Valeria. »Sie haben gerade den Gewinner bekannt gegeben!«

»Wen interessiert das«, brummte Logan.

»Donnerwetter«, sagte Valeria. »Unsere Nummer 3788 hat noch über dreißig Kilometer vor sich. Eigentlich eine gute Nachricht. Uns bleibt reichlich Zeit, um dem Haus des Herrn einen Besuch abzustatten, Kinder.«

Die beiden Älteren reagierten gleichgültig. Sie protestierten nicht, sie traten nicht frustriert gegen den Tisch, sie machten nicht einmal finstere Gesichter. Faszinierend.

»Papa läuft zum Ruhm Gottes, ob ihm das bewusst ist oder nicht«, sagte sie feierlich zu ihrer Mutter. »Heute ist der perfekte Tag, dein Gesicht zum Licht emporzuheben. Warum begleitest du uns nicht? Man weiß nie, was noch geschieht.«

»Ich glaube, das weiß ich ganz gut«, sagte Serenata. »Aber nach dem Gottesdienst könntest du mithilfe der App ein paar Kreuzungen raussuchen, wo du deinen Vater anfeuern kannst. Das würde ihm gefallen.«

»Willst du nicht mit uns am Straßenrand jubeln?«

»Ich glaube, ich spar mir meine Begeisterung fürs Ziel auf.«

»Welche Begeisterung?«, sagte Valeria säuerlich.

»Was ist mit dir?«, erkundigte sich Serenata bei Tommy, nachdem die Familie zu irgend so einem Erweckungstralala der Sorte *Lasst uns in die Hände klatschen und fröhlich sein* abmarschiert war. »Willst du dich irgendwo an die Strecke stellen und *Lauf, Remy, lauf!* brüllen?«

»Ganz ehrlich?«, sagte Tommy. »Irgendwo rumstehen und anderen Leuten beim Joggen zugucken ... Meine Vorstellung von einem guten Tag sieht anders aus.«

»Schauen wir mal ...« Serenata tippte auf dem Handyrechner herum. »Selbst wenn Remington einen Durchschnitt von acht Minuten pro Kilometer hält, braucht er noch mindestens vier Stunden bis ins Ziel. Da sich mein Gatte für unsere Sünden aufopfert, sehe ich keinen Grund, warum wir es uns nicht schön machen sollten.«

Bestimmt hatte auch sie eine harte Trainingseinheit im Sinn, um zu beweisen, dass sie noch mithalten konnte? Weit gefehlt. Ihre putzige Streitlust mündete in Lockerheit, Leichtigkeit, Befreiung. An den vorangegangenen beiden Tagen hatte sie brav ihre Übungen vor dem Fernseher absolviert und dabei *Frasier* geschaut, und sie konnte sich nicht erinnern, wann sie zum letzten Mal einen sportfreien Tag eingelegt hatte. Heute? Würde sie sich freinehmen.

Denn zu wissen, dass Remington genau in diesem Moment die Ballston runterstampfte – wobei er versuchen würde, seine Atemfrequenz niedrig zu halten und sich am Läufer vor ihm zu orientieren, um ein Tempo zu laufen, mit dem er sich nicht ganz wohlfühlte, und in Panik zu geraten, weil die erste Rechtskurve noch nirgends in Sicht war –, inspirierte seine Frau dazu, sich auf ihrem Stuhl auszustrecken und die Arme baumeln zu lassen. Selten hatte sie einen solchen Zustand völliger Entspannung erlebt. Was denn, sie fühlte sich wie ein Filmstar. Alles erschien ihr so wahnsinnig angenehm.

An Sonntagen gab es Brunch bis dreizehn Uhr. Da viele der Hotelgäste selbst teilnahmen oder als Zuschauer an der Strecke standen, war das üppige Büfett praktisch unberührt. Serenata schwebte zu dem langen weißen Tisch und stellte sich einen verführerischen Teller zusammen: Brioche mit einem lässig überhängenden Lappen Räucherlachs. Ein Schiffchen Honigmelone, drapiert mit drei frischen Himbeeren. Ein Stück perfekt gebratener Speck – nicht schlaff, sondern kross gewellt. Eine winzige *Lemon Tart*, garniert mit frischer Minze. Sie und Tommy bestellten einen weiteren Kaffee, der frisch und stark und heiß war und nicht nach Staub schmeckte. Jeder Bissen war ein Genuss. Sie holten sich eine zweite Portion.

Normalerweise hielt sich Serenata an eine strikte Kleiderordnung: dunkle Leggings oder schwarze Jeans, Oberteile mit U-Ausschnitt aus festem Stoff und in gedeckten Farben, schwarze Stiefeletten und eine zeitlose Lederjacke; Remington pflegte zu sagen, sie ziehe sich wie eine von diesen Thrillerheldinnen an, die Meisterinnen im Kickboxen waren. Also ging sie selten shoppen. Heute allerdings stellte sie sich diesen allseits beliebten Zeitvertreib als regelrecht berauschend vor. Sie führte Tommy über den Broadway, nichts weiter im Sinn als einen ausgiebigen gemütlichen Bummel, bei dem sich allein das Flanieren schon so luxuriös und seidig anfühlen würde wie der geräucherte Lachs. Die frische Luft auf ihren Wangen war belebend, aber nicht so kalt, dass sie sich verspannte. Mit ihren altehrwürdigen einundsechzig Jahren kam sie an einem Mann vorbei, der am Bürgersteig einen Tisch mit Souvenirs an Pferderennen aufstellte und sich nach ihr umdrehte. Die Knie gewährten ihr in Sachen Folter eine ihrer unberechenbaren Ruhepausen. Sie legte die Fingerspitzen mit leichtem Druck auf die marineblauen Leggings und verfolgte die Wellenbewegungen ihrer Oberschenkelmuskulatur. Schon komisch, sie hatte so viel Zeit in ihrem Leben damit verbracht, ihren Körper zu bearbeiten, ihn immer weiter und weiter zu treiben, aber viel zu wenig damit, einfach in ihm herumzuhängen.

Tommy musterte ihre Begleiterin misstrauisch. »Warum siehst du so glücklich aus? Ich dachte, der Marathon macht dir schlechte Laune. Aber du wirkst wie besoffen.«

»Stell es ab.«

»Was?«

»Das Fitbit. Stell es ab.«

Konsterniert blieb Tommy stehen. »Warum?«

»Tu, was ich sage. Und dann gehen wir in eine dieser Boutiquen und kaufen dir was Umwerfendes zum Anziehen.« Sie ging erst weiter, als das Aquastrap ein *Piep-piep* von sich gegeben hatte.

Erst hatte Tommy Bedenken, ob sie die Spendierfreudigkeit ihrer Nachbarin akzeptieren durfte, aber schon bald ließ sie sich von ihrer Einkaufsstimmung anstecken. Gemeinsam suchten sie ein gefüttertes ärmelloses weißes Baumwollkleid für sie aus; die Falten an der tiefen Taille verbargen das Schlaksige ihrer Figur. Serenata entdeckte ein flanellweiches bodenlanges Teil aus hellblauem Jeansstoff, mit langen Ärmeln und Perlmuttdruckknöpfen – der ideale Überwurf bei einer leichten Mittagsbrise und eine fantastische Ergänzung zu dem Kleid. Kurze helle Lederstiefel komplettierten das Outfit. Für sich selbst wählte Serenata ein langes schwarzes Cape aus Kunstseide im Trenchcoat-Stil, so glitschig-glatt, wie sie es bei ihren Blusen mochte. »Mein Gott«, verkündete sie vorm Spiegel. »Da fehlt bloß noch der Revolver.«

Stattdessen kaufte sie sich einen rotzfrechen schwarzen Filzhut. Tommy stand ein Strohhut mit schmalem Band besser, das frappierend gut zu dem Jeansstoff passte. Bei Blautönen, erklärte Serenata ihrem Schützling besserwisserisch, bestehe die Gefahr, dass sie sich bissen.

Es gab Mittagessen. Unnötig zu erwähnen, dass der Rucolasalat mit gehobeltem Parmesan, dazu ein paar Tomatenbruschette, Remingtons Chews eindeutig vorzuziehen war.

»Was ich gern wüsste …« Das neue Outfit verlieh Tommy eine ungeahnte Kultiviertheit, und sie schwenkte den schlanken Grissini in ihrer Hand wie eine Zigarettenspitze. »Spielst du das alles nur?«

»Ob ich bloß so tue, als wäre ich nicht eifersüchtig und unglücklich? Was meinst du?«

Tommy stocherte mit dem Grissini in der Olivencaponata, als würde sie glühende Asche ausdrücken. »Wenn es bloß gespielt ist, dann auf jeden Fall verdammt gut.«

»Ich weiß nicht, warum ich darauf eifersüchtig sein sollte, dass mein Mann über die Straßen von Saratoga schnaubt, während wir eine herrliche Zeit haben. Da fällt mir ein, wie schlägt sich der Unerschütterliche denn so?«

»Mmh«, sagte Tommy, während sie ihr Handy checkte. »Er ist langsamer geworden. Er hat noch fünfzehn, sechzehn Kilometer vor sich. Versteh mich nicht falsch, aber seine Zeit ist grottenschlecht.«

Serenata reckte sich. »Wie wär's, wenn wir zurück ins Hotel gehen und ein bisschen schwimmen?«

»Das sieht mir ganz nach einem Rückfall aus. Doch wieder sportliche Betätigung. Du hast heute frei.«

»Ich will mich nicht sportlich betätigen. Ich will bloß ins Wasser.«

Als sie sich später am völlig verlassenen Innenbecken wiedertrafen, stieg Serenata langsam, Schritt für Schritt, die Stufen hinunter und ließ sich Zeit zum Akklimatisieren. Normalerweise hätte sie sofort mit dem Bahnenschwimmen losgelegt. Ja, sie konnte sich nicht erinnern, *jemals* in ihrem Erwachsenenleben entspannt ins Wasser geglitten zu sein, einzig um des Gefühls willen. Mit geschlossenen Augen auf dem Rücken getrieben zu sein. Hinuntergetaucht zu sein und den Abfluss berührt zu haben, um dann delfingleich zurück an die Luft zu schießen. Das Wasser mit ein paar ausgreifenden Schwimmzügen geteilt zu haben, nicht um eine bindende, selbst gesetzte Leistung zu vollbringen, sondern nur, um den Druck gegen die hohlen Hände, das Kräuseln am Hals zu spüren.

Tommy allerdings blieb im flachen Teil. Bedauerlicherweise hatte ihr nie jemand das Schwimmen beigebracht. In den letzten zwanzig Minuten stützte Serenata den Oberkörper des Mädchens und hielt sie auf der Stelle, damit sie das Luftholen beim Kraulen üben konnte. Wenn die übliche Vorgabe gegolten hätte, zwei- oder dreitausend Meter zu schwimmen, hätte sie sich niemals die Zeit für diesen Unterricht genommen.

Nach einer ausgiebigen heißen Dusche oben auf dem Zimmer rubbelte sie sich hastig die Haare, schlüpfte in das kunstseidene schwarze Trenchcoat-Cape und stopfte ihr feuchtes Haar unter den Filzhut. Sie und Tommy wären die einzigen Zuschauer am Ziel, die nicht solidarisch in Sportklamotten herumliefen. Um zwanzig nach drei traf sie sich mit Tommy in der Lobby und rief Valeria an.

»Du machst es wirklich wahnsinnig knapp«, blaffte ihre Tochter sie an.

»Nicht sonderlich. Laut Tommys App wird Remington nicht vor vier im Ziel sein. Ich dachte, du holst uns vielleicht ab, und wir können uns den Zieleinlauf zusammen anschauen. Habt ihr ihn an ein paar Stellen auf der Strecke anfeuern können?«

»Das war ganz schön anstrengend, um die Wahrheit zu sagen. Andauernd einen neuen Parkplatz suchen. Jacob auf dem Rücksitz wickeln und stillen. Und dann *geht* Nancee mit gleicher Geschwindigkeit neben Papa her, das ist doch sicher demoralisierend für ihn. Außerdem, an unserem letzten Beobachtungspunkt war so eine Frau ...« Valeria sprach den Satz nicht zu Ende.

»Wir warten beim Hintereingang, am Parkplatz.«

Als die gestresste junge Frau in ihrem Minivan vorfuhr, bedachte sie ihre Mutter, die schlank, elegant und frisch aussah, mit einem bösen Blick: Sie verkörperte all das, was die dreistündigen Anwendungen im Spa am Vortag bei Valeria nicht hatten bewirken können. Logan verkündete grummelig vom Rücksitz: »Heute ist der lang-lang-langweiligste Tag in meinem ganzen

Leben. Wenn ich groß bin, stell ich mich bestimmt nirgendwo hin und klatsch in die Hände, bloß weil ein Haufen Leute *joggen* gegangen sind. Meine Hände tun weh. Wenn *mir* jemand Beifall klatscht, dann nur, weil ich wirklich was geleistet habe.«

»Grampa ist total langsam«, sagte Nancee. »Ich hätte die Strecke bis jetzt schon dreimal ablaufen können. Es ist peinlich. Jede Menge von den anderen Oldies sind schon vor Stunden durchs Ziel.«

»Liebling«, sagte Valeria. »Denk an *Die Schildkröte und der Hase*.«

»Aber langsam und unermüdlich *gewinnt* man keinen Wettlauf«, sagte Nancee. »Jemand anders hat gewonnen, und Grampa ist so ziemlich Letzter. Außerdem ist die Geschichte blöd. Jeder weiß, dass das Kaninchen viel schneller ist, und keiner will die fiese Schildkröte sein.«

Sie hatten keine Probleme, beim Arts Center einen Parkplatz zu finden. Die meisten Läufer waren mit ihrem Gefolge bis zum frühen Nachmittag abgezogen. Nur noch wenige Menschen harrten aus, sodass die ganze Familie direkt an der Ziellinie Posten beziehen konnte. Der Boden war mit Konfetti, geplatzten Luftballons und weggeworfenen Tröten übersät. Damit auch wirklich jedem, der das Ziel erreichte, ein gebührender Empfang bereitet wurde, stand eine kleine engagierte Gruppe vom Organisationspersonal in pinken T-Shirts neben dem Zielbanner. Wann immer ein Nachzügler in Sicht kam, reckten diese freiwilligen Jubler die Fäuste in die Luft und riefen: »Gut gemacht!«, oder »Nur noch ein paar Meter, Mann«, oder »Hast dir dein Feierabendbier verdient, Bro!« Die wenigen Anfeuerungstexte wurden unermüdlich wiederholt. Mit jedem weiteren Teilnehmer, der das Ziel erreichte, erschien die Laufleistung von 42,195 Kilometern ein bisschen weniger beeindruckend.

In diesem hinteren Teil des Feldes gab es viele Teilnehmer,

die für wohltätige Zwecke kostümiert unterwegs waren. Neben den professionellen Batman- und Underdog-Outfits wankten auch selbst gebastelte Kreationen über die Laufstrecke: ein Eiffelturm aus Pappmaschee, ein Opossum, ein menschlicher Taschenrechner und eine riesige Käseecke. Zwischen ihnen schlängelten sich mit hochgerecktem Kinn und ausgefahrenen Ellbogen die Powerwalker hindurch.

Um 16.10 Uhr bog Remington auf die Zielgerade ein. Eine Gesamtzeit von 7:25 Stunden bedeutete einen Durchschnitt von elf Minuten pro Kilometer – das war haarsträubend. Serenata überlegte, was sie sagen könnte, um ihn aufzumuntern und um sicherzustellen, dass er die Einladung als Ehrengast im 15 Church annähme. Sie wollte die Reservierung äußerst ungern stornieren. Nach sechs Monaten Training hatte er Besseres verdient als ein Schinkensandwich auf dem Zimmer.

Auch wenn sie ihm um seiner selbst willen eine bessere Zeit gegönnt hätte, war sie doch ehrlich erstaunt, dass er die Strecke überhaupt bewältigt hatte, ganz gleich, in welcher Zeit. Zugleich genoss sie die Aussicht auf die vor ihnen liegenden Monate, in denen sich seine Empfindlichkeit wegen des ganzen Fandangos allmählich verflüchtigen würde, bis sie beide darüber lachen, sich auf dem Bett herumwälzen und an diese bizarre Episode ihrer Ehe zurückdenken könnten. Am Ende würde er kleinlaut zugeben, dass er, was den Ausdauersport anging, na ja, nun gut, also ... dass er da nicht besonders gut drin sei.

»Da ist er!«, rief Valeria, als sie das schlaff hängende grünviolette Outfit ausmachen konnte. »Lauf, Papa! Du schaffst es! Jesus liebt dich, auch wenn du es nicht wahrhaben willst! Ehre sei Ihm! Zeig es ihnen! Los! Du hast es fast geschafft! Go, go, go! Juhu! Juhu, Papa! Hipp, hipp, hurra!«

Ihre Tochter hatte das Gen, das Serenata fehlte. Vielleicht

übersprang sie eine Generation: diese rätselhafte Fähigkeit, sich von der Leidenschaft der Massen forttragen zu lassen. Ausnahmsweise widerstand Serenata dem Drang, das Mädchen als *Mitläuferin* zu diskreditieren; vielmehr fand sie Valerias seltenen Ausbruch töchterlicher Loyalität eigentlich ziemlich süß.

Um nicht unhöflich zu wirken, schlug Serenata jedes Mal, wenn wieder ein Zockler ins Ziel kam, artig die Hände zusammen, *Klatsch-klatsch-klatsch*. Doch als Remington seine letzten hundert Meter in Angriff nahm, hätte jegliche Anfeuerung ihrerseits verlogen ausgesehen. Also ließ sie die Hände sinken und entschied sich für ein Lächeln. Es war ein warmes Lächeln, ein vertrauliches Lächeln – ein Waffenstillstandslächeln, das Lächeln einer wortlosen Entschuldigung dafür, dass sie sich ein bisschen wie ein Arschloch benommen hatte, und ja, Frauen konnten Arschlöcher sein; ein Willkommenslächeln und ein Gratulationslächeln und ein Wiedergutmachungslächeln für alles, was in den letzten sechs Monaten in die Brüche gegangen war. Es war das Lächeln einer Ehefrau.

Doch Remington machte weder einen mitgenommenen Eindruck, noch schien er von verzweifelter Dankbarkeit durchdrungen, weil die Tortur bald überstanden war. Er schien *entzückt*. Kein schweifender Blick auf der Suche nach seiner Frau in dem Häuflein von Zuschauern, vielmehr sah er nach links, nickte, sagte irgendetwas und gluckste. Nicht einmal, als sie *Remington!* rief, drehte er sich um.

Getroffen ließ Serenata das Lächeln sein. Die Konkurrentin neben ihrem Mann überholte ihn nicht etwa, wie sie zunächst gedacht hatte, sondern redete vielmehr in konspirativem Ton auf ihn ein. Die Tatsache, dass Remingtons Laufpartnerin sein Schildkrötentempo mitging, schien verwunderlich, denn diese Frau war eher der Hase. Sie mochte Ende dreißig sein und hatte eine Figur, mit der Mitgliedschaften in Fitnessstudios verkauft wurden – eine Figur, die man nicht wirklich haben, sondern nur nach ausgiebiger Bildbearbeitung in Anzeigen für CrossFit bewundern konnte. Ihr Körper war von feinen, sich kreuzenden Linien gezeichnet und erinnerte an die Darstellung der menschlichen Muskulatur in Anatomiebüchern. Sie sah aus wie gehäutet.

Ihre Schultern waren breit und scharf konturiert, ihre Brüste, eingezwängt in einen lavendelfarbenen Sport-BH, fest und hoch. An ihren Unterarmen traten die Adern hervor. Ihr Bauch war flach und von Wellen überzogen, die die fanatische Cruncherin verrieten. Die Shorts saßen so knapp, dass man jedes nicht entfernte Haar entlang der Bikinilinie hätte sehen können. Schmale Knie und Fesseln betonten ihre kräftigen Oberschenkel und strammen Waden. Wie sie da auf den Fußballen neben Remington hertänzelte, machte Laufen mit fünf Stundenkilometern zur reinsten Ballettvorführung. In ihrem kurzen sandfarbenen Haar schimmerten modische graue Strähnen, und das schicke Styling sah aus, als käme sie geradewegs vom Friseur. Ihr Hals war vielleicht einen Hauch zu dick und eher kurz. Doch es half nichts: Sie war *hübsch*.

Serenata nahm ihr höfliches Klatschen wieder auf. Als Remington und seine neue kleine Freundin die Ziellinie passierten, klatschten sie sich ab. Während ihrer ungestümen Umarmung schaukelte das anatomische Schaubild von einem Schuh auf den anderen. Da hatte Serenata nun befürchtet, dass er von seiner erbärmlichen Vorstellung enttäuscht sein könnte. Stattdessen schien er in Hochstimmung. Er umarmte Valeria, dann Tommy. Er akzeptierte den lustlosen Händedruck seines Enkels. Er hob Nancee über den Kopf. Er küsste das Baby. Es war demütigend, in einer Warteschlange zu stehen, zumal als Letzte.

»Gratuliere«, sagte sie förmlich und gab ihm einen Kuss auf die Wange.

»Danke«, sagte er lässig. »Serenata, das ist Bambi Buffer. Ich glaube, ohne sie hätte ich die letzten zehn Kilometer nicht durchgestanden.«

Bambi boxte ihn gegen die Schulter. »Ach, klar hättest du das.« Sie hatte eine tiefe, heisere Stimme, und Remingtons Sweetspot war Stimmklang; wer sollte das besser wissen als Serenata? »Ich sag's dir doch, Mann, du hast es drauf!« Das angedeutete Nicken, mit dem sie seine Frau bedachte, war eines, mit dem man Hilfskräfte abspeiste, die schlicht und ergreifend keine Rolle spielten.

Die Frage, ob die Restaurantreservierung aufrechterhalten werden sollte, stellte sich nicht. Sie quetschten sich alle in Valerias Minivan – einschließlich *Bambi*, die im selben Hotel wohnte und von Remington eingeladen worden war, sie zum Essen zu begleiten.

Oben machte Remington wenig Trara, ging unter die Dusche und stellte sich den Wecker.

»Du bist ja nicht sehr gesprächig«, stellte Serenata fest. All die Vergebung und der Elan waren dahin.

»Es ist kein Tag für Gespräche«, sagte er, als er mit geschlossenen Augen auf dem Bett lag.

Es war sehr wohl ein Tag für Gespräche *mit dieser* Bambi.

Remington schlief wie ein Toter bis Viertel nach sieben und erwachte gestärkt. Er zog einen dunklen Anzug an, dazu ein frisches weißes Hemd mit offenem Kragen. Sie konnte sich nicht erinnern, jemals zuvor die Tatsache bedauert zu haben, dass ihr Gatte mit fast fünfundsechzig immer noch ein attraktiver Mann war.

*

Wenn sich eine große Gruppe zum Essen setzt, gibt es ein kurzes Zeitfenster, in dem man einen Platz neben den Menschen ergattern kann, mit denen man sich wirklich unterhalten möchte, und das verpasste Serenata. Sie landete unbeabsichtigt an einer Ecke, einen Stuhl zwischen sich und Remington. Und auf diesem Stuhl saß Bambi.

Die ungebetene Begleiterin, in einem hautengen kirschroten Kleid, dessen hoher Kragen ihren einzigen ästhetischen Mangel verbarg, verstand es, ihren Körper zur Geltung zu bringen. Denn das tat sie, ihren Körper zur Geltung bringen. Das Kleid war nebensächlich. Allenfalls brachte sie es zur Geltung.

»Es wundert mich, dass Sie heute ganz hinten mitgelaufen sind«, sagte Serenata in dem verzweifelten Versuch, der körperlichen Erscheinung der Frau keine erkennbare Beachtung zu schenken.

»Oh, das war schon mein zweiter Durchgang«, sagte Bambi und studierte die Vorspeisen. »Ich lauf oft eine zweite Runde, um die Neulinge anzuspornen, die sich vielleicht ein bisschen schwertun.«

Ein Marathon war also eine *Runde*. »Wie selbstlos.«

»Mmh, nicht nur. Hey, Rem. Du warst doch schon mal hier. Wie sind denn die Austern?«

Ihr Gast bestellte reichlich – mehr als eine Vorspeise und jede Menge Beilagen. Da weibliche Wesen heutzutage bekanntlich in Furcht vor Nahrungszufuhr lebten, hatte Hunger bei einer Frau etwas Verführerisches; nicht zuletzt verwies der Appetit auf andere Qualitäten. Bambis Blicke korrespondierten mit ihrem Magen. Sie inhalierte jedes Gericht, das ihr vorgesetzt wurde, und plünderte im Alleingang den Brotkorb. Tischmanieren gehörten nicht zu ihren Stärken. Sie fraß wie ein Tier.

»Ich hab's dir ja gesagt, Mann«, redete sie auf Remington ein, während sie Froschschenkel abknabberte. »Dein großer Fehler war, dass du alleine für den Lauf trainiert hast. Ich hab das millionenmilliardenmal erlebt: Mach dir die Energie anderer Athleten zunutze, die an dich glauben, die mit dir mitfiebern und dir dabei helfen, dein bestes Ich ans Licht zu bringen, dein wahres Ich, dein *Über*-Ich – den Gott, der, verdammt noch mal, in jedem von uns steckt. Dann steigerst du deine Performance, ich übertreibe nicht, um hundert Prozent.« Bambis vulgäre Aussprache – *hunnert* Prozent – schien ihren Ursprung nicht in einem regionalen Dialekt zu haben, dafür hatte Serenata ein Ohr. Die ursprungslos eklektische Mundart verriet eine bodenständige Zähigkeit der Sorte Sagen-wir's-doch-wie-es-ist.

»Mir bedeutet diese Vorstellung viel, dass jeder Mensch irgendwo ein kleines Körnchen Gottes in sich trägt«, sagte Valeria. »Dieses Fitzelchen Göttlichkeit ist es, was uns mit Gott selbst verbindet – wie eine SIM-Karte, die Verbindung zu einem Satelliten herstellt.«

»Wenn Menschen in sozialen Kontexten sportlich aufblühen«, sagte Serenata, »meinst du nicht, dass sie dann einfach an Wettbewerb glauben?«

»Das ist eine toxisch negative Sichtweise«, sagte Bambi. »Ich spreche von der Giganto-Power der vielen über die pissige Power des Einzelnen. Rem, du musst eine von den hier probier'n. Ich tausch mit dir gegen 'ne Jakobsmuschel.«

»Ich hab mir damals keine Gedanken darüber gemacht, dass ich bloß allein trainiere.« Remington türmte Pancetta und gehobelte Trüffel auf die übergabebereite Jakobsmuschel. »Vielleicht habe ich mich unbewusst von Serenata beeinflussen lassen. Meine Frau glaubt nicht an Gruppenaktivitäten, stimmt's, Schatz? Marathons, beispielsweise«, zitierte er sie boshaft, »findet sie *abstoßend*.«

»Dein Pech, Schätzchen.« Bambi vertilgte die fette Jakobsmuschel in einem Bissen. »Verstehst du, Rem, du hast dich von der *Gemeinschaft* anderer Athleten abgeschottet, und das hat dir Nachteile gebracht. Du musst mitten rein in die ganze Bewegung, dann kannst du von einer Wahnsinnskraft profitieren, von einer Art kollektivem Bewusstsein. Mal ganz abgesehen von dem, was ich dir schon gesagt hab, nachdem wir dich aus deinem Hungerast befreit haben: Am Ende geht's nicht um den Körper. Hat mit dem Körper nix zu tun. Ich kann aus dem Körper von jedem Kerl auf dieser Welt Michelangelos *David* formen, solange er das *Zeug* dazu hat, Mann.«

»Was ist mit Leuten im Rollstuhl?«, fragte Logan.

»Guck dir bei Gelegenheit mal die Paralympics an, Kleiner, dann verstehst du, dass es nur auf das Herz ankommt. Es kommt auf Ehrlichkeit an. Darauf, der zu werden, zu dem das Schicksal einen bestimmt hat, darauf, in einem Zustand der Perfektion wiedergeboren zu werden. Auf den Willen zur Größe.«

»Den Willen zur Macht?«, scherzte Serenata. »Ich glaube, Nietzsche hat das alles schon gesagt.«

Bambi ignorierte sie. »Hey, findet ihr nicht, dass wir noch ein paar Gläser von diesen Cab Sauv vertragen könnten?«, sagte sie und deutete auf die leere Flasche, die mit sechsundsiebzig Dollar in der Karte verzeichnet war. »Ich sitz auf dem Trockenen.«

»Ich wusste gar nicht, dass Fitnessfreaks Trinker sind«, sagte Serenata zu Tommy, die rechts von ihr saß.

»Erst die Arbeit, dann das Vergnügen«, sagte Bambi. »Ihr habt bloß an der Strecke rumgestanden, ihr kommt mit hier ein Häppchen, da ein Schlückchen zurecht, aber wir Sportler müssen ernsthaft wieder auftanken.«

Die erste Flasche hatte Serenata auf die Gefahr von Valerias Missbilligung hin bestellt. Sollte der Abend in einem Besäufnis enden, würden die Großeltern wegen ihres unmoralischen Einflusses gescholten werden. Aber Bambi war eine solche Naturgewalt, dass sich Valeria, als eine neue Flasche gebracht wurde, selbst ein halbes Glas einschenkte.

Tommy gab derweil ein trauriges Bild ab. Das Outfit von ihrem nachmittäglichen Einkauf hatte sich diskret verselbstständigt – der Überwurf aus Jeansstoff war ihr von der Schulter gerutscht; das Kleid hing ihr windschief am Leib. Dadurch wirkte es wie alle ihre Klamotten, in denen sie versank und ähnlich verloren aussah. Der Grund für Tommys Niedergeschlagenheit war zweifellos Bambi, diese Verkörperung aller Online-Vorbilder, die ewig ihre Bestleistungen steigerten, wenn Tommy gerade im Begriff war, sie einzuholen. Nancee hingegen, die verzückt und ungewöhnlich schüchtern auf der gegenüberliegenden Seite des Tisches saß, war schwer verliebt.

»Ich hätte mein Fitbit niemals abstellen dürfen«, murmelte Tommy und fummelte an dem Armband herum. »Jetzt schaff ich heute auf keinen Fall mehr die nötige Schrittzahl.«

»Und, *Bambi*, was machen Sie denn so?«, erkundigte sich Serenata.

»Personal Trainer«, sagte die Frau mit vollem Mund.

Serenata sagte, todernst: »Nicht zu fassen.«

»Und du?«, fragte Bambi lapidar.

»Ich bin Synchronsprecherin. Im Audiobereich ...«

»Oha, das wäre mir zu passiv. Dieses ganze Rumsitzen.«

»Um ehrlich zu sein, Videospiele zu synchronisieren ist eine erstaunlich körperliche Arbeit ...«

»Ist zwar unkonventionell«, Bambi hatte sich wieder Remington zugewandt, »aber ich empfehle keine übertrieben lange Ruhezeit nach einem Marathon. Klar, morgen machst du Pause. Aber dann solltest du dich gleich wieder in den Sattel schwingen. Du musst dir den Körper untertan machen, ihm zeigen, wer der Boss ist.«

Serenata hatte es geschafft, Remingtons höllischen Marathon zu überstehen, indem sie emotional den Atem angehalten hatte. Nach dem gleichen Muster brauchte sie jetzt nur noch dieses Essen zu überstehen, um zum herrlichen Rest ihres Lebens zu kommen, in dem sie diese unerträgliche Ziege nie wiedersehen würde. Und so fragte sie, nur um Konversation zu machen: »Und wo leben Sie?«

»Na ja, das ist der Grund, warum Rem und ich verstanden haben, dass wir dazu bestimmt sind, ein Team zu bilden. Denn, haste nich gesehn: Wir leben beide in Hudson!«

*

Der Moment, als das Paar sein Hotelzimmer betrat, markierte den Anfang ihrer Rückkehr in ein normales Leben, das Serenata seit Oktober herbeigesehnt hatte.

»So!«, sagte sie, schloss die Tür und ließ wesentlich mehr dahinter zurück als nur den Flur. »Der Marathon. Nach all dem Training. War es die Sache wert?«

»Unbedingt«, sagte Remington kühl und zog das Jackett aus. »Es war interessant.«

»Komisch. *Interessant* schien es mir gerade nicht gewesen zu sein.«

»Du warst bloß Zaungast. Und zwar nur auf den letzten Metern, wenn ich das hinzufügen darf. Du gibst eine miserable Zuschauerin ab.«

Angewidert warf sie den Filzhut auf einen Stuhl. »Ich kann nicht glauben, dass sie tatsächlich *Bambi Buffer* heißt.«

»Das ist ganz offensichtlich ein berufsbedingtes Pseudonym.« Remington war den ganzen Abend in Hochstimmung gewesen. Nur jetzt, da er mit seiner Frau allein war, zeigten sich Anzeichen von Erschöpfung. »Eine Art Künstlername.«

»Was es nur noch schlimmer macht. Sie kann nicht mal ihren Eltern die Schuld geben.«

»Ihr Zuspruch war mir in der Endphase des Laufs eine große Hilfe. Darum bin ich fest davon ausgegangen, dass du nichts dagegen hast, wenn ich sie einlade, uns zu begleiten.«

»Warum sollte ich etwas dagegen haben? Bloß weil sie eine bekloppte Idiotin ist?«

»Das ist unter deinem Niveau. Ich kann mich nicht erinnern, dass sie irgendwas ausgesprochen Dämliches gesagt hätte.«

»Was ist mit all dem *Finde den Gott in dir*? Das nenne ich dämlich.«

»Weißt du, was sie mir auf dem Rückweg zum Auto gesagt hat? *Deine Frau ist ganz schön düster.*«

»Und sie wird von Minute zu Minute düsterer. Es gab Zeiten, da mochtest du das.« Serenata versuchte, sich zu beherrschen. Dies war nicht der richtige Abend für einen Streit.

»Wie auch immer, du wirst dich an Bambi gewöhnen müssen. Ich werde sie engagieren.«

Serenata, die gerade in ihrem Kulturbeutel kramte, wandte sich abrupt um. »Wozu? Der Lauf ist vorbei.«

»Weil, in einem Punkt hast du Recht gehabt.«

»Da bin ich aber gespannt.«

»Du hast vom ersten Moment an gesagt, dass es keine Ruhmestat mehr ist, einen Marathon zu laufen, sondern ein Klischee. Sogar Bambi ist der Meinung, dass es ein alter Hut ist, diese Strecke zu absolvieren.«

»Na ja, es ist immer noch eine Leistung …«

»*Triathlons*«, sagte er. »*Triathlons*, da spielt die Musik.«

6

»Ist dir mal aufgefallen«, sagte Remington im Hochsommer, als sie das Geschirr vom Mittagessen spülten und im Hintergrund NPR lief, »wie oft es in Kultursendungen heißt: *Das könnte man heute nicht mehr sagen?* Und meistens ist dabei von Filmen oder Comedy-Nummern die Rede, die erst drei oder vier Jahre alt sind. *Das könnte man heute nicht mehr sagen.* Bald wird man nicht mal mehr sagen können, was es ist, das man nicht mehr sagen darf. Wir werden zu der Überzeugung kommen, dass es extrem riskant ist, überhaupt irgendwas zu sagen, und die Menschheit wird verstummen.«

»Vergiss nicht, dass es offenbar ein gewisses Kontingent an Leuten gibt, die sich kein bisschen mundtot gemacht fühlen.«

»Ja, und die sind keine Hilfe. Da entsteht doch der Eindruck, dass überhaupt etwas zu sagen gleichbedeutend damit ist, Abscheulichkeiten zu äußern.«

»Warum humpelst du?«

»Ach, das ist nichts. Nur eine Sehne am Knie.«

»Eine Sehne am Knie ist nach meiner Erfahrung das Gegenteil von nichts. Es kann Monate dauern, bis sie heilt.«

»Bambi sagt, man muss sich durch Verletzungen durchpowern. Man darf sich davon nicht kleinkriegen lassen.«

Serenata konnte sich nicht daran gewöhnen, dass ihr Mann den bescheuerten Spitznamen dieser Frau aussprach, ohne mit der Wimper zu zucken. »Im Kampf mit dem Körper gewinnt immer der Körper.«

»Nur wenn wir es zulassen. Bambi empfiehlt, sich vorzustellen, man wäre wieder im Busch und würde von einem Löwen verfolgt. Würdest du stehen bleiben und dein Bein auf einen Akazienast legen, um deine arme, schmerzende kleine Kniesehne mit Nilpferdfett einzureiben, und dem Löwen sagen, er soll in drei Monaten wiederkommen und dich jagen, wenn du richtig wegrennen kannst, oder in dreitausend Jahren, nach der Entdeckung von Ibuprofen?«

»Dann sollte ich mich also durch zwei Knie ohne Knorpel *powern*? Und wieder Langstrecken laufen, trotz der Krepitation, trotz der am rechten Knie hervortretenden Knochen und trotz der Schmerzen, die beide Oberschenkel hochschießen? Weil es von Schwäche zeugt, wenn man den Qualen nachgibt?«

»Du suchst Streit. Schon wieder, wie ich durchaus hinzufügen könnte.«

Richtig, aber er hatte ihre Frage nicht beantwortet.

»Weißt du, ich bin es irgendwie leid, mir anhören zu müssen, wie *privilegiert* ich sei«, sagte er kurz darauf, in Anspielung auf das NPR-Interview mit einem aktivistischen Bühnenautor. »Und wie viel Macht ich als Vertreter des *heterosexuellen weißen Patriarchats* doch habe. Angeblich bin ich omnipotent, doch in Wirklichkeit lebe ich in Angst, eher wie eine Maus, nicht wie ein Mann. Ich prüfe alles, was ich sagen möchte, dreimal, bevor ich es rauslasse. Wenn ich trainiere, halte ich wenigstens den Mund. Ich könnte auf die Schnauze fallen, aber ich werde nicht verhaftet.«

»Das klingt etwas paranoid.«

»Ist es nicht. Mir wurde unmissverständlich klargemacht, dass sie Anzeige erstattet haben könnte. *Straf*anzeige. Wegen Androhung körperlicher Gewalt.«

»Mein Lieber«, sagte Serenata, der nichts Gutes schwante. »Lass uns damit nicht wieder anfangen.«

»Wir kriminalisieren ja schon Gefühle. *Hass*kriminalität. Man bekommt eine extralange Strafe für das, was man *empfindet*. Ich bin mir sicher, dass die meisten Amerikaner heute glauben, es sei gegen das Gesetz, ein Rassist zu *sein*. Nicht rassistische Dinge zu tun oder rassistische Dinge zu sagen, sondern das Rassistischsein an sich sollte einen ins Gefängnis bringen.«

»In dem Fall gehört die ganze Bevölkerung hinter Gitter.«

»Wir sind nicht mehr weit davon entfernt, auch die Wut zu kriminalisieren. Wenn du bei den Sicherheitskontrollen am Flughafen auch nur Ungeduld äußerst, wirst du buchstäblich verhaftet. Oder nimm die Studenten: Wenn man sie anbrüllt, fühlen sie sich *bedroht*. Wut ist zu beängstigend. Sie muss wegorganisiert werden, in speziellen Kursen, wo man lernt, wie man mit seiner inneren Memme in Kontakt kommt. Wut wird inzwischen als eine Form des tätlichen Angriffs betrachtet. In unserer Waschlappenwelt, in der Männlichkeit allein schon als eine Form des tätlichen Angriffs gilt, ist das eine zu männliche Emotion. Also halten wir allen maskulinen Zorn unter Kontrolle, so wie man Giftmüll zwischen Bleiwänden lagert. Es überrascht mich kein bisschen, wenn ein Mann meines Alters plötzlich ohne jede Vorwarnung das Fenster seines Hotelzimmers zertrümmert und Bomben auf ein Country-Musik-Festival schmeißt.«

Es hatte ein paar Jahre zuvor begonnen: dass Remington so roboterhaft monoton sprach, besonders wenn er etwas vom Stapel ließ, das sonst als Schimpftirade hätte bezeichnet werden müssen. Die fehlende Variation seines Tonfalls war unheimlicher als Wut. Er suchte keinen Blickkontakt. Er sprach mit der Spüle.

»Weißt du, ich glaube, wenn du läufst, schwimmst und radelst, denkst du nicht ans Laufen, Schwimmen und Radeln«, sagte Serenata. »Ich glaube, du denkst dann an Lucinda Okonkwo.«

»Ich denke daran, *nicht* an Lucinda Okonkwo zu denken. Das erfordert Wachsamkeit. Aber du scheinst anzudeuten, dass es irgendwie hohl ist, sich auf die Fortbewegung von einem Ort zum anderen zu konzentrieren. Wenn das stimmt, dann ist das Leben hohl. Das Leben ist letztlich nichts weiter als die Bewegung des Körpers durch den Raum.«

Diese Feststellung schien eine Art Mantra zu sein. »Das heißt, wenn ich absolut stillhalte, bin ich tot.«

»Absolut stillzuhalten ist unmöglich, was dir schon etwas über die Natur des Lebendigseins sagen dürfte. Warum habe ich wohl ausgerechnet im Amt für *Transport und Verkehr* gearbeitet? Strecken zurücklegen. Das ist alles, worum es geht. Für uns genauso wie für eine Fliege, die im Zimmer herumsummt, gegen eine Fensterscheibe schwirrt und dann stirbt.«

»Für dich ist ein Triathlon also nichts weiter, als gegen eine Fensterscheibe zu schwirren.«

»Genau.«

»Deine Freundin *Bambi* scheint für eine erhabenere Version des Projekts zu werben.«

»Es ist für sie von beruflichem Vorteil, das Unterfangen in attraktivere Worte zu kleiden.«

Die genaue Natur dieses *Projekts* zu bestimmen war Serenatas Projekt. Heimlich stellte sie eine Liste der Ziele ihres Mannes auf:

(1) Zeit totschlagen – systematisch die öden vor ihm liegenden Monate massakrieren, wie ein großer weißer Jäger von heute.

(2) Sich dem Schweigen überantworten und damit einer Art passivem Trotz. Atemlos auf einer Aschenbahn, halb unter Was-

ser im Schwimmbecken des Y, den Kopf im Wind im Velodrom, konnte Remington nicht sprechen, und das gewährte ihm eine gewisse Zuflucht. Ketzer für das zu verbrennen, was sie nicht sagten, war nicht unmöglich, aber schwieriger.

(3) Die Wut nicht so sehr unterdrücken, als vielmehr chronisch zu erschöpft zu sein, um sie hochkommen zu lassen.

(4) Wieder ein Mann werden, nur mit einer fieberhaften Vergeblichkeit; die schädlichen Eigenschaften seines Geschlechts in die sichere Umgrenzung eines Hamsterrads zu sperren.

*

Dass man Lucinda Okonkwo zu seiner unmittelbaren Vorgesetzten gemacht hatte, war natürlich ein Schlag gewesen. Mit neunundfünfzig war Remington Alabaster unbekümmert davon ausgegangen, dass er an die Spitze des Amts aufsteigen würde, wie es schon viel früher hätte passieren können, wenn sein Kollege Gary Neusbaum bei seiner Pensionierung nicht auf Zeit gespielt hätte. Es ging ums Gehalt, klar, aber mehr noch um Stolz. Lucinda Okonkwo war siebenundzwanzig.

Remington beschrieb sie Serenata gegenüber als unsicher, und vielleicht hatte sie gute Gründe, unsicher zu sein. Ihr Hauptfach im College war weder Verkehrswesen noch Bauingenieurswissenschaften oder auch nur Stadtplanung gewesen, sondern *Gender Studies*, und sie hatte keinen Masterabschluss. Natürlich sagte die Stadtverwaltung es nie ausdrücklich, aber dass Lucinda ihnen die *Intersektionalität* eines Kreisverkehrs mit sieben Ausfahrten darlegte, musste die Neueinstellung unwiderstehlich gemacht haben.

»Sie ist schwarz«, erzählte Remington seiner Frau an dem Abend, nachdem ihn die Nachricht ereilt hatte. »Ich meine, Afroamerikanerin ...«

»Lass gut sein«, sagte Serenata. »Du bist hier unter Freunden. Außerdem glaube ich nicht, dass du mit diesem Begriff heute noch einen Blumentopf gewinnst.«

»Nein, aber Lucinda ist eine *afrikanische* Afroamerikanerin, was ihr zusätzliche Punkte einbringt. Sie ist Nigerianerin der zweiten Generation, und das bedeutet, dass es ihr nominell gutgeschrieben wird, eine Immigrantin zu sein. Sie ist eine Sie ...«

»Vorsicht, selbst Pronomen können dich in Schwierigkeiten bringen. Versuch's mal mit: *Sie ist ein xier.*«

»Oder ein *dey*«, sagte er. »Aber im Diversitätsteil ihrer Bewerbung hat sie anscheinend alle Fragen nach Gender und Sexualität mit *Keine Angabe* beantwortet. Was die Personalleute der Stadtverwaltung ganz panisch gemacht hat. Man kann sich gegen Diskriminierungsklagen nicht schützen, wenn man nicht weiß, wen man diskriminiert.«

»Was noch? Sag's nicht. Sie sitzt im Rollstuhl. Darf man Rollstuhl sagen? Oder muss man jetzt *Rollstuhl*in* sagen? Ich komme nicht mehr ganz mit.«

»Sie ist nicht *anders begabt*, nein. Das Problem ist folgendes, und bitte versteh mich nicht falsch: Sie ist extrem attraktiv. Das heißt, sie ist ein Fall für sexuelle Belästigung mit Ansage. Wenn es Aussage gegen Aussage zwischen uns steht? Ein Blick auf diese Figur in einer Zeit, in der wir Frauen glauben sollen, ganz egal, was für Spinnerinnen sie auch sein mögen, und jeder wird vermuten, dass ich mich nicht beherrschen konnte.«

»Aber nach deiner Beschreibung hat sie keinerlei Qualifikationen für den Job. Du hast mir doch erzählt, dass sie vorher erst eine einzige Stelle hatte, in einem Heim für Opfer von häuslicher Gewalt.«

»Hast du nicht was von Blumentöpfen gesagt? Das ist einer. Als ich mich auf meine erste Stelle im Amt für Transport und Verkehr von Albany bewarb, hatte ich vorher im Amt für Transport und Verkehr von New York City gearbeitet: langweilig und naheliegend. Heute hätte ich den Job nie gekriegt.«

In der Tat wäre es nicht ganz angemessen gewesen zu behaupten, Lucinda Okonkwo sei über das sogenannte Peter-Prinzip, das in Serenatas Jugend in aller Munde war, bis auf ihr Niveau der Inkompetenz befördert worden. Indem sie die vielen Leistungsstufen übersprungen hatte, die klassischerweise der letzten Unfähigkeitsstufe vorausgingen, also jener Stufe, auf der Manager, der Theorie zufolge, für immer stagnierten, war Lucinda auf ihr Niveau der Inkompetenz *hinaufgeflogen* worden. Um fair zu sein: Sie konnte nichts dafür, dass sie keine Ahnung davon hatte, was sie tat.

Rational, wie er war, machte Remington Lucinda nicht für einen Fehler der Stadtverwaltung verantwortlich. Da er Vorbehalte hinsichtlich einer Frau hegte, die ihm, nur weil sie weniger als halb so alt war wie er, nicht ohne Weiteres gekommen sein konnten, behauptete er, seiner neuen Vorgesetzten im Geist der Kollegialität begegnet zu sein. Doch aufgrund ihrer Jugend und Unerfahrenheit verhielt sich Lucinda verständlicherweise defensiv, und ihre Defensivität äußerte sich wie so oft in Form von Aggression. So versessen, wie sie darauf war, sich als Boss zu beweisen, glaubte sie offenbar selbst nicht recht daran, dass sie bereits der Boss war.

Serenata war Lucinda einige Male begegnet. Sie hatte volle Brüste, kräftige Hüften und hohe Wangenknochen. Ihre Haltung glich der einer Statue. In mittleren Jahren würde sie womöglich Fett ansetzen, aber in der vollen Blüte ihres jungen Erwachsenenalters war ihre Körpermasse perfekt verteilt und machte sie umso Respekt einflößender. Sie hatte die Angewohnheit, einem unverwandt in die Augen zu sehen, wie durch ein Fadenkreuz; sogar Serenata hatte den Blickkontakt als Erste unterbrochen. In den Staaten geboren und auf Privatschulen unterrichtet, sprach Lucinda mit einem amerikanischen Akzent, dessen afroamerikanischer Einschlag variierte (bei Weißen ging er Richtung Straße; mit schwarzen Angestellten konnte sie aristokratisch klingen). Alle im Amt hatten Angst vor ihr.

Remington hatte auch ihre Eltern kennengelernt, als sie aus der Stadt zu Besuch gekommen waren, um zu sehen, wo ihre Tochter arbeitete. Er beschrieb sie als außerordentlich höflich und herzlich. Beide sprächen ein von einem afrikanischen Singsang gefärbtes Englisch. Die Mutter sei schlank und ebenfalls ziemlich schön und habe eine farbenfrohe Bluse getragen, die an ihr Heimatland erinnerte, dazu einen schmalen westlichen Rock. Der dunkelgraue Anzug des gut aussehenden Vaters sei klassisch geschnitten gewesen. Trotz seiner untergeordneten Stellung im Verhältnis zu ihrer Tochter war Remington einige Jahre älter als Lucindas Eltern, und so hatten sie ihm den Respekt erwiesen, den ihre Kultur Älteren gegenüber gebot. Für ihre Nationalität ungewöhnlich, war Lucinda Einzelkind, und vielleicht hatten sie sie verhätschelt. Wie dem auch sei, Remingtons Problem mit Lucinda lag nicht darin, dass ihre Familie aus Nigeria stammte. Das Problem lag darin, dass Lucinda amerikanisch war. Zu amerikanisch.

Lucinda Okonkwo war, auf einem bestimmten Feld, gut ausgebildet. Schon bald hatte Remington mehr als einen Grund, in alten Ausgaben des *Columbia Spectator* Nachforschungen über ihre Aktivitäten als Studentin anzustellen. Serenata hatte sich manchmal gefragt, was aus studentischen Heißspornen wurde – die Plakate schwenkten, sich für die Dekolonisierung des Lehrplans einsetzten und dafür sorgten, dass Professoren geschasst wurden, weil sie angeblich rechtsextreme YouTube-Videos zeigten –, sobald diese Sturm-im-Wasserglas-Hitzköpfe in die große weite Welt mit ihrem wahrhaft schlechten Wetter entlassen wurden. Tja. Jetzt wusste sie es.

Zuerst beeindruckten die Initiativen seiner neuen Vorgesetzten Remington nicht weiter – die genderneutralen Toiletten oder die Forderung, sich einschließlich seines *bevorzugten Pronomens* vorzustellen. Bei dem Satz »Ich bin Remington Alabaster, und ich bin ein Er« brach ihm kein Zacken aus der Krone; er war vielmehr in der Lage, es komisch zu finden, und für Staatsbedienstete waren Feststellungen des Offensichtlichen eine Selbstverständlichkeit. Workshops zu sexueller Belästigung und Antidiskriminierung waren Gelegenheiten, zusätzlich Spesen zu machen. Merkwürdigerweise bewahrte er sich, als stellvertretender Chef des Amts für Transport und Verkehr, seine Begeisterung für Transport- und Verkehrsthemen. Solange Lucinda bei der sozialen Gerechtigkeit blieb, konnte Remington weiter seine Arbeit machen.

Er und Gary Neusbaum hatten das Eigentum an Albanys Straßenbeleuchtung in der Vergangenheit von einem privaten Versorger auf die Stadt übertragen, mit dem Ziel, durch zeitgemäßere Lösungen sowohl den CO_2-Ausstoß als auch die Stromrechnungen der Metropolregion zu senken. Zunehmend beliebt bei urbanen Bürokraten im ganzen Land, verbrauchten Leuchtdioden erheblich weniger Energie als gelb getönte Natriumdampflampen, nur einen Bruchteil, um genau zu sein, und gleichzeitig hielten sie dreimal so lange. Dennoch blieb eine Reihe nachgeordneter Probleme zu lösen: ob die neuen LED-Straßenlampen oben abgeschirmt sein sollten, damit ihr grelles Licht die Tierwelt nicht störte; ob die Lampen seitlich abgeschirmt sein sollten, um den Lichteinfall in Wohnungsfenster zu minimieren; ob die Stadt in dekorative Pfähle und Gehäuse investieren sollte, die zu Albanys ursprünglicher Architektur passten, oder ein schlichteres und dafür ökonomischeres Produkt erwerben würde; und vor allem, für welche Kelvin-Werte man sich entscheiden sollte.

Der Großteil von Remingtons Arbeit war Arithmetik: die genaue Erhebung der täglichen Zahl von Autos in einer Seitenstraße, deren Anwohner sie für den Durchgangsverkehr sperren lassen wollten, oder die Quantifizierung der geringen Auslastung einer Buslinie, um gegebenenfalls die Fahrtenfrequenz zu reduzieren. Seine Recherchen zur LED-Straßenbeleuchtung jedoch, mit denen Remington gerade begonnen hatte, als Lucinda die Führung übernahm, wurden bald zu einer Leidenschaft, wie man sie nicht mit Mathematik, sondern mit Kunst assoziierte.

Von seinen Offenbarungen entflammt, hatte er Serenata, als sie von einer späten Aufnahmesession nach Hause kam, an der Haustür abgefangen, um ihr unverzüglich eine Reihe von Fotos auf dem gemeinsam genutzten Tablet zu zeigen. Auf allen war dieselbe Straßenrandszene zu sehen, jede von LED-Lampen mit unterschiedlichen Kelvin-Werten beleuchtet: 2300, 2700, 3500, 4000, 5000.

»Also, zugegeben, der Zweitausenddreihunderter ist ein bisschen trüb«, hatte er gesagt. »Aber der Zweisiebener ist absolut angenehm. In dem Licht könnte man picknicken. In dem Licht könnte man seine Freundin küssen oder ihr sogar einen Heiratsantrag machen. Es ist LED, aber es ist menschliches Licht. Es hat immer noch Wärme, einen Hauch von Gold. Es leuchtet immer noch mild und freundlich. Wenn man einer dieser Menschen auf dem Foto wäre und das Bild von jemandem geschickt bekäme, würde man vermutlich nicht jammern: *O nein, wo kommen denn all die Flecken auf meinem Gesicht her?* Vielleicht würde man eher denken: *Hey, in dem roten Hemd sehe ich eigentlich ganz gut aus, oder?*«

»Aber jetzt … Schau dir die Kelvin-Werte vier- und fünftausend an. In dem Licht könntest du dir die Pulsadern aufschneiden. Oder besser noch, jemand anderen ermorden. Warum auch nicht, wenn die Gestalt da links sowieso schon wie eine Leiche aussieht? Das ist die Art von Licht, in dem Menschen unter Folter zugeben, Terroristen zu sein. Es ist das grässlich grelle Licht, in dem diese Filme gedreht werden, weißt du, über gekidnappte Frauen, die hungernd, schwanger und angekettet im Keller gehalten werden. Als ich zum ersten Mal von dem Tamtam in irgendwelchen Gemeinden wegen der *Straßenbeleuchtung* gelesen habe, mein lieber Mann, da dachte ich: Kommt schon, Leute, habt ihr denn kein Leben. Aber jetzt verstehe ich es. LEDs mit hohen Kelvin-Werten zerstören gnadenlos jede Anmutung eines urbanen Nachtlebens, und das im ganzen Land. Ganz ehrlich, LEDs im blauen Spektrum sind eine Form von emotionalem Vandalismus. Es geht ja nicht nur darum, wie die Dinge aussehen, sondern wie die Menschen sich fühlen. Nämlich: furchtbar.«

»Ich muss dir Recht geben«, sagte Serenata, die zwischen den Aufnahmen hin und her wischte. »Der Unterschied in der Atmosphäre ist enorm.«

»Dioden mit geringeren Kelvin-Werten sind *etwas* teurer und *etwas* weniger energieeffizient. Aber der erhebliche Gewinn in Sachen Ambiente macht die Nachteile mehr als wett.«

Als methodischem Menschen galt Remington Alabasters Aufmerksamkeit normalerweise dem Ineinandergreifen von Systemen. Die Rätsel der Verkehrsflusskontrolle zu lösen hatte ihm immer Freude bereitet, aber das Vergnügen war ein stilles, wie das eines Uhrmachers – die private Befriedigung, dass ein Mechanismus weiter vor sich hin tickte. Im Falle seines Einsatzes für den sanften, behaglichen Schimmer von Dioden mit geringem Kelvin-Wert und seines heftigen Widerstands gegen das brutale, schaurig blaue Spektrum, dem zu viele Stadtbezirke ihre Bewohner aussetzten – häufig trotz virulenter Proteste vor Ort –, verfolgte er jedoch erstmals eine berufliche Angelegenheit mit geradezu missionarischem Eifer. Ausnahmsweise ging es ihm einmal nicht vorrangig um Funktionalität oder Finanzen, sondern um Ästhetik. Er war zutiefst davon überzeugt, dass blaues Licht hässlich war und daher extrem schädlich für Millionen von Amerikanern, von denen er einen kleinen Teil persönlich vor dem täglichen selbstmordgefährdenden Gleißen bewahren konnte. Er war außerdem davon überzeugt, dass die Ästhetik nicht nur ins Psychologische, sondern ins Existenzielle hinüberspielte. Im kalten, indiskreten, pseudosowjetischen Verhörlicht hoher Kelvin-Werte wirkte das Leben an sich trostlos.

In den Monaten dieser Straßenbeleuchtungsrecherchen kam es zu einer späten Blüte ihrer Ehe. Die Distanz zwischen ihren Arbeitswelten verringerte sich. Serenata lebte in einem Universum der Töne – Nuancen, Stimmungen, Andeutungen, Pausen, die mehr sagten als Worte –, und die neue Leidenschaft ihres Mannes für Farben im visuellen Sinn verband sich auf ungeahnte Weise mit ihrer eigenen Leidenschaft für Stimmfarben. Bislang hatte er die meisten Entscheidungen über die Inneneinrichtung ihres Hauses ihr überlassen, doch nun stellte sie erfreut fest, dass er sehr wohl ein Interesse an Schönheit hatte, noch dazu eines, das sich in ein wiederbelebtes Interesse an seiner Frau übersetzte. Sie hatten mehr Sex. Als er seinen dicken Bericht schließlich abgab, hatte es für sie beide etwas von einem Abschied.

Lucinda Okonkwos Reaktion war mauerndes Schweigen. Als er sie nach Monaten ohne jeden Rekurs auf seine Empfehlungen fragte, ob sie Zeit gefunden habe, sich seine Ergebnisse anzuschauen, sagte sie so etwas wie: »Sie wollen mir doch nicht erklären, wie ich meinen Job zu machen habe, oder?« Nein, nein, er interessiere sich nur *wahnsinnig* für ihre Meinung. »Ich habe stapelweise drängendere Probleme auf dem Schreibtisch. Sie bitten mich doch nicht, Ihren Report *vorrangig zu behan-*

deln, nur weil ein weißer Amtslebenslänglicher plötzlich einen Straßenlampenfimmel entwickelt hat? Zumal Sie für ihn, um ehrlich zu sein, merkwürdig lange gebraucht haben.« Klar, dass Remington da klein beigab.

Dummerweise gingen Lucinda gerade in dieser Zeit die Ideen aus, wie man die fürchterlichen Ungerechtigkeiten in Albany aufheben, die grotesken historischen Fehler ihres schandbaren Landes berichtigen und den Planeten retten könnte. Sie hatte bereits eine Studie über das geschlechtsspezifische Lohngefälle in Auftrag gegeben, das Büro zur No-go-Zone für Einwegplastik erklärt – was bedeutete, dass Angestellte ihr Mittagessen draußen vor der Tür in sich hineinschaufelten, bevor sie die Deli-Behälter in den öffentlichen Mülleimer um die Ecke warfen. Sie hatte ein Klima-Punktesystem eingeführt, das Angestellte dafür belohnte, wenn sie mit dem Fahrrad oder zu Fuß zur Arbeit kamen und im Urlaub zu Hause blieben – den Gewinner erwartete eine Flasche alkoholfreier Chardonnay –, und die Exhumierung einer Plakette in einem Meridian-Highway-Park angeordnet, mit der ein ortsansässiger Philanthrop des 19. Jahrhunderts geehrt wurde, dessen nachgelassene Briefe belegten, dass er Homosexualität für entartet gehalten hatte. Da die Nebenstraßen der Stadt die Namen *zu vieler toter weißer männlicher Präsidenten* trügen, hatte sie inzwischen die Buchanan Street in Robert Mugabe Terrace umbenennen lassen und die Roosevelt Street in Jacob Zuma Way. Nun blieb ihr leider kaum noch Territorium, auf dem sie ihre Entscheidungsmacht ausüben konnte – außer Albanys Verkehrssystem.

Mit einer kostspieligen Geste im Sinne einer CO_2-armen Zukunft ordnete sie den Bau aufwendiger Fahrradwege auf beiden Seiten des Highway 20 und der Madison Avenue an, was gut und schön hätte sein können – nur dass sie die mäßige Nutzung vorab nicht untersucht hatte. Der Bau der Wege, mit breiten

Betonbarrieren zwischen Fahrrädern und Autoverkehr konzipiert, nahm neun Monate in Anspruch, und in den Stoßzeiten kam es zu Rückstaus von bis zu einem Kilometer. Auch nach ihrer Fertigstellung blieben die Fahrradwege für Autos ein lähmender Engpass. Dabei waren sie lediglich zweihundert Meter lang, danach mussten sich die Radfahrer an einer riskanten Verbindungsstelle wieder auf die Hauptstraße einfädeln. In der Praxis mieden ausgebuffte Fahrradfahrer die Wege ganz. Remington glaubte, dass übergriffige, rein symbolische Projekte dieser Art bloß dazu führten, dass Autofahrer noch mehr über Radfahrer schimpften, als sie es sowieso schon taten, sodass keine der beiden Parteien noch weiter zur Verachtung der anderen ermuntert werden musste.

Im Interesse der Verkehrsberuhigung gab Lucinda für etliche Kreuzungen der Innenstadt Bodenschwellen in Auftrag. Jede dieser Erhebungen enthielt Tausende kleine Granitwürfel. Aber die Schwellen erwiesen sich als viel zu harmlos, um Fahrer auch nur ein wenig zum Abbremsen zu bewegen. Erschwerend kam hinzu, dass Lucinda den Großteil des für dieses Projekt vorgesehenen Budgets für hochwertige Materialien verwendete und bei den Arbeitskräften sparte. Nachlässig verfugt, begannen die Pflastersteine, schon nach wenigen Tagen unter den darüberfahrenden Fahrzeugen zu rattern. Drei Monaten nach der Fertigstellung des Projekts sanken die Steine bereits ein, gerieten in Schieflage und brachen.

Lucindas Vorgehen gegen nicht wiederverwendbare Materialien war für die Dunn Memorial Bridge eine Katastrophe. Der unerprobte, innovative Belag, den sie für die Fahrbahnen ausgewählt hatte, begann zu zerfallen, als der erste UPS-Transporter darüberfuhr und mit seinen Reifen klebrige Stücke kieshaltigen Terrakotta-Asphalts abschälte. Ihre kostenlosen Busfahrkarten für kürzlich Zugewanderte, Unterprivilegierte und andere *vulnerable* Gruppen wurden in großem Umfang missbraucht und rissen ein gewaltiges Loch ins Budget.

Drei Jahre nachdem Remington seine Ergebnisse zum Thema Straßenbeleuchtung abgegeben hatte, verkündete Lucinda in einer Besprechung beiläufig, mitten zwischen anderen Themen, dass die Umrüstung der Straßenbeleuchtung stattfinden werde. Hinterher ging Remington zu ihr ins Büro. Am Abend gab er Serenata das Gespräch wieder, so gut er konnte:

»Dann haben Sie meinen Bericht also inzwischen gelesen?« Da er nicht aufgefordert wurde, sich hinzusetzen, blieb Remington stehen.

»Überflogen«, sagte Lucinda. »War ja dick genug, um ihn als Sitzerhöhung für ein Kleinkind zu benutzen. Zu viele Bäume, Alabaster. Die Zeit drängt. Ich brauche Wald.«

»Ich fand es wichtig, gründlich vorzugehen. Es ist eine langfristige Investition ...«

»*Zu* gründlich ist auch eine Art von Schlampigkeit. Ich kann nicht den ganzen Tag Sitzerhöhungen lesen.«

»Es ist nur so, dass der Bericht eine Reihe von Fragen aufwirft, die gelöst werden müssen, bevor die Umrüstung stattfinden kann. Zum Beispiel stellt R & M ein künstliches Gaslicht, Ständer und Halterungen im Stil des 19. Jahrhunderts her, die zwar ein bisschen teuer sind, ihren Preis aber wegen der historischen Anmutung rund um das Kapitol wert sein könnten ...«

»Unsere Steuerzahler wollen keine Schickimicki-Straßenmöblierung. Albany ist eine moderne amerikanische Großstadt, keine Filmkulisse für den nächsten *Sherlock Holmes*. Wenn Sie und Ihre Frau eine solche Schwäche für Antiquitäten haben, könnte ich Ihnen einen Laden in der Learned Street empfehlen. Aber auf Amtskosten wird die nicht ausgelebt.«

Bei den bröckeligen Bodenschwellen hatte ihr das Kosten-

Nutzen-Verhältnis für den Steuerzahler nicht annähernd so am Herzen gelegen.

»Wesentlicher«, sagte Remington, »ist die Frage der Abschirmung. Die Non-Profit-Organisation Dark-Sky hat Störungen der nächtlichen Tierwelt durch vertikalen Lichtaustritt dokumentiert; ihren Bericht habe ich meinem Bericht im Anhang beigefügt. Was den seitlichen Lichtaustritt angeht, haben andere Stadtverwaltungen es auf breiter Front mit Bürgerprotesten zu tun bekommen, weil starkes LED-Licht invasiv ist und in die Wohnungen der Menschen eindringt ...«

»Soll'n sich die Leute Vorhänge kaufen. Dann haben Sie Ihre *Abschirmung*. Straßenbeleuchtung soll hell sein. Dazu ist sie da. Damit man sehen kann. Ist das alles, Alabaster? Mir scheint, Sie machen die Sache viel komplizierter als nötig.«

»Nein, das ist nicht alles. Das größte Problem ist offensichtlich der Kelvin-Wert. Ich räume ein, dass man über Werte im mittleren Bereich diskutieren kann ...«

»Mister Alabaster, ich bin eine viel beschäftigte Frau.«

»Aber ich würde mich für einen möglichst niedrigen Wert einsetzen. Es gibt beträchtliche Mengen an Daten, die untermauern, dass blaues Licht die Melatoninproduktion beeinträchtigt und den Schlafrhythmus stört ...«

»Sie sorgen sich hier doch nicht etwa wieder um Ihre Waschbären, oder?«

»Den Schlafrhythmus des Menschen. Es ist die gleiche Art von Beeinträchtigung, die eintritt, wenn man vor dem Ins-Bett-Gehen aufs Smartphone oder auf den Computerbildschirm schaut. Die sich häufenden Belege dafür, dass es das Brustkrebsvorkommen womöglich signifikant steigert, wenn man längere Zeit blauem Licht ausgesetzt ist, müssten Sie als Frau doch besonders interessieren ...«

»Sie schmieren mir Honig um den Mund und meinen, ich

würde weiche Knie bekommen und tun, was immer Sie sagen, sobald Sie von *Brustkrebs* sprechen? Was für ein manipulativer Bockmist. Das ist auch eine Art von Frauenfeindlichkeit, wenn Sie's wissen wollen. Sexistische Herablassung.«

»Ich entschuldige mich. Ich hätte keine Mutmaßungen anstellen sollen.«

»Nein, hätten Sie nicht.« Diese Antwort war typisch. Wann immer man zurückwich, setzte Lucinda nach.

»Wissen Sie, blaues Licht erhöht auch das Prostatakrebsvorkommen deutlich.«

»Ach, jetzt, wo es ein *Männer*problem ist, zählt es auf einmal.«

Remington gab zu, dass er sich an diesem Punkt mattgesetzt gefühlt hatte. »Und dann ist da noch«, fuhr er unsicher fort, »die schwer greifbare, aber, wie ich behaupten würde, nicht nebensächliche Thematik des Erscheinungsbilds dieser Stadt bei Nacht. Wir möchten doch, dass die Leute mit Begeisterung ins Restaurant oder in Clubs gehen, was ja die Wirtschaft ankurbelt. Und wir wollen, dass unsere Bürger glücklich sind, oder? Dass sie sich wohlfühlen.«

»Jetzt haben Sie mich wirklich verloren, Alabaster. Glückliche Bürger fallen nicht in unser Aufgabengebiet, sonst hätte ich längst fünfzig Kisten Diazepam bestellt statt einer Containerladung LED-Straßenlampen aus Guangzhou.«

»Was?«

»Ich will's Ihnen schon die ganze Zeit sagen, mein Freund, aber Sie mussten ja immer weiter über Ihre rührenden Gaslichter und Brustkrebs und Abschirmung reden. Die Bestellung ist längst abgewickelt, die Ware im Lager und bereit zur Installation. Und ich habe sie nicht von Amazon. Ist also nicht so, als könnte ich ein Rücksendeetikett ausfüllen und ein Paket auf die Post tragen. Es ist beschlossene Sache.«

»Und was für Lichter haben Sie bestellt?«

»Standard, Massenware, so billig wie's ging. Das ist mein Job. Unser Budget ist längst überschritten. Die Einsparung ist zudem ein doppelter Glücksfall. Die Stromrechnung für die Straßenbeleuchtung ist im Begriff, in den Keller zu gehen.«

»Und welchen Kelvin-Wert haben Sie gewählt?«

Lucinda sah ihrem Untergebenen trotzig ins Auge. »*Fünftausend.*«

*

Die Lücken im Bericht über das Arbeitsgerichtsverfahren gegen ihren Mann brauchte Serenata nicht zu füllen. Aufgrund eines Misstrauens, das sich als gerechtfertigt erwies, hatte er die Aufnahmefunktion seines Handys eingeschaltet.

Wie vom Angestellten der Stadt Albany, Remington Alabaster, vorgeladen infolge einer Disziplinarklage wegen Bedrohung sowie rassistisch und sexuell motivierter Körperverletzung, aus zweiter Hand beschrieben, waren die anderen Hauptdarsteller:

CURTIS PEPPER: Weiß, männlich, knapp unter vierzig. Anzug mit interessantem blauem Schimmer, Jackett an den Ärmeln etwas kurz; grünes über der Hose getragenes T-Shirt mit V-Ausschnitt. Dunkle Lederschuhe, *keine Socken*. Nominell der Vorsitzende des Diversitäts- und Gleichstellungsausschusses, neigt aber dazu, im Kielwasser seiner energischeren Kollegin die Kontrolle zu verlieren.

BRANDON ABRAHAM: Schwarz, männlich, über fünfzig. Locker sitzender, unprätentiöser grauer Anzug mit nachlässig gebundenem Schlips – aber immerhin, ein Schlips. Ein paar unwesentliche Kilo Übergewicht. Offener Gesichtsausdruck, aber Schwierigkeiten, dem Angeklagten in die Augen zu blicken. Sieht müde aus. Schaut oft heimlich auf die Uhr.

TRINITY CHASE: Weiß, weiblich, Mitte dreißig. Kurze Igelfrisur, silbrig weiß gebleicht, was sie älter wirken lässt. Nicht schlecht aussehend, aber stämmig gebaut; trotz dem Ruf ihres Geschlechts, weich zu sein. Trägt irritierend unpassend zusammengestellte Kleidungsstücke, was anscheinend als trendig gilt: langärmeliger, leuchtend kornblumenblauer Velours-Rollkragenpullover, karierte Trainingshose, deren Türkis sich mit dem Velours-Oberteil beißt, und ungeschnürte Plateau-Tennisschuhe. Geschmackvolles Nasenpiercing. Erbittert aufrechte Haltung, leicht abgeschwächt durch raubtierhaftes Vorbeugen zum Angeklagten. Feurig, aber dienstbeflissen. Macht sich umfangreiche Notizen.

CURTIS: Also, bevor wir anfangen, möchte ich vor diesem Ausschuss bekennen, dass ich ein wenig beschämt bin, als Vorsitzender bestimmt worden zu sein – Entschuldigung, als Vorsitzende*r –, weil mir schmerzlich bewusst ist, dass ich das weiße Patriarchat repräsentiere. Wenigstens identifiziere ich mich als bi, habe also eine gewisse Sensibilität für die Probleme, mit denen marginalisierte Communitys konfrontiert sind, weil ich zum LGBTQIA-Spektrum gehöre. Dennoch, wenn es nach mir geht, sind wir hier alle drei auf dem gleichen Level. Als privilegierter weißer Mann habe ich allenfalls weniger Recht zu sprechen und bin voller Demut vor Ihren extremeren Erfahrungen mit dem Ungleichgewicht gesellschaftlicher Macht. Also. Remington – darf ich Sie Remington nennen?

REMINGTON: Mit meinem Vornamen angeredet zu werden ist angesichts der Unwürdigkeit dieses ganzen Tribunals mein geringstes Problem.

TRINITY: Es ist kein *Tribunal*, Mister Alabaster. Es ist eine informelle Anhörung, in der wir gern Ihre Seite der Geschichte hören möchten. Dass Sie eine derart feindselige Einstellung zu haben scheinen, bereitet mir Sorgen. Wir sind nur an der Wahrheit interessiert.

CURTIS: Ihnen ist bewusst, dass, ähm ... *(Papiergeraschel)* der Einsatz von Leuchtdioden-Technologie anstelle von Hochdruck-Natriumdampflampen für die Straßenbeleuchtung Albanys CO_2-Fußabdruck erheblich reduzieren und so den Klimawandel abmildern könnte. Ihnen ist auch bewusst, na ja ... dass die Umrüstung trotz hoher Initialkosten langfristig im wirtschaftlichen Interesse der Stadt liegt.

REMINGTON: Da Sie aus dem Vorwort zu *meinem eigenen Bericht* zitieren, ist mir das alles naturgemäß bewusst.

CURTIS: Aber Lucinda Okonkwo zufolge, die letzte Woche vor diesem Ausschuss ausgesagt hat, stehen Sie ebendiesem Projekt, das sie Ihnen anvertraut hat, inzwischen ablehnend gegenüber.

REMINGTON: Gary Neusbaum war derjenige, der es mir anvertraut hat. Aber meine pauschale *Ablehnung* von LEDs ist eine Fehldarstellung.

TRINITY: Miss Okonkwo sagt, Ihr Vorgehen hinsichtlich der Umrüstung sei *obstruktiv* gewesen und Ihr Verhalten gegenüber Ihrer Vorgesetzten in dieser Thematik *oppositionell*, und Sie hätten sich *unnatürlich obsessiv* mit den kleinsten Details der Umsetzung beschäftigt.

BRANDON: Lucinda scheint jetzt, ich sag mal, der Meinung zu sein, dass Sie einen Haufen Probleme gesehen haben, wo sie selbst keine entdecken konnte. Sie beide haben sich, ich sag mal, auf dem falschen Fuß erwischt. Das habe ich schon oft erlebt. Meistens wird es nur schlimmer und schlimmer. Anstatt sich vernünftig über die Meinungsverschiedenheiten auszusprechen, wird alles persönlich genommen. Niemand will nachgeben, weil jeder Kompromiss wie eine Kapitulation aussieht. So landen Fälle wie Ihrer dann vor diesem Ausschuss.

REMINGTON: Aber ich habe diese Umrüstung zunächst gar nicht als Meinungsverschiedenheit betrachtet, Mister Abraham. Ich habe nur eine Reihe von Problemen identifiziert, die in anderen Städten Protest ausgelöst hatten, mitunter hochorganisierten und lautstarken Protest. Mir wurde klar, dass man alle diese Einwände ausräumen könnte, indem man die richtigen Gehäuse und Halterungen wählt.

CURTIS: Aber Miss Okonkwo zufolge waren die Produkte, die Sie ausgewählt hatten, zu kostspielig. Und wesentlich weniger energieeffizient. Was ja schon mal den Zweck der Umrüstung verfehlen würde: sowohl Geld zu sparen als auch die Umwelt zu schonen.

REMINGTON: Sie waren *etwas* teurer und *etwas* weniger effizient, was ich in meinem Anhang detailliert dokumentiert habe. Die *graduell* höheren Kosten und *geringfügig* kleineren Energieersparnisse würden sich über die Laufzeit der Geräte amortisieren und durch eine Reihe von Vorteilen aufgewogen werden.

TRINITY: Miss Okonkwo zufolge war Ihnen nur wichtig, dass die neuen Lichter *hübsch* aussehen.

REMINGTON: Das ist eine Banalisierung. Aber ja, ich finde tatsächlich, dass die Stadt die enorme ästhetische Wirkung öffentlicher Beleuchtung in ihre Überlegungen einbeziehen sollte. Blaues Licht ist maßgeblich mit Depressionen in Verbindung gebracht worden ...

TRINITY: Meinen Sie nicht, dass Stimmungsbeleuchtung ein ziemliches Mittelschicht-, ja sogar Elitenthema ist? Interessieren sich die Armen und andere marginalisierte Gruppen dieser Stadt in erster Linie für den äußeren Schein?

BRANDON: Hey, pleite zu sein heißt noch lange nicht, dass es einem völlig egal ist, wie irgendwas aussieht.

TRINITY: Trotzdem, ich habe ja *in erster Linie* gesagt. Ist es nicht wahrscheinlicher, dass die Armen und Marginalisierten sich für die kosteneffektive Verwendung ihrer Steuergelder interessieren?

REMINGTON: *Die Armen und Marginalisierten* tragen sehr wenig Steuergelder bei. Da wir für die unteren Einkommen vorrangig das Geld anderer Leute ausgeben, glaube ich nicht, dass sie sich auch nur im Geringsten für unsere Sparmaßnahmen interessieren.

»Das hättest du nicht sagen sollen«, warf Serenata ein, nachdem sie die Aufnahme bei dem entsetzten Schweigen angehalten hatte.

»Aber es ist wahr«, sagte Remington.

»Eben deshalb hättest du es nicht sagen sollen.«

CURTIS: Sie tun sich hier gerade keinen Gefallen, Remington.

BRANDON: Kommen Sie, Curtis. Statistisch gesehen hat der Mann schon Recht.

TRINITY: Wir reden nicht von Statistik, Brandon. Wir reden von der Einstellung. Außerdem ist den vulnerablen Gruppen, für die Sie so viel Verachtung zeigen, Mister Alabaster, Sicherheit besonders wichtig. Deshalb ist die Straßenbeleuchtung, die Miss Okonkwo vorgezogen hat ...

REMINGTON: Gekauft hat. Einfach so, ohne Rücksprache.

TRINITY: Die Beleuchtung, die sie *gekauft* hat, gilt in Vierteln mit hoher Kriminalitätsrate als extrem beliebt, weil sich die Bewohner dank ihrer Helligkeit sicher fühlen.

REMINGTON: Sie *fühlen* sich sicherer ...

TRINITY: Wie vulnerable Gruppen sich fühlen, ist Ihnen egal?

REMINGTON: Sie sind *de facto* nicht sicherer – und auch nicht weniger *vulnerabel*. Wie ich in Anhang D dokumentiert habe, kommt es bei Dioden mit hohen Kelvin-Werten zu keiner Verringerung der realen Kriminalitätsrate.

BRANDON: Können wir einfach sagen, Sie beide waren uneins, und weitermachen?

CURTIS: Also, Remington, als Sie hörten, dass Miss Okonkwo – Ihre Vorgesetzte, die schließlich nur gehalten war, Ihre Ergebnisse in Betracht zu ziehen, aber Ihren Rat nicht unbedingt befolgen musste ...

REMINGTON: Ich glaube, Miss Okonkwo hat das Dokument, das ich *vor drei Jahren* vorgelegt habe, nur gelesen, um das genaue Gegenteil dessen zu tun, was ich empfohlen habe. Ihre Entscheidungen sind seit ihrem Eintritt rein reaktiv gewesen. Ich habe ihr vielleicht sogar einen nützlichen Dienst erwiesen. Nur ihr striktes Festhalten an einem oppositionellen Schema – zu tun, was immer ich falsch fand, und nicht zu tun, was immer ich richtig fand –, hat ihr Management unserer Abteilung vor dem totalen Chaos bewahrt.

TRINITY: Sie scheinen ein Feindseligkeitsproblem zu haben, Mister Alabaster.

REMINGTON: Das habe ich in der Tat, Miss Chase. Gut beobachtet.

BRANDON: *(murmelnd)* Diese Lucinda kann aber auch kratzbürstig sein.

Serenata hielt die Aufnahme erneut an. »Eins würde mich mal interessieren: Dieser Curtis hat so eine große Sache daraus gemacht, dich *Remington* zu nennen, und dich sogar gefragt, ob er das darf, und dann spricht diese Trinity dich die ganze Zeit mit *Mister Alabaster* an. Was hat es damit auf sich?«

»Hm. Das ist mir in der Situation gar nicht aufgefallen«, sagte Remington. »Aber wenn ich jetzt so zuhöre? Ich glaube, beides ist, praktischerweise, eine Beleidigung. *Remington* ist anmaßend kumpelhaft, als wären wir hier alle miteinander befreundet, was unter den gegebenen Umständen eine Beleidigung meiner Intelligenz bedeutet. Und *Mister Alabaster* ist unpersönlich und künstlich formell, wo doch heutzutage im Arbeitskontext so gut wie niemand mehr Titel und Nachnamen verwendet. *Mister Alabaster* macht mich älter und verstaubter, gibt dem Vorgang aber auch etwas überhöht Juristisches, das im Widerspruch zum Offensichtlichen steht: Die ganze Anhörung ist absurd. Interessanterweise lassen all die Erwähnungen von *Ms. Okonkwo*, meiner sogenannten Vorgesetzten, dagegen Hochachtung und Respekt zukommen, was den weißen Mitgliedern des Ausschusses einen Anstrich von Rechtschaffenheit verleiht.«

»Schön analysiert.« Serenata drückte auf PLAY.

REMINGTON: Wenn Sie ein weiteres Beispiel für dieses *reaktive* Prinzip von ihr brauchen, nehmen Sie die Neueinrichtung aller Ampelphasen in der Stadt – gegen die ich mich vehement ausgesprochen habe. Das ganze Netzwerk ist jetzt gewollt unkoordiniert. Man hält an einer roten Ampel, nur um an der nächsten wieder halten zu müssen. Und an der übernächsten. Die Taxifahrer schäumen vor Wut.

BRANDON: Scheiß die Wand an. Wollen Sie mir sagen, das ist Absicht? Echt jetzt, ich stehe an jeder Kreuzung der Clinton Avenue und brauch für meine Fahrten zur Arbeit und zurück zehn Minuten länger als vorher.

REMINGTON: Alles, um die Leute *von der Autonutzung abzuhalten*.

CURTIS: Und tut es das nicht?

REMINGTON: Was es vor allem tut, ist, massenweise Leerlauf zu verursachen und durch das ewige Halten und Anfahren die Luftverschmutzung zu verschlimmern.

TRINITY: Es sei denn, die Autos sind gar nicht da.

REMINGTON: Wie bitte?

TRINITY: Es sei denn, Miss Okonkwo hat Recht, und die Autofahrer sind irgendwann so frustriert, dass sie auf andere Verkehrsmittel umsteigen.

REMINGTON: Ich bin seit über dreißig Jahren in dieser Abteilung, und glauben Sie mir: Frustrierte Autofahrer betätigen kurzfristig die Dauerhupe. Langfristig wählen sie ganze Stadtverwaltungen ab und ersetzen sie durch andere, die die Ampelphasen wieder so einrichten, wie sie waren.

CURTIS: Na schön, Remington, können wir bitte zur Hauptagenda zurückkehren? Als Miss Okonkwo Ihnen von dieser LED-Bestellung berichtet hat, was haben Sie da getan?

REMINGTON: Ich habe mit der flachen Hand auf ihren Schreibtisch gehauen.

CURTIS: Und warum haben Sie das gemacht?

REMINGTON: Weil ich die Beherrschung verloren habe.

CURTIS: Und würden Sie sagen, dass Sie sehr hart auf ihren Schreibtisch geschlagen haben?

REMINGTON: Das sollte das Wort *schlagen* ausdrücken, ja.

CURTIS: Und würden Sie sagen, dass das Geräusch, das Ihre Hand gemacht hat, extrem laut war?

REMINGTON: Es war relativ laut.

CURTIS: Und wie hat Miss Okonkwo reagiert?

REMINGTON: Ich glaube, sie war erschrocken. Ich war erschrocken. Ich verliere äußerst selten die Beherrschung.

TRINITY: Wenn Sie noch einmal in der Situation sein könnten, Mister Alabaster, würden Sie sich dann beherrschen?

REMINGTON: *(Pause)* Ich bin mir nicht sicher.

TRINITY: Die Konsequenzen dieses Verhaltens könnten gravierend sein, Mister Alabaster. Und Sie sind sich *nicht sicher*, ob Sie wünschten, Sie könnten es rückgängig machen?

REMINGTON: Es war eine Erleichterung. Ich würde es nicht zur Gewohnheit werden lassen. Aber meine Gefühle mal rauszulassen … Wie gesagt, es war eine Erleichterung. Und die Geste hat Miss Okonkwo meine Meinung zu ihrer kapriziösen Entscheidung wesentlich besser vor Augen geführt als alles, was ich hätte sagen können.

BRANDON: Gibt's denn keine Chance, die Sache mit 'ner einfachen Entschuldigung zu lösen? Weil, mir kommt es so vor, als ob der Vorfall hier zu 'ner unverhältnismäßig großen Sache aufgebläht wird. Okay, Alabaster hat die Nerven verloren. Wären Sie damit einverstanden, Lucinda zu sagen, dass es Ihnen leidtut, Mann?

REMINGTON: Meinen unermüdlichen Widerstand gegen nahezu alle ihre Strategien bedaure ich nicht. Aber bei näherer Betrachtung tut es mir wohl schon leid, dass ich meinem Ärger, wenn auch nur für eine Sekunde, Luft gemacht habe. Weil ich dieser jungen Frau damit genau das gegeben habe, was sie wollte.

TRINITY: Aus verfahrensrechtlicher Sicht sind wir, fürchte ich, weit davon entfernt, dies alles mit einer einfachen Entschuldigung aus der Welt zu schaffen. Schon gar nicht mit einer so beleidigend unaufrichtigen Entschuldigung wie dieser.

CURTIS: Miss Okonkwo zufolge war Ihr Umgang mit ihr seit dem ersten Tag ihrer Einstellung *sonderbar vorsichtig*. Ihre Gespräche, sagt sie, seien auffallend *nach Vorschrift* abgelaufen. Sie sagt: *Er war zurückhaltend, ganz in sich gekehrt, als sähe er mich aus weiter Ferne an.* Sie erschienen ihr *mehr wie*

so jemand aus England und nicht wie ein normaler Amerikaner.
Hört diese Beschreibung sich für Sie richtig an?
REMINGTON: Ich war vorsichtig. *Sonderbar* würde ich nicht sagen.
TRINITY: Aber warum mussten Sie vorsichtig sein?
REMINGTON: *(Pause)* Ich spürte, dass Miss Okonkwo auf der Lauer lag.
TRINITY: Auf der Lauer worauf?
REMINGTON: Einfach ... auf der Lauer. Ich hatte das Gefühl, dass alles, was ich tat und sagte, unter die Lupe genommen wurde. Und dass ich aufpassen sollte.

»So weit hättest du nicht gehen sollen«, sagte Serenata.
»Sie haben mich da hingelotst. Und es spielte keine Rolle, wohin das Gespräch *ging*«, sagte Remington gereizt. »Bei einer Feme kannst du sagen, was du willst, du kannst dich sogar tot stellen. Es spielt keine Rolle. Dein Schicksal ist besiegelt.«

CURTIS: Das würde also erklären, warum Miss Okonkwo Sie als *auf der Hut* und *verhalten* und *wortkarg* beschrieben hat, und als jemanden, der meistens *nur dann etwas sagt, wenn er angesprochen wird.*
REMINGTON: Ich habe versucht, ihr freundlich zu begegnen. Manchmal habe ich durchaus auch Small Talk betrieben und mit ihr über ihre Familie gesprochen. Aber können Sie mir bitte den Zweck dieser Fragen erklären?
CURTIS: Nun ja, wenn jemand große Mühe darauf verwendet, sich zu kontrollieren, kann man nicht umhin, sich zu fragen, was er alles zu kontrollieren hat.
TRINITY: Genau. Wir können nicht umhin, uns zu fragen, was es genau war, das Sie so unbedingt zurückhalten wollten. Was für verstörende Dinge Sie vielleicht getan und gesagt

hätten, wenn Sie sich nicht *unter die Lupe genommen* gefühlt hätten.

REMINGTON: Lassen Sie mich das mal eben klarstellen. Sie haben mich vor diesen Ausschuss gezerrt, weil ich für zwei Sekunden die Kontrolle *verloren* habe. Und nun werde ich hier durch die Mangel gedreht, weil ich in der übrigen Zeit die Kontrolle *behalten* habe?

CURTIS: Betrachten Sie sich als Rassisten, Remington?

REMINGTON: Nein. Allerdings habe ich noch nie jemanden verkünden hören, er sei kein Rassist, ohne dabei wie einer zu klingen.

CURTIS: Und betrachten Sie sich als frauenfeindlich?

REMINGTON: Ich kann mir beim besten Willen nicht vorstellen, wie ich *frauenfeindlich* sein und trotzdem eine Frau geheiratet haben sollte, die wesentlich klüger und talentierter ist als ich.

»Schmeichler«, sagte Serenata. »Du wusstest, dass ich mir das anhören würde.«

BRANDON: Sie sollten mal *meine* Frau kennenlernen, Mann. Die lässt mich wie ein Genie aussehen. Die Leute denken, wenn er mit so 'ner schlauen Lady verheiratet ist, muss der Typ ja richtig was auf dem Kasten haben.

CURTIS: Und, Remington, haben Sie ein Problem mit Immigranten?

REMINGTON: Miss Okonkwo ist in diesem Land geboren, und soweit ich unterrichtet bin, macht sie das zu einer Amerikanerin und nicht zu einer *Immigrantin*. Sie können nicht beides haben.

TRINITY: Aber wäre es möglich, dass manche der Gedanken, die Sie so entschlossen waren zurückzudrängen, weil Sie sich

unter die Lupe genommen fühlten ... Angesichts all der Terrorismusängste nach 9/11, also ... Wenn Sie tief in sich hineinschauen, könnten manche dieser gefährlichen Gedanken, die Sie unterdrückt haben, als islamfeindlich gelten?
REMINGTON: Ich kann die Relevanz Ihrer Frage nicht erkennen.
TRINITY: Ich fürchte, sie ist nur allzu relevant. Seit 2001 hat sich die Zahl antimuslimischer Hassverbrechen in diesem Land mehr als verdoppelt. Und in diesem Klima glauben Sie ernsthaft, Ihre Haltungen wären nicht von den Verunglimpfungen in den sozialen Medien und im Internet beeinflusst, und davon, wie alles über einen dschihadistischen Kamm geschoren wird ...
REMINGTON: Miss Chase, Lucinda Okonkwo und ihre ganze Familie sind Christen.

»Ha!« Serenata hielt die Aufnahme mitten in dem nun folgenden verwirrten Schweigen an. »Sie dachten, sie sei Muslimin.«

»Es war ein weiteres Kästchen, in das sie mit ihrer Diversitätseinstellung einen Haken setzen wollten«, sagte Remington. »Ich bin mir sicher, sie waren bitter enttäuscht. Ungefähr die Hälfte aller Nigerianer sind Christen, deshalb waren ihre Annahmen über Lucinda im höchsten Maße ignorant – aber ich wusste, dass es immer schlimmer für mich wurde, je öfter ich sie aus dem Konzept brachte.«

REMINGTON: Sagen Sie, kann ich frei reden?
CURTIS: Ich hoffe, Sie haben die ganze Zeit frei geredet, Remington.
REMINGTON: Lucinda Okonkwo ist angriffslustig, selbstherrlich und unqualifiziert. Dazu noch faul. Ich glaube nicht, dass

sie unintelligent ist, was ihr Verhalten besonders sträflich macht.

TRINITY: Und Sie glauben, dass Sie kein Rassist sind.

REMINGTON: Ihre autokratische Bestellung neuer Straßenlampen für die ganze Stadt war typisch – ohne Tests in kleinem Maßstab, ohne Anhörung der Öffentlichkeit oder Beratung mit ihren eigenen Kolleginnen und Kollegen und ohne Berücksichtigung meines Berichts, außer ihn zu überfliegen, um auch ja das genaue Gegenteil der Produkte auszuwählen, die ich vorgeschlagen hatte. Ich möchte behaupten, dass sie mir meine lange Amtszeit in dieser Abteilung verübelt, meine daraus folgende Erfahrung in Belangen, über die sie schlecht informiert ist, und meine akademischen Qualifikationen in diesem Bereich ...

TRINITY: Verübeln *Sie* es nicht vielmehr Miss Okwonko, dass man den Job der Abteilungsleitung vor vier Jahren ihr und nicht Ihnen anvertraut hat?

BRANDON: Da hat sie Sie am Haken, Junge. Sie hatten doch vom Dienstalter her hundertpro Vorrang. Also, ich an Ihrer Stelle hätte mich geärgert.

REMINGTON: Natürlich hab ich mich geärgert. Aber ich hätte an so einem Groll niemals festgehalten, wenn der neue Chef – beziehungsweise die Chefin – kompetent gewesen wäre und mit seinen, respektive ihren Angestellten in einem Geist der Kooperation zusammengearbeitet hätte. Mit Gary Neusbaum bin ich jahrzehntelang hervorragend ausgekommen.

TRINITY: Wie überraschend. Noch so ein alternder heterosexueller weißer Mann.

REMINGTON: Was ich sagen will, ist: Ich mag meine unmittelbare Vorgesetzte nicht, das gebe ich unumwunden zu – aber nicht, weil ich rassistisch, sexistisch oder fremdenfeindlich bin. Nicht, weil ich was-auch-immer-phob bin. Ich mag sie *persönlich* nicht. Als Individuum. Geht das heute noch? Ist es legal, Abneigung gegen eine bestimmte Person zu hegen, die zufälligerweise einer *marginalisierten Gruppe* angehört?

TRINITY: Vorurteile gründen häufig tief und gedeihen dann zunächst auf einer unbewussten Ebene. Ich weiß nicht, wie Sie diese sogenannte persönliche Abneigung und Ihre eigene Borniertheit überhaupt auseinanderhalten können.

REMINGTON: Die Antwort ist also Nein. Nein, es ist nicht mehr erlaubt, jemanden nicht zu mögen.

TRINITY: Die Antwort ist, dass Ihre sogenannte persönliche Abneigung in den Augen dieses Ausschusses sehr verdächtig aussieht.

CURTIS: Wir müssen uns hier auf den Hauptvorwurf des gewaltsamen Angriffs durch einen Untergebenen am Arbeitsplatz konzentrieren.

REMINGTON: Aber ich habe sie nicht berührt. Wie können Sie das *gewaltsam* nennen?

CURTIS: Ihre Handlungen, wie beschrieben, waren gewaltsam.

REMINGTON: *(es knistert, eine Störung des Mikros)* Wenn man dem ersten Google-Treffer glauben darf, bedeutet *Gewaltsamkeit eine mit großer Brutalität oder Rohheit vollzogene Tat oder Handlung mit der Absicht, jemanden oder etwas zu verletzen, zu beschädigen oder zu töten.* Ich habe noch nicht mal ihren Schreibtisch beschädigt.

CURTIS: Na ja, das ist die Lexikon-Definition.

REMINGTON: Meines Erachtens habe ich *gesagt*, dass es eine Lexikon-Definition ist. Und was für andere Definitionen gibt es? Ich will Ihnen hier nicht auf die *Alice-im-Wunderland*-Tour kommen, aber Wörter müssen etwas bedeuten, sonst hat es keinen Sinn, Sprache als Kommunikationsmittel zu benutzen.

TRINITY: Ihre Vorgesetzte hat sich bedroht gefühlt. Sie fürchtete um ihr körperliches Wohl, ja sogar um ihr Leben …

REMINGTON: Das kann nicht Ihr Ernst sein.

TRINITY: Mitarbeiter zu bedrohen ist ein Kündigungsgrund.

REMINGTON: Dass sie sich bedroht *gefühlt* hat, heißt noch lange nicht, dass sie auch bedroht *wurde*.

TRINITY: Ich fürchte, es heißt genau das. Über Gefühle kann man nicht streiten.

REMINGTON: Aber dass sie Ihnen *gesagt* hat, sie habe sich bedroht gefühlt, heißt noch nicht, dass es tatsächlich so war.

TRINITY: Woher sollen wir sonst wissen, wie sie sich gefühlt hat, wenn wir es uns nicht von ihr sagen lassen? Wir können hier doch keine vulkanische Gedankenschmelze veranstalten. Das Bedrohungsgefühl war ihre gelebte Erfahrung.

REMINGTON: Entschuldigen Sie, aber was genau ist der Unterschied zwischen *gelebter Erfahrung* und *Erfahrung*?

BRANDON: Können wir beim Thema bleiben? Die Sache zieht sich hier ziemlich hin.

REMINGTON: Tut mir leid, Mister Abraham, aber ich glaube, es gehört zum Thema. Nämlich insofern, als Sie hier einem Skript folgen, dessen Begrifflichkeiten Sie nicht selbst entwickelt haben. Dieses schematische Phantombild-Vokabular legt nahe, dass Sie sich einer starren Orthodoxie verschrieben haben, die das Wesen dieses Falls verzerrt.

TRINITY: Wir beziehen unsere Werte aus fortschrittlichen zeitgenössischen Gepflogenheiten, und Sie scheinen sich an die Vergangenheit zu klammern, als Sie und Ihresgleichen immer die Oberhand hatten. Nun, die Zeiten haben sich geändert.

REMINGTON: Was sich nicht verändert hat, was bei Menschen vielmehr schon immer der Fall war, ist, dass *Gefühle* faktisch nicht sakrosankter sind als irgendeine andere Form der Zeugenaussage. Man kann also durchaus *über Gefühle streiten*. Weil Menschen lügen, wenn es um ihre Gefühle geht. Sie übertreiben. Sie beschreiben ihre Gefühle schlecht, manchmal auch nur aus sprachlicher Unbeholfenheit. Sie verwechseln ein Gefühl mit einem anderen. Oft haben sie *gar keine* Ahnung, was sie fühlen. Manchmal stellen sie ihre Empfindungen mit Blick auf ein verstecktes Motiv falsch dar – etwa, um einen Mann zu verleumden, der sie in der Tat *bedroht*, allerdings nur mit seiner vergleichsweise hohen professionellen Kompetenz.

TRINITY: Wollen Sie damit sagen, dass Miss Okonkwo uns angelogen hat?

REMINGTON: Ich denke, sie hat zutreffend geschildert, was passiert ist. Allerdings bezweifle ich ihre Aufrichtigkeit hinsichtlich der Beschaffenheit unseres Zusammenstoßes. Ich glaube nicht, dass ich ihr Angst gemacht habe. Im Gegenteil, nachdem sie jahrelang versucht hat, mich zu provozieren, war sie wohl äußerst zufrieden.

TRINITY: Sie sagt uns, dass sie Angst hatte. Wie sonst sollen wir wissen, wie sie sich gefühlt hat?

REMINGTON: *(matt)* Aber die Leute lügen doch, wenn es darum geht, wie sie sich fühlen …

»Bitte sag mir, dass sich das nicht den ganzen Tag im Kreis dreht«, sagte Serenata.

BRANDON: Wissen Sie, wie ich mich fühle? Ich fühle mich geschafft. Ich hab das Gefühl, dass wir nicht weiterkommen und noch bis Mitternacht hier sitzen.

REMINGTON: Entschuldigen Sie, Mister Abraham, aber was ist mit meinen Gefühlen? Zum Beispiel *fühle* ich mich schikaniert. Heißt das nicht, *ipso facto*, dass ich schikaniert *werde*?

TRINITY: Mister Alabaster, Sie sind privilegiert. Sie halten alle Karten in der Hand. Sie sind ein älterer heterosexueller weißer Mann, der eine junge, sich als weiblich identifizierende *Person of Color* angegriffen hat …

REMINGTON: Nur mal so aus Interesse, was ist eigentlich aus *afroamerikanisch* geworden?

TRINITY: *Person of Color* ist der bevorzugte Fachausdruck im Personalwesen. *POC* ist auch akzeptabel.

REMINGTON: Finden Sie dieses ewige Karussell der Rassenterminologie nicht ein bisschen erniedrigend? Da geht's doch sicher auch darum, das Weißbrot zum Tanzen zu bringen.

(*Gewieher*)

»Wer hat da gelacht?«, fragte Serenata.

»Brandon«, sagte Remington. »Brandon war der Einzige, der *überhaupt* je gelacht hat.«

TRINITY: Nicht nötig, beleidigend zu werden. Danke.

REMINGTON: Im Ernst, Mister Abraham. Wenn Sie mit anderen *People of Color* zusammen sind, nur Sie und Ihre Brüder, nennen Sie sich dann *People of Color*? Oder vielleicht sogar *Afroamerikaner*?

BRANDON: Was wir sagen, unter uns, also … das kann ich hier nicht wiedergeben.

REMINGTON: Sehen Sie? Diese Fluktuation von Euphemismen ist nur für Weißbrote und den Umgang mit Weißbroten relevant. Aber fällt Ihnen auf, dass sich das Wort für *weiß* nie geändert hat? Obwohl es verallgemeinernd ist und genetisch alle in einen Topf schmeißt. Seit ich denken kann, war *weiß* einfach da. Kurz, ohne Bindestrich, glanzlos, kleingeschrieben.

TRINITY: Ja, und? Fühlen Sie sich vernachlässigt? Möchten Sie ein spezielleres neues Wort haben? Einen großen Anfangsbuchstaben? Warum schreiben wir weiß in *Weißer Nationalismus* nicht groß? Es ist jedenfalls im Kommen. Würde Sie das glücklich machen?

REMINGTON: Ich meinte einfach: Wenn wir ein Etikett immer wieder waschen müssen, um das Stigma abzuspülen, das jedem neuen *Fachausdruck* auf der Stelle anhaftet, dann funktioniert die linguistische Behebung von Vorurteilen offenbar nicht.

BRANDON: Für mich ist *schwarz* völlig okay, falls das hilft. Können wir wieder zur Sache kommen? Meine Frau wartet mit dem Essen.

REMINGTON: Gut, ich stimme Ihnen zu und entschuldige mich für die Abschweifungen, Mister Abraham. Aber da dieses Etikett meine Gefühle für vollkommen nichtig zu erklären scheint und anscheinend auch bedeutet, dass ich keinerlei wie auch immer geartete Rechte habe, können wir uns den Begriff *privilegiert* mal anschauen …?

TRINITY: Heterosexuelle weiße Männer haben bisher *nur* Rechte gehabt, wenn das Pendel jetzt also leicht in die andere Richtung ausschlägt …

REMINGTON: *(sich weiter ins Zeug legend)* Lucinda Okonkwo war auf der privaten *Prep-School* Horace Mann. Sie war auf der Columbia University und wird vermutlich die vollen Studiengebühren gezahlt haben, weil – nun, ich habe sie nach ihrer Herkunft gefragt, und sie ist ziemlich stolz darauf, dass ihr Vater zu Hause in der Ölindustrie einen Riesenreibach gemacht hat. In Lagos gehören die Okonkwos zur Oberschicht – was sie mir gegenüber extra noch mal betont hat, in einem Gestus, den ich nur als Anspruchshaltung bezeichnen kann. Ihre Eltern wohnen jetzt in einer Gegend von Manhattan, die ich mir nie leisten könnte, und meine Eltern hätten es schon gar nicht gekonnt. Ich bin in einem kleinen, heruntergekommenen Haus abseits der ausgetretenen Pfade im schäbigen Hudson aufgewachsen. Ich war der Erste in meiner Familie, der aufs College gegangen ist. Mein Vater war Bauarbeiter, und meine Mutter hat Fische ausgenommen. Wer ist hier wirklich *privilegiert*?

TRINITY: Miss Okonkwo ist einer rassen- und geschlechtsspezifischen Diskriminierung ausgesetzt gewesen, die Sie sich gar nicht vorstellen können.

REMINGTON: Aber *Sie* können das.

TRINITY: Ich habe es mir zur Lebensaufgabe gemacht, es zu versuchen, beuge mich aber immer der gelebten Erfahrung. Ungeachtet der ökonomischen Stellung ihrer Eltern wird Miss Okonkwo in ihrer Kindheit und Jugend Diskriminierung ausgesetzt gewesen sein ...

REMINGTON: Nennen Sie diesen Schauprozess keine Diskriminierung? Wenn Lucinda mit der Hand auf *meinen* Schreibtisch geschlagen hätte, säßen wir nicht hier.

TRINITY: *Bitte.* Sie war Diskriminierung ausgesetzt, die von Amerikas größtem Verbrechen gegen die Menschlichkeit herrührt, der Massenversklavung ihres Volkes. Dass Ihre Mutter ein paar Fische ausgenommen hat, ist im Vergleich dazu ohne jeden Belang, Mister Alabaster.

REMINGTON: Entschuldigen Sie meine negative Herangehensweise an das Thema, aber Miss Okonkwos Abstammung ist nigerianisch. Ganze zwölf Prozent der Sklaven ...

TRINITY: Wir ziehen es vor, von *versklavten Menschen* zu sprechen. Sie waren ihrem innersten Wesen nach keine ...

REMINGTON: Zwölf Prozent der *versklavten Menschen*, die in die Vereinigten Staaten exportiert wurden, sind *von Nigerianern* gefangen genommen und verkauft worden. Es war eine

Gemeinschaftsaktion. Wenn wir uns jetzt auf die Sünden der Väter an den Söhnen – und Töchtern – besinnen, macht das aus Lucinda eine der Unterdrückerinnen.

BRANDON: *(leise)* Sie wissen, dass die sich für was Besseres halten, als wir es sind, oder?

TRINITY: Das war ein atemberaubendes Beispiel für Täter-Opfer-Umkehr, Mister Alabaster.

REMINGTON: Wissen Sie, dass Miss Okonkwo ihren letzten Arbeitgeber – ich sollte sagen, ihren *einzigen* vorherigen Arbeitgeber – wegen rassischer Vorurteile verklagt hat?

TRINITY: Das bestätigt nur mein Argument. Miss Okonkwo wird sicher systematisch ...

REMINGTON: Es deutet auf ein Muster hin.

TRINITY: Zwei Beispiele ergeben noch kein Muster.

REMINGTON: Wenn Sie eine so junge, unerfahrene Mitarbeiterin eingestellt haben, dass zwei Beispiele alles sind, was Sie haben, dann doch. Noch dazu hat sie damals ein Non-Profit-Unternehmen verklagt, das über geringe Mittel verfügte, sich außergerichtlich mit ihr geeinigt hat und danach dichtmachen musste.

CURTIS: Ich würde gern auf die Vorwürfe zurückkommen, die hier zur Debatte stehen: Bedrohung einer Mitarbeiterin, gewaltsamer, potenziell krimineller Angriff, Widersetzlichkeit, Einschüchterung ...

REMINGTON: Einschüchterung? Das ist abwegig. Beim Ringen würden die Wetten gegen einen Hänfling wie mich drei zu eins zugunsten dieser Frau stehen.

TRINITY: Also: Sie sind nicht nur ein Verfechter der weißen Vorherrschaft ...

REMINGTON: *(lacht)* Jetzt auch noch *weiße Vorherrschaft*? An der Übertreibung erkennt man ein schwaches Argument.

TRINITY: Und Sie sind nicht nur ein Frauenfeind, sondern

auch ein Fremdenfeind, der *POC* die Schuld für Ihre eigene Versklavung gibt.

REMINGTON: Wo wir schon dabei sind, mit trendigen Negativzuschreibungen um uns zu werfen: Ich mag das Wort zwar nicht besonders, aber lassen Sie uns doch mal über *Altersdiskriminierung* reden. Dieses ganze Verfahren ist darauf ausgelegt, einen Dinosaurier zu vertreiben, dessen Gehalt aufgrund seines Dienstalters für die Stadt belastend hoch ist, nicht wahr? Besser noch, wenn Sie mich feuern, bevor ich in den Ruhestand gehe, reduzieren Sie meine Pension auf einen Kleckerbetrag. Ich sollte Sie daran erinnern, dass die unfaire Kündigung lästiger alter Angestellter gesetzwidrig ist. Bei der nächsten Anhörung könnten Sie alle diejenigen sein, die auf dem heißen Stuhl sitzen.

TRINITY: Es genügt Ihnen also nicht, eines Hassverbrechens angeklagt zu sein? Jetzt drohen Sie auch noch dem Ausschuss?

REMINGTON: *(mit erhobener Stimme)* Ein *Hassverbrechen*? Ist das der Moment, in dem Nummer eins mir verspricht, mich in ein sibirisches Umerziehungslager zu schicken, anstatt mich hinrichten zu lassen, wenn ich nur gestehe …?

CURTIS: *(lautes Klopfen)* Wir müssen hier wirklich zu den Kernvorwürfen zurückkehren!

(Lange Pause)

REMINGTON: *(trocken)* Fürs Protokoll möchte ich festhalten, dass Mister Curtis Pepper gerade mit der Hand auf den Tisch geschlagen hat.

(Pause)

REMINGTON: Ich habe *Angst*.

(Papiergeraschel)

TRINITY: *(leise)* Curtis, ich glaube, wir haben alles gehört, was wir brauchen, oder? Mister Alabaster, Sie können gehen.

(Aufeinanderstapeln von Unterlagen, Stühlescharren, leiser werdende Schritte)
BRANDON: *(im Flüsterton)* Hey, Mann. Tut mir leid, das Ganze. Die Sache ist irgendwie außer Kontrolle geraten. Aber die hatten ihre Hühner schon alle auf der Stange, bevor ich dazukam. Denken Sie nicht, dass ich das nicht selbst wüsste: Ich bin bloß hier, um den Ausschuss gut aussehen zu lassen.
REMINGTON: *(ebenfalls im Flüsterton)* Keine Sorge, ich wusste, dass ich geliefert war, bevor ich hier überhaupt reinkam.
BRANDON: Diese Frau – ganz schön harter Brocken, was.
REMINGTON: Trinity?
BRANDON: Die auch. Aber ich meine *Lucinda*.

»Diese Ironie zum Schluss«, sagte Serenata. »Wird dir das helfen?«

»Es wird die Sache verschlimmern«, sagte Remington. »Ich habe sie in Verlegenheit gebracht, und niemand ist gern in Verlegenheit, also wird das die Feindseligkeit nur steigern.«

»Wenn sie dich am Ende wirklich feuern ...«

»Ich gehe davon aus, dass der Brief spätestens morgen Mittag durch die Frankiermaschine läuft.«

»Wenn es dunkel ist, wahrscheinlich.« Remington sah sie verständnislos an. »Arthur Koestler. *Darkness at Noon*. Du hast Schiss. Du verstehst deine eigenen Anspielungen nicht mehr.«

»Ich hätte nicht auf den Stalinismus anspielen sollen. Der Vergleich war historisch obszön. Wenn man Übertreibungen mit weiteren Übertreibungen bekämpfen will, landet man bloß bei den Idioten im Dreck.«

»Ich fand, du hast die Sache ganz gut im Griff behalten, bis zum Ende. Aber im Sinne der perfekten Vergeltung könntest du diese Aufnahme auf YouTube posten. Es gibt da eine Klientel – wenn auch nicht unbedingt die, die du haben willst –, über die sich das wie ein Lauffeuer verbreiten würde. Und nicht zum Vorteil deiner Personalabteilung. Vor allem mit dem Auf-den-Tisch-Hauen könntest du sie zum Gespött machen.«

Remington aber war altmodisch und fand diesen Plan würdelos. Dennoch, es wurde in den folgenden Wochen zu einem Ritual bei Abendessenseinladungen, dass er den Gästen ausgewählte Passagen vorspielte, und die wenigen engen Freunde, die sich um ihn scharten, fanden die Untersuchung zum Totlachen. Der Verlust von Remingtons Gehalt war hingegen nicht witzig, die drastische Verminderung seiner Pension war nicht witzig, und die Schande, die mit der Palette der ihm zur Last gelegten Vorurteile einherging, auch nicht – denn zum Beweis dafür, dass man ein Rassist war, genügte es in dem fiebrigen Klima ihrer Zeit, dass irgendjemand einen als solchen bezeichnet hatte. Manche Personen aus seinem weiteren Freundes- und Kollegenkreis distanzierten sich von ihm.

Das Paar blieb noch lange genug in Albany, um mitzuerleben, wie die erste Tranche von Lucindas Straßenlampen mit Kelvin-Höchstwert installiert wurden. Ihre Entscheidung, die Natriumdampflampen zuerst in Pine Hill durch LEDs zu ersetzen, wo ihr ehemaliger Untergebener wohnte, war womöglich kein Zufall. Die neue Beleuchtung brüllte durch ihr Erkerfenster, und selbst nachdem Serenata Verdunklungsvorhänge angebracht hatte, schien sie den Teppich treffen zu wollen wie ein Lichtschwert aus *Star Wars*. Das Licht drang durch das Fenster über der Haustür und knallte ein grelles, blau-weißes Viereck an die gegenüberliegende Wand wie einen Räumungsbescheid. Es brannte sich durch die Holzjalousien ihres Schlafzimmers und hinterließ parallele Streifen auf dem Bettüberwurf, als hätte ein Raubtier ihn mit seinen Krallen geharkt. Sobald die Lichter nach Sonnenuntergang auflodern, als beginne der Tag zum zweiten Mal, sah ihre belaubte Straße wie ein Gefängnishof aus, und wenn sie ins Haus schlichen oder sich nach draußen wagten, fühlten sie sich beobachtet. Die inquisitorische Anmutung des Viertels bei Nacht erinnerte natürlich an Remingtons Verhör, und nach ein paar Monaten boten sie das Haus zum Verkauf an. Der mutige technologische Fortschritt senkte den Schlusspreis womöglich um ein paar Tausend, weil die abendlichen Besichtigungen so deprimierend waren. In Remingtons Heimatstadt Hudson zurückzukehren war finanziell vernünftig und gegenüber seinem altersschwachen Vater rücksichtsvoll gewesen, aber es war nicht der Ort, den sie sich für ihren Ruhestand vorgestellt hatten – wenn sie sich überhaupt je vorgestellt hätten, in den Ruhestand zu gehen, was, wie bei den meisten ewig jungen Leuten, nicht der Fall war.

Und so fühlte sich Serenatas Ehemann nach seiner Entlassung gekränkt, gedemütigt und entmannt. Er hatte das Gefühl, für sein *Verbrechen* absolut unverhältnismäßig hart bestraft und für seine über dreißig Jahre hingebungsvollen Dienstes für die Stadt Albany nicht gewürdigt worden zu sein. Ihm fehlte jeder Halt. Da er gedacht hatte, er würde seine Lebenserfahrung noch zehn weitere Jahre seiner Berufung widmen, war er enttäuscht. Er schämte sich für sich selbst und schämte sich doppelt dafür, dass er sich für sich selbst schämte. Er sehnte sich nach Selbstachtung, war aber aus ebenjener Arena hinausgedrängt worden, in der er sie sich stets verdient hatte. Durch den vorzeitigen Ruhestand fühlte er sich alt. Wie Serenata seinem Vater zu erklären versucht hatte, gab es zu wenig, worauf er sich freuen konnte, ja, er war außerstande, sich vorzustellen, wie er ohne greifbare Ziele durch die Jahrzehnte kommen sollte, die vielleicht noch vor ihm lagen. Rückblickend betrachtet, war seine Indoktrination unvermeidlich gewesen. Eine perfektere Zielscheibe hätte er nicht abgeben können für den MettleMan.

7

»Dir ist schon bewusst, dass der organisierte Ausdauersport ein Industriezweig ist«, bemerkte Serenata beiläufig, während sie später in jenem Sommer Abendessen machte.

»Erfrischungsgetränke sind auch ein Industriezweig«, sagte Remington. »Wir kaufen immer noch Poland Spring Mineralwasser.«

»Deine spirituellen Ziele werden ausgenutzt.«

»Poland Spring nutzt unseren Durst aus. Warum sollte MettleMan nicht meine anderen Arten von Durst zu Geld machen? Irgendwer kann das ruhig tun.«

»Weil wir das Geld, das sie mit deiner seelischen Dehydrierung verdienen, nicht locker übrig haben.«

»Unsere Kinder sind eine schwere Enttäuschung, das enthebt uns jeder Verpflichtung, ihnen etwas zu vererben. Wir sind alt. Es gibt keine Zukunft. Das macht mich frei.«

»Es macht dich panisch. Außerdem, wir könnten noch dreißig Jahre leben.«

»Sieh dir meinen Vater an. Ich möchte das nicht.«

»Das ist leicht gesagt. Soll ich daraus schließen, dass du dieses Unterfangen als eine Form des Selbstmords betrachtest?«, fragte sie leichthin. »Das würde für mich nämlich unter schuldhaftes Verlassen fallen.«

*

Um ein konkurrierendes Unternehmen zu überbieten, setzte MettleMan die Distanzen seines epischen Triathlons gegenüber den üblichen Standards eine Stufe hoch: 4,2 statt 3,8 Kilometer Schwimmen; 186 statt 182 Kilometer Radfahren; 42,5 statt 42 Kilometer Laufen – ein Kraftakt nach dem anderen, mit nichts dazwischen als hektischem Umziehen für die nächste Etappe. (Selbst die ursprünglichen Distanzen schienen absurd spezifisch. Wieso nicht *4 Kilometer* Schwimmen oder *180 Kilometer* Radfahren?) Das Tüpfelchen auf dem I des Irrsinns, das dieses Martyrium eher zu einem Quadrathlon machte, war ein einzelner Klimmzug auf der Ziellinie – eine bescheidene Herausforderung, könnte man meinen, doch eine letzte Anstrengung, die, so wurde gemunkelt, für jede Menge Teilnehmer jener eine große Schritt zu viel war, vor allem für Frauen, die manchmal weinend unter der Stange zusammenbrachen, weil nun kein Zeremonienmeister über Lautsprecher verkünden würde: »Sie sind ... MettleMan!« und sie nicht ihren schillernd orangefarbenen Trophäenbecher überreicht bekämen.

Serenata war von Marathonläufern nie beeindruckt gewesen, auch wenn ihre feste Überzeugung, dass sie diese Distanz in ihrer Glanzzeit selbst hätte bewältigen können, davon unterminiert wurde, dass sie es in der Praxis nie versucht hatte. Jahrelang waren vier Kilometer Schwimmen für sie Routine gewesen. Ebenso hundertachtzig Kilometer Radfahren, in ihren Zwanzigern unzählige Male sogar noch mehr, wenn sie sich, um eine Freundin in Woodstock zu besuchen, auf den Sattel geschwungen hatte und den Fußgängerweg der George Washington Bridge entlanggefahren war, und sei es nur, um sich die Busfahrkarte zu sparen.

Allerdings hatte sie nach vier Kilometern Schwimmen immer zwanzig Minuten lang platt auf der Holzveranda gelegen, regungslos, mit müden Muskeln. Selbst nach einem herkömmlichen Achtzehn-Kilometer-Lauf waren ihr am Abend, wenn sie mit Remington zusammensaß, spätestens beim Hauptgang die Lider schwer geworden. Und ihre langen Radtouren hatten dazu geführt, dass sie vom Gedanken ans Abendessen besessen gewesen war. Einmal, als sie nach einem späten Start in Amherst die erforderliche Distanz geschafft hatte, nur um festzustellen, dass sie sich in einer Gewerbegebietswüste in Connecticut befand – keine Restaurants, Fast-Food-Läden oder Minimärkte –, hatte sie in einem Waldstück am Straßenrand übellaunig ihr Zelt aufgeschlagen und mit einer Wut, die einen ziemlich großen Generator hätte antreiben können, an dem trockenen halben Zwiebelbrötchen mit einem Rest Erdnussbutter vom Mittagessen genagt.

Jeder dieser Kraftakte schien also für sich genommen machbar. Alle drei hintereinander zu vollbringen, ohne Pause, kam ihr dagegen ebenso eklatant unmöglich wie geisteskrank vor. Tommy hatte Recht: Menschen, die weniger Sport machten als man selbst, waren bedauernswert; Menschen, die mehr machten, hatten einen Vogel. Da sie bezweifelte, dass sie einem MettleMan selbst in ihrer stärksten Zeit gewachsen gewesen wäre, konnte sie ihrer Geringschätzung nicht trauen. Angesichts der abgedrehten Zielstrebigkeit ihres Mannes war sie entsetzt, eingeschüchtert und komplett deklassiert. Ergo musste sie ihren Mund halten.

Bambi zufolge – und Remingtons ganzer Katechismus lautete jetzt *Bambi zufolge* – trainierte man für einen »vollen Mettle« mindestens neun Monate lang. Der Klient, nach dem die Trainerin im April in Saratoga Springs erfolgreich ihre Netze ausgeworfen hatte, wäre für den alljährlichen Nordost-MettleMan in Lake Placid zwei Monate später nie rechtzeitig fit gewesen. Also hatte Remington den Juni des darauffolgenden Jahres angepeilt.

Da würde Serenata sehr lange den Mund halten müssen.

Kein großes Problem, denn in dem Lärm, der über ihren Haushalt hereinbrach, wenn Remington mit dem Rest seines TriClubs vom Training zurückkehrte – ja, genau, es gab so etwas wie einen *TriClub* und selbst im kleinen Hudson, New York, genügend Fitnessfanatiker, die dort Mitglied wurden –, kam sie ohnehin kaum zu Wort.

Remington war der geselligere von ihnen beiden, lange Jahre an das Miteinander am Arbeitsplatz gewöhnt, mangels dessen er sich nun isoliert fühlte. Seine Mitgliedschaft im Hudson Tri-Club gab ihm das Gefühl einer gemeinsamen Mission zurück. Fünfundzwanzig Jahre älter als der Nächstjüngere, machte er den anderen Athleten Hoffnung für ihre Zukunft und drohte zugleich nie, sie mit dem Fahrrad zu überholen. Er zahlte seine Beiträge mit ungezwungener Selbstironie, übernahm gern die Rolle des alten Vorzeigeknackers und wurde binnen kurzer Zeit zu einer Art Maskottchen. Wie der Rest des Clubs wurde er Mitglied bei BruteBody, wohin er oft für Stunden entschwand, mutmaßlich, um einen kraftaufbauenden Geräteparcours abzuklabastern, aber auch, um mit seinen neu gefundenen Seelenverwandten zu quatschen und Energydrinks zu schlürfen.

Streng genommen hasste Serenata sie nicht, oder jedenfalls nicht alle. Aber sie hasste sie als Aggregat und Invasionsarmee. Sie waren dazu übergegangen, sie *Sera* zu nennen, was, Schreibweise hin oder her, wie *Sarah* klang, und so hieß sie nicht. Selbst die fröhliche, erstaunlich übergewichtige Cherry DeVries, die tatsächlich Hausfrau *war*, behandelte sie wie *die Ehefrau*. Wann immer die Crew hereinbrach, theatralisch erschöpft, wurde von Serenata erwartet, dass sie Jacken aufhängte, Drinks servierte und ein improvisiertes Abendessen auf den Tisch zauberte. Sicher, sie hätte sich nach oben zurückziehen können. Aber Remington verbrachte mehr und mehr Zeit seines Lebens ohne sie. Dass sie spionieren konnte, war die Erniedrigung, stumm wie eine beliebige Kellnerin Gin Tonics zu verteilen, allemal wert.

Denn wer führte diese zusammengewürfelte Truppe zweitrangiger Superhelden an? Wer setzte Distanz und Sportart für den Tag fest und plante die Route? Wer war ihre Inspiration, ihre Retterin und Zuchtmeisterin, so gefürchtet wie verehrt, gar vergöttert?

»Bist du sicher, dass sie weiß, was sie tut?«, fragte Serenata ihren Mann schließlich, als er sich mit jener entzündeten Sehne weitergeknüppelt hatte und sie – Überraschung – nicht abgeheilt war.

»Offensichtlich. Schau sie dir an.«

»Ja, ich habe gesehen, dass du das ziemlich viel tust. Nur um ihre Qualifikationen zu prüfen?«

»Du und ich, wir sind uns körperlich treu, aber wir dürfen doch schon ab und an bei anderen in die Auslage schauen. Und heutzutage ist es eine Erleichterung, mal eine Frau zu finden, die sich gerne anschauen lässt …«

»Und wie«, murmelte Serenata.

»Der *männliche Blick* ist ja angeblich eine Beleidigung. Aber Bambi wäre nur beleidigt, wenn Männer wegschauen würden. Ihr Körper ist ihre Visitenkarte. Und zudem ist er ihre Schöpfung, ihr Kunstwerk.«

»*Kunst* sehe ich da nicht. Ich sehe manische Ichbezogenheit. Ich sehe endlose Stunden im Fitnessstudio, Tag für Tag, und kaum irgendwas anderes.«

»Das ist ihr Job.«

»Es ist ein dämlicher Job.«

»Nichts hindert dich daran, Mitglied bei BruteBody zu werden und selbst Unterarmbeuger auszubilden, wenn dich ihre so neidisch machen.«

»Ich habe einen richtigen Beruf. Ich habe einige Mühe darauf verwendet, nicht völlig abzuschlaffen, aber es ist eine Nebenbeschäftigung. Ich versuche, mir ein Gefühl für das richtige Verhältnis zu bewahren.«

Zumindest behauptete sie das. Doch Serenata war inzwischen davon überzeugt, dass diese alles andere ausschließende Kultivierung des Körpers irgendwie aus ihrer eigenen Erbsünde erwachsen war. Behauptete sie nicht andauernd, wie ironisch auch immer, dass der Rest der Welt sie *nachahme*? Und so hatte sie mit ihrem Achtzehn-Kilometer-Gerenne am Fluss entlang die Samen des Fitnessfundamentalismus ins Haus getragen. Sie konnte ihren Mann nicht davon abhalten, ohne wie eine Heuchlerin zu klingen. Sie hatte ein Monster erschaffen.

»Meine Trainerin glaubt an mich.«

»Du kaufst dir ihren Glauben an dich. Hör auf, die tausendzweihundert Dollar Monatspauschale zu bezahlen, und du wirst sehen, wie lange ihr Glaube an deine Fähigkeiten anhält.«

Obwohl Serenata ziemlich gut darin war zu erspüren, wie andere Leute tickten, blieben Bambi Buffers Motive für sie schwer zu durchschauen. Offensichtlich ging es der Frau ums Geld. Wenige Amateure in dieser leicht deprimierten Kleinstadt könnten sich eine derart hohe Pauschale leisten. Tja, ihr Haushalt konnte sie sich auch nicht leisten. Aber selbst eine gut bezahlte Trainerin war nicht verpflichtet, fünfmal die Woche bei einem Kunden vorbeizuschauen, ihre Füße auf einen Stuhl zu legen und mit der Handfläche über die harten kleinen Hügel ihres Quadrizeps zu streichen oder seine gelegentlichen Scherze mit einem kehligen, übertriebenen Lachen zu belohnen. Ihre Vernarrtheit hatte etwas Besitzergreifendes, wenn nicht gar Mütterliches. Remington war *ihr Geschöpf* geworden.

Auch schrecklich: Seit der spontanen Unterrichtsstunde am Marathontag gab Serenata Tommy March im Y Schwimmunterricht. Wie die meisten Erwachsenen, die diese wesentliche Überlebensfertigkeit nicht als Kinder erlernt hatten, war Tommy ausgeflippt, sobald sie den Boden des Beckens nicht mehr berühren konnte. Dem Mädchen langsam über jene Urangst hinwegzuhelfen war psychologisch interessant gewesen, denn sobald diese der Panik nachgab, beschwor dies genau das herauf, wovor sie Angst hatte, und das Erlebnis, beinahe zu ertrinken, verstärkte ihre Angst. Als Schlüssel erwiesen sich die beruhigenden tieferen Lagen von Serenatas Stimme, die bei manchen einen hypnoseähnlichen Zustand herbeizuführen vermochten. Und so war das spargelige Mädchen im Juli zu einem aquatischen Naturtalent erblüht. Die Belohnung ihrer Lehrerin? Im August wurde Tommy Mitglied im TriClub.

*

Dank Remingtons langen Abwesenheiten hatte Serenata viele einsame Stunden zur Verfügung, um ihre Synchronarbeit aufzuholen. Aber es war eine Sache, allein gelassen zu werden, und eine andere, sich alleingelassen zu fühlen. Anstatt sich in einem Skript zu verlieren, sah sie allzu oft auf die Uhr ihres Computers. Unruhig geworden, hielt sie die Aufnahme an, um nach unten zu gehen, wo sie plötzlich nicht mehr wusste, was sie dort gewollt hatte.

Wenn es Zeit wurde, Sport zu machen, war das rituelle Grauen davor heftiger geworden. Es war schlimm genug, dass Joggen für sie keine Option mehr war. Schlimm genug, dass das Radfahren ihr von Schwärmen eifriger Radler-*Kollegen* verdorben wurde. Schlimm genug auch, dass das Wasser im Y zu allen Zeiten von Mitgliedern des TriClubs aufgewühlt war, deren Selbstgefälligkeit ihr das Bahnenschwimmen so sehr verleidete, wie ein Lufthauch aus einer Restauranttoilette einem das Essen verleiden konnte. Aber von jetzt an wären ihre heimischen Übungen, durch die sie all jene *Bewegung des Körpers durch den Raum* ersetzt hatte, nicht nur anstrengend; sie fühlten sich auch armselig an. Verglichen mit denen des TriClubs waren ihre Work-outs ein Witz. Derart in den Schatten gestellt zu werden war so unangenehm, dass sie manchmal überlegte, das Training ganz aufzugeben. Aber sich von diesen Irren dominieren zu lassen kam nicht infrage.

Und so nahm Serenata an einem strahlenden späten Samstagnachmittag Anfang September pflichtschuldig ihr hochintensives Intervalltraining in Angriff und versuchte, nicht daran zu denken, dass Remingtons TriClub zur selben Zeit fieberhaft einhundertzehn Kilometer durchs Gelände radelte. Sie bemühte sich, auf der Doppellage flauschiger Badematten zu bleiben, um die Stöße abzudämpfen, ihre Knie bis zur Hüfte zu heben, ein flottes Tempo aufrechtzuerhalten, dessen Rhythmus nicht zu dem in Endlosschleife laufenden Intro von *The Big Bang Theory* passte, ihren Ärger zu unterdrücken, wenn die Badematten permanent auseinanderrutschten, und die entstehende Entzündung in ihrem rechten Knie zu ignorieren. Mit fünfzehn Sets von je tausend Schritten und dazwischen je einhundert Abkühlschritten dauerte ihr Auf-der-Stelle-Laufen mit hohen Knien eine Stunde und achtundfünfzig Minuten – und fühlte sich trotzdem läppisch an.

Sie hatte noch vier Sets vor sich, da hörte sie Stimmen an der Terrassentür. Als die Bagage unten lauter wurde, steigerte sie das Tempo, um möglichst schnell bei den anderen sein zu können. Merkwürdig, wie man sich selbst von einem Haufen Leute, mit denen man nichts zu tun haben wollte, ausgeschlossen fühlen konnte.

Als Serenata schließlich die geräumige rustikale Küche betrat, traf sie dort den ganz in Lycra gekleideten TriClub an – was

Cherry DeVries nicht eben schmeichelte. Sie war zwar nicht fett, aber lockerer sitzende Sportkleidung wäre gnädiger gewesen, und sie hatte ihre Ehrgeizlingsshorts eine Nummer zu klein gekauft. Tommys Secondhandklamotten dagegen waren übergroß und ausgeleiert, und sie zog andauernd ihren Taillenbund hoch oder den gerafften Stoff an ihren Oberschenkeln runter. Dass Radlerhosen, universell unkleidsam, jemals hatten in Mode kommen können, schien Serenata schleierhaft.

Um genau zu sein: Der Stil war *beinahe* universell unkleidsam. Bei Bambi Buffer schmiegten sich die Shorts eng an ihre spitzen Hüftknochen, über die man einen Zollstock hätte legen können, ohne dass dieser dazwischen ihren Bauch berührt hätte. Sie offenbarten einen festen, hohen Hintern. Jede Pobacke warf Schatten, wenn sie einen Schritt machte und die Gesäßmuskeln sich anspannten. Ein ärmelloses Top mit V-Ausschnitt, eine passgenaue taubenblaue Weste mit Reißverschluss, die überwiegend aus Muskeln bestehende Brüste in so etwas Ähnliches wie ein Dekolleté zusammenpresste. Ihre fantastische Sommerbräune ließ ihre Haut wie blank poliert wirken. Die Sonne hatte ihr dunkelblondes Haar, jungenhaft kurz und erst vor wenigen Tagen nachgeschnitten, aufgehellt.

»Ich kann dir gar nicht sagen, was für eine Erleichterung es ist, nicht mehr die einzige Frau in diesem Club zu sein«, vertraute Cherry Tommy an. »Seit der Tour brennt mein Du-weißt-schon-was wie Feuer. Pilzinfektion. Die Jungs würden das nicht verstehen.«

»Hey, was soll'n das heißen, *die einzige Frau*?«, sagte Bambi, die gerade eine zweite Flasche Rotwein aus dem Regal zog. Eine erste stand leer auf der Arbeitsplatte.

»Du zählst nicht, Bam-Bam. Was immer du bist, eine ganz normale *Frau* jedenfalls nicht.« Schlaksig, um die vierzig und der einzige MettleMan-Veteran des Clubs außer ihrer Hochverehrten Befehlshaberin, hatte Sloan Wallace zwei identische Doppel-M-Tattoos auf seinem rechten Bizeps: vier orangefarbene Gipfel nebeneinander, wie die Kinderzeichnung eines Gebirges. Wer die Beschilderung nicht erkannte, war kein Eingeweihter, sondern ein Schwächling.

»Denk mal drüber nach, dir einen breiteren Sattel zu kaufen, Cherry«, sagte Bambi, während sie die Flasche entkorkte.

»Oder ich schau mir mal Höhe und Neigungswinkel an.« Chet Mason war der Technokrat des Clubs. »Deine Arschknochen sollten ganz hinten auf dem Sattel sein. Vielleicht sitzt du zu weit vorne auf der Zunge …«

»O yeah, Baby!«, rief Hank Timmerman, das Ekelpaket. »Klingt nach 'ner ziemlichen Glücksfahrt!«

Remington küsste seine Frau zerstreut auf die Wange. »Sag mal, haben wir irgendwelche Snacks? Wir sterben hier alle vor Hunger.«

Da die Versammlungen inzwischen zur Regel geworden waren, hatte Serenata voller Missgunst knisternde Tüten verfestigten Palmöls eingelagert. Das knusprige Mistzeug würde jedoch erst der Anfang sein.

Bambi wies mit dem Kopf auf Serenatas schäbige Baumwollshorts. »Dein eigenes kleines Home-Work-out gemacht?« Sie neigte dazu, sich vor der Ehefrau aufzubauen, wenn sie mit ihr sprach, oder ihr träge Seitenblicke zuzuwerfen wie einen Softball.

»Ja genau, eins von diesen Jane-Fonda-Videos«, sagte Serenata. »Ich weiß, dass sie auf die achtzig zugeht, aber ich kann's immer noch nicht mit ihr aufnehmen. Und ich find's auch irgendwie eklig, ins Schwitzen zu kommen.«

»Schweiß ist das Chanel des Tri, Süße«, flötete Bambi und nahm einen unachtsam großen Schluck Wein aus einem Saftglas. Sie hatte es geschafft, die letzte Flasche teuren Napa Syrah in ihrem Haus ausfindig zu machen.

»Bam-Bam kriegt eine Extraportion Kettle-Chips«, sagte Sloan, »nachdem sie dauernd zurückgefahren ist, um nach Rem zu schauen. Wir andern haben alle hundertzehn Kilometer auf der Uhr; bei Bam sind es inklusive Babysitten sicher zweihundertzwanzig.«

»Dir ist schon klar, dass ich extra auf die Bremse trete«, sagte Remington leutselig, »damit Bambi auch ein anständiges Workout hat.«

»Du solltest die Bestie nicht füttern«, sagte Sloan. »Bams masochistische Ader ist auch eine Art von Gier.«

»Vielleicht müsstest du deine alte Schese mal auswechseln«, sagte Chet. »Titan-Triathlon-Räder sind dermaßen reibungsarm, dass man vor allem aufpassen muss, nicht einzuschlafen.«

Im Gegensatz zu Serenatas verbeultem Schlachtross, Baujahr 1991 oder so ähnlich, war Remingtons Dreizehnhundert-Dollar-*Schese* erst fünf Monate alt.

»Rem sagt, du bist auch mal ein bisschen Rad gefahren?«, fragte Bambi, als ihre Gastgeberin noch ein Bier für Sloan aus dem Kühlschrank holte.

»Hier und da.« Die vulgäre Ablieferung eines Sportlebenslaufs verbot sich von selbst.

»In deinem Alter, Sera, könntest du ein E-Bike in Betracht ziehen«, sagte Bambi. »Ich habe älteren Klientinnen schon ganz oft Plug-in-Modelle empfohlen. Hält sie auf Trab, selbst wenn sie, du weißt schon ... miese Gelenke haben.«

»Ja, das hab ich mir auch schon überlegt«, sagte Serenata fröhlich. »Aber da scheint es mir kosteneffizienter, gleich einen E-Scooter zu kaufen.«

Sie zog sich zu den Frauen an den Herd zurück.

»Du brauchst nicht jedes Mal für alle hier zu kochen«, sagte Cherry. »Wir könnten doch auch was bestellen.«

»Ach, Pasta ist kein Aufwand«, sagte Serenata und holte ihren größten Topf heraus. Da sie die Bestelloption schon ausprobiert hatten, wusste sie, wie das lief: klarzukriegen, was jeder haben wollte, war anstrengend, und sie und Remington würden auf der Rechnung sitzenbleiben.

»Was soll ich schneiden?«, fragte Tommy und sprang auf.

»Bist du nicht erledigt?«

»Ein bisschen«, gab sie zu und senkte dann die Stimme. »Dieser blöde Sloan, immer so angeberisch ganz vorne, und ich … also, vierzig *Stundenkilometer*, durchgehend? Und bergauf dreißig? Das halte ich nicht durch. Da falle ich zurück und fühle mich wie ein Mädchen.«

»Verrat's niemandem, aber du *bist* ein Mädchen«, flüsterte Serenata. »Wenn du in einem gemischten Verein trainieren willst, sei ein bisschen nachsichtig mit dir.«

»Und du, bist *du* nicht erledigt?«, fragte Tommy, als Serenata den Topf mit Wasser füllte. »Ich hab dich oben gehört, als wir gekommen sind. HIT ist der Killer.«

»Ja, aber anders als andere Leute finde ich, das geht nur mich was an. Hier, Petersilie.«

Während die drei Frauen machten, was Frauen am Ende fast immer machen, verlegten die Männer sich auf eine andere Standardbeschäftigung: sich über ihren abwesenden Mitstreiter Ethan Crick lustig zu machen, der seine Teilnahme am nachmittäglichen Radtraining in letzter Minute abgesagt hatte.

»Und was war diesmal Cricks Ausrede?«, fragte Hank.

»Hat sich den Fuß angestoßen«, vermutete Sloan. »Der ist dann so schrecklich angeschwollen, dass er nicht mehr in den Fahrradschuh passte.«

»Er rasiert sich neuerdings die Beine, um den Windwiderstand zu verringern«, sagte Remington, »und hat jetzt eingewachsene Haare.«

»Er hat ein paar Liegestütsse ohne Klimaanlage gemacht«, lispelte Hank, »und hatte einen Hitsseschlag.«

»Ach was, es war wesentlich kreativer. Ihr kennt doch Ethan«, sagte Bambi. »Irgendwas mit einem bestimmten Rückenmuskel, der sich verknotet hat, sodass ihm jedes Mal, wenn er den Kopf dreht, ein lähmender Schmerz in den Nacken schießt. Der Mann hat nie einfach bloß Kopfschmerzen.«

»Aber ich weiß, was er meint«, sagte Serenata, während sie die Strünke der Kirschtomaten entfernte. »Wenn man sich stundenlang über den Lenker beugt, verkrampft sich ein Schultermuskel und drückt auf einen Nerv. Der Schmerz geht direkt rauf in den Nacken und fühlt sich an wie ein Bienenstich.«

»Komisch«, sagte Bambi widerstrebend. »Das hat Ethan auch gesagt: *wie ein Bienenstich.*«

Serenata hätte sich raushalten sollen, aber dieses gemeinschaftliche Herumhacken auf Ethan Crick war eine unschöne Clubsucht geworden, weil die anderen sich im Vergleich mit ihm härter im Nehmen vorkamen. Sie war zwar erleichtert, dass nicht Remington zu ihrem Punchingball geworden war. Dennoch, dieser sanftmütige Augenarzt war das einzige Mitglied des TriClubs, das sich gegen Bambis Unnachgiebigkeit in puncto Verletzungen wehrte. Er hatte keine Lust, sich seinen Körper bei dessen Perfektionierung kaputt zu machen. Allerdings machte Ethans Hang zur Mäßigung ihn womöglich nicht sehr geeignet für den MettleMan, auf dessen Website verkündet wurde, Mäßigung sei etwas für Trottel.

»Wochenende für Wochenende«, sagte Sloan, »bekommt Crick gerade so viel Training, wie er's braucht. Er ist ein *DNF* in Ausbildung.«

»Was ist ein *DNF*?«, fragte Serenata.

Mit melodramatischem Entsetzen skandierten sie im Chor: »*Did Not Finish.*«

»Mehr als ein MettleMan-*DNF* hat sich hinterher das Leben genommen, hab ich gehört«, sagte Sloan. »Stichwort doppelter Loser.«

Bambi klopfte Remington auf die Schulter. »Jetzt passt mal auf! Keiner meiner Klienten war je ein *DNF*. Ihr haltet durch, oder ich lass euch gar nicht erst starten. Sloan hat Recht. Ich hab schon ein paar Leute psychisch kaputtgehen sehen – *für immer* –, nachdem sie nach Mitternacht zur Klimmstange gewankt sind.«

»Um Mitternacht wird das Rennen offiziell abgebrochen?«, fragte Serenata.

»Wie bei Aschenputtel«, sagte Bambi. »*Bong-bong-bong*, vom Millionär zum Tellerwäscher.«

»Ich finde, *DNFs* sollten gebrandmarkt werden«, sagte Chet. »Gleich an Ort und Stelle, mit dem heißen Eisen in die Arschbacke: *DNF*. Was auch für *Dumb No-good Fuck-up* steht.«

Mitte zwanzig und ein ewiger Draufgänger, mit Welpenblick und weichem braunem Haar, war Chet hier in der Stadt geboren und hatte an einem öffentlichen College eines der breit angelegten, nichtssagenden Fächer wie Medienwissenschaften studiert, nach denen man im Wesentlichen da stand, wo man vor Studienbeginn gestanden hatte. Jetzt war er Barista in einem Hudsoner Internetcafé und wohnte wieder bei seinen Eltern. Fitnessjunkie, der er war, hatte er sich eine kompakte, komprimiert wirkende Figur antrainiert, die nicht unbedingt attraktiv war. Seit einiger Zeit klammerte er sich an die Idee, Triathlonprofi zu werden. Das Potenzial dafür schien er auf jeden Fall mitzubringen. Trotzdem, in einer Zeit, da Zehn-, wenn nicht Hunderttausende an diesen Wettkämpfen teilnehmen wollten, würde wohl keine große Sportfirma Ausrüstung, Unkosten und ein Stipendium für einen männlichen Triathleten berappen, der keine eins achtundsiebzig groß war.

Sloan Wallace war einer, der ins Bild passte. Langbeinig, mager und verträumt, maß er mindestens eins neunzig. Aber Serenata konnte sich nicht vorstellen, dass Sloan gegen eine einschüchternde Elite antreten würde, um von Nike gesponsert zu werden. Er war eher ein Flachwasserkonkurrent, der den Kampf an der Wall Street aufgegeben hatte und nach Hudson gezogen war, um ein zweites Leben als Restaurator von Oldtimern zu beginnen. Er schien gut darin zu sein und schlug sich durch, indem er die pubertären Ambitionen kapitalkräftiger Pensionäre ausnutzte. In einem Kuhdorf wie diesem war ihm die Ehrfurcht jüngerer Provinzler sicher, die glaubten, den Kühlergrill eines 1957er Pontiac Bonneville neu zu verchromen sei der coolste Job aller Zeiten. Sloan genoss hier in der Gegend ein gewisses Ansehen, und sein aalglattes, zuckersüßes Gehabe machte ihn zu einem Frauenschwarm. Natürlich war er geschieden – er gehörte zu der Sorte von Männern, die immer nach Besserem Ausschau hielten –, und in der Welt des Ausdauersports war seine dreiste Großtuerei ein Vorteil.

»Fahren deine Kinder voll drauf ab, dass du beim Tri mitmachst?«, fragte Tommy Cherry beim Brokkolischneiden. »Oder sind sie eher so: *Wo ist mein Abendessen?*«

»Ach, die Kinder unterstützen mich total«, sagte Cherry. »Wenn ich vom Training nach Hause komme, bringen sie mir Kissen und Kräutertee.«

»Und dein Mann?«

Cherry hielt mit dem Gemüsemesser über einem Röschen inne. »Tja, bei Sarge ist das ein bisschen anders.«

»Was hat er denn dagegen?«

»Er findet es lächerlich, um ehrlich zu sein. Nicht Triathlons an sich, sondern dass ich einen mache. Er meint, ich will nur abnehmen. Er meint, ich hätte nicht die mindeste Chance, bis zum Ende durchzuhalten, und würde mit offenen Augen ins Verderben rennen. Danach würde ich frustessen und nur noch dicker werden.«

»Versuchst du denn abzunehmen?«

»Na ja, klar. Aber das ist nicht der einzige Grund, warum ich mitmache. Wir haben ziemlich jung geheiratet – auch wenn wir nicht fanden, dass wir jung waren, du weißt ja, wie das ist, oder wirst es in ein paar Jahren wissen. Ich hab damals bis nach der Highschool in einem Lebensmittelgeschäft gearbeitet, aber einen richtigen Job hatte ich nie, weil ich gleich schwanger geworden bin – was völlig in Ordnung ist, ich liebe Deedee abgöttisch. Aber ich brauche was, worauf ich stolz sein kann, verstehst du? Ich bin schon auch stolz auf meine drei Kinder, aber sie sind nicht meine Leistung. Sie sind Menschen und haben ihre eigenen Leistungen. Sarge hat seinen Antiquitätenladen, und obwohl es da harte Zeiten gab, kann er immer noch sagen, dass er den Laden zu einem Erfolg gemacht hat. Ich möchte auch sagen können, dass ich was geschafft habe.«

»Hoffst du, es Sarge ... irgendwie zu zeigen?«, fragte Tommy. »Dass er dich unterschätzt hat?«

»Und ob! Allerdings, wenn ich wirklich mal eine Triathletin werde ... Also, ich fürchte, das wird ihn nur wütend machen.«

»Ist er schon wütend?«

»Ja, ziemlich. Er denkt, ich würde ihn *überkerlen* – falls das ein Wort ist.«

»Wenn nicht, dann sollte es eins sein«, sagte Remington, während er nach einer weiteren Flasche Rotwein suchte. »Die Frauen *stehen ihren Mann*, und die Jungs wollen alle Kleider tragen.«

»Die können sie haben!«, sagte Cherry. »Ich hätte lieber atmungsaktives Elasthan.«

Serenata hatte einmal die Vermutung geäußert, Cherry DeVries würde Remington beim Training doch sicher hinten Gesellschaft leisten. Nein, hatte er gesagt – Cherry habe eine stabile Position im Mittelfeld. Die Annahme, dass eine schwere Frau langsamer sei, zeugte von einem gewissen Vorurteil, aber Masse musste ihre Nachteile haben – jeden Armzug im Wasser anstrengender machen, die Schwerkraft auf dem Fahrrad vergrößern, das Laufen erschweren, weil mehr Gewicht zu bewegen war. Wenn sie mit Tommy mithalten konnte, war Cherry die eindrucksvollere Athletin.

Serenata machte sich mit Verve daran, Brokkoli zu blanchieren und Anchovis in heißem Olivenöl aufzulösen, wobei sie sich die ganze Zeit sagte, dass niemand sie zwang, diese Mahlzeit zuzubereiten, und nichts unerträglicher war als Leute, die sich freiwillig entschieden, etwas zu tun, nur um sich dann über die Zumutung zu ärgern. Aber nach dem HIT-Training jaulte ihr rechtes Knie. Die schlimmstmögliche Aktivität für diese Gelenke war nicht Gehen oder Laufen, sondern Stehen – alias *Kochen*. Sie war jetzt seit drei Stunden auf den Beinen, hatte Snacks bereitgestellt, Drinks aufgefüllt, ein Abendessen für acht Personen vorbereitet. Während sie Oliven in Scheiben schnitt, verlagerte sie ihr ganzes Gewicht auf das linke Bein. Ungenutzt wurde das rechte Knie steif, und als sie durch den Raum ging, um das Spaghettiwasser zu salzen, musste sie das blöde Bein ungebeugt hinter sich herschleifen. Bambi streckte sich indessen am Esstisch aus und kreuzte ansehnlich die schlanken Fußgelenke – sie hatte die Geistesgegenwart besessen, schmeichelnde Ballerinas mitzubringen –, woraufhin Serenata bemerkte, dass ihre eigenen Knie wieder angeschwollen waren. Die Schwellung hatte sich auf den unteren Teil ihrer Oberschenkel ausgedehnt, was eine unattraktiv schlauchförmige Wirkung erzeugte. Seit ihrer Kindheit waren die Beine immer das Schönste an ihr gewesen. Am Ende hinkte sie zu einer Schublade und holte sich eine längere Schürze, nicht um ihre schäbigen Sportklamotten vor Anchovisfett zu schützen, sondern um *das Schönste an ihr* vor den kritischen Blicken des Tri-Clubs zu verbergen, darunter auch der abschätzige Blick ihres Mannes.

»Du humpelst«, flüsterte Tommy.

»Warum glaubt du, mir das mitteilen zu müssen«, blaffte Serenata sie an, »wo ich doch selbst diejenige bin, die humpelt?«

Tommy sah aus, als würde sie gleich anfangen zu weinen. Sie war gerade mal zwanzig Jahre alt. Umgeben von möglichen Gegnern, ließ man seine Frustrationen nicht an seiner einzigen Verbündeten aus.

Serenata legte schnell eine Hand auf Tommys Arm. »Entschuldige. Danke, dass es dir aufgefallen ist. Du bist die Einzige hier.«

»Hast du schon einen Termin für die OP gemacht?«, fragte Tommy ernst.

»Nein.« Serenata wandte sich wieder den Oliven zu. Sie hätte auf keinen Fall die Sorte mit Kernen kaufen sollen.

»Warum nicht?«

»Ich komm schon klar.«

»Du kommst nicht klar. Es wird nur immer schlimmer. Du trainierst jeden Tag, und danach kannst du kaum laufen.«

»Ich möchte keine künstlichen Knie bekommen. Im Internet schreiben die Leute, man soll besser gleich beide machen lassen, denn wenn man erst merkt, wie schrecklich das ist, lässt man das andere Knie bestimmt nicht mehr machen.«

»Es ist ja nicht so, dass du warten kannst, bis du in der Stimmung bist. Du wirst nie in der Stimmung sein. Irgendwann kannst du überhaupt nicht mehr trainieren, und dann wird es dir leidtun.«

»Es tut mir jetzt schon leid. Ich habe Bilder von den Narben gesehen. Sie sind hässlich.«

»Narben? Und wenn schon. Du wirst alt. Du benimmst dich wie eine kleine Prinzessin.«

»Von einem Grünschnabel lasse ich mich nicht belehren.«

»Der *Grünschnabel* traktiert dich, weil es sonst niemand tut, soweit ich sehe. Warum merkt Remington nicht, dass du humpelst? Warum drückt Remington dir nicht das Telefon in die Hand, damit du einen Termin vereinbarst?«

»Weil Remington sich für nichts mehr interessiert, was mit *mir* zu tun hat.« Die Wörter kamen ihr über die Lippen, bevor Serenata sie zurückhalten konnte. Sie hatte sich in letzter Sekunde bremsen können, etwas noch Krasseres zu sagen: *Weil Remington sich nicht mehr für mich interessiert.*

»Aber er ist doch dein Mann.« Tommy klang verwirrt.

Serenata lächelte schmal. »Wir halten uns heute Abend wohl an das Offensichtliche. Ich meinte bloß, er denkt im Moment nicht über meine Probleme nach. Falls du irgendwann mal in einer Langzeitehe lebst, wirst du merken: Eheleute weichen manchmal vom Kurs ab. Das heißt nicht, dass sie untreu werden oder so. Ihre Aufmerksamkeit wandert hierhin und dorthin. Und dann kommt sie zurück.«

Tommy sah skeptisch aus. Serenata fand diese Darstellung des Geschehens selbst nicht überzeugend. Verstört kippte sie drei Pfund Rotelli in den Topf, obwohl das Wasser noch nicht kochte – so ähnlich wie das Unbehagen in ihrer Ehe.

Als sie sich zum Essen hinsetzten, stellte Serenata ihr Weinglas entschlossen neben Remingtons angestammten Platz an der Stirnseite des langen Bohlentisches. Auch wenn das Ihr-wisst-schon-wen nicht daran hinderte, auf seiner anderen Seite Platz zu nehmen, konnte Serenata so zumindest nicht ans andere Tischende verbannt werden, zu Hank, der schon ein paar Gin Tonics intus hatte und immer betrunkener wurde.

»Beobachte mal die Pendler, die durch die Stadt zuckeln«, sagte Bambi, nachdem die Pasta vernichtet war, und berührte Remingtons schlankes Handgelenk. »Die allermeisten machen *tschum-tschum-tschum* – treten bei der Abwärtsbewegung schwer in die Pedale und lassen bei der Aufwärtsbewegung locker. Dabei braucht es eine fließende, stetige Kraftanwendung. Denk dran, die Pedale mit den Klickies hochzuziehen. Variierende Kraftschübe bringen dir nichts.«

Da der Mechanismus so enorm schwierig zu bedienen schien, grenzte es an ein Wunder, dass das durchschnittliche Schulkind es schaffte, mit sechs Jahren Fahrrad fahren zu lernen.

Während Chet sich für Schwimmanzugmarken begeisterte, Cherry ihre peinliche Inkontinenz auf Langstrecken gestand, und Bambi Hank dafür schalt, dass er immer voranpreschte und dann zu schnell ausgepowert war, blieb Serenata die ganze Zeit stumm. Aber Passivität war genauso entnervend wie das Gespräch, also schaltete sie sich schließlich doch noch ein.

»Ich frage mich«, sagte sie vorsichtig, »ob viele ältere Leute in der Lage sind, Ausdauersport zu treiben, weil sie als junge Leute nicht besonders aktiv waren.«

Bambi sah sie scharf an. »Wie kommst du darauf? Auf dem Hintern zu sitzen soll die beste Voraussetzung dafür sein, von ihm hochzukommen?«

»Ich habe mit ein paar älteren Marathonläufern in Saratoga Springs gesprochen«, sagte Serenata. »Alle, ausnahmslos, haben den Sport mit über fünfzig oder sechzig für sich entdeckt, wie Remington.«

»Das ist nicht überraschend«, sagte Bambi. »Hat was mit einer neuen Ära zu tun. Es ist eine Welle, die über das Land schwappt, und ziemlich bald werden wir hier ein ganzes Supergeschlecht erleben ...«

»Gesellschaftliche Trends sind das eine. Aber vielleicht kann man von seinem alternden Körper nur so viel verlangen, wenn man ihn nicht schon ausgelaugt hat.«

»Trainieren laugt dich nicht aus, Süße. Es baut dich auf.«

»Nur bis zu einem bestimmten Punkt«, sagte Serenata. »Der Körper ist ein Mechanismus, mit beweglichen Teilen, die sich abnutzen. Manche davon verschleißen, wie Teile eines Autos, wenn man zu weit damit fährt.«

»Der Körper ist ein Organismus, keine Maschine«, sagte Bambi. »Er blüht auf, wenn man ihn fordert. Je mehr man von ihm verlangt, desto mehr bekommt man zurück. Vielleicht hast du nie genug verlangt.«

»Oh, Serenata hat eine Menge verlangt«, sagte Remington. Dass er sie in Schutz nahm, rührte sie, aber Bambi ging nicht darauf ein.

»Es gibt Grenzen«, sagte Serenata.

»Das dürfte das kriecherischste Motto sein, das ich je gehört habe. Wie wär's mit *Scheiß auf Grenzen*. Grenzen sind nur in deinem Kopf. Siehst du, genau davor hatte ich dich gewarnt, Remington.«

»Negatives Denken«, sagte Remington.

»All dieses *Oh, er wird verschleißen wie ein Auto*. Angstgetrieben. Aber so eine Einstellung bekommt man wohl, wenn man sein Geld mit Reden verdient.«

»Genau so bin ich«, sagte Serenata. »*Bla, bla, bla.*«

»Meine Frau ist eine anerkannte und versierte Synchronsprecherin.« Remington bohrte einen Zeigefinger in den Arm seiner Trainerin. »Pass auf, hab ich dir gesagt.«

»Was die Grenzen angeht, hat Bambi allerdings Recht«, schaltete Cherry sich ein. »Zuerst dachte ich, ich könnte nicht mal bis zur nächsten Straßenecke laufen. Und jetzt bin ich total baff zu sehen, was ich eben doch alles kann! Man muss sich immer wieder sagen: *Sei kein kleines Baby.*«

»Aber manchmal merkt dieses *kleine Baby* vielleicht«, sagte Serenata, »dass du dir schadest, dass du es übertreibst.«

Tommy grinste. »Bambi glaubt, so was wie *übertreiben* gibt's gar nicht.«

»Die Extremsportwelle ist ja noch ziemlich neu«, sagte Serenata. »Kennt ihr irgendwelche Forschungen dazu, was mit Leuten passiert, die Jahr für Jahr dabeibleiben? Jahrzehntelang?«

»Ich hab vor, es rauszufinden!«, sagte Chet weiter unten am Tisch. »Wenn ich Rems Alter erreicht habe, mach ich einen Triathlon bis zum Mond!«

»Entweder das, oder du wirst mit einem Schlauch im Hals auf einem mobilen Krankenbett rumgeschoben«, sagte Serenata zuckersüß. »Das ist genau die Frage.«

»Ich hab neulich ein cooles Wort von Rem gelernt«, sagte Bambi. »Weißt du, dass dein Kerl ziemlich schlau ist?«

»Nach dreiunddreißig Jahren könnte es mir womöglich aufgefallen sein.«

»*Katastrophisieren*«, verkündete Bambi genüsslich. »Das ist es, was du machst, und es verdirbt meinen Klienten. Mit dem *Katastrophisieren* kannst du all meine harte Arbeit kaputt machen.«

»Ich dachte, es wäre Remingtons harte Arbeit.«

»Gemeinsame Anstrengung, Süße. Diese Crew baut Muskeln im Team auf. Und weißt du, welches der wichtigste Muskel ist? Nicht die Gesäßmuskeln, nicht der Quadrizeps, sondern das Gehirn. Schon mal den Ausdruck *Muskelprotz* gehört? Soll eine Beleidigung sein. Ist es nicht. Das Gehirn ist ein Muskel, und das von deinem Kerl wird, mit ein bisschen Hilfe von seinen Freunden, groß und hart.«

»Angesichts eines gewissen Arschs im Sattel ganz vorne«,

sagte Hank, »ist es nicht nur sein Gehirn, das groß und hart wird.«

»Als ich zur Schule ging«, sagte Serenata, ohne auf den pubertären Quatsch einzugehen, »galten die Sportfanatiker als die Schwachköpfe. Jetzt, wo die Bildungselite Sport für sich entdeckt hat, braucht man dafür auf einmal umfassende kognitive Fähigkeiten.«

»Man kann sich auch zu viele Gedanken über den Triathlon machen, keine Frage«, sagte Bambi. »Aber Köpfchen zu haben ist trotzdem ein Vorteil. Unser Rem zum Beispiel hat seine Distanz jedes Mal geschafft. Er ist zwar ein bisschen langsamer als wir anderen ...«

»Du bist zu großzügig«, sagte Remington. »Ich bin viel langsamer.«

»Aber es ist noch kein einziges Mal vorgekommen, dass dieser Mann sich eine bestimmte Kilometerzahl vorgenommen hätte und sie nicht auch gelaufen wäre. Das ist dir *schon* klar?«

»Sicher«, sagte Serenata beiläufig. In Wirklichkeit war es ihr nicht klar.

Bambi klopfte Remington wieder auf die Schulter, wie es ihre Angewohnheit war. »Du hast die nötige Zielstrebigkeit. Ich kann mit dir die Technik trainieren, ich kann einen Plan für dich aufstellen, aber die *Leidenschaft* muss von Anfang an da sein.«

»Manche Formen von Zielstrebigkeit sind gefährlich«, sagte Serenata.

Mit lautem Lachen schenkte Bambi sich Rotwein nach und füllte dann Remingtons Glas bis zum Rand. Sollte Serenata auch noch etwas wollen, müsste sie eine weitere Flasche öffnen. »Du bist ja wirklich eine harte Nummer, meine Liebe. Fast hätte ich Lust, das auf unsere Club-T-Shirts drucken zu lassen: MANCHE FORMEN VON ZIELSTREBIGKEIT SIND GEFÄHRLICH.«

Zur Klarstellung fügte Serenata hinzu: »Diese Kniesehne stimmt mich nicht sonderlich froh.«

»Du und Crick«, sagte Bambi. »Eineiige Schwarzseher.«

Am anderen Ende des Tisches redete Chet mit Sloan über seine Zukunft als Triathlonprofi: »Wenn man erst mal die Sponsoren an Land gezogen hat, geben sie einem lauter Zeug umsonst! Laufschuhe, Radlerhosen, Schwimmbrillen, alles Mögliche! Vor allem, wenn du ein, zwei Siege einfährst, ist bei diesen Deals echtes Geld drin. Deshalb hab ich schon ein Auge auf eins deiner Muscle-Cars geworfen. Irgendwie passend, oder? Den 1964er GTO zum Beispiel.«

»Ich sollte dir das eigentlich nicht verraten«, sagte Sloan nachsichtig; niemals glaubte dieser Mann, dass Chet je Profi werden würde. »Aber was die Mechanik angeht, ist der 64er GTO Mist. Mit dem 67er wärst du wesentlich besser bedient.«

»Chet«, sagte Serenata, »hast du noch irgendein anderes Ziel, zur Absicherung? Einen Plan B? Selbst wenn du tatsächlich Profi wirst, ist es bestimmt schwer, in so einem grausamen Sport mehr als ein paar Jahre lang Höchstleistungen zu erbringen.«

Bambi haute so hart auf den Tisch, dass sie dafür im Amt für Transport und Verkehr gefeuert worden wäre. »Herzchen, du erzeugst hier ja mehr finstere Wolken als eine Nebelmaschine im Film. In deinem Kopf muss es derart düster aussehen, ich weiß gar nicht, wie du morgens aus dem Bett kommst.«

»Ein Plan B ist was für Memmen«, sagte Chet. »Eine Absicherung würde heißen, gleich das Scheitern einzuplanen.«

»Ja, man soll solche Gedanken nicht zulassen«, sagte Tommy. »Steht auch auf dem MettleMan-Aufkleber, den ich mir ans Bett gepappt habe: ZWEIFLE NICHT.«

»Hört sich biblisch an«, sagte Serenata. »Nach Moses.«

»Wenn das deine Art von Spott ist«, sagte Bambi, »musst

du dir mehr Mühe geben. Triathlon ist ein Glaubenssystem, das stimmt. Aber es geht dabei um den Glauben an sich selbst.«

»Wenn ihr an nichts anderes glaubt als an euch selbst«, sagte Serenata, »ist das nicht ein bisschen oberflächlich? Es klingt stark nach Egoismus. Und nicht zuletzt klingt es einsam.«

»Sieh dich doch um«, sagte Bambi. »Wir haben eine Menge Freunde. Du bist es, die einsam klingt.«

Serenata hielt inne. Sie fühlte sich in der Tat einsam.

»Der Triathlon war meine Rettung, Mann.« Hank hatte die übermütige Phase der Betrunkenheit hinter sich gelassen und war zur selbstmitleidigen übergegangen. Nachdem Cherry sich seinem Arm entwunden hatte, indem sie zumindest vorgab, auf die Toilette zu müssen, hatte er denselben jetzt um Chet gelegt.

Wenn Cherry für den Ausdauersport unbrauchbar schwer schien, wirkte Hank unbrauchbar mager. Seine fransigen schwarzen Locken sahen immer ungewaschen aus. Seine stockdürren Glieder waren mit Zotteln unansehnlich dunkler Haare bedeckt. Noch Anfang September war er blass. Die Palette seiner Gesichtsausdrücke reichte von anzüglich bis verzweifelt. Vielleicht achtundzwanzig, hatte er mindestens einmal wegen Drogenbesitzes gesessen.

»Im Knast war der Kraftraum das Einzige, was mich vorm Durchdrehen bewahrt hat«, fuhr Hank fort. »Und ich hab mir geschworen, wenn ich diesmal rauskomme, dann bleibe ich dran. Genau, also, ich würde nichts Dummes mehr anstellen. Ich würde kapieren, dass es eine Krankheit ist. Genau, und dass die Krankheit in mir ist, aber dass ich nicht die Krankheit bin. Genau, also bin ich, als ich rauskam, direkt Mitglied bei Brute-Body geworden, mit so einem kostenlosen Probeabo für einen Monat. Im Knast haben sie mir immer wieder gesagt, ich soll glauben, dass es möglich ist, sich zu ändern, sonst könnte ich zur Gefahr für mich selber werden. Genau, und tatsächlich, gut eine Woche, nachdem ich jeden Tag ins Studio gegangen war, hab ich die Warnzeichen bemerkt. Rasende Gedanken. Zwangsgedanken. Im Grunde konnte ich nicht aufhören, an Heroin zu denken. Ich wusste, dass ich kurz davor war, mir welches zu besorgen. Und das war der Moment, wo Bambi mich gerettet hat, Mann. Anstatt mir 'ne Tüte zu kaufen, geh ich mit ihr laufen, Mann. Und wenn ich jetzt so zurückgucke, denk ich, komisch, ich glaube, wir sind nicht mehr als acht Kilometer gelaufen, vielleicht sogar weniger, aber es kam mir *endlos* vor, Mann. Hätte mich fast aus den Latschen gehauen. Genau, aber jetzt kann ich zwanzig oder sogar fünfundzwanzig schaffen, null Problem. Ich hab was, wofür ich lebe. Ich bin nicht heroinsüchtig, ich bin süchtig danach, rauszugehen und mich auszupowern, auf der Straße und im Wasser. Das ist ein völlig anderer Rausch, ein sauberer Rausch, genau. Also hab ich euch zu danken. Ich mache *Tri, Tri, Tri, Tri*, immer und immer wieder, Mann.«

Serenata kannte diese Rede schon. Das melodiöse *Tri, Tri, Tri, Tri* erinnerte sie an Nancees *Freude, Freude, Freude in meinem Herzen!* auf der Fahrt nach Saratoga Springs.

Tommy schloss sich Cherry an, die angeboten hatte, beim Abwasch zu helfen.

»Für zehn Dollar die Stunde?« Serenatas Witzelei klang eher trübselig.

»Nee«, sagte Tommy. »Für dich? Sieben fünfzig.«

Als das Geschirr abgeräumt war, hatten Bambi und Remington Platz zum Armdrücken. Selbst nach all dem Rotwein würde Bambi wenig Mühe haben, den Sieg davonzutragen, hielt den Arm ihres Gegners jedoch lange genug aufrecht, um den älteren Mann das Gesicht wahren zu lassen. Außerdem brachte der Druck, den er ausübte, ihren atemberaubend definierten Bizeps zur Geltung.

Serenata sah ohne innere Regung zu; sie hatte ihren Stuhl

etwas vom Tisch abgerückt, fühlte sich aber sehr viel weiter weg. Wenn sie und Remington in der Vergangenheit Gäste zum Essen bei sich gehabt hatten, war das größte Problem gewesen, dass sie oft in einen schnellen, spielerischen Schlagabtausch verfielen, der ihre Gäste ausschloss; weil sie es nie geschafft hatten, irgendwen einzuladen, mit dem sie sich lieber unterhalten wollten als miteinander. Genauso befremdlich für ihre Gäste, die einfach nur zum Käsegang kommen wollten, war es, dass sie zu lange um irgendeine Frage rangen, bei der keiner von ihnen nachzugeben bereit war, so wie diese beiden jetzt – allerdings mit einer Buchstäblichkeit, die der Remington von einst als unziemlich betrachtet hätte.

Der Rest des Clubs johlte und feuerte sie an, und die anderen drei Männer standen schon parat, um ebenfalls ihr Glück zu versuchen. Als Bambi Remingtons Arm herunterdrückte, knallte sie ihn nicht auf den Tisch, sondern bog ihn anmutig, mit einer Spur von Bedauern, holzwärts. Man sollte denken, ein Mann wäre froh, eine ihm ebenbürtige Frau zu haben, denn in rhetorischer Hinsicht war ihre Ehe ausgeglichen. Aber vielleicht gehörte Remington zu diesen seltsamen Männern, die es erotischer fanden, besiegt zu werden.

Hank war als Nächster dran und hatte nicht den Hauch einer Chance. »Ich hab dich gewinnen lassen«, sagte er, als er auf dem heißen Stuhl zusammensackte. »Mehr so ... gavaleersmäßig.«

»Es wäre *kavaliersmäßiger* von mir«, sagte Bambi, »ganz zu schweigen von professioneller, wenn ich dich davon abhalten würde, irgendeine sportliche Herausforderung anzunehmen, solange du hacke bist.«

»Musst du grade sagen«, sagte Hank düster.

»In meinen Adern fließt Rotwein«, sagte Bambi. »Und ich vertrage viel.«

Obwohl es ihm offenbar schwerer fiel, als er erwartet hatte, legte Chet nach kurzem Gerangel den Arm seiner Trainerin flach. Bambis Augen blitzten, bevor sie ihre Wut mit Maulheldentum überdeckte. »Na ja, wenn du eine Frau nach all den Bizeps-Curls nicht bezwingen könntest, würde ich sagen, du brauchst einen neuen Personal Trainer!« Selbst eine Niederlage bog sie in ihren Erfolg um. Sie verlor wirklich nicht gern.

Als Sloan an der Reihe war, hatten beide ihren Meister gefunden. Sie wie er hatten die von Natur aus wohlgeformten Gliedmaßen geborener Athleten und die lang gestreckten Figuren von Avataren in Videospielen. Den Blick aufeinander geheftet, schien jeder nach und nach mehr Kraft anzuwenden, aber nichts bewegte sich, während ihre Handkanten immer weißer wurden. Erst nach einer vollen Minute wurde deutlich, dass Sloan nur mit Ach und Krach dagegenhalten konnte.

»Und wie lange willst du das jetzt machen?« Seine Stimme war entspannt.

»Du bist ein herablassendes Arschloch.«

»Ich bin ein Mann«, sagte er.

»Das ist dasselbe.«

Rums. Bambis Unterarm knallte auf den Tisch.

»Ziemlich beeindruckende Kraft, wenn man's recht bedenkt«, räumte Sloan ein.

Bambi rieb sich die Kampfhand. »Ja, genau. Das fühlte sich wie, ich sag's mal so, wie Armdrücken mit der *Wand* an.«

Sloan lachte. »Aus deinem Mund ist es wahrscheinlich ein Kompliment, mit einer seelenlosen Rigipsplatte verglichen zu werden.«

Bambi hob einen Zeigefinger. »Planks! Das ist eher eine Übung mit gleichen Geschlechterchancen.«

Ihr Publikum im Schlepptau, gingen sie ins Wohnzimmer. Serenata sah willenlos von der Türschwelle aus zu. Seite an

Seite legten die beiden Kontrahenten sich der Länge nach auf den Orientteppich und stützten sich dann auf Zehen und Ellbogen, die Unterarme nach vorn und flach auf dem Boden. Chet schaltete seine Stoppuhr ein. Dieses Gesellschaftsspiel war offensichtliche Kraftmeierei. Die Gastgeberin würde daher nicht erwähnen, dass sie selbst den Unterarmstütz ganze fünf Minuten halten konnte. Zumal schlappe fünf Minuten von den Angehörigen des Supergeschlechts nur Spott ernten würden.

Ein Wettstreit darüber, wer eine statische Pose länger halten konnte, war langweilig. Chet und Hank begannen, Kraftakte mit dem Mobiliar auszuführen. Serenata versuchte, Blickkontakt mit Remington aufzunehmen, damit er sie davon abhielt, aber ihr Mann stemmte gerade einen Lehnstuhl in die Höhe. Schließlich sank Sloan auf den Teppich und drehte sich auf den Rücken.

»Neun Minuten, vierundzwanzig Sekunden!«, verkündete Chet.

»Ich geb mich geschlagen, du Miststück«, sagte Sloan. »Jetzt zufrieden?«

Aber Bambi hielt die Stellung. »Sag mir, wenn's zehn sind!« Ihre Stimme klang erstickt. Erst als Chet die Zehn-Minuten-Marke ansagte, ließ auch sie sich fallen, rollte sich auf den Rücken und keuchte.

»Hättste mit rechnen müssen, Wallace.« Immer noch außer Atem, stand Bambi auf. »Rigips-Bauchmuskeln.«

»Wie lange hast du gebraucht, um dich auf *zehn Minuten* hochzuarbeiten?«, fragte Remington.

»Ach, die kleinen Süßen sind eine Lebensaufgabe«, sagte Bambi. »Du weißt doch, wie die Leute schwangeren Frauen dauernd an den Bauch fassen wollen, nicht? Also, das passiert mir im Studio andauernd, nur ohne Kind.«

»Im Ernst?«, sagte Remington. »Und du lässt das zu?«

»Manchmal«, sagte Bambi kokett. Sie schob ihre babyblaue Weste hoch und spannte die Bauchmuskeln an. »Fühl mal.«

Zaghaft legte Remington eine Hand auf den Bauch seiner Trainerin.

»Stopp.«

Alle drehten sich zur Tür um. Remington nahm seine Hand weg.

»Ich finde, jetzt reicht's«, sagte Serenata nüchtern und ging in die Küche, um den beiden anderen Frauen mit dem Rest des Abwaschs zu helfen. Die humorlose Verwarnung setzte den Mätzchen des Abends ein Ende, und binnen weniger Minuten waren ihre Gäste allesamt verschwunden. Tommy sah sie nur ungern gehen. Mit ihrem Mann allein zu sein war weniger erleichternd als sonst.

*

Serenata saß, von ihm abgewandt, auf der Bettkante. Eheleute sind sich nicht ununterbrochen nah. Sie und Remington stürzten sich jeder für sich in unterschiedliche Bereiche ihres Lebens und meldeten sich irgendwann wieder zurück. Dass sie sich in solchen Phasen, in denen sie mit anderen Dingen beschäftigt waren, gegenseitig kaum wahrnahmen, ja stunden- oder gar tagelang die Existenz des Partners gänzlich ausblendeten, entsprang einem Gefühl von Sicherheit – von Wohlbehagen. Heute fühlte es sich anders an.

Remington rubbelte sich nach seiner Mitternachtsdusche die Haare. Er ließ den Bademantel offen. Im letzten Jahr war er in puncto Nacktheit unbefangener geworden; Serenata dagegen befangener. Sie war schon ausgezogen und wusste, dass die Knoten ihres Chenille-Lakens ihren Hintern eindellen würden, genauso wie die Sockenbündchen in ihre Fesseln schnitten und ihr auch noch den Rest des einst verführerischen Schwungs ihrer Schienbeine nahmen. Der pfirsichfarbene Lack ihrer Zehennägel war teilweise abgeplatzt, vielleicht aufgrund einer gewissen Vernachlässigung – ein erstes Zeichen, dass sie sich gehen ließ. Wo der Nagellack fehlte, trat die hässliche vertikale Riefelung alternden Keratins zutage. Jahrzehntelang in verdreckte Laufschuhe gequetscht, hatten sich die Zehen verformt, klebten zusammen und überlappten sich, als bestünden sie aus feuchtem, platt getrampeltem Lehm. Im Sitzen war die Innenbeule ihres rechten Knies am deutlichsten zu sehen. Die Verformung war diskret genug – unwahrscheinlich, dass Schuljungen auf der Straße darauf zeigen und lachen würden –, aber man nenne das Kind ruhig beim Namen: Es war eine Missbildung. Einen Hängebusen hatte sie schon seit Langem; wenn sie versuchsweise ihre Brustmuskeln anspannte, warfen sie unter dem ersten praktisch ein zweites Mamma-Paar auf, als wäre sie ein Monster oder hätte Tumoren. Da ihre Schultern genauso sehr herunterhingen wie ihre Brüste – ausgerechnet an diesem Abend schien ihr lebenslanges Bemühen um eine gute Haltung zum Erliegen gekommen zu sein –, schlängelte sich ein kleiner Streifen schlaffen Fleischs über ihren Bauch und zerstörte jede Illusion, dass ihre Muskeln aus Rigips bestehen könnten. Sie achtete darauf, was sie aß, aber sie hatte Kinder bekommen, wofür Frauen zuverlässig doppelt bestraft wurden.

Für gewöhnlich machte ihnen gemeinsames Schweigen nichts aus. Es bedeutete nur, dass sie gerade nichts zu sagen hatten. Dieses Schweigen aber schrie danach, beendet zu werden, denn wenn es noch viel länger anhielt, würde etwas schlimmer werden, vielleicht auch etwas Furchtbares passieren. Vielleicht würde sowieso etwas Furchtbares passieren.

»Dir hat der Abend anscheinend keinen großen Spaß gemacht«, sagte er.

»Woran das wohl liegen könnte.«
»Das sind keine schlechten Menschen.«
»Ich habe nie gesagt, dass es schlechte Menschen sind.«
»Du kannst sehr voreingenommen sein.«
»Ich besitze Urteilsvermögen. Im Unterschied zu anderen.«
»Wir haben nur rumgeblödelt. Es war harmlos.«
»Es war peinlich.«
»Du warst die Einzige, die es peinlich fand.«

Serenata zwang sich, aufrechter zu sitzen. »Mein Lieber, es tut mir leid, dass ich das sage, aber deine Sportbesessenheit macht Gespräche mit dir zunehmend schwierig. Früher hast du über Politik geredet oder über Stadtplanung oder auch über die Fernsehsendungen, die wir als Kinder gesehen haben – und ich fand es höchst unterhaltsam, mich an diese unerträglichen Kinderdarsteller bei *Flipper* zu erinnern. Es hat mir Spaß gemacht zu analysieren, warum wir beide so viele Sendungen geschaut haben, die wir blöd fanden, und warum Kinder andere Kinder im Fernsehen so oft verachten. Aber jetzt geht es immer nur um Techniken, wie man den Neoprenanzug beim *Ersten Wechsel* schnell genug auskriegt. Wenn mir der Abend nicht viel Spaß gemacht hat, dann hauptsächlich, weil ich mich gelangweilt habe.«

»Körperliche Fitness hat dich nie gelangweilt, als es um deine Fitness ging.«

»Da liegst du ziemlich falsch. Es langweilt mich zu Tode. Weshalb ich auch selten darüber rede, falls du es noch nicht bemerkt hast.«

»Du redest mehr darüber, als du meinst.«

»Na schön, dann tut es mir leid, dass ich dich auch gelangweilt habe. Weißt du, wenn du sagst, der Abend hätte mir keinen Spaß gemacht, klingt es wie ein Vorwurf. Als hätte ich mich geweigert, Spaß zu haben.«

»Du bist nicht gerade in die Stimmung des Abends eingetaucht.«

»Und was für eine Stimmung wäre das?«

»Nach einer anstrengenden Fahrt alle fünfe gerade sein lassen. Gut gelauntes Kräftemessen. Sich über Erfahrungen mit einem herausfordernden Langzeitprojekt austauschen.«

»Mein Projekt ist es nicht.«

»Du stellst dich außerhalb davon und fällst ein Urteil.«

»Du hast den ganzen Abend kaum mit mir gesprochen.«

»Wir hatten Gäste.«

»Ja. Und ich habe mich sehr bemüht, mich auf deine Trainerin einzulassen.«

»Alles, was du gesagt hast, war kritisch.«

»Und wie ist es mit dem, was sie gesagt hat?«

»Du hast sie in die Defensive gedrängt.«

»Findest du es bemerkenswert, dass der ganze Club weiß ist?«

»Nicht sehr. Hudson ist eine überwiegend weiße Stadt.«

»Kaum mehr als zur Hälfte weiß«, sagte sie. »Ein Viertel schwarz, bald zehn Prozent Latino. Ich hab's nachgesehen.«

»Es wäre nicht überraschend, einen kleinen Club nur für Weiße zu gründen, selbst wenn die Stadt überwiegend nichtweiß wäre.« Remington sprach jetzt mit fester, monotoner Stimme, auf jene gnadenlose Neutralität zurückgreifend, die er bevorzugte, wenn es heikel wurde. »Es mag politisch schwierig sein, aber die meisten Menschen fühlen sich wohler in der Gesellschaft von Menschen, die ihnen gleichen. Sie sortieren sich, oft unbewusst, selbst. Schwarze, Lateinamerikaner und Asiaten tun das Gleiche. Das ist kein Rassismus im eigentlichen Sinne. Eher der natürliche Wunsch, einander vertraut zu sein und sich entspannen zu können. Diese perfekt *diversen* Freundeskreise, wie in einer Coca-Cola-Werbung, die der Welt das Singen beibringt – alles eine Fernsehfiktion.«

»Aber ich habe ab und zu hingeschaut, wenn deine Triathlon-Videos laufen. Die Leute, die zu dieser Freizeitbeschäftigung neigen, sind zum allergrößten Teil weiß. Ich glaube, das bedeutet etwas.«

»Willst du damit sagen, dass Ausdauersport nur was für die Betuchten ist?«

»Überhaupt nicht. Ethan mag als Augenarzt ganz passabel verdienen, aber reich kann er in einer Stadt dieser Größe nicht werden. Sloan hatte mal Geld, aber Autos zu restaurieren ist zeitaufwendig, und ich wette, er kann gerade mal seine Kosten decken. Die anderen kämpfen alle, selbst Bambi würde kämpfen, wenn es dich nicht gäbe, und Hank pendelt zwischen Drogensucht und Berufskriminalität.«

»Worauf willst du hinaus?«

Serenata hatte für sich nicht formuliert, worauf sie hinauswollte, bevor sie diese Richtung einschlug. Als das Ziel ins Blickfeld rückte, wäre sie am liebsten umgekehrt. »Es gibt da eine ... Regression, eine ... Verengung, eine Abkehr ..., einen Rückzug. Eine Begrenzung des Horizonts. Eine krasse Reduktion von Erwartungen. Einen neuen Materialismus, der sich noch nicht mal auf Terrassenmöbel erstreckt. Das Material ist der Körper. Es ist ein Zusammenschrumpfen auf das Allermindeste, was man sein kann, ohne tot zu sein. Ein Schottendichtmachen, ein Sich-in-die-eigene-Höhle-Verkriechen.«

»So fühlt es sich überhaupt nicht an. Körperlich stärker zu werden führt direkt zu anderen Arten von Stärke.«

»Es ist eine bestimmte Form des Erstarkens, auf Kosten anderer Formen. Trotz aller mentalen Widerstandsfähigkeit, die deine Trainerin anpreist, ist es antiintellektuell. Was schon komisch ist, in Bezug auf dich. Ist dir mal aufgefallen, dass du gar nicht mehr liest? Sportzeitschriften, Trainingsleitfäden, ja. Aber ich kann mich nicht erinnern, wann ich dich zuletzt mit einer dieser Schwarten zur Lage der Nation gesehen habe, in denen du früher mit rotem Filzstift wilde Unterstreichungen gemacht hast.«

»Anscheinend hast du deine Zeit damit verbracht, darauf zu achten, wie ich meine verbringe, und ich kann nicht erkennen, inwiefern das besser sein soll.«

»Außerdem, ist dir aufgefallen, dass wir fast nie mehr Sex haben?«

»Ich bin fünfundsechzig. Und nach dem Training bin ich oft müde. Schlägst du hier gerade vor, dass wir etwas daran ändern ... also, heute Nacht?«

Serenata musste unwillkürlich lachen. Um von dort, wo sie jetzt waren, zum Geschlechtsverkehr zu kommen, hätten sie vor dem Lichtausmachen noch einen Gefühlsmarathon hinlegen müssen. »Ich hab mich gefragt, ob es dir fehlt.«

»Natürlich. Aber meine Potenz ... Vielleicht müssen wir akzeptieren, dass sie schwindet.«

»Aktuell konzentrierst du dich ausschließlich auf deine körperliche Potenz, die gerade permanent zunimmt, wie mir glaubhaft vermittelt wird.«

»Hör mal.« Er ging um die Ecke des Bettes herum und berührte sie an der Schulter. »Ich habe keine Affäre mit meiner Personal Trainerin.«

Vor einem Jahr hätte sie sich im Traum nicht vorstellen können, dass es in ihrem Schlafzimmer einmal zu diesem B-Movie-Klischee kommen würde. »Da ich nicht dachte, dass du eine hast, bin ich ein bisschen ratlos, warum du glaubst, das klarstellen zu müssen.«

»Du schaust auf Bambi Buffer, um deiner Eifersucht ein Gesicht zu geben. Aber die Eifersucht ist größer als eine einzelne

Frau. Du bist eifersüchtig auf das ganze Paket: den Club, den Trainingsplan, meine Fortschritte, meine Ziele, das Projekt. In dieser Hinsicht kann ich dir nicht helfen.«

»Dieses *Projekt* ist deiner unwürdig, und ich kann nicht so tun, als dächte ich etwas Netteres.«

»Warum musst du es immer kleinreden?«

»Ich brauche es nicht kleinzureden. Es ist schon klein.«

»Die Erfahrung, eine geistige Barriere zu überwinden und noch weitere zehn Bahnen zu schwimmen, wenn man schon am Ende seiner Kräfte ist – die ist nicht klein.«

»Die Leistung an sich ist klein. Gewöhnlich und überhaupt keine Leistung.«

»Die meisten Dinge sind klein und keine großartige Leistung. Ich bin gefeuert worden. Ich bin pensioniert. Womit soll ich meine Zeit denn deiner Meinung nach verbringen?«

»Das weiß ich nicht mal«, sagte sie ehrlich. »Nur nicht so.«

»Dass du von Anfang an gegen das Ganze warst, ist ein schlimmer Fehler.«

»Dann ist das also die Frage. Wer den Fehler gemacht hat.«

»Du versuchst, dich zwischen mich und die Erfüllung meines Potenzials zu drängen ...«

»Bitte. Diese Sprache des aufgeblasenen Positivismus ist schlimmer als *Intersektionalität* und *Mikroaggressionen*.«

»Unser Haushalt leidet höchstens an zu viel Ironie. Das ist eine häufige Krankheit der übermäßig Gebildeten. Mit all dieser arroganten Lustigkeit werden Erschöpfung und Passivität getarnt. Dahinter steckt die Angst, sich in die Schusslinie zu begeben.«

»Du hast dich oft genug in die Schusslinie begeben. Deshalb wurdest du gefeuert.«

»Frag jeden beliebigen Amerikaner, wer von uns in dieser Situation falschliegt, und sie werden sagen: du.«

»Das ist mir bewusst. Aber wir fragen sie nicht. Ich frage dich. Wenn du wählen müsstest, was würde siegen? Triathlon«, keiner von ihnen sagte *ein* Triathlon oder *der* Triathlon, sie sagten nur Triathlon, wodurch es majestätischer klang, wie eine Ehrfurcht gebietende Kraft der Natur, die einfach *ist*, wie Schwerkraft oder Magnetismus, keine Reihe einzelner sportlicher Ereignisse, sondern etwas Großes und Unteilbares, genauso wie gläubige Anhänger anderer Religionen nicht von *einem* Gott oder *dem* Gott sprachen, sondern schlicht von Gott, »oder deine Ehe?«

»Das ist eine falsche Alternative und unter deiner Würde. Mir scheint, es gehört zu den Regeln, unsere Ehe nicht zur Disposition zu stellen. Eine ungeschriebene Regel, was sie nur noch sakrosankter macht. Abgesehen davon währt sie jetzt dreiunddreißig Jahre, und wir sind alt.«

»Alt genug, um aus Faulheit zusammenzubleiben. Aus Mangel an Fantasie.«

»Drohst du mir?«

Er brüllte. Wodurch sie ruhig wurde. »Ich versuche, mit dir zu reden.«

»Denn wenn hier irgendwer irgendwem drohen sollte, müsste es dann nicht andersherum sein? Bist du nicht diejenige, die mir das ganze letzte Jahr, implizit oder explizit, meine Ziele madiggemacht hat? Bin ich nicht derjenige, der an seine Grenze kommen müsste?«

»Deinem Guru zufolge gibt es so etwas wie eine Grenze nicht.«

»Ich würde es vorziehen, unsere Ehe nicht als Ausdauersport zu betrachten.«

»Vielleicht solltest du das aber«, sagte sie. »Vielleicht würdest du dann Interesse für sie aufbringen.«

8

»Ich sage nicht, dass wir kurz davor sind, uns zu trennen«, platzte sie im März, nach einer weiteren quälenden Pause im Gespräch mit ihrem Schwiegervater, heraus. Wenn sie überhaupt nicht mehr wusste, worüber sie mit ihm reden sollte, gestand sie häufig etwas, das sie vermutlich besser für sich behalten hätte, denn das einzige unerschöpfliche Material, auf das sie Zugriff hatte, waren ihre innersten Gedanken. »Aber wir haben uns in der Gegenwart des anderen immer so wohlgefühlt. Und jetzt ... tue ich das nicht mehr. Mich in seiner Gegenwart wohlfühlen. Oder nicht mehr so sehr.«

»Ist wegen dem Triathlon-Gedöns, was?«, sagte Griff. Er war auf der Hut. Mit seinen neunzig Jahren wollte er nicht hören, dass seinem Sohn die Scheidung drohte. Abgesehen davon, dass er praktisch und emotional auf Serenata angewiesen war, würde eine Scheidung Veränderung bedeuten, und Griff verunsicherte es schon, wenn die Porzellanfiguren seiner verstorbenen Frau umgestellt wurden.

»Selbst wenn er nicht trainiert, liest er Autobiografien von Sportlern oder hört irgendwelche inspirierenden Podcasts von ›Tri‹-Rekordmeistern. Ich kann dir nicht sagen, wie satt ich den Soundtrack von *Chariots of Fire* habe. Früher hat er Biografien von Robert Moses gelesen oder den neusten Thomas Friedman. Ich vermisse den Blues und die Filme mit tragischem Ende. Aber er will sich nichts Traurigem oder Düsterem mehr aussetzen.«

»Wenn er ein Ziel vor Augen hatte, war Remy immer schon unbeirrbar. Gab mal eine Zeit, da warst *du* dieses Ziel. Gleich nach der ersten Probe für die Subway-Ansagen war mir klar, dass er beschlossen hatte, diese Lady an Land zu ziehen – die mit der sinnlichen Stimme. Er hat sich seinen Eltern nie groß anvertraut. Als er dann aber gar nicht mehr aufhören konnte, von dir zu reden, wusste ich: Du bist es.« Griffs Taktik war nicht eben subtil. Die Erinnerung an die Zeit, als sie sich kennengelernt hatten, sollte die romantische Glut wieder entfachen.

»Es tut mir auch leid, dass er sich so wenig Zeit nimmt, dich zu besuchen ...«

Griff schnaubte. »Sag ruhig *keine* Zeit. Der Junge war seit Monaten nicht mehr hier.«

»Er glaubt, du wärst gegen sein Vorhaben. Du kontaminierst sein reines Herz.«

»Er macht sich zum verdammten Narren. Sag ihm, er soll mit Cribbage anfangen. Er kann mein Brett haben. Für einen Mann in den Sechzigern ist das ein respektables Hobby.«

»Leider haben wir uns gestritten«, sagte Serenata und rang nervös die Hände. »Das heißt, ich bin so wütend geworden, dass wir uns *nicht* gestritten haben. Ich hatte das Gefühl, wir könnten es uns nicht leisten.«

»Doch nicht wegen dieser *Frau*, oder?«

»Diesmal nicht. Aber du hast Recht, diese Trainerin, die er engagiert hat ... sie ist jünger als ich und körperlich perfekt. Im Vergleich mit ihr fühle ich mich abgehärmt, schwabbelig und hässlich.«

»Also, Herzchen, das ist ja nun vollkommen überflüssig. Du bist das hübscheste Füllen in Hudson.«

»Ich bin eine Stute, kein Füllen, und so alt, dass keiner sie mehr reitet.« Serenata wurde rot; die verfängliche Anspielung hatte sie nicht beabsichtigt.

»Remy ist irgendwann letzten Herbst mit dieser Göre hier aufgetaucht ...«

»Du hast *Bambi Buffer* kennengelernt? Das hast du mir nie erzählt!«

»Ich wollte keinen Ärger stiften. War mir nicht mal sicher, ob dir bewusst war, dass er mit diesem Frauenzimmer in der Stadt rumprahlt.«

»Das ist mir schmerzlich bewusst. Sie kommt zu allen Tages- und Nachtzeiten bei uns reingeschneit.«

»Ich war nicht beeindruckt«, sagte Griff. »Mannweib.«

»Für die meisten Leute ist sie eine weibliche Ikone. Starksein ist in.«

»Flachbrüstig«, sagte er. »Und *herrisch*.«

»Erzähl mir nichts«, sagte Serenata. »Bei uns ist sie schnurstracks in die Küche gegangen und hat sich ein Sixpack von deinem besten Stout genommen.«

»Schlimmer. Sie war kaum in der Tür, da hat sie mich schon kujoniert, von wegen, *Senioren* sollen nicht bequem werden und sich eine *sitzende Lebensweise* angewöhnen. Schiebt meine Möbel rum, um vorzuführen, wie ich üben soll, schnell vom Stuhl hochzukommen, und wieder runter – so als wär ich aufgestanden und hätte dann vergessen, was ich wollte. Altersschwäche trainieren, nenn ich das. Und dann rudert sie mit den Armen in der Luft rum, damit ich mit ihr zusammen Hubschrauber spiele, und zeigt mir, wie ich endlos auf einem Bein stehen kann, wie ein verdammter Storch. Unverschämt. Hat den Stuhl nicht wieder zurückgestellt. Keine Wertschätzung für die Mühe, die es einen mit neunzig kostet, sich auch nur ein Sandwich zu machen. Die beiden waren keine fünf Minuten hier, aber diese penetrante Nervensäge hat mir den Rest gegeben.«

»Sie wird fürs Penetrantsein bezahlt.«

»Ich würde diese Tyrannin dafür bezahlen, dass sie meinem Haus fernbleibt.«

»Wenn du schon dabei bist, bezahl sie doch gleich dafür, dass sie auch meinem fernbleibt.«

»Dieses *Arrangement* mit Remy. Ich kann nicht behaupten, dass ich es verstehe. Ob ich es überhaupt verstehen will. Hast du dich mal gefragt, was sie davon hat?«

Bambis Vorschuss in Höhe von Griffs monatlicher Rente zu erwähnen schien undiplomatisch. »Sie sammelt Menschen. Sie hat einen unersättlichen Appetit auf Bewunderung, also umgibt sie sich mit Anhängern, die sie ihrerseits brauchen, um ihr Selbstwertgefühl aufzupäppeln. Sie redet ihren Jüngern ein, dass sie all den dicken, faulen, bis in die Puppen schlafenden Tagelöhnern überlegen seien. Das ist nicht so anders als bei den Scientologen.«

Aber Griff wollte zur Sache kommen. »Hat mein Sohn was mit dieser Frau? Mir hat das kein bisschen gefallen, wie die beiden hier aufgetaucht sind. Als wären sie ein Paar. Wenn er dich betrügt, brauchst du nur ein Wort zu sagen, und ich lese ihm die Leviten. So hab ich ihn nicht erzogen.«

»Er macht zwar gerade eine komische Phase durch, aber seinen Vater mit seiner Geliebten im Schlepptau zu besuchen – also, dazu hat er immer noch zu viel Klasse. Trotzdem, er ist ganz vernarrt in sie. Nicht richtig verliebt, aber schwer von ihr bezirzt. Ich bin die Schwarzseherin; sie sagt ihm, was er hören möchte. Du weißt doch, was Pferdeflüsterer sind, oder? Also, sie ist eine Sportflüsterin. Vielleicht ist sie gut darin. Seit Bambi ihn anstachelt, ist Remington jedenfalls weiter und schneller gelaufen, geschwommen und geradelt als je zuvor.«

»Du sagst das so, als sollte es mich interessieren.«

»Nein, aber Remington interessiert es. Entweder glaubt er nur, dass sie ein völlig neues Ich aus ihm herausholen kann –

einen wild entschlossenen, nicht kleinzukriegenden Mann, dessen Glas immer halb voll ist –, oder sie kann es wirklich. Und ich fürchte, dass sie es kann. Ich will keinen so idiotisch selbstgefälligen, brandneuen Ehemann. Ich mochte Remington, wie er war. Bescheiden, zum Beispiel.«

»Na, ich weiß nicht. Ich fand den Jungen schon immer ziemlich eingebildet. Er konnte es gar nicht erwarten, aus Hudson rauszukommen, und dann die vielen Abschlüsse, die er gemacht hat.«

»Er war ein guter Student und ein selbstbewusster Fachmann auf seinem Gebiet. Aber ein rücksichtsloser Kretin war er früher nie. Sicher, er besucht seinen Vater nicht, obwohl es ein Fußweg von gerade mal zehn Minuten ist, und er schneidet deine Hecken nicht mehr – aber meinst du, da bist du der Einzige? Ich muss inzwischen auch alles allein machen. Einkaufen, Sachen abholen, kochen, einen Elektriker finden, der die kaputte Rasierersteckdose im Badezimmer repariert. An die Geburtstage unserer Enkelkinder denken, die Geschenke einpacken und rechtzeitig zur Post bringen – an sich sind mir Geburtstage völlig schnuppe, aber wir können Valeria keine Ausrede dafür liefern, weitere vier Jahre vom Erdboden zu verschwinden. Ich weiß, zu deiner Zeit hat Margaret all diese Dinge erledigt, aber ich bin auch berufstätig, und dass ich den ganzen Haushalt allein schmeiße, gehörte nicht zu unserer Abmachung. Er ist doch derjenige, der pensioniert ist, verdammt, und er hat zu Hause mehr gestemmt, als er noch voll gearbeitet hat.«

»Du sagst, ihr hattet Krach, oder fast. Ging's da um den Haushalt?«

»Es war noch banaler. Es ging um Geld. Aber Geld in Dreidimensionalität. Geld, das Platz in der Garage eingenommen hätte, nur dass es da zu *feucht* ist, weshalb sein geliebter Schützling quasi mit bei uns am Esstisch sitzen muss wie ein frisch adoptiertes Kind, das wir mit Schokoladenpudding vollstopfen.«

»Ich kann dir nicht folgen, Schätzchen.«

»Entschuldige, ich rede in Rätseln. Er hat sich ein Fahrrad gekauft.«

»Ich dachte, er hätte eins.«

»Hat er auch. Aber dieses ... ist teurer.«

»Als er noch ein Junge war, hab ich Remy mal ein Fahrrad für vierzig Dollar geschenkt – und er ist kaum damit gefahren. Irgendwann hab ich's dann kapiert: Fahrräder waren was für Weicheier. Die harten Jungs fuhren alle Moped.«

»Dieses Titanwunder hat mehr gekostet als vierzig Dollar«, sagte sie, was eine schwindelerregende Untertreibung war. »Aber Remington hat jahrelang mehr Geld nach Hause gebracht als ich. Streng genommen ist es sein Geld. Also darf ich wohl nichts dazu sagen. Im Moment darf ich eigentlich zu nichts irgendwas sagen. Also auch nicht, dass es albern ist, sich sportliche Höchstleistungen erkaufen zu wollen.«

Was tiefe Gefühle anging, war Griffith Alabaster bestenfalls ungeschickt. Aber vielleicht hatte er nun endlich begriffen, dass man den wirklich wichtigen Dingen im Leben nie näherkommen würde, wenn man selbst mit neunzig noch einen weiten Bogen um alles Heikle machte. »Du hast ... meinen Sohn doch schon noch gern, oder, Herzchen?«

Als Gegenleistung für den Mut ihres Schwiegervaters antwortete sie so ehrlich, wie sie konnte. »Ich liebe den Mann, den ich geheiratet habe. Aber ich bin mir nicht sicher, ob er noch dieser Mann ist. Es ist folgendermaßen.« Die Ellbogen auf die Knie gestützt, sah sie den alten Mann an – der nicht mehr lange hier sein würde, und sie wollte sich später keine Vorwürfe machen, dass sie nie offen mit ihm gesprochen hatte.

»Meine Eltern waren Methodisten«, sagte sie, »aber ihr Glaube war eher oberflächlich, soviel ich weiß. Es ging ihnen hauptsächlich um die Gemeinschaft mit anderen, und da wir so oft umgezogen sind, waren Kirchen eine nützliche Abkürzung, besonders für meine Mutter. Als Teenager habe ich ihnen gesagt, dass ich die ganze Christus-Geschichte abwegig fand. Ich wollte nicht mehr behaupten, an etwas zu glauben, an das ich nicht glaubte. Sie waren enttäuscht, haben mich aber nicht gezwungen, weiter in die Kirche zu gehen. Es war nicht so, dass ich den Glauben verloren hätte; ich hatte ihn nie gehabt. Entschuldige, ich weiß, dass Margaret eine überzeugte Katholikin war, aber mir ist Religiosität nicht nur fremd, ich finde sie auch sinnlos und ... na ja, ein bisschen abstoßend. Die Geschichten, die man da glauben soll, sind doch absurd. Für mich ist Religion eine Form von Massenhypnose oder kollektiver Psychose.«

»Spricht aber auch was für die Kirchen«, sagte Griff. »Die bringen die Menschen in Notzeiten immerhin zusammen. Bin mir nicht sicher, ob ihr nichtpraktizierenden jungen Leute da was Besseres gefunden habt.«

»Nein, haben wir nicht – und genau das meine ich im Grunde. Remington war immer ein Rationalist. Wir haben uns gern über alle möglichen Themen gestritten, aber weder er noch ich haben uns je einem Dogma verschrieben. Im Wählerverzeichnis ist Remington als Unabhängiger registriert. Das war mir bei deinem Sohn immer wichtig: Er ist ein Freigeist. Seine Weigerung nachzuäffen, was nach der politischen Mode gerade als gut und richtig gilt, ist einer der Gründe, warum er seinen Job verloren hat. Wenn er bereit gewesen wäre zu kriechen, hätte er ihn vielleicht behalten.«

»Remy hat Rückgrat.«

»Hatte er mal. Aber ich bin mir nicht sicher, ob es als Rückgrat gelten kann, wenn man sich den Prinzipien einer anderen

Person unterwirft. Wenn du mich vor Jahren gefragt hättest, was die eine Sache ist, die meine Ehe kaputtmachen könnte, hätte ich die eine Sache genannt, die ich für undenkbar hielt: den Übertritt zum Glauben. Deshalb hat es mich ja auch so von Valeria entfremdet, dass sie eine wiedergeborene Christin geworden ist. Vordergründig haben wir unsere Beziehung zwar gekittet, aber in Wahrheit habe ich keine Ahnung mehr, wer sie ist. Ihr Jesus-Mumpitz hat etwas Bockiges, und diesen Aspekt verstehe ich sogar noch. Aber freiwillig in einer Menge aufzugehen und sich ganz und gar einem spinnerten Glauben zu verschreiben, den andere sich ausgedacht haben – das verstehe ich überhaupt nicht. Griff, MettleMan ist nicht nur eine Trainingsform. MettleMan ist ein Kult. Deshalb kann ich dir die Frage, ob ich deinen Sohn noch liebe, nicht klipp und klar beantworten.«
Sie lehnte sich zurück. »Der Mann, in den ich mich verliebt habe, ist gekidnappt worden.«

»Und was ist mit Remys Versprechen als Ehemann? Du bist schließlich nicht *gekidnappt* worden. Und du bist das Beste, was dem Jungen je passiert ist.«

Sie hob ratlos die Hände. »Ich bin ... irrelevant! Menschen und Dinge, die nichts mit *Triathlon* zu tun haben, kommen bei Remington einfach nicht mehr vor. Wenn ich nicht gerade Vorräte für ein weiteres Gelage mit seinem TriClub ranschaffe, bin ich bloß lästig. Nach dem *Buch des MettleMan* ist die höchste spirituelle Leistung schließlich die vollkommene Selbstbezogenheit.«

Serenata konnte nicht still sitzen und begann, im Zimmer auf und ab zu laufen. »Also, nächsten Monat, da fahren er und sein Club nach Syracuse und machen einen ›Halb-Mettle‹ – was nicht *totaler*, sondern nur relativer Wahnsinn, letztlich aber immer noch Wahnsinn ist –, und ich soll mitfahren und da mit Puscheln wedeln. Und das will ich nicht! Es ist ja nicht nur so, dass ich diesen ganzen *Tri*-Mist grässlich finde, ich finde es vor allem grässlich, meine Rolle als Zuschauerin in seinem Leben weiter auszubauen! Abgesehen davon mache ich mir wirklich Sorgen, dass er sich verletzt, denn er *wird* nun mal älter, und er ist *nicht* von Natur aus sportlich, und sein Körper ist dieses Maß an Beanspruchung *nicht* gewohnt. Aber wenn ich so was sage, bin ich für Remington bloß *freudlos* und versuche, ihn davon abzuhalten, ins Nirwana zu gelangen, weshalb er jede Sorge, die ich äußere, als wütende Feindseligkeit interpretiert. Andererseits ist es verdammt gut möglich, dass ich mir und meiner Ehe das alles selbst angetan habe, weil ich mein Revier verteidige und rigide und unsensibel bin, und dazu noch verbittert wegen meiner Knie, und wenn ich von Anfang an nichts anderes gemacht hätte als Hurra und Ave Maria und Halleluja zu schreien, wären wir vielleicht immer noch glücklich und froh wie der Mops im Haferstroh.«

Sie war die ganze Zeit mit den Händen fuchtelnd durchs Wohnzimmer gelaufen. Der Ausbruch wirkte unverhältnismäßig. Aber Tommy konnte sie sich nicht mehr anvertrauen, denn die hatte nun ebenfalls das Kool-Aid getrunken; ihre wenigen wirklich guten Freundinnen waren in Albany geblieben; und Remington war der Letzte, dem sie ihr Herz ausschütten würde.

Ihr Schwiegervater runzelte die Stirn. »Du überlegst doch nicht, irgendwas Voreiliges zu tun, oder?«

»Ach, ich bin ja nicht der erste Mensch, der sich zwischen zwei Übeln entscheiden muss: keiner Ehe oder einer schlechten.« Sie stampfte zum Schaukelstuhl zurück. »Also, soll ich jetzt zu diesem ›Halb-Mettle‹ fahren oder nicht? Zuhausebleiben kommt mir wie Verrat vor, und außerdem ist er *Bambi* dann schutzlos ausgeliefert.«

»Entweder vertraut man einem Mann, oder man vertraut ihm nicht. Wenn nicht, bringt es auch nichts, ihm hinterherzulaufen. Wenn dieser ›Mister Metal‹-Firlefanz erst mal vorbei ist – nicht die kleinere Chose nächsten Monat, sondern das große Affentheater im Juni –, meinst du, dass Remy dann genug hat?«

»Ich würde es gern glauben, aber das war bei dem Marathon letztes Jahr auch schon so. Und manno, hab ich mich da geirrt. Soweit ich weiß, hat er beschlossen, für den Rest seines Lebens an Triathlons teilzunehmen. Er macht keinerlei andere Pläne.«

»Hat der Junge das denn nicht mal *über*?«

»Die eigentliche Gefahr ist, dass ich es zuerst überhabe, Griff.«

»Bitte verlass mich nicht.« Seine Stimme zitterte.

»Niemals«, sagte sie. Sie stand auf, um sein Gesicht in die Hände zu nehmen und ihn auf die Stirn zu küssen, und flüsterte ihm ins Ohr: »Aber ich könnte es gut vertragen, das mal von Remington zu hören.«

Sie schob ihren Makkaroni-Auflauf in den Ofen und stellte die Zeitschaltuhr ein, damit er ihn nicht vergaß. Dann fischte sie die matschig gewordene Zucchini und den verharschten Blumenkohl aus dem Kühlschrank; in ihrer Wochenbestellung bei AmazonFresh war immer auch Gemüse dabei, aber Griff hatte nicht viel Verwendung dafür. Den Küchenboden wischte sie hastig, da Tommy am Freitag kommen würde. Im Bad stapelte sie noch mehr Toilettenpapier in Reichweite und feudelte den Boden vor der Schüssel, wo alte Männer mitunter Tropfen hinterließen. Sie legte ihm seine Tabletten hin und füllte sein Glas mit frischem Wasser und einer Zitronenscheibe.

»Danke, dass ich mich bei dir ausweinen durfte«, sagte sie und nahm ihre Sachen. »Und keine schlaflosen Nächte deswegen, bitte. Wir haben es beide nicht in der Hand. Remington wird den Klauen seiner Sekte schon entfliehen. Oder eben nicht.«

*

Als sie nach Hause kam, war Remington noch im Fitnessstudio. Die überflüssigen Hanteln und das extravagante Laufband verstaubten im ersten Stock. Er feierte den Gottesdienst lieber mit seiner Gemeinde.

Sie warf einen wütenden Blick auf das an der Wand lehnende Tri-Fahrrad. Es war aus elliptischen, seltsam gewinkelten Rohren gefertigt, der Lenker so gebaut, dass man die Unterarme flach darauflegte und sich an aufwärtsgebogenen Griffen festhielt. Für ein lebloses Objekt hatte es eine aggressiv snobistische Ausstrahlung. Im Gegensatz zu den grellen Farben von Remingtons Laufkleidung war dieses Gerät demonstrativ mondän: ein schickes Schiefergrau mit sandig-mattem Schliff und schmalen, geschmackvollen Branding-Akzenten in Blutrot. Ein Fahrrad sollte Geschichten erzählen, weit gereist aussehen; dieses Gerät wirkte makellos. Nicht wie etwas, womit man im Park herumfahren konnte, sondern eher wie ein Kunstobjekt aus dem Design-Museum, wo man kleinen Jungs, die es berühren wollten, einen Klaps auf die Hand gab. Bevor dieser hochmütige Eindringling sich in ihr Haus geschlichen hatte, wäre sie nie auf die Idee gekommen, dass ein Fahrrad zehn Riesen kosten könnte.

»Na so was! Ich nehm alles zurück«, sagte sie laut, als sie auf ihr Handy schaute. »Vielleicht gibt es doch einen Gott.« Denn die E-Mail, die sie gerade bekommen hatte, war ein Jobangebot: eine umfangreiche Aufnahme-Session in Lower Manhattan für ein neues Videospiel, zu großzügigen Bedingungen. Wenn Remington zehn Riesen für ein Fahrrad ausgab, musste sie den Job annehmen. Besser noch: Die Daten schlossen es vollkommen aus, mit nach Syracuse zu dackeln und beim Halb-Mettle zuzuschauen. Ausgezeichnet.

Das Handy regte sich erneut: Valeria.

»Vielen Dank auch, *Mama*«, legte die junge Frau los, kaum

dass ihre Mutter *Hallo* gesagt hatte. »Du wirst dich freuen zu hören, dass Nancee im Krankenhaus ist.«

»Was ist passiert? Und warum um Himmels willen sollte mich das freuen?«

»Sie ist wegen Erschöpfung eingeliefert worden. Und sie scheinen zu glauben, dass sie magersüchtig ist.«

»Also, damals im April, da habe ich versucht, dich darauf ...«

»Sie ist heikel, was Essen angeht, aber sie hungert nicht«, fauchte Valeria. »Ich bin ihre Mutter, ich muss das ja wohl wissen.«

Valeria war in rachsüchtiger Stimmung, und Tommys Diagnose, Nancee leide an einer *Sportbulimie*, würde jetzt vermutlich nicht als hilfreich empfunden werden. »Ist was passiert, oder war sie nur mit ihren Kräften am Ende?«

»Und ob was passiert ist. In der Nähe von unserem Haus gibt es einen Wasserturm, und irgendwie haben die Kinder es geschafft, die Leiter an der Außenmauer runterzuziehen, die zur Treppe hinaufführt. Und das dumme Mädchen hat angefangen, da rauf- und runterzurennen. Zum Glück hat Logan Wache gehalten, ganz zu schweigen von unserem Herrn und Erlöser ...«

Serenata stockte der Atem. »Sie ist doch nicht abgestürzt, oder?«

»Nein, aber das hätte leicht passieren können. Irgendwann ist sie nämlich kollabiert. Logan hat alles richtig gemacht und gleich den Notruf gewählt. Und natürlich mich angerufen. Ich musste erst jemanden aus der Gemeinde finden, der auf die anderen Kinder aufpassen konnte, und als ich ankam, waren die Sanitäter schon die drei Stockwerke hochgelaufen, um sie zu holen. Kann gut sein, dass sie bewusstlos geworden ist, weil sie dehydriert war.«

»Hat sie so was vorher schon mal gemacht?«

»Logan will nichts dazu sagen. Deacon hat mich immer bloß gequält – nicht, dass du's je bemerkt hättest –, aber Logan ist sehr loyal.«

»Und wie geht es ihr jetzt?«

»Nett, dass du endlich fragst«, sagte Valeria. »Sie hängt am Tropf, damit ihr Flüssigkeitshaushalt wieder in Ordnung kommt, und wird intravenös ernährt. Sie ist bei Bewusstsein und nicht gerade, was man eine ideale Patientin nennen würde, fürchte ich. Die Schwestern sind sich sicher, dass sie wegen der künstlichen Ernährung so ausrastet. Wahrscheinlich haben sie schon öfter dünne Mädchen erlebt, die sich die Nadeln rausreißen. Aber das ist es nicht. Ich kenne doch meine Tochter. Sie liegt bloß nicht gern im Bett. Sie hat versprochen, den Infusionsschlauch drinzulassen, solange sie ihr erlauben, mit diesem Ding auf Rädern die Flure auf und ab zu laufen. Aber der Arzt besteht auf absoluter Bettruhe, und das ist zu einer Art Kampf geworden.«

»Ich würde mich sehr ungern mit Nancee anlegen, egal, worum es geht. Sie ist zwar dünn, steckt aber voll ungestümer Energie.«

»Du kannst dir nicht vorstellen, wie schrecklich es ist, dein eigenes Kind ans Bett gefesselt zu sehen wie eine Geisteskranke. Aber ich habe sie dazu gebracht, mir zu sagen, was sie vorhatte. Anscheinend wollte sie eine Art Rekord brechen, als sie diese Treppe da rauf- und runtergerannt ist. Und rate mal, *wessen* Rekord?«

Serenata ließ die Frage unbeantwortet.

»Hast du meiner Tochter erzählt, oder hast du ihr nicht erzählt«, hakte Valeria nach, »dass du *zweihundert Stockwerke am Stück* rennst?«

»Vielleicht habe ich mal erwähnt, dass ich das mit zwanzig gemacht habe ...«

»Was für eine Großmutter bist du denn? Ein kleines Mädchen so herauszufordern?«

»Ich habe sie nicht herausgefordert. Ich habe nur mitgekriegt, dass sie hier die Treppe rauf- und runtergelaufen ist, und wollte ein Kameradschaftsgefühl zwischen uns schaffen.«

»Du hast meine Tochter mit demselben Irrsinn indoktriniert, mit dem ich aufgewachsen bin!«

»Von Indoktrination musst du gerade reden, mein Schatz.«

»Kinder sind sehr leicht zu beeinflussen!«, rief Valeria. »Du kannst ihnen nicht einfach Ideen in den Kopf pflanzen, ohne Verantwortung für die Konsequenzen zu übernehmen!«

»Ich möchte dich daran erinnern, dass dein Vater und ich dank der von dir eingelegten Sendepause vier äußerst prägende Jahre deiner zwei älteren Kinder verpasst haben. Als du dich dann dazu herabgelassen hast, den Kontakt zu deinen Eltern wieder aufzunehmen, war Nancee, wie du es selbst ausgedrückt hast, schon ein *Duracell-Hase*. Ich habe diese Verausgabungshörigkeit auch nicht erfunden. Die ist einfach überall. Im Fernsehen und in Filmen und in der Werbung und überall im Internet. Herrgott noch mal, schau dir doch an, was mit deinem Vater passiert ist! Du schmeichelst mir, meine Liebe, aber die Idee, sich durch schiere Erschöpfung auszuzeichnen, hat Nancee nicht von mir.«

Aber Valeria hatte bereits aufgelegt.

Nancee war erst der Anfang.

*

Irgendetwas stimmte nicht mit Tommy. Der Eifer, mit dem sie sonst im Haus herumwirtschaftete, hatte zwar ohnehin nachgelassen, seit sie ihre Fitbit-Billigkopie ausrangiert hatte. (Da die Apparatur beim Radfahren keinen einzigen Kilometer aufzeichnete und sich für den Pool als nicht wasserdicht genug erwies, verfehlte sie ihre Hauptfunktion, ihrer Nutzerin *Verdienste* anzurechnen.) Trotzdem ließ sie sich normalerweise nicht gleich zu Beginn ihrer Putzschicht auf einen Stuhl plumpsen.

»Bist du sicher, dass es dir heute nicht zu viel wird?« Serenata musterte ihre Nachbarin, während sie Tee für sie beide zubereitete. »Du siehst erledigt aus. Wir können es auch verschieben.«

»Ich versuche immer noch, um den vollen Mitgliedsbeitrag bei BruteBody rumzukommen ... Deshalb nehmen die Männer vom TriClub mich abwechselnd als ... als ... Gast mit. Ich mag nicht zu oft drum bitten. Also muss ich's ausnutzen ... wenn ich dann einmal im Studio bin.« Tommy sackte in sich zusammen. Es war nicht ganz klar, wie sie die Kloschüssel im ersten Stock schrubben wollte, wenn sie kaum reden konnte.

»Das heißt?« Serenata stellte Shortbread auf den Tisch. Vielleicht war das Mädchen unterzuckert.

»Gestern. Standrad. Hab ... alles gegeben. Diesmal hat Sloan mich mitgenommen, und er ... er beachtet mich einfach nicht.«

»Mhm.« Serenata hatte schon gewisse Ahnungen in dieser Richtung gehegt. »Wieso kümmert es dich, ob Sloan dich beachtet?«

Tommy blickte finster durch die Strähnen ihres feinen honigblonden Haars. »Na, rate mal. Er ist so ungefähr der heißeste Mann im Club – wenn nicht in ganz Hudson ...«

»Oder auf der Welt«, beendete Serenata lächelnd den Satz des Mädchens. Seit Kurzem zweiundsechzig zu sein, hatte wahrlich seine Nachteile, aber sie dankte dem Himmel, dass sie nicht mehr zwanzig war.

»Er ist wie ein ... wie ein verdammter Gott.«

»Lass es dir von mir gesagt sein, meine Gute: Du möchtest

keine Beziehung mit einem Gott haben. Sie entpuppen sich immer als bloße Sterbliche mit Groucho-Brille.«

»Du bist alt«, lallte Tommy. »Du hast das alles vergessen.«

»Aus der Zeit, als ich Anfang zwanzig war, gibt es reichlich Sachen, die ich sehr gern vergessen würde. Tut mir leid, dass ich eine Spielverderberin bin, aber er ist doppelt so alt wie du. Er ist geschieden und hat zwei Kinder, die kaum jünger sind als du. Aber ich weiß, ich weiß: Wo die Liebe hinfällt ...«

»Gestern ... wollte ich ihn, glaub ich, beeindrucken«, gestand Tommy. Sie sprach mit immer schwererer Zunge. »Hab 'ne volle Stunde ... gekurbelt. Geschwitzt wie ...« Eine Metapher zu finden schien über ihre Kräfte zu gehen. »... war klatschnass. Fix und fertig.«

Als sie den Tee servierte, schob Serenata ihr den Teller hin. »Energie.«

»Keine Kekse«, sagte Tommy. »Fühl mich dick. Hosen ... passen nicht.«

Serenata strich ihrer Nachbarin die Haare hinters Ohr. »Du bist nicht dick. Eher ein bisschen aufgequollen. Das ist was anderes.« Auch Tommys Hautfarbe war eigenartig, aber wenn sie jetzt etwas zu ihrem gelblichen Teint sagen würde, wäre das Mädchen nur noch mehr verunsichert.

»Meine Oberschenkel ... bringen mich um. Steinhart. Vielleicht ... nehm ich mir heute frei.«

Serenata musterte sie. »Vom Putzen oder vom Trainieren?«

»... beides.«

Dass Tommy im Vorfeld des Halb-Mettle-Quatschs von einem freien Tag redete, war noch nie vorgekommen. Hatte sie einen Waldspaziergang gemacht, fragte Serenata. Zecken an sich gefunden? Nein. Irgendwas Ungewohntes gegessen? Nein. Seit gestern überhaupt irgendwas gegessen? Nein. »Du bist nicht gesund. Ich glaube, du solltest zum Arzt gehen.«

»Nee. Is ja nicht weiter schlimm. Muss mich nur ... ausruhen.« In der Welt des Tri gehörte *sich ausruhen* eigentlich auf denselben Müllhaufen wie *Grenzen* und *es übertreiben*. Tommy versuchte, sich aufzurappeln. Ihre Oberschenkel waren über Nacht von Pubertäts- auf Wechseljahrsgröße angeschwollen.

Serenata ließ das Mädchen gehen – sie war schließlich nicht Tommys Mutter –, aber die Begegnung bereitete ihr Sorgen. Als sie später am Abend auf Tommys Handy anrief, sprang die Mailbox an, und ihre SMS blieb unbeantwortet.

Ihr Schlaf in dieser Nacht wurde nicht besser davon, dass Remington mehr als einmal aufstand, auf und ab ging und Dehnübungen am Bettpfosten machte, um den verkrampften Strang feiner Muskeln auf dem Spann beider Füße zu lockern. Die Krämpfe waren chronisch geworden, seit er die Zahl seiner Bahnen im Schwimmbad erhöht hatte. Sie reichten bis zu seinen Zehen, die sich wegen der überspannten Sehnen streckten und unnatürlich spreizten. Es war ihre Hilflosigkeit angesichts seiner Qualen, die sie wach hielt. Er versuchte eindeutig, leise zu sein, konnte aber nicht verhindern, dass sein Atem rasselte. Das Mondlicht, das durch die Vorhänge fiel, verhelldunkelte sein Gesicht zu einer Kabuki-Maske des Schmerzes: gefurchte Stirn, fest zugekniffene Augen, als würden seine Füße verschwinden, wenn er sie nicht sah. Sie liebte seine Füße – seine langen, trockenen, wohlgeformten Füße – und fand es schrecklich, sie in Folterinstrumente verwandelt zu sehen. In diesem Licht wirkte sein immer sehniger werdender Körper auch weniger muskulös als verwelkt.

Beim Frühstück las sie Nachrichten auf ihrem Tablet. »Hier, hör mal«, sagte sie, »irgendwo in Indien wurde ein Teenager von mehreren Männern vergewaltigt, und die Eltern hatten was dagegen – wie zu erwarten. Zur Strafe brummten die Dorfältesten den Männern einen kleinen Geldbetrag und hundert Sit-ups auf. Die Vergewaltiger wurden wütend, schlugen die Eltern krankenhausreif, übergossen das Mädchen mit Kerosin und verbrannten es bei lebendigem Leib.«

»Was manche Leute so anstellen, nur um keine Sit-ups machen zu müssen«, sagte Remington.

»Ich frage mich, welche Strafe dieses Dorf für Mord vorsieht. Hampelmänner?«

»Nur diagonale Toe Touches«, sagte Remington. »Man will sie ja vor ihrer nächsten Randale nicht zu sehr erschöpfen.«

Solches Geplänkel hatte früher bei ihnen am Frühstückstisch regelmäßig stattgefunden, und jetzt war sie dankbar dafür – zu dankbar.

Da sie nach wie vor nichts von Tommy gehört hatte, stöberte sie mit rasch wachsender Unruhe im Internet und ging dann zu den Marchs hinüber. Sie musste Mut fassen, um an der Haustür zu klopfen. Die wenigen Nettigkeiten, die sie hin und wieder gegenüber der Mutter geäußert hatte, waren auf Argwohn gestoßen. Was außer einem sauberen Waschbecken versprach sich diese eingebildete ältere Dame von nebenan schon von einer Beziehung zu einer Zwanzigjährigen?

»Ja?«, sagte die Mutter, nachdem sie die Tür halb geöffnet hatte. Massig, schlechte Haut, vorzeitig verhärmt – kein Wunder, dass ihre Tochter Fitnessfanatikerin war. »Tommy geht's nicht so gut.«

»Ich weiß. Deshalb komme ich vorbei. Ich muss sie etwas fragen.«

»Okay. Das kann ich für Sie machen.«

»Also schön – dann fragen Sie sie nach ihrem Urin. Welche Farbe hat er?«

»Ziemlich persönlich, oder? Was interessiert Sie das?«

»Bitte. Es ist wichtig.«

Mit finsterem Blick wandte die Nachbarin sich ab, ohne Serenata hereinzubitten. Nach einer Weile kam Tommy zur Tür geschlurft. Sie hielt sich aufrecht, lehnte sich aber an den Türrahmen. Ihr Gesicht war inzwischen so verquollen, dass eine Ähnlichkeit mit ihrer Mutter sichtbar wurde.

»Was soll das mit dem Pipi? Das ist das Kleinste meiner Probleme. Ich verwandle mich in einen Wal, und alles tut weh.«

»Die Farbe. In der Kloschüssel, wenn du pinkelst.«

Tommy zog die Stirn in Falten. »Also, jetzt, wo du's sagst, irgendwie braun. Aber ich dachte, das war wieder mal der Rost aus den Rohren.«

»Deine Session bei BruteBody, auf dem Standrad. Bis zu einem gewissen Punkt möchte man ja, dass Muskeln schlappmachen, damit sie sich danach umso stärker wieder aufbauen können. Aber wenn man es zu weit treibt, geraten Fasern in die Blutbahn, und die Nieren stellen den Betrieb ein. Soweit ich weiß, ist damit nicht zu spaßen. Du könntest daran sterben. Ich fahre dich *jetzt sofort* ins Columbia Memorial.«

Tommy hatte nicht genug Energie, um sich zur Wehr zu setzen. Als Serenata anbot, auch ihre Mutter mitzunehmen, murmelte die Frau etwas von Krankenhausrechnungen und lehnte ab. Dabei war Tommy über Medicaid versichert. Ihre Mutter wollte bloß nicht das Haus verlassen. Und dass sie eine Diagnose gestellt hatte, bedeutete für Mrs. March, dass Serenata auch an Tommys Zustand schuld war.

»Ist das nicht Panikmache?«, fragte Remington, als sie ins Haus gehastet kam, um ihren Schlüsselbund zu holen. »Das kommt doch äußerst selten vor.«

»Nicht so selten wie früher.«

»Und zweckdienlich ist es auch. Für deine Seite.«

»Meine *Seite*?«

»Du hast mich schon verstanden. Und du kidnappst eins meiner Clubmitglieder.«

Dasselbe Verb hatte sie in Bezug auf ihn verwendet. »Ich will ja nicht anmaßend klingen, aber ich gehe eher davon aus, dass ich sie rette.«

»Kein gutes Timing, was den Halb-Mettle betrifft. Sie sollte sich jetzt voll reinhängen.«

»Du hast sie nicht gesehen. Sie hängt eher voll durch. Und medizinische Notfälle sind berüchtigt dafür, sich schwer so planen zu lassen, dass es einem sportseitig in den Kram passt.«

Die Wartezeit in der Notaufnahme war beträchtlich, und weder die Empfangsschwester noch der Arzt, der sie schließlich untersuchte, hatte von der Diagnose je gehört.

*

»Oh, Mann, Rhabdo!«, rief Bambi plumpvertraulich, als Serenata den zwei Tage später um ihrem Esstisch versammelten Club auf den neusten Stand brachte.

»Sie muss ungefähr eine Woche im Krankenhaus bleiben«, sagte Serenata. »Bestimmt freut sie sich, wenn ihr mal bei ihr vorbeischaut. Aber sagt ihr nicht, wie aufgedunsen sie aussieht. Sie fühlt sich so schon unattraktiv genug.«

»Ich wette, sie hat nicht genug getrunken«, sagte Bambi im Brustton der Überzeugung.

»Vielleicht«, sagte Serenata. »Aber sie hat sich auch überanstrengt, weshalb es zu einem kompletten Nierenversagen gekommen ist. Ihr Kreatininwert war jenseits von Gut und Böse. Sie pumpen sie mit Flüssigkeiten voll und machen vielleicht auch eine Dialyse. Ausgeschlossen, dass sie am Halb-Mettle teilnimmt.«

»Sagst du.«

»Sagt das Columbia Memorial. Sich von einer Rhabdomyolyse zu erholen kann Wochen, wenn nicht Monate dauern. Offen gesagt, auch wenn ich das ihr gegenüber noch nicht geäußert habe, ist auch der MettleMan vom Tisch.«

»Ist dir schon mal aufgefallen, wie froh du klingst, wenn du schlechte Nachrichten überbringst?«, fragte Bambi.

»Tommy ist meine Freundin, und ihr Zustand macht mich ganz sicher nicht froh.«

»Aber sie hat Recht, meine Liebe«, sagte Remington. »Du klingst wirklich hochzufrieden. Du hast das Mädchen in dein Team zurückgeholt.«

»Die zwei *Teams* in diesem Club sind die Übermenschen und die Faultiere«, sagte Serenata. »Das macht mich zur Königin der Faultiere. Meinst du das?«

»Deine Formulierung, nicht meine.«

»Es ist bloß so, dass das Ganze wesentlich leichter ist, wenn dein Ehepartner an dich glaubt«, sagte Cherry. »Ich weiß, wovon ich rede. Und mehr will Rem damit nicht sagen, Schatz. Wir wissen alle, dass du kein großer Tri-Fan bist. Aber niemand von uns denkt, du wärst froh, dass Tommy im Krankenhaus liegt.«

Unterdessen streifte Ethan Crick schüchtern einen seiner Laufschuhe ab. Er zog die Socke aus, humpelte zur Gastgeberin und bat sie leise um ein Pflaster. Ethan war offenbar darauf aus, seinen Ruf als Jammerlappen loszuwerden, denn er versuchte tapfer, die massive Blase an seinem großen Zeh gelassen zu nehmen. Es sah aus, als wäre sie mehr als einmal eingerissen und wieder zugeheilt, nur um bei dem Zwanzig-Kilometer-Lauf, den der Club an diesem Nachmittag absolviert hatte, erneut wundgescheuert zu werden. Die Oberfläche war klebrig, und die Ränder bluteten.

Sie führte ihn ins Bad und suchte im Medizinschrank nach einem ausreichend großen Pflaster. Der Augenarzt, mit seiner gutmütigen Ausstrahlung und dem unschuldigen Mondgesicht, war überhaupt nicht pummelig, aber sein Körper hatte stumpfe

Konturen, die auch durch noch so viel Laufen und Gewichteheben nicht schärfer werden würden. Die schlanke Statur und wellenförmig definierte Muskulatur eines Sloan Wallace würde er nie erlangen. Sie hoffte, dass es ihm egal war. Nicht sehr wahrscheinlich.

»Lass erst mal den Schweiß trocknen, sonst klebt es nicht«, sagte sie. »Und wir müssen die schrumpelige Haut abschneiden. Wenn sie abgestorben ist, wird sie hart, und dann reißt sie ein.« Nachdem sie die Nagelschere gefunden hatte, bat sie ihn, den Fuß, dessen Geruch sie kurz zurückweichen ließ, auf den Wannenrand zu legen. Die Wunde hatte die Farbe und zähe Konsistenz von aufgeschäumtem Eigelb. Noch dazu hatte die Stumpfheit seines Körpers bei seinem Fuß extreme Formen angenommen. »Die Blase ist stark entzündet, Ethan. Tut das nicht weh?«

»Na ja, klar, ein bisschen schon.«

»Wie um Himmels willen bist du zwanzig Kilometer damit gelaufen? Und warum?«

Sie wussten es beide. »War nicht ganz einfach.«

»Ich dachte, du wärst hier der Vernünftige.«

»Vernünftigsein bringt einem in dieser Runde nicht viel Respekt ein.«

»Ich trage mal etwas Bacitracin auf. Aber so geschwollen, wie dein ganzer Fuß aussieht, könnte die Entzündung bis in die Blutbahn reichen.«

Er zuckte mit den Schultern. »Ich habe ein gesundes Immunsystem.«

»Bitte. Du bist doch Arzt.«

»Augenarzt.«

»Du brauchst ein Antibiotikum. Wusstest du, dass Calvin Coolidges Sohn an den Folgen einer entzündeten Blase am Fuß *gestorben* ist?«

»Na bitte, hier wird wieder *katastrophisiert*!« Da sie ihre sieben Zwerge als ihr Eigen betrachtete, streckte Bambi den Kopf zur Badezimmertür herein.

Trotzdem ließ Serenata nicht locker, bis Ethan eingewilligt hatte, sich direkt zur Ambulanz in der Innenstadt zu begeben; er würde es gerade noch rechtzeitig vor Schließung schaffen.

»Habt ihr gesehen, wie übertrieben er gehumpelt ist?«, sagte Chet, sobald Ethan gegangen war. »Wie Quasimodo oder so.«

»Sein Fuß sieht schlimm aus.« Serenata würde nicht zulassen, dass sie alle wieder auf Crick herumhackten, um sich im Vergleich zu ihm unbesiegbar zu fühlen. »Und eine Sepsis ist keine Charakterschwäche.«

Hank Timmermans Angebot, allen nachzuschenken, obwohl sie noch gar nicht ausgetrunken hatten, diente als Tarnung dafür, dass er selbst Lust auf einen weiteren G&T hatte. In Anwesenheit von Serenata, deren chronische Distanziertheit ihre Unbeziehung für ihn noch schlimmer machte, war er immer um Worte verlegen. Da er mitbekommen hatte, dass ihre Arbeit mitunter darin bestand, Bücher vorzulesen, fragte er sie, als sie ihm den Drink reichte: »Äh ... hast du mal Lorrie Moores *Was man von einigen Leuten nicht behaupten kann* gelesen? Das fand ich richtig gut.«

An sich ein absolut passabler Versuch, Small Talk zu betreiben, hätte Hank ihr exakt dieselbe Frage in der Vergangenheit nicht schon fünfmal gestellt. Der Himmel wusste, in welchem Entzugsetablissement ein Exemplar besagter Kurzgeschichten herumlag, aber sie musste daraus schließen, dass es das einzige Buch war, das er je gelesen hatte. Als er sie das erste Mal nach Lorrie Moore gefragt hatte, war sie von seinem Bemühen, eine Verbindung herzustellen, durchaus berührt gewesen und hatte voller Enthusiasmus geantwortet. Aber wenn er betrunken war, schien jede Erinnerung daran, dass er diesen Eisbrecher schon mehr als einmal verwendet hatte, ausgelöscht, und ihre Antworten waren immer knapper geworden.

»Jap«, sagte sie eisig.

Er wirkte getroffen. Etwas netter zu sein hätte sie nicht viel gekostet, aber Tommys Situation nagte an ihr und machte sie gereizt. Es war alles so unnötig.

»Die Kleine wird am Boden zerstört sein, wenn sie aufgeben muss«, sagte Chet, als Hank weitere Biere verteilte. »Sie fährt superschwer auf Tri ab.«

»Na ja, vielleicht findet sie dann ja was anderes, worauf sie *superschwer* abfahren kann«, sagte Serenata. »Sie hat nur einen Highschool-Abschluss, und abgesehen von dem vagen Ziel, Synchronsprecherin zu werden, hat sie bisher keinen Plan für ihr Leben. Vielleicht bin ich deshalb tatsächlich froh, dass sie im Krankenhaus liegt, Cherry. Solange sie wieder ganz gesund wird, könnte die Rhabdomyolyse sich im Nachhinein als Segen erweisen. Für Tommy ist der MettleMan eine Ablenkung.«

»Ablenkung *wovon*?«, sagte Bambi. »Wir sind hier auf Erden, um uns Herausforderungen zu stellen.«

»Ich habe von einer Veranstaltung in England gelesen«, sagte Serenata, »wo Dutzende von Leuten vierundzwanzig Stunden ohne Pause auf einer Vierhundert-Meter-Bahn rennen. Letztes Mal ist der Sieger zweihundertsiebenundfünfzig Kilometer gelaufen. Das sind sechshundertvierzig Runden. Die Wettläufer fangen an zu halluzinieren. Sie machen sich buchstäblich verrückt. Ein Läufer hat gesagt, das Ziel der Übung sei es, *sich tot zu fühlen*. Solche Veranstaltungen breiten sich jetzt überall in der westlichen Welt aus wie ein Lauffeuer. Wir haben den Computer erfunden und einen Mann auf den Mond gebracht. Jetzt laufen wir manisch im Kreis wie die Tiger und schlagen uns selbst zu Butter. Eine einst großartige Zivilisation, die zusehends im Ausguss verschwindet.«

»Es ist *schwer*, über sechshundertmal eine Ellipse zu laufen«, sagte Bambi. »Versuch's mal.«

»Es ist schwer, sechshundertvierzig winzige Perlen auf eine schlaffe Schnur zu fädeln.«

»Sera, wir wissen doch alle von deinen Knien«, sagte Sloan. »Sind das nicht saure Trauben?«

»Eine Skeptikerin werdet ihr wohl noch überleben«, sagte Serenata. »Wo euch doch die ganze amerikanische Kultur bejubelt.«

»Das stimmt so nicht«, sagte Bambi. »Es gibt einen Teil der Bevölkerung – einen verdammt großen Teil –, der uns zum Kotzen findet. Und diese Leute äußern sich mitunter ziemlich lautstark.«

»Kein Witz«, sagte Sloan. »Du solltest mal meine Ex hören. ›Ach, das ist alles nur ein Riesen-Egotrip, und du willst dich doch bloß im Spiegel begaffen.‹ Vor unserer Trennung habe ich jedes Mal, wenn ich zum Training aufgebrochen bin, eins aufs Dach gekriegt, von wegen, ich sollte mit den Kindern in den Park gehen. Aber für den Mettle musst du deine Familie über die Klinge springen lassen. Sonst ziehen sie dich mit runter, schlumpfen den ganzen Sonntagmorgen im Bademantel rum, mit Croissants und Reisebeilagen und Plastikspielzeug.«

»Ich hab mich letzte Woche deshalb ziemlich heftig mit einem Kunden im Café angelegt«, sagte Chet. »Ich hatte mich mit einem Stammgast über Tri unterhalten, da schwingt dieser Typ am Nachbartisch sich auf sein hohes Ross und labert los, was für eine Zeitverschwendung das sei, und wenn wir schon so viel Energie aufwenden, dann sollten wir besser in einem Obdachlosenheim arbeiten ...«

»Die alte Leier!«, sagte Bambi. »Die *Warum-arbeitest-du-nicht-ehrenamtlich-für-die-Tafel*-Nummer ...«

»Oder gräbst Brunnen für hungernde Afrikaner«, sagte Chet.

»Nein, nein, mir will man immer weismachen, ich sollte mich um alte Leute kümmern«, sagte Cherry. »Im Pflegeheim *Bingo* rufen.«

»Warum ist die logische Alternative zu sportlicher Betätigung bitte zur Schau getragener Altruismus?«, sagte Remington. »Wirklich, wer steht denn schon an der Tür und überlegt: ›Also, ich könnte jetzt entweder joggen gehen oder Immigranten im Nachbarschaftszentrum Englischunterricht geben?‹«

»Ich weiß nicht, aber ich höre so was jedes Mal, wenn ich mich an irgendeinen Tresen setze«, sagte Bambi. »Und was mir dabei den Rest gibt: Dieselben Wichser, deren feines ethisches Empfinden so furchtbar dadurch gestört wird, dass man sein Leben lebt, wie man es verdammt noch mal will, *die* leisten selbst garantiert *keine* ehrenamtliche Arbeit in irgendeinem verfluchten Obdachlosenheim – darauf könnt ihr euren letzten Dollar verwetten.«

»Und MettleMan sammelt massenweise Geld für wohltätige Zwecke!«, rief Cherry.

»Ist euch schon mal aufgefallen, dass all die Männer, die sich über Tri aufregen, dick sind? Ich meine«, Hank warf Cherry einen nervösen Blick zu, »nicht kräftig, sondern, ihr wisst schon, schwabbelig.«

»Das ist es, was meine Ex richtig gestresst hat«, sagte Sloan. »Sie sah langsam, aber sicher so alt aus, wie sie ist, und ich nicht.«

»Die Lahmärsche fühlen sich bloß unterlegen ...«, sagte Bambi.

Hank boxte in die Luft. »Weil sie's *sind*!«

»... und sie sind neidisch.«

Wie immer hatte Serenata sich hinter die Kücheninsel zurückgezogen, als wäre sie die Barkeeperin des Clubs. Das Gespräch gehörte zum Programm. Seinen Zweck infrage zu stellen wäre nur als eigene persönliche Unzulänglichkeit gedeutet worden. Die einzige Möglichkeit, genügend Ansehen zu erlangen, um die Vorteile des MettleMan anzweifeln zu dürfen, war vermutlich die, selbst erfolgreich an einem teilzunehmen. Dass sie nicht tun wollte, was diese Leute taten, konnte sie ihnen folglich nur beweisen, indem sie tat, was sie taten.

»Ich habe nie verstanden«, sagte Remington, »warum *Neid* etwas ist, das viele Menschen vor sich selbst als eine andere Empfindung tarnen – manchmal als blanke Abneigung, aber häufiger noch als *moralische Missbilligung*.«

Also, hätte Serenata tapfer erwidert, wenn nur sie beide beim Abendessen gesessen hätten, *kann ich nie abstreiten, dass ich Neid empfinde, weil mir das Gefühl ja in anderer Gestalt erscheinen würde? Genau das hast du doch immer gesagt, wenn du als Rassist bezeichnet wurdest, oder? Dass es sich eben dadurch bewahrheite, dass du es bestrittest? Und jetzt gilt das Gleiche für jeden, der ein abfälliges Wort über den MettleMan sagt: Du bist ja bloß feige, faul und schwach. Voilà, dein fragwürdiges Unterfangen ist auf ewig über jeden Vorwurf erhaben.* Aber sie und Remington waren alles andere als allein.

»*Ich* beneide niemanden.« Bambi sah Serenata direkt ins Gesicht. »Keine einzige Menschenseele.«

Sie erwiderte den stechenden Blick. »Remington zufolge würdest du sie, wenn du es doch tätest, stattdessen *missbilligen*. Vielleicht beneidest du uns Sesselfurzer ja insgeheim – weil wir ausschlafen, Pringles einwerfen und unser Leben genießen, während du leidest.« Das Lächeln, mit dem sie dies unterstrich, war freudlos.

»Also, Rem«, sagte Hank, »du hast dich vom letzten Wochenende ja anscheinend ziemlich gut erholt. Noch Probleme gehabt seitdem? Du musst ja scheißviel Wasser geschluckt haben.«

»Ja, und auch noch schmutziges«, sagte Cherry. »Ich wollte dich noch fragen – ist dir davon übel geworden?«

Remingtons steifes Kopfschütteln wurde womöglich falsch gedeutet.

»Bist du diese Woche wieder in den Pool gegangen?«, fragte Chet. »Das ist die Hauptsache. Du weißt schon, gleich wieder aufs Pferd steigen. Du willst ja keine Phobie entwickeln oder so was.«

»Worum geht's hier?«, fragte Serenata.

Der Club verstummte. Sloan murmelte Remington zu: »Du hast es ihr nicht erzählt?«

»Mir was nicht erzählt?«

»Das gehört einfach dazu«, sagte Sloan. »War nicht weiter schlimm.«

»Remington. Was war nicht weiter schlimm?«

»Er ist hier, oder?«, sagte Bambi. »Er ist heute zwanzig Kilometer gelaufen, und es geht ihm gut.«

»Bis vor einer Minute habe ich es für selbstverständlich gehalten, dass es meinem Mann gut geht. Was ist passiert, weswegen ich dankbar sein sollte, dass er überhaupt *hier* ist?«

»Ich wollte nicht, dass du dir Sorgen machst«, sagte Remington. »Schließlich gibt es offensichtlich keinen Grund dazu.«

»Du redest von letztem Samstag, oder? Als du ziemlich spät nach Hause gekommen bist und dir nicht richtig warm wurde. Wir hatten hier dreiundzwanzig Grad, und du wolltest, dass ich den Kamin anmache. Du hast gezittert, kaum was gegessen und bist gleich ins Bett. Warum?«

»Wir sind im Freiwasser geschwommen, im Hudson«, sagte Remington. »Das hab ich dir erzählt. Ich habe nur nicht erwähnt, dass ich – in Schwierigkeiten geraten bin. Ich muss mich unterkühlt haben ...«

»Meine Schuld«, sagte Bambi. »Die Wassertemperatur war grenzwertig, deshalb war's eine Ermessensfrage. Beim nächsten Mal würde ich mich für Neoprenanzüge entscheiden.«

»Wie weit seid ihr geschwommen?«, fragte Serenata.

»Ungefähr zweieinhalb Kilometer, plus minus«, sagte Remington.

»Hast du das vorher schon mal gemacht?«

»Ja, aber im Pool. Freiwasser ist 'ne etwas andere Geschichte.«

»Allerdings«, sagte sie. »Deine *Schwierigkeiten* ... Versuchst du mir zu sagen, dass du letztes Wochenende fast ertrunken bist?«

»Das versuche ich nicht. Das sage ich dir.«

»Und warum bist du nicht ertrunken?«

»Ich habe ihn rausgezogen, Sera, klar doch«, sagte Bambi. »Ich schwimme immer mal wieder zurück, um nach den Nachzüglern zu sehen, und als ich bemerkt habe, dass Rem Probleme hatte, habe ich sofort Vollgas gegeben. Das gehört zu meinem Job. Ich bin eine prima Rettungsschwimmerin. Hatte Rem im Nullkommanix an Land. Und den Rest der Truppe habe ich auch gleich rausgerufen. Es kommt nicht oft vor, dass ich das Training abbreche, aber wenn es nötig ist, mache ich eine Ausnahme, ich bin ja nicht total übergeschnappt, egal, was du denkst.«

»Und musstest du Mund-zu-Mund-Beatmung machen?«

»Ja, schon. Aber keine Sorge, es war nicht gerade das, was du romantisch nennen würdest.«

»Ich denke, es war genau das, was ich romantisch nennen würde. Und ich schulde dir wohl Dank. Dafür, dass du meinem Mann das Leben gerettet hast.«

»Nein, nein, wie gesagt, ich habe nur meinen Job gemacht. Gehört alles zum Alltag.«

»Außer dass du ihn auch in die Lage gebracht hast, aus der er gerettet werden musste.«

»Ich habe mich selbst in diese Lage gebracht«, sagte Remington. »Wenn ich meine aktuellen Fähigkeiten überschätzt habe, war das meine Schuld.«

»Deiner Trainerin zufolge waren diese *Schwierigkeiten* anscheinend die, dass du um ein Haar zappelnd auf den Grund des Flusses gesunken und zu einem weiteren Stück Müll neben den Ersatzreifen und Einkaufswagen geworden wärst ... Wenn sie sagt, der Vorfall war bloße Routine und *gehört zum Alltag*, warum hast du mir dann nichts davon erzählt?«

»Du weißt genau, warum ich dir nichts davon erzählt hab.«

Mit ungefähr acht, als sie schwimmen lernte, war Serenata einmal aus Versehen ans tiefe Ende eines öffentlichen Schwimmbads gepaddelt, hatte versucht zu stehen und war in Panik geraten. Ein Bademeister hatte es sofort bemerkt, sie konnte also nicht mehr als dreißig Sekunden lang wild um sich geschlagen und mit literweise Grundschülerpipi gesalzenes Chlorwasser geschluckt haben, bevor ein junger Mann von hinten einen Arm um sie schlang und sie ins Flache brachte. Aber es waren lange dreißig Sekunden – eine kleine Lebenszeit blinder, animalischer Angst, die sich ihr derart ins Gedächtnis gebrannt hatte, dass sie besagte *Schwierigkeiten* so viele Jahre später noch im Kopf abspulen konnte, als wäre es gestern gewesen.

Sie wollte nicht glauben, dass die Erfahrung, beinahe zu ertrinken, mit fünfundsechzig weniger einschneidend war als mit acht. Umso mehr, als man mit fünfundsechzig besser gerüstet war zu verstehen, was man dabei zu verlieren im Begriff war. Doch ihr Mann kam nach Hause und erzählte ihr nicht, dass er gerade den Tod selbst eingeatmet hatte, nur weil er ihr in einer Meinungsverschiedenheit über seine Teilnahme an einer Sportveranstaltung keine Munition liefern wollte. Der Grund für diese Zurückhaltung war mindestens so traurig wie absurd. Er hatte all diese neuen Freunde, aber wenn sie nach Hause gingen, war Serenata nicht die Einzige, die sich einsam fühlte.

9

»Du hast mir gar nicht erzählt, dass Remington fast ertrunken wäre.« Serenata sagte es sanft, damit es nicht so klang, als würfe sie ihr Verrat vor. Schon gestraft genug, musste Tommy nicht auch noch für die Mängel einer Ehe herhalten, die um die Hälfte älter war als sie selbst.

»Dann hat er's dir also erzählt.« Tommy legte phlegmatisch die Wange auf das flache Krankenhauskissen. »Ich wollte ihn nicht verpetzen.«

Wenn das Mädchen über Nacht von der Superwoman zur Nacktschnecke mutiert war, dann zu einer, auf die jemand Salz gestreut hatte. Sie sah aus, als würde sie schmelzen. Trotz Bändigung durch Kompressionsstrümpfe hatten sich alle vier Gliedmaßen ausgedehnt, und ihre Finger glichen Würste – dick und prall genug, um in einer Bratpfanne zu platzen. Mit den klaren Konturen hatte ihr jetzt breites, ausdrucksloses Gesicht auch die Intelligenz eingebüßt.

»Du bist sehr loyal«, sagte Serenata. »Es ist okay, jemand anderem als mir gegenüber loyal zu sein.«

»Eine Zeit lang dachten wir, er würde tatsächlich abnibbeln. Selbst als er wieder zu atmen anfing, hustete und hustete er, dass man schon dachte, seine Lunge würde gleich rauskommen.« Ihr Mund hätte voll Pudding sein können. Die schludrige Aussprache rührte nicht von der körperlichen Unfähigkeit her, Wörter zu formen. Vielmehr war ihr ganzes Wesen in Apathie getaucht, gespiegelt in der Farblosigkeit des Krankenhauszimmers. Sie sprach nicht deutlich, weil es ihr egal war – sowohl, was sie sagte, als auch alles andere.

»Ich habe ihn beim Schwimmen beobachtet. Er ist eine Bleiente. Ich wollte nichts sagen, als ich dir Kraulen beigebracht habe, aber es gibt solche Menschen. Hat mehr mit Körperdichte als mit Technik zu tun. Aber keine Sorge. Du bist keine Bleiente.« Sie hoffte, diese Zuschreibung würde sich metaphorisch auf Tommys Leben übertragen, von dem die junge Frau zu glauben schien, es sei vorbei.

»Jetzt nicht!«, sagte Tommy ohne jede Freude. »Jetzt würde ich an der Oberfläche treiben wie ein Wasserball.«

»Die Flüssigkeit läuft aber schon langsam ab, oder?«

»Ich merke nichts davon«, sagte sie niedergeschlagen. »Fühlt sich eher an, als wär's schlimmer geworden. Dieser Tropf pumpt mich die ganze Zeit mit noch mehr Wasser voll ...«

»Das Myoglobin muss rausgespült werden. Sie haben dir ja gesagt, dass es eine Weile dauern wird, bis du wieder deine normale Figur hast.«

»Sie haben gesagt, es könnte *Wochen* dauern. Und mein ganzer Körper tut weh. Ich liege hier bloß rund um die Uhr im Bett, während jeder Muskel zu Brei wird. Ich kann es praktisch hören.«

»Und wie klingt es?«

»Wie wenn in unserer Küchenspüle eine Luftblase ist. Das Schmutzwasser staut sich, und dann rulpst eine dicke, fette, schmierige Luftblase durch den Abschaum: *blu-blubb*.«

»Ich habe gelesen, dass die Muskeln erst nach zwei vollen Wochen ohne Training schwächer werden.«

»Das ist Quatsch.«

Serenata glaubte es auch nicht. »Alles, was zählt, ist, dass du gesund wirst. Deine Nieren arbeiten endlich wieder. Wenn das hier vorbei ist, kannst du immer noch wieder fit werden.«

»Mhm.« Tommys Augen waren durch die Wassereinlagerungen zusammengedrückt, sodass ihr stechender Blick aus Schlitzen kam. »Würde dir dieser Hauptsache-du-wirst-gesund-Mist helfen?«

»Natürlich nicht. He, was ist das denn?«, fragte Serenata. »Das ist mir noch nie aufgefallen.«

Tommy verdeckte ihr Handgelenk, aber ihre Freundin hatte die Hummel bereits entdeckt. Das handwerkliche Niveau war nicht das gleiche – Serenatas Tattoo stammte von einem Meister –, aber das neuere Bild war lebendiger.

»Ich wollte es dir zeigen«, sagte Tommy, »aber dann hab ich befürchtet, dass du denkst, ich mach dich nach.«

»Betrachten wir es nicht als Imitation, sondern als *Hommage*. Ich nehme es als Kompliment.«

»Wirklich? Du bist mir nicht böse?«

»Wirklich. Ich bin gerührt.«

Tommy richtete sich etwas auf. »Also, der Halb-Mettle ist in drei Wochen, und wenn ich nur wieder in Gang komme ...«

»Vergiss es«, sagte Serenata. »In drei Wochen wirst du von Glück sagen können, wenn du es allein ins Badezimmer schaffst. Vergiss den MettleMan, und zwar inklusive Juni. Wenn ich in deiner Lage wäre, würde mir Folgendes helfen: MettleMan ist ein Franchise-Unternehmen. Die können den Namen markenrechtlich schützen lassen, aber nicht das Laufen, Schwimmen und Radfahren selbst – genauso wenig, wie ich das kann, weswegen du dich immer über mich lustig machst, und zwar zu Recht. Du brauchst weder die Organisation noch ihr Imprimatur ...«

»*Imprimatur?*«, sagte Tommy geringschätzig.

»Ihr Gütesiegel.«

»Ich will aber das Tattoo haben.«

»Du brauchst das Tattoo nicht. Du hast unsere Hummel.«

»Ich werde alle meine Freunde verlieren.«

»Mich nicht«, sagte Serenata. »Und wenn die anderen Mitglieder des TriClubs dich gernhaben, werden sie dich auch nicht fallenlassen, nur weil du krank geworden bist.«

»Tu nicht so blöd. Wenn du keinen Tri machst, zählst du nicht. Du hast genug Zeit mit diesen Kerlen verbracht, du weißt doch, wie das läuft. Du bist in, oder du bist out. Ich bin jetzt eine Drückebergerin mehr, die man durch den Kakao ziehen kann.«

»Aber das ist doch gruselig, oder? Wenn es stimmt? Und ich bin mitgemeint. Nach ihren Maßstäben bin ich eine Drückebergerin.«

»Ich weiß.«

Die Bestätigung dessen, was sie bereits wusste, schmerzte trotzdem. »Hat dich irgendwer von den anderen Clubmitgliedern besucht?«

»Nur Cherry«, sagte Tommy. »Und selbst die konnte es gar nicht erwarten, wieder zu gehen. Es ist, als hätten sie Angst, sich mit irgendwas anzustecken.«

»Sie haben Angst vor dem, was ihnen ohnehin droht: nämlich die Chance, sich zu uns anderen Deppen zu gesellen, wenn sie auch nur ein einziges Mal über einen Bordstein stolpern.«

»Ich fühl mich zum Kotzen. Ich mag gar nicht in den Spiegel schauen …«

»Dann lass es.«

»Ich habe nichts, wofür es sich zu leben lohnt«, nuschelte Tommy. »Ich wünschte, ich wäre tot.«

»Ach was, das tust du nicht.«

»Dieses Rhabdo-irgendwas ist meine Schuld. Ich war nie gut genug und bin es immer noch nicht. Wenn ich von Anfang an kräftigere Oberschenkel gehabt hätte, wäre das nie passiert. Es liegt alles nur daran, dass ich nicht gut genug in Form war. Das werden sie hinter meinem Rücken auch sagen. Sie werden sagen, das Problem ist, dass ich nie in ihrer Liga war.«

»Wenn du kräftigere Oberschenkel gehabt hättest, wärst du bloß immer noch schneller und noch länger geradelt, alles, um Sloan Wallace zu imponieren – und hättest deine Muskeln genauso zu Giftmüll atomisiert. Schwach bist du nur wegen eines hübschen Gesichts geworden. Obwohl das meiner Erfahrung nach eine große Schwäche ist. Fatal.«

»Aber Remington sah heiß aus. Hast du gesagt.«

»Ja. Was ich ihm natürlich nicht als Verdienst angerechnet habe, aber er ist schon ganz gut gebaut. Außerdem habe ich mich gleich davon angezogen gefühlt, dass er so gefasst wirkte – so beständig, fokussiert. Konzentriert, innerlich gefestigt. Allerdings scheint sich ebendiese destillierte Qualität leicht gewandelt zu haben. Im Moment ist da etwas in seinem Gesicht, das ich nicht mag.«

»Was denn?«

»Fanatismus.« Das Wort klang nach.

»Na ja, man muss schon einen ziemlichen Sprung in der Schüssel haben, um für einen kompletten Mettle zu trainieren, oder?«, sagte Tommy. »Das ist ja ungefähr so, als zieht man in den *Dschihad*. Aber wenn man nicht rumgammeln will, ist die einzige Alternative die, total mittelmäßig und unscheinbar zu sein. Oma-Sätze wie *Alles in Maßen* zu sagen. Nicht richtig laufen zu gehen, sondern zu *joggen*. Eine Persönlichkeit zu haben von der Temperatur einer Babyflasche.«

»Nein, die Alternative ist, sich in den Griff zu bekommen, meine Liebe«, sagte Serenata lebhaft. »Du bist einem Trend aufgesessen, und du magst noch nicht damit durch sein, aber der Trend ist mit dir durch. Wir können wieder zusammen Drehbücher lesen. Du hast eine starke Stimme und musst nur noch lernen, sie richtig einzusetzen. Für meine Art der Arbeit brauchst du keinen Abschluss; du musst nur gut darin sein. MettleMan hat dich Zeit und Geld gekostet. Lass uns lernen, Geld zu *verdienen*, und zwar mit etwas, das dich zufriedener macht als Bödenwischen. Und wenn du dann noch Zeit für Push-ups hast, schön. Du meinst, es würde dich zu etwas Besonderem machen, wenn du einen MettleMan schaffst, doch das haben inzwischen viele geschafft, und es ist nichts Besonderes mehr. Arbeiten wir lieber daran, dich zu etwas wirklich Besonderem zu machen.«

Aber leider war es zu früh für eine Motivationsrede, und sie traf auf taube Ohren.

*

Eine Woche nach ihrer Entlassung aus dem Krankenhaus konnte Tommy ihre Nachbarin auf langsamen Spazier- oder eher Schlurfgängen begleiten, die sich allmählich bis zum Stadtzentrum ausdehnten. Auch wenn ihr ein Großteil ihrer Garderobe noch nicht wieder passte, zog sie sich, wenn sie aus dem Haus ging, wenigstens richtig an; davon, in unförmigen Nachthemden herumzuschlumpfen, wurde sie nur noch deprimierter. Sie hatte es geschafft, von echter Verzweiflung zu tiefer Niedergeschlagenheit zu bloßer Verlorenheit fortzuschreiten. Jetzt war die widerstandsfähige junge Frau auf dem besten Weg zu einer gesunden Verstimmung. Während Serenata sich auf den fünftägigen Videospiel-Gig in Manhattan vorbereitete, tat es ihr mehr leid, Tommy im Stich zu lassen, die womöglich einen emotionalen Rückfall erleiden könnte, als Remington in Syracuse nicht zur Seite zu stehen – was ihm nicht entging.

»Hast du eigens nach einem Job gesucht, der dir einen Terminkonflikt für genau den richtigen Tag bescheren würde?«, fragte er, als er packte.

»Du weißt, dass ich das nicht getan habe, und wir haben das doch schon besprochen. Wir brauchen das Geld.«

»Trotzdem – du bist froh, dass du jetzt nicht mitkommen musst.«

Sie verwarf eine Reihe zweideutiger Antworten und sagte dann: »Ja.«

Dabei, eine Ladung Wäsche einzusortieren, legte sie drei Boxershorts in seine oberste Schublade. Remington nahm die drei Boxershorts wieder heraus und legte sie in seinen Koffer.

»Auf der Schwimmetappe«, sagte sie, »wird es da Rettungsschwimmer geben?«

Sein Blick war abweisend. »Der Onondaga Lake wird betonnt sein, und außerdem liegen in regelmäßigen Abständen voll besetzte Boote in Bereitschaft.«

»Ich wollte nur meine Sorge zum Ausdruck bringen, keine Herablassung.«

»Natürlich.« Ah, die Remington'sche Trockenheit.

»Tommy hat gesagt, du wärst fast gestorben.«

»Es gibt viele Momente in unserem Leben, in denen wir fast sterben. Gerade gestern erst hatte ich einen Beinaheunfall, als ich über die Straße gegangen bin. Ich nehme nicht an, dass du mir das ankreidest.«

»Wenn du überfahren würdest, weil du das Schicksal herausgefordert hast, würde ich es dir schon ankreiden.«

»Kann ich daraus schließen, dass du beim MettleMan im Juni auch nicht dabei sein wirst?« Sein Ton war freundlich.

»Ich habe dir gesagt, dass ich da sein werde. Ich verspreche es.«

»Aber wenn nun irgendwas dazwischenkommt? Und wir immer noch *Geld brauchen*?«

»Ich habe gesagt, ich werde da sein. Und nach Syracuse kommt Valeria mit, da hast du doch deine Fankurve. Ich darf dich vielleicht daran erinnern, dass ich über die Jahre Tausende von Kilometern gelaufen, Fahrrad gefahren und geschwommen bin. Soweit ich weiß, habe ich kein einziges Mal darauf bestanden, dass du mir dabei zuschaust.«

Remington würde schon am nächsten Morgen nach Syracuse aufbrechen und drei Tage im Courtyard wohnen, weil er einen zusätzlichen Tag eingeplant hatte, um sich auf seine vorletzte Ausdauergroßtat vorzubereiten. Die Kosten für das Hotelzimmer würden das Honorar ihres ersten Aufnahmetages, der so tragisch mit dem Halb-Mettle zusammenfiel, aufzehren. Die Einkünfte ihres zweiten Tages würden sie für die deftige Teilnahmegebühr aufwenden. Sollte sie je auf der Suche nach einer Investitionsmöglichkeit sein, wäre der MettleMan eine Aktie auf Wachstumskurs.

Aber sie wollte den Abend, bevor sie getrennte Wege gingen, nicht vergeuden, indem sie sich ihrem finanziellen Groll hingab und schmollte; als Remington beim Abendessen aus heiterem Himmel ein theoretisches Szenario aufs Tapet brachte, ließ sie sich deshalb sofort darauf ein.

»Gedankenexperiment«, sagte er. »Mal angenommen, du gehst nachts allein in einem weitgehend verlassenen, etwas zwielichtigen Viertel der Stadt spazieren. Eine Gestalt, die hinter dir herläuft, macht dir Angst. Du blickst über die Schulter. Es ist ein Mann, das schon, aber er ist weiß. Was empfindest du?«

»Erleichterung.«

»Warum?«

»Ich könnte Pech haben, aber meine Grundannahme ist, dass keine Gefahr von ihm ausgeht.«

»Liegt das daran, dass du Solidarität mit ›deinen Leuten‹

empfindest? Nach dem Motto, wir Weißen halten zusammen und würden uns gegenseitig nie etwas antun?«

»Kaum. Ich empfinde keine Solidarität mit Weißen. Aber unter Schwarzen ist die Inhaftierungsrate höher ... Was zum Teil an einem manipulierten Rechtssystem liegt, aber trotzdem ... Ich habe Schwarze zugeben hören, dass ihre *Brüder* auf der Straße sie auch manchmal nervös machen.«

»Was vermutest du, in Ermangelung irgendwelcher zusätzlichen Informationen, sonst noch hinsichtlich unseres namenlosen weißen Mannes?«

»Wie alt ist er?«

»Sagen wir, zwischen zwanzig und dreißig.«

»Und wir reden von Mittelschicht und drüber?«

»Klar. Wir sind ja nicht in South Boston. Sagen wir, er trägt ein Yale-Sweatshirt.«

»Was nicht heißt, dass er da studiert haben muss.«

»Aber zumindest möchte er, dass du das denkst. Keine große Ghetto-Ambition.«

»Wenn er nicht auffallend durchtrainiert daherkommt, würde ich davon ausgehen, dass er schwach ist.« Serenata überraschte sich selbst damit, aber es stimmte. »In jeder Hinsicht, wenn ich es recht bedenke.«

»Und wenn du dich in deiner Fantasie in eine *Person of Color* hineinversetzen würdest – einen weiteren jungen Mann, der diese Straße als sein Revier betrachtet –, was denkt ein Vertreter einer *marginalisierten Gruppe*, wenn er unseren weißen Mann sieht?«

Serenata bekam allmählich ein Gefühl für diese Übung. »Dass der Eindringling naiv ist. Dass er nicht hier sein sollte und nicht weiß, was er hier verloren hat. Dass er gutgläubig ist und nicht wachsam genug. Flankiert von Lakaien wäre er vielleicht zum Maulheldentum fähig ...«

»Alle Männer sind bedrohlicher, wenn sie im Rudel auftreten.«

»Aber allein? Ist er wahrscheinlich ein Feigling. Ich stereotypisiere nicht gern, aber in dem *hypothetischen* Fall, dass diese *POC* auch nur die allergeringsten räuberischen Ambitionen hätte? Jagd eröffnet. Ein weißer Mann wird sich nicht selbst verteidigen. Er ist leicht zu bestehlen und leicht rumzuschubsen.«

»Gut. Sonst noch etwas?«

»Der weiße Mann ist risikoscheu. Irgendwelche Schwierigkeiten, und es wird ihm nur darum gehen, heil aus der Sache rauszukommen. Er wird sich nicht bemühen, seinen Stolz zu bewahren; um seine Haut zu retten, wird er jede Erniedrigung hinnehmen. Vielleicht war er wirklich in Yale, aber auf der Straße hat er Minderwertigkeitskomplexe. Er hat extreme Angst vor anderen Männern, die schwarz oder Latinos sind – wenn auch vielleicht nicht vor Asiaten, aber das beweist nur seine Ahnungslosigkeit. Also ja, mag sein, dass er theoretisch gut gebildet ist, aber in puncto Selbstschutz ist er nicht auf dem neusten Stand, da ist er ein Analphabet. Er ist furchtsam und will unbedingt Konflikte vermeiden. Sorglos, was seine Wertsachen angeht – die er für ersetzbar hält. Leichtgläubig. Lebt wahrscheinlich bei seinen Eltern.«

»Ich behaupte«, sagte Remington mit erhobener Gabel, »dass junge Männer zwischen fünfzehn und dreißig die gefährlichsten Geschöpfe auf Erden sind. Sie konkurrieren um Partnerinnen und versuchen, in der männlichen Hackordnung die Vorherrschaft zu erlangen. Überall auf der Welt sind das die Terroristen, die Gangmitglieder, die Täter in den meisten nichtstaatlichen Mordfällen. Aber die Schutzvermutung lautet, dass junge weiße Männer, egal, wie sie finanziell gestellt sind, wirksame Testosteronblocker genommen haben. Sie mögen brillant im Codieren oder in Semiotik sein; als Tiere sind sie ihrer Fähigkeiten beraubt worden. Sie können in unvertrauten Situationen nicht für sich selbst sorgen. Sie können nicht schnell reagieren. Sie sind unter ihresgleichen großgezogen worden, von Frauen, und von Männern, die von Frauen beherrscht werden. Als Gruppe werden sie sogar in ihrem Sozialverhalten als inkompetent wahrgenommen. Sie sind nicht witzig; kein bisschen schlagfertig; wenig geistreich. Ohne Geld sind sie hilflos.«

Serenata trommelte mit den Fingern auf den Tisch. »Ich kenne ein paar Ausnahmen. Ich möchte gern glauben, dass ich eine geheiratet habe. Aber im Großen und Ganzen klingt deine Zeugenaussage einigermaßen richtig.«

»Aber hier ist eine andere Frage«, sagte Remington. »Wenn wir in Gesellschaft wären und all diese verleumderischen Verallgemeinerungen über junge *privilegierte* weiße Männer wiederholen würden, glaubst du, unsere Darbietung würde als hetzerisch oder provokativ erachtet werden? Selbst wenn die Gruppe divers wäre, würde uns irgendjemand als Rassisten bezeichnen? Bei einem Abendessen, würde da irgendjemand, egal welcher Hautfarbe oder Überzeugung, empört aus dem Zimmer rauschen?«

»Eher würden wir eine Runde Applaus bekommen.« Sie lehnte sich zurück. »Worauf willst du mit deinen Fragen hinaus?«

»Ich weiß es nicht genau.«

Das eigenartige Gespräch war überraschend verbindend.

Als sie im Bett lagen und lasen – Remington ein Buch mit dem Titel *Durchhalten: Der Geist, der Körper und die erstaunlich elastischen Grenzen der menschlichen Leistungsfähigkeit*, sie einen neueren *New Yorker* – nutzte Serenata die freundliche Stimmung und sagte: »Schau mal, das Konzept dieser Kurzgeschichte hier könnte dich interessieren.«

»Okay.« Vielleicht ebenfalls dankbar für die seltene Entspannung der häuslichen Atmosphäre, legte er sein Buch sofort höflich aufs Laken.

»In der Zukunft kann man sich an eine Maschine anschließen, die Morphatron heißt. Sie trainiert, während du schläfst, jeden Muskel deines Körpers – so wie man ein Elektroauto einstöpselt und aufladen lässt. Folglich haben alle eine perfekte Kondition. Man kann das Gerät so einstellen, dass es zusätzliche Kalorien verbrennt, also ist auch niemand mehr dick. Es ist sogar so, dass die Leute, nachdem sie sich eine Zeit lang die Bäuche vollgeschlagen haben, Essen langweilig finden und sich zwingen müssen, etwas zu sich zu nehmen. Dieses Morphatron hat benutzerdefinierte Einstellungen: Manche Männer entscheiden sich für den Schwarzenegger-Look oder peilen eine Schwimmerfigur an; Frauen wollen wie Ballerinas oder wie Michelle Obama aussehen. Es gibt ein Aerobic-Programm, sodass Herzkrankheiten wesentlich seltener werden und Krebsleiden auch. Erbkrankheiten gibt es weiterhin, aber sonst ist die ganze Weltbevölkerung bei bester Gesundheit. Mit Ausnahme – du hast es schon geahnt – eines Mannes, der darauf besteht, auf die altmodische Weise zu trainieren. Es gibt keine Fitnessstudios mehr, und es werden auch keine Hanteln oder Nautilus-Geräte mehr hergestellt, weshalb er sich seine Ausrüstung aus Konserven und Rucksäcken zusammenbastelt. Er läuft bis zur völligen Erschöpfung und hat die Wege dabei für sich allein, denn all die anderen, längst fitten Leute haben Interessanteres zu tun. Und halten ihn für verrückt. Wenn er bloß seinen Körper einstöpseln würde, wäre er in wesentlich besserer Form, als er sie je erreichen kann, indem er ächzt und stöhnt und *den Schmerz spürt*.«

»*Schöne neue Welt* mit einem edlen Wilden.«

»Stimmt, das Setting ist absolut *Twilight-Zone*. Aber meine

Frage ist: Wenn du auf all die Torturen und den Zeitaufwand verzichten und trotzdem die gleichen oder sogar bessere Ergebnisse erzielen könntest, würdest du dich einstöpseln?«

»Natürlich nicht. Ich vermute, das ist die Moral von der Geschichte. Fitness ohne Anstrengung wäre bedeutungslos. Tri ist reine Willenssache – der Geist triumphiert über die Materie. Es geht darum, nach totaler Selbstbeherrschung zu streben – und sie paradoxerweise nie zu erreichen ... Entschuldige, langweile ich dich?«

Serenata hatte sich ihr Handy gegriffen und tippte Zahlen in die Rechner-App. »Nein, nein – entschuldige. Ich wollte das nur schon immer mal ausrechnen. Angenommen, ich hätte täglich anderthalb Stunden Sport gemacht, seit ich ungefähr acht war ... Das sind knapp über 29.000 Stunden ... geteilt durch 24 ergibt ... 1209 Tage oder ... drei Komma drei Jahre. Da mir, wenn ich Essen, Schlafen, Kochen, Einkaufen und Scheißen abziehe, von den vierundzwanzig Stunden jeweils *höchstens* zwölf bleiben, die frei verfügbar sind, hat *Sport* sechs oder sieben Jahre meines Lebens eingenommen. Und da ist Radfahren noch nicht mal miteingerechnet, was meiner Meinung nach nur als Beförderungsmethode zählt.«

»Ich hatte immer den Eindruck, dass du diese Zeit für sinnvoll genutzt hältst.«

»Nein, ich habe die Nase gestrichen voll davon, Burpees zu machen. Ich würde keine Sekunde zögern, mich an das Morphatron anzuschließen.«

*

Um den Zug um 6.17 Uhr nach Penn Station zu erreichen, stand Serenata ungefähr zur selben Zeit auf wie Remington in Syracuse, wo das Rennen zur typisch barbarischen Zeit von Punkt sieben Uhr begann. Ihr Fahrrad mit nach Manhattan zu nehmen lohnte eigentlich die Umstände nicht, aber da sie vor ihrem Umzug nach Albany jahrelang mit dem Rad in die Stadt und wieder zurückgefahren war, ertrug sie die Aussicht nicht, sich wie all die anderen Trottel in die Subway zu quetschen.

Nachdem das treue Stahlross im Gepäckwagen verstaut war, nahm sie ihren Fensterplatz mit Blick auf den Hudson ein. Das Wissen, dass Remington in diesem Moment in seinen Neoprenanzug stieg, nagte an ihr und machte es ihr unmöglich zu lesen. Sie starrte aus dem Fenster, während über dem Fluss die Sonne aufging, und überließ sich einem unterschätzten Zeitvertreib: dem Denken.

Griff gegenüber hatte sie den MettleMan als einen Kult bezeichnet, also lohnte es sich vielleicht zu überlegen, inwiefern diese Mode des extremen Ausdauersports selbst bei so weltlichen Typen wie ihrem Mann ein religiöses Verlangen stillen konnte. Die Zurückweisung alles Fleischlichen war praktisch eine Konstante, quer durch sämtliche Religionen, die in ihren fundamentalistischen Zügen dem Fasten, der Geißelung, der Enthaltsamkeit und der Selbstverleugnung das Wort redeten; in der Fastenzeit sollte man auf etwas verzichten, das man besonders mochte. Die Religion war immer schon lustfeindlich gewesen. Wie viele formellere Theologien erhob der MettleMan Leiden, Opfer und den Sieg des Geistes über die belanglosen, erniedrigenden Wünsche und Mühsale alles Irdischen. Es gab Heilige (die Profis), kirchliche Gewänder (Finisher-T-Shirts), Initiationsriten – der heutige Halb-Mettle war einer – und Taufrituale wie die Tätowierung der bergzackenähnlichen orangefarbenen Doppel-*M*s auf Sloan Wallaces Arm. Der MettleMan nahm die Gläubigen in eine Gemeinschaft gleichgesinnter Seelen auf und schuf damit ein Zugehörigkeitsgefühl. Wichtiger noch: Er beförderte auch die Nichtzugehörigkeit – die Ausgrenzung, auf der Religionen häufig noch stärker bauten als auf die Gemeinschaft. Genauso wie traditionelle Konfessionen die Ungläubigen, die Häretiker, die *kaffir* scheuten, erhob der Tri-Kult eine ausgewählte Elite über die Schwabbeligen, Schlaffen, Passiven. Er stellte Erlösung, Wiederauferstehung und Wiedergeburt in Aussicht, selbst Seriensündern wie Hank Timmerman – denn Bambi mochte ihren Jüngern zwar die Rolle der einzigartig Geweihten, ihres auserwählten Volkes zuweisen, aber sie verpfändete auch die kommerziell vorteilhafte Vorstellung, dass jeder Faulpelz binnen neun Monaten zu einem Champion reifen konnte.

Der MettleMan war eine Stufenleiter der Erleuchtung, auf der man vom Laien zum Büßer zum Anwärter auf die Seligsprechung aufsteigen konnte, ein Vorhaben, das Remington im Juni anpeilte – aber himmelwärts verkürzte sich die Leiter perspektivisch und verschwand im Firmament. Denn während des unendlichen Läuterungsprozesses konnte man stets weiter auf Pilgerschaft gehen und seine Zeiten verbessern. Wie Remington gesagt hatte, näherte man sich ewig dem sportlichen Ideal, ohne es je zu erreichen, weshalb es immer etwas zu tun gab. Und was noch besser war: Anders als bei den meisten Wallfahrten waren diese kleinen Zuwächse an Heiligkeit quantifizierbar, vier Minuten und elf Sekunden weniger für die Vier-Kilometer-Schwimmstrecke, zum Beispiel.

Denn die Religion der sportlichen Verausgabung schuf Klarheit. Das heißt, sie präsentierte einen unzweideutigen Tugendkatalog – Anstrengung, Erschöpfung, Vernachlässigung von Schmerz, Missachtung wahrgenommener Grenzen, jedwede Distanz, die größer, jedwede Geschwindigkeit, die höher war als die vorherige –, sodass sich alle Verwirrung darüber, was als produktive Nutzung des Tages galt, in Wohlgefallen auflöste. In der gleichen Weise definierte sie das Böse: die Trägheit. Vor allem aber, apropos Remingtons Statement über die positiven Einflüsse einer erhöhten Pulsfrequenz auf Parkinson, Schlaflosigkeit, Diabetes, Demenz und Depression: Nur durch Sport konnte man Krankheit, Degeneration und geistigen Verfall hinausschieben. Hoch n genommen, versprach die Kirche der sportlichen Verausgabung nicht nur das Ende, wenn nicht gar die Umkehr des Alterungsprozesses und der Gebrechlichkeit, sondern das ewige Leben.

Es war der älteste Beschiss der Welt.

*

Um Viertel nach acht holte sie das Fahrrad (dessen Name, was außer seiner Herrin niemand wusste, Carlisle war), hakte ihre Tasche fest, schob es durch die Gänge und wuchtete es sich mit der Querstange auf die Schulter, um die Bahnhofstreppe hochzusteigen – ein eingeübtes Manöver, mit einem beängstigenden Ziepen im rechten Knie als unerfreulicher Begleiterscheinung. Draußen war es erschreckend heiß, zumal sie im klimatisierten Zug ein Sweatshirt hatte anziehen müssen. Es schien wieder so ein merkwürdiger Frühling zu werden, in dem es im Nordosten des Landes zu plötzlichen, augusttauglichen Hitzewellen kam; weather.com sagte eine Hochsttemperatur von 32,7 Grad im Central Park voraus. Mist. Sie hätte auch das Wetter in Syracuse checken sollen.

Nachdem sie Carlisle auf der Seventh Avenue gen Norden geschoben hatte, sattelte sie auf und segelte die West Thirty-Fourth Street Richtung West-Side-Radweg hinunter, nur um sich unverzüglich von zwei Dutzend anderen Radfahrern eingekesselt zu sehen. Es war Rushhour, sie waren rüde, natürlich, und kurbelten fieberhaft an der älteren Frau und ihrem antiquierten Männer-Rennrad vorbei. Aber die wild gewordenen

Pedaltreter waren auch tollkühn, kalkulierten bei der Ampel unten am Hang viel zu knapp und flitzten bei Tiefrot über den West Side Highway. Serenata war unterwegs zu einem Job, dessen Ausübung nicht unbedingt davon profitieren würde, wenn sie zuvor unter die Räder eines schnell beschleunigenden Uber-Fahrers käme, und so war sie die Einzige, die anhielt und wartete, bis es wieder Grün wurde.

Auf der ganzen Länge der Insel verlief, parallel zum Hudson, der meistbefahrene Radweg der Vereinigten Staaten. Einst ein verschwenderisch breiter, zweispuriger Superhighway für Fahrradfahrer, litt der Manhattan Waterfront Greenway jetzt unter einer Invasion von Elektrorollern, Segways, Inlineskates, illegalen Mopeds, batteriebetriebenen Skateboards, Joggern mit einer teuflischen Liebe zum Meridian und Kinderwagen von der Größe eines Doppeldecker-Reisebusses. All das noch zusätzlich zu der explosionsartigen Vermehrung tatsächlicher Radfahrer, deren Zahl sich nach Serenatas Bauchgefühl in den letzten zwanzig Jahren verzehnt- bis verzwanzigfacht hatte.

Mitten im Gewimmel all dieser zu einer Fortbewegungsart Konvertierten, die die längste Zeit ihres Lebens als uncool verspottet worden war, beschloss sie, wie gewohnt über den Dingen zu stehen. Sie würde ruhig bleiben. Sie würde angesichts solch flüchtiger Kränkungen, wie dreist geschnitten oder gefährlich auf der Innenseite überholt zu werden, Zen-Gleichmut kultivieren. Sie würde die Reife ihres fortgeschrittenen Alters nutzen, um die wachsende Popularität der Pedalkraft gelassen hinzunehmen – zumal diese im übergeordneten öffentlichen Interesse lag, weil sie zu verbesserter Luftqualität, niedrigerem CO_2-Ausstoß, weniger Fettleibigkeit, geringeren Belastungen des Gesundheitswesens und einer glücklicheren, dynamischeren Bevölkerung führte.

Wie gewohnt? Es gelang ihr nicht.

Sie verachtete sie. Jeden Einzelnen. Die superscharfen Dünnchen in ihren mit grellen Logos übersäten Lycra-Dresses auf Eingangrädern ohne Bremsen, die für das urbane Stop-and-go denkbar ungeeignet waren. Wall-Streeter mit Laptop-Fahrradtaschen und braven Velcro-Riemchen um die Anzughosensäume. Ganze Touristenfamilien auf identischen Mieträdern, zu fünft nebeneinander und achtlos beim Ausscheren. Unterbezahlte mittelamerikanische Essenslieferanten, die fünfundfünfzig fuhren, obwohl ihr Englisch mindestens gut genug war, um das *KEINE E-BIKES* in dreißig Zentimeter großen Leuchtbuchstaben auf den Anzeigetafeln des Parkservices zu verstehen. Teenager, die Nachrichten auf ihren Smartphones schrieben und blind auf den angrenzenden Rindenmulchbelag holperten. Hochnäsige Mittzwanziger in Designer-Sportkleidung, die nie kapierten, dass sie einen nicht zu überholen brauchten, weil man genauso schnell fuhr wie sie, wenn nicht schneller. Jugendgangs auf BMX-Geschossen, die auf den Hinterrädern in der falschen Richtung fuhren. Sie hasste sie alle. Sie waren in ihr Revier eingedrungen, und sie waren ihr im Weg.

Am schlimmsten waren die Citi Bikes, schwere, von der Stadt bereitgestellte Kutschgäule, die man für ein paar Kröten mieten konnte. Der halbe Verkehr bestand aus diesen marineblauen Klapperkisten. Um in dem allgemeinen Gerangel voranzukommen, musste man permanent dieses halb stationäre Treibgut überholen – und sich dazu um die monströsen Betonbarrieren herumlavieren, die alle fünfzig Meter mitten auf den Weg geknallt worden waren, möchtegernpräventive Folgeerscheinungen eines Terroranschlags per Kraftfahrzeug, die in ihrer Blockierung des Verkehrs eine andere Form des Terrorismus darstellten.

Offensichtlich taten Kurvenfahrten auf einem Schrottrad

der Eitelkeit mancher Leute besonders gut. In diesem Fall hätte sie, bevor sie auf der geraden Strecke kurz vor der Canal Street einen Citi Biker überholte, dessen rasende Drehzahl beachten sollen – Erkennungsmerkmal jener Sorte Männer, die überholt zu werden generell als persönliche Beleidigung empfinden und von einer Frau überholt zu werden als gleichbedeutend mit Kastration unter freiem Himmel. Binnen Sekunden, nachdem sie an dem jungen Mann – einem unscheinbaren Weißen in den Zwanzigern – vorbeigeglitten war, gab er wie wild Gummi, mit seitlich im absurden Winkel herausragenden Knien, und setzte sich wieder vor sie.

Sollte er doch. Sie war erwachsen. Sie hatte mit ihrem Fahrrad, alles zusammengenommen, mehrfach die Erde umrundet und musste nichts mehr beweisen. Wahrscheinlich würde sie sogar vor Öffnung des Gebäudes am Studio ankommen und noch einen Kaffee trinken müssen. Sie konnte sich entspannen und das Glitzern der Sonne auf den Wolkenkratzern jenseits des Flusses in New Jersey genießen. Doch wie bei den meisten Menschen kämpfte das zwölfjährige Ich in ihr ständig darum, sich Bahn zu brechen. Und es brach sich Bahn.

Als sie erst in einen niedrigeren Gang schaltete und dann in einen höheren, reagierte Carlisle wie der Hengst, als den sie sich ihn insgeheim immer vorstellte. Fast streifte sie einen entgegenkommenden Radler, als sie an dem unverschämten Citi Biker vorbeiraste – von dem sie sich offenbar zur Idiotin machen ließ –, fest entschlossen, den ganzen Weg bis zur Vesey Street volles Tempo zu fahren, denn ein Irrer wie dieser Loser würde wohl kaum aufgeben.

Zong.

Der Schmerz, der in ihrem rechten Knie aufflammte, stellte im Handumdrehen jenes Augenmaß wieder her, das sie immer von Remington verlangte. Sie konnte kaum atmen, kaum noch etwas sehen, und rollte an den Rand. Der Grünschnabel schoss an ihr vorbei.

Menschen, denen es gut ging, machten sich selten bewusst, wie sehr ihr ganzes Dasein – ihre nach außen sichtbare Persönlichkeit, das, was ihnen wichtig war, worüber sie nachdachten und vor allem, worüber sie nicht nachdachten – eben darauf beruhte, dass es ihnen gut ging. Serenata wurde von einer Sekunde auf die nächste zu einer anderen Person. Sie scherte sich nicht mehr um den Citi Biker, sie scherte sich nicht darum, wie weit Remington in seinem bescheuerten Halb-Mettle gekommen war, und schrecklicherweise scherte sie sich in diesem Moment auch nicht um das Schicksal ihrer Ehe. Am allerwenigsten störte sie sich jetzt, als die anderen Räder wie ein Meteoritenschauer an ihr vorbeisausten, an der wachsenden Popularität des Radfahrens. Sie war keine fitte, gut erhaltene Frau mehr, die dynamisch zu einem lukrativen Job in einem Gold Street Studio unterwegs war, sondern ein Gegenstand des Mitleids – wobei die Mitleiderregenden besagte Emotion in Großstädten oft gar nicht hervorriefen, sondern einfach verschwanden. Professionalität war zählebig, und so konnte sie die Notwendigkeit, pünktlich im Studio einzutreffen, nicht gänzlich verdrängen, obwohl äußerst fraglich war, wie sie das bewerkstelligen sollte. Der treue Carlisle hatte sich vom Stahlross in ein Joch verwandelt; er würde es extrem erschweren, ein Taxi zum Halten zu bewegen.

Der Schmerz war verstörend privat. Es schien unvorstellbar, dass etwas derart Ungeheuerliches, wie sie es gerade erlebte, für die vielen hundert Freizeitradler, die durch diese Arterie strömten, vollkommen unsichtbar blieb. Schmerz machte einsam, denn wer ihn nicht spürte, glaubte nicht an ihn, und wer ihn spürte, glaubte eigentlich an nichts anderes mehr. Der Zustand hatte etwas so Trennendes, dass er einer Art Einzelhaft gleichkam. Niemand scherte sich darum, was sie gerade durchmachte, und das konnte sie sogar verstehen, denn sie war zu einer nutzlosen Person geworden, einer noch größeren Bürde als Carlisle.

Sie ließ sich weit genug vom Sattel gleiten, um zu verifizieren, dass es völlig undenkbar war, ihr rechtes Bein auf irgendeine nennenswerte Weise zu belasten. Auch das war interessant oder hätte es sein können, wenn sie fähig gewesen wäre, sich für irgendetwas zu interessieren: Remington und seine Tri-Freunde redeten immer davon, dass man sich *durch den Schmerz pushen* müsse, aber in dem Fall war der Schmerz so absolut, dass er vielleicht einen anderen Namen verdiente. Dieser Schmerz-Schmerz, wenn man so wollte, war keine Barriere, die man durchbrechen konnte. Genauso gut hätte man versuchen können, die Grand-Coulee-Talsperre zu durchbrechen.

Leise stöhnend, so wie Remington es tat, wenn seine Fußmuskulatur sich mitten in der Nacht verkrampfte – war sie teilnahmsvoll genug gewesen? Oh, wahrscheinlich nicht –, setzte Serenata sich möglichst weit nach links gelehnt auf den Sattel. Indem sie Carlisle wie einen Razor-Scooter behandelte, konnte sie ihn – der sich jetzt nicht mehr wie ein Pferd anfühlte – mit dem linken Fuß mühsam vorantreiben. Sie blieb demütig am äußersten Rand des Fahrradwegs, um all dem hektischen Uns-geht's-gut auszuweichen, und kämpfte sich so bis zur Vesey Street vor.

Als sie auf diese Art über die Vesey und die Ann Street zur Gold gerollt war, wobei sie die Gehwege vorzog und wütende Blicke aushalten musste, kam es nicht mehr in Betracht, noch einen Kaffee zu trinken. Sie war zu spät dran. Das Fahrrad anzuschließen erwies sich als der übliche Albtraum; in New York war es in diesen Tagen nicht leichter, sein Rad irgendwo abzustellen, als einen Parkplatz für sein Auto zu finden. Die volle

Wucht des Schmerzes schien etwas abgeebbt zu sein, sodass sie es, wenn auch mit großer Mühe, irgendwie schaffte, zur Klingel zu humpeln. Serenata Terpsichore alias *Völlig Anderer Mensch* nahm nicht die Treppe.

Als sie Jon und Coca begrüßte – mit beiden, Regisseur und Tonmeister, hatte sie schon zusammengearbeitet –, fürchtete sie, mit ihrer verzerrten Miene den Eindruck zu erwecken, als hätte sie zu dem vor ihnen liegenden Arbeitstag wenig Lust. In der Regie stützte sie sich so unauffällig wie möglich an der Lehne eines weichen Sessels und dann am digitalen Audio-Mischpult ab.

Jon war sehnig und unterernährt und hatte die Gesichtsfarbe eines Mannes, der seit zehn Jahren nicht mehr an der frischen Luft gewesen war. »Alles okay?«, fragte er.

Natürlich war unübersehbar gewesen, wie sie sich an der Einrichtung entlanggehangelt hatte. »Ja, klar«, sagte sie. »Mir ist vorhin auf dem West Side Fahrradweg bloß ein kleines *Missgeschick* passiert, das ist alles.« Selbst der Regisseur war halb so alt wie sie. Das Wort *Arthritis* würde ihr nicht über die Lippen kommen.

»Seit sie da überall diese Betonpoller abgeladen haben«, sagte Coca, »nehm ich den nicht mehr. Nicht bloß wegen der Engpässe. Es erinnert mich auch immer daran, dass irgend so ein Mistkerl mit seinem Laster in eine Menschenmenge reingefahren ist, nur um seinen Spaß zu haben. Da nehm ich lieber die Tenth Avenue und denk an was anderes.«

Coca war Mitte zwanzig und verwirrend attraktiv. Er schien gemischter Abstammung zu sein, sah wie ein Brasilianer aus, aber mit einem Hauch Filipino oder Thai und vielleicht noch ein paar italienischen Vorfahren. Die Kombination hatte verblüffend gut funktioniert, wie ein Rezept, das man so ganz nebenbei erfand, mit einem zufällig perfekten Gleichgewicht der

Zutaten, das man nie wieder hinbekam, ganz egal, wie oft man es versuchte.

Auf dem Vormittagsplan stand reine Synchronisation in der Tonkabine, was Serenata normalerweise im Stehen machte. Wenn sie sich nun auf einmal hinsetzte, würde das die Aufmerksamkeit unnötigerweise auf ihre Gebrechlichkeit lenken, also belastete sie ihr linkes Bein und stützte sich mit einer Hand am Pult ab. *Kill Joy* hatte die ziemlich perverse Prämisse, dass der Spieler versuchen sollte, gerade die Figur zu töten, die das Skript als furchtlosen Sympathen aufbaute. Obwohl sie in der grafischen Darstellung ungefähr wie sechzehn aussah, hatte man Serenata die Rolle der Joy gegeben, weil die Protagonistin eine zeitgemäß »starke Frau« sein sollte, die mit einer älteren Stimme eindrucksvoller erscheinen würde. Außerdem konnte Serenata jedes Alter aufrufen, das der Regisseur haben wollte.

»Entschlossen, aber verwundbar«, instruierte Jon sie über Kopfhörer, nachdem seine junge Assistentin gekommen war, um auf der anderen Seite der Scheibe die Dialogzeilen ihres Gegenspielers zu lesen.

Auf Serenatas Computerbildschirm war das Dialogbuch geöffnet. Den Gedanken zuzulassen, dass die meisten Lines blöd waren, hatte noch nie geholfen. Die leblose Art, wie die Assistentin die noch aufzunehmende männliche Hauptrolle las, ließ sie noch blöder klingen.

»Ängstlicher«, sagte Jon nach dem ersten Durchlauf. »Wie lang war das, Coca?«

»Zweiundvierzig Sekunden.«

»Dann straffen. Etwas schneller.« Um die Video-Anpassungen minimal zu halten, mussten Audiospur- und Animations-Timing einander weitgehend entsprechen.

Sie gab ihnen, was sie verlangten: »mehr Spritzigkeit«, »ein paar Jahre jünger«, »entsetzt – bisschen Impro, nur Geräusche, vielleicht so was wie *Wa...?* oder *Was zum ...!*« Sie wiederholte dieselbe Line drei- oder viermal mit unterschiedlicher Modulation, sodass der Produzent, der über Skype in Chicago zuhörte, die Färbung wählen konnte, die ihm am besten gefiel. Dennoch fehlte der Leistung dieses Vormittags Serenatas charakteristisches Flair. Dafür, dass sie ein alter Profi war, mussten sie ihre Takes ungewohnt oft wiederholen. Der Schmerz in ihrem Knie war dumpf, lauernd, wie ein aufmüpfiger Aktivist, der gebeten worden war, eine Vorlesung zu verlassen, und sich stattdessen missmutig in eine der hinteren Bankreihen zurückgezogen hatte. Wenn sie sich in der Kabine zu sehr bewegte, als wäre nichts passiert, strafte das Knie sie mit Blitzen des ursprünglichen Schmerzes vom Fahrradweg. Sie schien sich zwischen ihren Zeilen nicht ausruhen zu können, sondern war ständig darauf konzentriert, den Wörtern in ihrem Mund eine Spur voraus zu sein.

In einer Pause fläzte sie sich lässig auf einen Stuhl, mit ausgestreckten und an den Knöcheln übereinandergeschlagenen Beinen, um zu verbergen, dass sie das rechte Knie nicht beugen konnte. »Ich bin froh, dass dieser Job reingekommen ist«, sagte sie, nachdem die Assistentin gegangen war, um Kaffee zu holen. »Aus irgendeinem Grund sind die Hörbuchaufträge versiegt.«

»Na ja, das ist kaum überraschend«, sagte Jon.

»Wieso? Ich dachte, Audio wäre ein Wachstumsmarkt. Mehr als Print.«

»Du hast so was wie einen Ruf.«

»Nach fünfunddreißig Jahren in diesem Gewerbe sollte man das annehmen. Und heute Vormittag war's vielleicht ein bisschen nach Schema F, aber den Ruf habe ich hoffentlich, weil ich gute Arbeit leiste.«

»Ja«, sagte der Regisseur. »Bisschen zu gut.«

»Wie kann man denn je *zu gut* sein? Das musst du mir erklären.«

»Die Dialekte«, antwortete er, als wäre damit alles gesagt.

»Was ist damit?«

»Dafür bist du doch bekannt, oder? Und das ganze Thema ist ja mittlerweile toxisch geworden.«

Serenata runzelte die Stirn, während sie in ihrem Gedächtnis danach kramte, was Tommy ihr vor ein, zwei Jahren gesagt hatte. »Du meinst das *Mimikry*-Thema, kulturelle Aneignung und so weiter?«

»Das ist das Buzzword«, sagte Coca. »*Touché*.«

Der Regisseur fügte hinzu: »Dafür, dass die Hörbuchverlage weiße Darsteller engagiert haben, die schwarze oder chinesische oder was weiß ich was für Rollen sprechen, haben sie in den sozialen Medien so viel einstecken müssen, dass es das ganze Theater nicht lohnt. Ein paar Produzenten haben sich spezielle, du weißt schon, *People of Color* geholt, die diese Takes sprechen, aber das macht die Projekte deutlich teurer. Wenn es in einem Buch also irgendwelches rassisches oder ethnisch aufgeladenes Zeug gibt, ist es einfacher, gleich für das Ganze eine *POC* zu engagieren.«

»Moment«, sagte Serenata. »Einschließlich der weißen Rollen?«

»Ist vielleicht hart für Veteranen wie dich«, sagte Coca. »Aber die Argumentation dahinter ist, dass die Privilegierten ausgedient haben.«

»Ich habe ausgedient?« Wem wollte sie hier was vormachen. Heute hatte sie definitiv nicht das Gegenteil bewiesen.

»Jeder, der überhaupt mal *gedient* hat«, sagte Jon leichthin, »kann sich glücklich schätzen, denke ich.«

»Diese Minderheitensprecher«, sagte Serenata. »Machen die auch weiße Dialekte? Also zum Beispiel einen schleppenden Südstaaten-Tonfall? Oder das monotone Genäsel von Leuten aus Nebraska?«

»Hm ...«, summte Jon. »Manche ja, manche nein.«

»Und inwiefern ist das keine *kulturelle Aneignung*?«

»Rollenwechsel«, sagte Coca. »Dann kann man mal rausfinden, wie es sich so anfühlt, auf dem anderen Fuß.«

Serenata legte ihren anderen Fuß um, weil ihr rechtes Bein allmählich steif wurde. »So beheben wir also das Problem?«, sagte sie. »Wir tauschen einfach die Seiten in dem Spiel, wer wen scheiße behandelt?«

»Hast du 'ne bessere Idee?«

Das Ganze war Remingtons Zuständigkeitsgebiet, und sie wusste nicht recht weiter. Außerdem wollte sie auf keinen Fall den Techniker beleidigen. »Vielleicht. Zum Beispiel könnten wir alle mal aufhören, so auf Krawall gebürstet zu sein. Ein authentisch wiedergegebener Dialekt zeigt doch Respekt dafür, dass es viele Arten gibt, Englisch zu sprechen, oder? Und ein paar Mundarten sind besonders anrührend und ausdrucksstark.«

»Ja, aber diese *Mundarten* gehören nicht zu dir«, sagte Coca.

»Gehört denn meine eigene Mundart zu mir?«

»Soweit ich es beurteilen kann, hast du keine.«

»Natürlich habe ich eine. So was wie neutrales Englisch gibt es nicht.«

»Wenn du das Dialekt nennst, ja, klar, dann kannst du ihn haben.« Die beiden schienen die ganze Idee, Serenata habe einen Dialekt, zum Totlachen zu finden.

»All diese neuen Regeln ...«, sagte Serenata wehmütig.

»Es hat immer Regeln gegeben«, sagte Coca. »Jetzt sind es nur andere.«

Zum Glück bestellte Jon Sandwiches, sodass sie sich nicht dabei beobachten lassen musste, wie sie zum Essen humpelte.

Am Nachmittag stand Motion Capture auf dem Programm, Bewegungserfassung. Für hochdynamische, reine Actionszenen würden Gaming-Stuntmen eingesetzt werden, die Purzelbäume schlagen und skrupellos kämpfen und aus großer Höhe springen konnten. Die weniger fordernden körperlichen Aktionen, die in den Dialog eingebaut waren, wurden von den Sprechern selbst übernommen, und die heutigen Auftritte lagen ohne Weiteres im Rahmen ihrer Möglichkeiten – oder hätten es an den meisten Tagen getan. Doch es tat schon weh, sich in der Umkleidekabine in den MoCap-Anzug zu zwängen. Um das eng anliegende schwarze Neopren über ihr rechtes Knie zu ziehen, musste sie es beugen, und selbst der Anzug konnte nicht verbergen, dass das Gelenk geschwollen war. Als Jons Assistentin ihr um die sechzig glänzende runde Sensoren auf Klettpolstern an Gliedmaßen, Rumpf, Rücken und Kopfbedeckung befestigte, verlangte das bloße Geradestehen mit ausgestreckten Armen jene grimmige Entschlossenheit, auf die sie normalerweise beim Intervalltraining zurückgriff.

Das MoCap-Studio war groß, unter freiem Himmel und von Kameras umstellt, um alle Bewegungen ihrer Figur aufzunehmen, die später auf Joy, ihren Avatar, übertragen werden würden. Das Set wirkte typisch primitiv: zwei aneinandergebundene Stühle mit gerader Lehne und eine runde, auf einem Pfahl montierte Holzscheibe sollten die Vordersitze eines Autos und ein Steuer darstellen. MoCap-Sets erinnerten an den minimalistischen Modernismus, der bei Samuel-Beckett-Inszenierungen zur Anwendung kam; alle Ausschmückung und alle Details wurden den Trickfilmzeichnern überlassen. In dieser Szene sollte Joy sich am Handy erbittert mit der männlichen Hauptfigur streiten. Je hitziger die Meinungsverschiedenheit wurde, umso unaufmerksamer würde sie werden, bis sie schließlich die Kontrolle über den Wagen verlor. Serenata würde sich wild auf den beiden Sitzen hin und her werfen müssen und auf dem Boden landen, während der Wagen eine Schlucht hinunterstürzte und sie aus der Tür geschleudert wurde. Alles an einem Arbeitstag – normalerweise.

Ihre erste Version musste die beste werden – und es war schade, dass nicht auch Aufnahmen ihres Gesichts gemacht wurden, denn ihre Mimik, in der sich Angst, Schrecken und Schmerz spiegelten, war absolut glaubwürdig. Das Problem kam, als sie aufstehen und die Szene wiederholen sollte.

»Serenata«, sagte Jon in ihrem Kopfhörer, nachdem er den zweiten Take gestoppt hatte. »Du sollst nicht schon *vor* dem Absturz so klingen, als ob du stirbst.« Frustriert brach er die Session um vier Uhr ab.

Wieder zurück auf der brütend heißen Straße, bestellte sie ein Großraum-Uber, dessen Fahrer Carlisle in seinen Minibus lud und sie zur Penn Station brachte. Die Blamage, auf ein Auto zurückgreifen zu müssen, passte zur Enttäuschung über sich selbst und ihre heutige Leistung. Sie war immer pingelig, was ihre Arbeit anging, selbstkritisch, nicht selten überzeugt, dass bestimmte Takes leblos geworden waren, oder verärgert über sich selbst, wenn sie einen subtilen Versprecher hatte durchgehen lassen, anstatt darauf zu bestehen, die betreffende Zeile noch einmal einzusprechen, aber diese umfassendere Scham war neu. Es war ein Scheißgefühl.

Da sie nicht wusste, welche Wege für *Behinderte* vorgesehen waren, schob sie Carlisle zur Bahnhofstreppe und stützte sich auf ihn, hilflos, bis ein bärenstarker junger Mann ihr anbot, das Fahrrad in die Halle zu tragen. An die Freundlichkeit von Fremden kaum gewöhnt, war sie nicht zu einhundert Prozent sicher, ob ihr Carlisle vielleicht gerade gestohlen wurde, doch der Mann wartete, bis sie Stufe für Stufe, auf einem Bein und mit der Hand am Geländer, heruntergehüpft war. »Ich meine das nicht als Beleidigung oder so«, sagte er, »aber ich glaube, mit einem Stock kämen Sie besser zurecht als mit einem Fahrrad.«

»Es ist ein Stock auf Rädern«, sagte sie (Carlisle würde gekränkt sein). Obwohl sie vor nicht allzu langer Zeit – das heißt, heute Morgen – für jünger als zweiundsechzig gehalten worden war, betrachtete ihr junger Retter sie zweifellos als eine alte Dame. Ein Blick in den Spiegel in der Studiotoilette am Nachmittag hatte ihr bestätigt, dass ihre vom Schmerz gewandelte Persönlichkeit mit einem neuen Gesicht einherging: grau, abgehärmt, faltig und asymmetrisch.

Durch den Bahnhof zu rollen, wie sie es auf der Vesey Street gemacht hatte, würde immer noch als Fahren gelten, was hier verboten war, und so entlastete sie ihre rechte Körperhälfte, indem sie mit der linken Hand den Lenker umklammerte und sich mit der rechten schwer auf die Querstange stützte.

Der Samariter fühlte sich jetzt für sie verantwortlich und schien zu zögern. »Kommen Sie klar?«

Da die ehrliche Antwort *wahrscheinlich nicht* gelautet hätte, sagte sie stattdessen: »Mein Mann macht heute einen halben Triathlon, und ich kann kaum laufen.«

»Sie meinen, einen der Mettles?« Als sie nickte, hob er seinen T-Shirt-Ärmel an. Eine Zacke orangefarbener Tattoos verschwand hinter seinem Bizeps. In seinem Mund glänzte ein goldener Vorderzahn, als er lächelte und zum Abschied die Faust in die Luft rammte. »Hammer. Respekt! Ich hab fünf gemacht.«

Meine Güte, war es so in den 1930er-Jahren in Berlin gewesen? Zuerst entdeckte man einen, etwas später zwei, und ehe man sich's versah, waren diese Männer in braunen Hemden überall.

Nachdem sie Carlisle am Gepäckwagen abgegeben hatte, nahm sie das Angebot eines Lokführers an, ihr in den Zug zu helfen, und hangelte sich zu ihrem Platz, indem sie sich an den

Kopflehnen abstützte. Als der Zug losfuhr, checkte sie noch einmal ihre Nachrichten. Selbst in seinem langsamsten Tempo musste Remington den Wettkampf inzwischen hinter sich haben. Sie hatte ihn mit ihrer Abwesenheit in Syracuse vor den Kopf gestoßen, sicher, aber dass er ihr jetzt nicht schrieb, fand sie ungehörig. Sie erwartete ja nicht von ihm, dass er, während er im Onondaga Lake herumtollte, telepathisch erahnt hatte, was seiner Frau Schlimmes passiert war. Doch sie lebten beide in Körpern, einer notorisch gefährlichen Behausung, die modernen Gesund- und Sicherheitsstandards unmöglich entsprochen haben dürfte. Eine gelegentliche Erkundigung danach, wie es *ihr* ging, schien da nicht zu viel verlangt.

HAST DU'S GESCHAFFT?, schrieb sie. *GEHT ES DIR GUT? KAUF DIR EIN NEW YORK TRIKOT BEI DELMONICO'S! HAST DU DIR BESTIMMT VERDIENT. BITTE RUF AN, WENN DU DURCHGEATMET HAST.* Keine Antwort. Vielleicht schlief er im Hotel, wie nach dem Marathon. Schließlich, gegen sechs, schrieb sie Valeria: *WIE GEHT'S DAD?* Augenblicklich klingelte das Telefon.

»Ich verrate dir, *wie's Dad geht*«, sagte Valeria mit überlauter Stimme. »Er liegt im Saint Joseph's Hospital.«

»*Was?*« Valeria hatte eine bemerkenswerte Fähigkeit, in wenigen Worten zu implizieren, dass, ganz egal, was sich ereignet hatte, ihre Mutter an allem schuld war.

»Dir dürfte aufgefallen sein, dass es heiß ist!« Vielleicht war Serenata auch an der Temperatur schuld. »Viel zu heiß, und Papa ist nicht daran gewöhnt.«

»Nein, er schlägt sich nicht gut, wenn es warm ist.« Er schlug sich auch nicht gut, wenn es nicht warm war. »Hat er abgebrochen? Ist ausgestiegen?«

»Nein, er war absolut großartig! Er hat endlich den Gott in sich gefunden, wie Bambi gesagt hat ...«

»Valeria, würdest du jetzt mal bitte den ganzen Gelobt-sei-Gott-Stuss sein lassen und mir sagen, was deinem Vater passiert ist.«

»Das *versuche* ich ja, wenn du ein bisschen *Geduld* hättest. Ich hab's geschafft, direkt an der Ziellinie zu stehen, weil, also, es waren quasi kaum noch Läufer übrig ...«

»Du meinst, er war der Letzte.«

»Ich glaub schon. Vielleicht. Ja. Aber das hat doch auch was Heldenhaftes, oder nicht?«, sagte Valeria trotzig. »Ich meine, klar, er war langsam. Ich hätte wahrscheinlich schneller *gehen* können, wenn du's unbedingt wissen willst. Aber es war heiß! Als die Leute, die noch zuschauten, ihn um die letzte Biegung kommen sahen, sind sie alle durchgedreht! Haben gejubelt und geklatscht und mit diesen aufblasbaren Schlagstockattrappen auf die Barrikaden gehauen! Als er herangetrottet kam, ist mir aufgefallen, dass sein Gesicht eine komische Farbe hatte, und sein Gang war wackelig, als hätte er Schwierigkeiten, das Gleichgewicht zu halten. Seine Augen waren ganz glasig, als könnte er überhaupt nichts mehr sehen. Trotzdem ist er nicht stehen geblieben. Ich hab noch nie im Leben so was Tapferes gesehen. Und ich war noch nie so stolz. Ich hab noch nie so stark gespürt, dass der Herr an Papas Seite war ...«

»Genug«, sagte ihre Mutter. »Warum ist dein Vater im Krankenhaus?« (Eine bessere Frage wäre vielleicht gewesen: Warum seid ihr *alle* im Krankenhaus?)

»Wenn du was erzählst, erwartest du immer, dass wir alle von jedem Detail gefesselt sind. Aber wenn jemand anders was erzählt, heißt es gleich, halt den Mund und komm zur Sache.«

Es war die reinste Tortur. »Erzähl weiter. *Geh ins Detail.*«

»Am Ende – falls es dich kümmert, und da bin ich mir nicht sicher, denn du warst ja nicht da – war er ganz schlackerig und ist gestolpert und nicht mehr in einer geraden Linie gelaufen.

Die Mettle-Leute und die Sanitäter haben sich alle bereitgehalten, aber sie dürfen einem wohl nicht helfen, weil man sonst seine Medaille nicht kriegt oder was ... Jedenfalls hat er gewinkt, und wir haben ihn alle angefeuert, aber wir sind auch nervös geworden, weil er so nah dran war und es nun vielleicht trotzdem nicht schaffen würde ... Und du wirst es nicht glauben, aber da ist so eine Stange direkt über der Ziellinie, und wenn man nicht noch einen Klimmzug macht, dann gilt das Rennen anscheinend als nicht beendet. Und du weißt ja, was für ein Korinthenkacker Papa ist, also, entweder du hast es geschafft, oder du hast es nicht geschafft. Jedenfalls rudert er so mit der Hand in der Luft und hat Mühe, überhaupt die Stange zu treffen, aber dann kriegt er sie zu fassen, und Menschenskind, war er schlotterig, und wir alle so, oh, Gott, dieser erstaunliche Mann kann doch nicht so weit gekommen sein und an der allerletzten Hürde scheitern ... Und dann hievt er sein Kinn wirklich *gerade* so mit zitternden Armen über die Stange, und unsere kleine Truppe dreht komplett durch, und ich bin in Tränen ausgebrochen. Ich war mein Lebtag noch nicht so bewegt ... so gerührt ... so überwältigt.«

»Das ist schön«, sagte Serenata scharf. »*Und dann?*«

»Na ja. Dann ist er zusammengebrochen. In den Dreck gefallen und bewusstlos geworden. Die Sanitäter kamen angerannt und haben ihn mit kalten, nassen Tüchern zugedeckt, und irgendwer hat Eis geholt, und jemand anders Orangensaft, während sie seinen Puls gemessen haben – ich war schon fast bei ihm, deshalb hab ich einen Sanitäter sagen hören, dass sein Herzschlag unregelmäßig und viel zu schnell sei. Und ich weiß, dass du irgendein komisches Problem mit ihr hast, aber Bambi war voll im Einsatz, und du solltest froh darüber sein. Sie hat Papa die Füße hochgelegt und ihm mit Zeitungen Luft zugefächelt und ihn mit Wasser besprüht, während einer der Sanitäter ihm ein Thermometer unter den Arm schob. Noch bevor der Krankenwagen da war, ist er allmählich wieder zu sich gekommen, aber das war etwas unheimlich, weil, also, anscheinend hat er zwar Bambi erkannt, aber er wusste nicht, wer ich war oder wo er sich überhaupt befand oder dass er gerade einen ganzen Halb-Mettle geschafft hatte.«

»Valeria, muss ich heute Abend kommen? Ich bin jetzt im Zug nach Hudson, aber ich könnte bis Albany weiterfahren und von da einen Zug nach Syracuse nehmen …«

»Kein Grund, theatralisch zu werden«, sagte Valeria. »Er wird schon wieder. Das Fieber ist stark gesunken. Sie behalten ihn über Nacht noch da, nur zur Vorsicht, aber sie glauben offenbar, dass er morgen problemlos nach Hause fahren kann.«

»Das klingt nach einem Hitzschlag.«

»Hitz-irgendwas, ja.«

»Wenn du absolut sicher bist, dass er mich nicht an seiner Seite haben möchte …«

»Je nach Fahrplan wärst du gegen elf oder sogar erst nach Mitternacht hier. Da schläft Papa; du würdest ihn erst morgen früh sehen und direkt nach Hudson zurückfahren. Es wäre eine große Florence-Nightingale-Nummer, die keinem anderen irdischen Zweck dienen würde, als dich gut aussehen zu lassen.«

Ausnahmsweise einmal hatte Valeria Recht. In Anbetracht der Tatsache, dass Syracuse nicht gerade auf dem Weg zum Studio lag, wo morgen der zweite Aufnahmetag anstand, war es ein schlechtes Zeichen, dass Serenata trotzdem versucht war, diese hohle Geste zu machen. In der Vergangenheit hätten weder sie noch ihr Mann großen Aufwand getrieben, um an die Seite des anderen zu eilen, solange es nicht zweckmäßig war, und der Wunsch, in den Augen des anderen »gut auszusehen«, wäre zwei Menschen, die füreinander ohnehin schon gut aussahen, fremd gewesen.

»Na schön«, sagte sie. »Und … entschuldige, das klingt vielleicht trivial, aber könntest du seinen Finisher-Kaffeebecher für ihn abholen? Du weißt schon, den wird er sicher haben wollen. Außerdem«, es war peinlich, ihre Tochter fragen zu müssen, »könntest du ihn bitten, mich anzurufen? Falls er sich gut genug fühlt.«

»Ach so, ja, denke schon. Im Moment machen sie allerdings gerade noch ein paar Untersuchungen, zur Absicherung. Außerdem bist du zurzeit nicht gerade Papas Lieblingsmensch.«

Serenata verkniff sich den Hinweis, dass *Lieblingsmensch* die Definition der Person sein sollte, mit der man verheiratet war.

*

»Nein, genau genommen war es eine Hitze-*Erschöpfung*. Ein Hitzschlag ist es nur, wenn das Fieber über vierzig steigt.«

Remington war erst seit ein paar Minuten in der Tür, aber abgesehen von einer rituellen Umarmung sah sie keinen Sinn darin, ihn mit Samthandschuhen anzufassen. »Und deins war wie hoch?«

»Nur neununddreißig neun.« Seine Hautfarbe wirkte normal, höchstens vom vergangenen Nachmittag noch etwas gerötet, aber sie nahm eine neue Fragilität an ihm wahr. Normalerweise hätte er sich nach einer dreistündigen Autofahrt nicht gleich auf einen Stuhl am Esstisch fallen lassen.

»*Nur neununddreißig neun*«, wiederholte sie. »Wenn ich mich recht erinnere, ist man so ziemlich genau ab vierzig Grad in Gefahr, einen Hirnschaden davonzutragen.«

»Mit Eisbeuteln und Rehydrierung ist meine Kerntemperatur sofort wieder runtergegangen.«

»Ist dir je der Gedanke gekommen, dass du für die ganze Chose nicht geschaffen bist?«

»Für den Triathlon kann man nicht *geschaffen* sein. Man kann sich nur entschließen, sich der Herausforderung zu stellen.«

Als sie die paar Schritte zum Kühlschrank ging, um ihm ein Mineralwasser zu holen, musste sie sich an der Arbeitsfläche abstützen. Er bemerkte es nicht.

»Gestern gab es in New York State ein historisches Temperaturhoch für dieses Datum«, sagte Remington zu ihrem Rücken. »Ich betrachte Hypothermie nicht als etwas, wofür man sich schämen muss.«

»Hab ich das gesagt?«

»Dein Ton ist *tadelnd*.«

Sie hätte gar nicht gewusst, wo sie die nötige Kraft zum Tadeln hätte hernehmen sollen. Die Entzündung im rechten Knie hatte sich, wie sie am Morgen nach dem Aufwachen feststellte, ausgebreitet und schoss ihr in diesem Moment wie wild durchs ganze Bein – am Schienbein hinunter und durchs Fußgelenk bis in den Spann, hinten am Oberschenkel hoch und tief hinein in ihre Gesäßmuskeln. Rezeptfreie Entzündungshemmer waren wirkungslos geblieben. Wenn die fluktuierenden Feuerstöße einen Höhepunkt erreichten wie jetzt, konnte sie den Schmerz in den Augen spüren, wo ihre Pupillen sich zu Stecknadeln verkleinerten.

»Du projizierst«, sagte sie und goss ihm, wie ein Storch auf dem linken Bein stehend, Wasser ein.

»Entschuldige, ich habe aus deinen Bemerkungen geschlossen, dass mir die Überhitzung meines Körpers deiner Meinung nach eine Lehre sein sollte: Ich bin *für die ganze Chose nicht geschaffen*. Aber die Schwarzmalerei ist nur in meinem Kopf? Du versuchst nicht, mich zum Aufhören zu bewegen. Nein, du stärkst mein Selbstvertrauen: Los, Mann! Dir ist ein bisschen warm geworden, na und, weiter geht's!«

»Du hast bereits eine Cheerleaderin, die komplett blind gegenüber den Risiken ist, die du eingehst, und die dir inzwischen schon bei zwei Gelegenheiten – zwei, von denen ich weiß – das Leben gerettet hat. Soll das nicht eine ganz besondere, lebenslange Verbindung schaffen?«

»Als meine geliebte Frau und Gehilfin hättest du leicht diejenige sein können, die mir Luft zufächelt und mich mit Wasser besprüht, mir kleine Schlucke Orangensaft einflößt und mich mit kalten, nassen Handtüchern zudeckt. Aber dafür hättest du dort sein müssen. Du kannst nicht gegen meine Vertrautheit mit jemand anderem Einwände erheben und gleichzeitig jede Chance, die unsere zu stärken, boykottieren.«

Mithilfe ihrer rechten Hand schob sie sich um die Kücheninsel herum und gab ihm das Wasser.

»Zum Beispiel ... meinst du nicht, du hast etwas vergessen?«, sagte er.

»Zitrone?«

»*Herzlichen Glückwunsch*. Immerhin habe ich den Parcours, wenn auch mit etwas Mühe, bewältigt.«

»Du meinst: Herzlichen Glückwunsch, dass du dich wieder fast umgebracht hast. Mir war nicht klar, dass das zu den standardmäßigen Benimmfloskeln gehört.«

»Es gehört ganz sicher zu den standardmäßigen Benimmfloskeln, nachdem dein Mann einen derart fordernden Kraftakt wie einen Halb-Mettle hinter sich gebracht hat oder irgendwas, das dem auch nur nahekommt. Viele Menschen werden schon mit Umarmungen, Blumen und Schulterklopfen empfangen, wenn sie einen Fünf-Kilometer-Lauf geschafft haben.«

»Herzlichen Glückwunsch«, sagte sie steinern.

»Na ja, das war jetzt eine ziemlich schale Übung.«

»Du hast es so gewollt.«

»Nein, ich wollte etwas anderes.«

»Habe ich in all den Jahren, in denen ich laufen, schwimmen oder Rad fahren war, jemals von dir verlangt, dass du mich hinterher beglückwünschst?«

»Entschuldige, wenn das beleidigend klingt, aber deine sportlichen Leistungen waren nie in einem Bereich, der außergewöhnliche Anerkennung verdient hätte.«

»Da hast du allerdings recht: Das klingt beleidigend.« Auch wenn es nicht der wirkungsvollen Untermauerung ihrer Position dienen würde, würde sie sich bald hinsetzen müssen. Eine der vielen unerbetenen Einsichten der letzten anderthalb Tage: Schmerz war ermüdend. Er schien sogar eine Form von Sportlichkeit erforderlich zu machen.

»Du tust dein Bestes, um mir jedes Erfolgsgefühl zu nehmen, nachdem ich mich bis an die absoluten Grenzen meiner Leistungsfähigkeit verausgabt habe – ja sogar über diese Grenzen hinaus ...«

»Wenn du schon nach einem halben Mettle dermaßen kaputt bist, wieso glaubst du, du könntest einen ganzen schaffen? In bloßen zwei Monaten? Im Juni, wenn es noch heißer sein könnte.«

»Stimmt, ich hatte eine gesundheitliche Krise – und *habe sie überstanden*. Dann komme ich nach Hause, und meine einzige Belohnung ist ein Mineralwasser. Ich kann mich beim besten Willen nicht erinnern, je irgendetwas, das du dir zum Ziel gesetzt hattest, das du angestrebt und schließlich auch geschafft hast, höhnisch abgetan zu haben. Ich kann mich nicht erinnern, dir je bei etwas, das dir so wichtig war, dermaßen in die Suppe gespuckt zu haben.«

»Was du von mir willst, ist schlicht nicht verfügbar«, sagte sie und ließ sich endlich auf einen Stuhl fallen. »Es war nie verfügbar, von Anfang an nicht, und das wusstest du. Wenn dir meine Bewunderung wichtig ist, hättest du etwas anderes in

Angriff nehmen müssen. Es ist nicht fair zu sagen: ›Ich mache jetzt diese bescheuerte Sache. Aber du darfst dir nie, nie, nie eine Bemerkung dazu erlauben, wie bescheuert sie ist. Ich akzeptiere auch nicht, dass du nur so tust, als wäre sie nicht bescheuert. Du musst aus tiefster Seele glauben, dass sie es nicht ist.‹ Wenn du möchtest, dass ich dich leidenschaftlich und überwältigt *beglückwünsche*, dann verlangst du von mir, meine unabhängige Position vollends aufzugeben – *mich selbst* aufzugeben. Plötzlich erwartest du, dass ich, nur weil du mein Mann bist, jede noch so blöde Idee, an der du Gefallen findest, rückhaltlos mittrage.«

»Ich erwarte, dass du ein bisschen weniger selbstsüchtig bist«, sagte er.

»Pass auf, ich kann auch selbstlos sein«, sagte sie. »Wie geht es deiner Kniesehne?«

Ihm am Gesicht abzulesen, dass er tatsächlich überlegte, ob er sie anlügen sollte oder nicht, war furchtbar. »Sie tut weh.« Er hatte sich für eine groteske Untertreibung entschieden.

»Das geht jetzt seit wann ... neun Monaten so?«

»Ungefähr.«

»Und es ist nie verheilt.«

Sie hätte ihn permanent nach der verdammten Kniesehne fragen sollen, aber erst ihre gestrige kurze Einführung in die erstaunliche Existenz von qualvollem Schmerz hatte das Leiden anderer Menschen für sie plastisch werden lassen. Es war, als schaute sie durch ein Infrarotgerät auf die Welt und sähe, wenn sie den Sucher auf ihren Mann richtete, seine ganze Gestalt rot aufleuchten.

»Das heißt«, fuhr sie fort, »jedes Mal, wenn du laufen gehst, tut dir jeder zweite Schritt weh. Du hüpfst also nicht in einem Zustand transzendenter Glückseligkeit über Stock und Stein. Du beißt vielmehr die Zähne zusammen und kannst es gar nicht erwarten, dass die Tortur zu Ende ist. Dieses ganze Unternehmen, es ist so freudlos! Welchen Zweck soll das haben?«

»Freude ist offensichtlich nicht der Zweck.« Er sprach jedes Wort mit der gleichen Missbilligung aus, die Tommy in *Imprimatur* gelegt hatte.

»Dann wiederhole ich: Welchen Zweck hat es?«

»Wenn du es bis jetzt nicht verstanden hast – und ich glaube, du verstehst es durchaus; ich glaube, deine Verständnislosigkeit ist unaufrichtig –, dann werde ich dir meine Zielsetzung mit weiterem Reden auch nicht besser begreiflich machen können. Also lass uns dieses Gespräch beenden, ja?«

Um einen Schlusspunkt zu setzen, nahm er seine Reisetasche und ging nach oben.

»He, ich bin überrascht, dich überhaupt zu Hause anzutreffen«, sagte er, als er zurückkam. »Ich hatte gedacht, du wärst noch bei der Aufnahme in Manhattan.«

Der alte Remington hätte ihre unerwartete Anwesenheit auf der Stelle kommentiert. Ihr Selbstsucht vorzuwerfen war ganz schön dreist, denn die Welt des neuen Remington endete an seiner Haut, und die Nöte des Lebens anderer Menschen sah er, wenn überhaupt, nur schemenhaft und mit Verzögerung. Ebenso gut hätte gerade die Flaschenpostnachricht *Deine Frau sollte eigentlich gar nicht hier sein* von einer Amazon-Drohne in ihrem Garten abgeworfen worden sein können.

»Ich bin gefeuert worden«, sagte sie.

»Auf wessen Schreibtisch hast *du* gehauen?«

»Ausnahmsweise hat man mich aus gutem Grund in die Wüste geschickt. Ich bin hingefahren, aber ich konnte mich schlecht konzentrieren, und meine Leistung war unterdurchschnittlich. Außerdem gibt es beim Gaming für Synchronsprecher körperliche Aspekte, denen ich nicht gewachsen zu sein scheine. Sie besetzen meine Rolle neu. Die Szenen, die ich gestern gesprochen habe, müssen sie noch mal aufnehmen, aber der Regisseur hatte keine Wahl. Ich habe ihm sogar zugestimmt. Also bin ich gleich wieder zurückgefahren.«

Remington kniff die Augen zusammen. »Was ist los?« Offenbar sah er sie an diesem Nachmittag zum ersten Mal, wenn auch wie aus weiter Ferne.

»Mein rechtes Knie ist explodiert. In der Kniekehle ist ein harter Knubbel, ungefähr so groß wie ein Ei, und jetzt ist das ganze Bein entzündet, vom Hintern bis zum Zeh. Ich bin nicht mehr normal funktionsfähig. Und ja, natürlich habe ich einen Termin beim Arzt gemacht, aber ich weiß, was er sagen wird. Churchwell hat gesagt, mir bleiben höchstens anderthalb Jahre. Das war vor anderthalb Jahren.«

»Künstliches Kniegelenk.«

»Ich kann es nicht länger hinauszögern. So kann ich nicht trainieren.«

»Das tut mir leid.«

»Mir auch.«

10

Der Einsatz eines künstlichen Kniegelenks war etwas ganz Normales geworden – selbst wenn ein gewisser ganz normaler Orthopäde einer gewissen ganz normalen Patientin fröhlich mitgeteilt hatte, dass die Generation nach ihr stattdessen sicher Stammzellen zur Erneuerung des Bindegewebes injiziert bekommen würde. Sehr bald, wenn auch nicht mehr rechtzeitig, um für sie von Nutzen zu sein, würde es als der Gipfel der Barbarei betrachtet werden, die Enden der Schenkelknochen mit einer Bügelsäge zu entfernen und mit einem Poloschläger große metallene Fremdkörper in die amputierten Stümpfe zu hämmern – die Fehlfunktionen der menschlichen Physis also wie ein grobes Tischlerprojekt in Angriff zu nehmen, als wollte man einen Schuppen oder ein Verandageländer reparieren. *Danke, Doc. Das baut mich so richtig auf.*

Folglich gab es keinen Grund zur Beunruhigung oder Klage. Haufenweise andere Leute hatten sich der gleichen brutalen Operation unterworfen, den gleichen qualvollen Heilungs- (oder Nichtheilungs-)Prozess durchgemacht und die gleichen medizinischen Würfel in der Hand gehalten, die im Falle eines Einserpaschs nicht nur das hochintensive Intervalltraining von einer Stunde und achtundfünfzig Minuten, sondern auch den Gang zum Briefkasten unmöglich machen würden. Die ein Gähnen hervorrufende Nonchalance, die von Kandidaten für künstliche Gelenke heute erwartet wurde, galt sicher allem, was mit dem Altern und dem Tod zusammenhing: Es betraf jeden, was sollte so schlimm daran sein?

Schlimm daran war, dass Serenata Terpsichore persönlich noch nie zuvor in einem jahrzehntelang liebevoll gepflegten, ja *kuratierten* Körper – um ein Wort zu benutzen, das neuerdings vom Ramschladen bis zum Salat auf alles angewendet wurde – gewohnt hatte, der trotz bester Bemühungen allmählich kaputtging. Wie vorhersehbar der monotone Kreislauf von Erneuerung und Verfall im größeren Zusammenhang auch sein mochte – im Einzelfall blieb die tragische Wendung, die das menschliche Leben nehmen konnte, erschreckend. Da sie schon als Kind verstanden hatte, dass Körper nicht dafür gemacht waren, ewig zu halten, hätte sie kaum überrascht sein dürfen, als ihr Körper ebenfalls nicht ewig hielt. Trotzdem, sie *war* überrascht. Selbst die Überraschung war überraschend.

Zu ihrem weiteren Leidwesen war der stetige Verfall des Fleisches für ihren *Typ* besonders erstaunlich. Sosehr sie Bambis Behauptung auch angezweifelt hatte, dass der Körper umso besser gedeihe, je extremer man ihn fordere – und sosehr sie sich zu dem vernünftigen Gedanken bekannt hatte, dass bewegliche Teile sich abnutzen –, hatte sie selbst sich doch voll und ganz auf den populären Mythos ihrer Generation eingelassen, dass der Körper nur durch Gebrauch seine Kräfte entfaltet. Ihr Leben lang hatte sie praktisch jeden Tag hart und ausdauernd trainiert. Der Legende nach hatte sie es sich daher verdient, von den geschmacklosen Leiden sesshafter Sterblicher verschont zu bleiben – von denen viele de facto körperlich besser als Serenata darauf vorbereitet waren, die Strecke bis ins hohe Alter gut durchzuhalten. Der Kult des MettleMan ging ihr deshalb so enorm auf den Geist, weil die übergeordnete Glaubensrichtung auch ihre war. Die Eheleute waren nur in Feinheiten des Katechismus unterschiedlicher Meinung, wie ein Methodist und eine Pfingstlerin.

Ob das Ich mit dem Körper eins war oder im Körper herumfuhr wie ein Passagier in einem klapprigen Cabrio, gehörte zu den unlösbaren Fragen, aber so oder so fand Serenata, dass man nicht beides haben konnte. Man konnte nicht in einem schönen Körper herumlaufen und sich mit siebzehn und in Hotpants selbst schön finden und dann praktischerweise zwischen dem *Es*, das man war, und dem *Du*, das man wurde, wenn infolge postmenopausalen Haarausfalls der Staubsauger verstopfte, eine scharfe Trennlinie ziehen. Man konnte sich nicht mit den Kräften des Körpers identifizieren, ohne sich auch mit seinen Unzulänglichkeiten und sogar seiner Hässlichkeit zu identifizieren, wenn diese Kräfte ihn verließen.

Was andere anging, machte sie sich keine Illusionen; das heißt, aus Bequemlichkeit betrachtete sie Mensch und Manifestation als annähernd ein und dasselbe, was wohl bedeutete, dass andere auch sie, Serenata, die Reservierte, Eigensinnige, trotzig Verschlossene mit einer eins vierundsiebzig großen Brünetten verschmolzen, deren Nase leicht römisch und etwas spitz war. Es bedurfte schließlich einer geistigen Anstrengung, Körper und Seele zu trennen; es bedurfte der Zuneigung, der Aufmerksamkeit und des Weitblicks. Selbst bei Remington musste sie sich konzentrieren, um ihn als beständiges Wesen zu sehen – das sich ungeachtet der zwei letzten Jahre nicht groß verändert und wenn, dann verbessert hatte – anstatt in zunehmendem Maße den älteren, wenn nicht alten Mann, der sich durch ebenso viel Schweiß wie Irrsinn abgemagert und fiese kleine Muskeln antrainiert hatte, die keinen Monat halten würden, wenn auch er dereinst Arthritis bekäme. Aber bei ihr selbst, und das war sicher universell, waren Körper und Ich natürlich unterscheidbar; sie mussten es sein, um *eine Beziehung zueinander* zu unterhalten.

Viele Leute hassten ihren Körper, und dieser Antagonismus konnte sich traurigerweise zum zentralen Kampf in ihrem Leben auswachsen, so ähnlich wie schlechte Ehen in einem Land, wo Scheidung verboten war. Bis vor Kurzem waren sie und ihr Körper meistens ein Team gewesen. Die Beziehung war zuträglich, obwohl es ein ewiges Gerangel darum gab, welcher Teil eigentlich das Heft in der Hand hatte. Aus Dünkel hielt sich das Ich für den Boss, was ein Mythos war; denn nur auf Geheiß des Körpers war Serenata überhaupt hier. Dennoch fühlte sie sich verantwortlich für einen Organismus, der robust und zerbrechlich zugleich war. Trotz seiner hohen Kilometerleistung wurde er durch einen Moment der Ungeschicklichkeit auf der Treppe oder eine verdorbene Auster schlagartig außer Betrieb gesetzt. Der dumme Schutzbefohlene musste gewartet, betankt – aber nicht zu sehr –, geschont und, in Ermangelung des fabelhaften Morphatrons, manuell auf Herz und Nieren geprüft werden; manchmal ließ die Sorgfalt bei dieser routinemäßigen Tierhaltung nach. Meistens war die Beziehung vonseiten der Lehnsherrin jedoch eine zärtliche gewesen.

Irgendwie war die Traurigkeit darüber, zusehen zu müssen, wie ein robuster, lang gedienter Schützling allmählich schwächelte und abbaute, nicht die gleiche wie die Traurigkeit darüber, dass auch sie selbst bald ihr Ende finden würde. Obwohl es so scheinen mochte, war die Behauptung, dass sie in einem qualitativ hochwertigen Geschöpf wohnte, keine Angeberei. Dieser Körper war ja zu ihr gekommen. Das Geschöpf war nicht ihr Werk. Es war ihr anvertraut worden. Und wenn sie sagen würde, dass sie sich ihm gegenüber im Großen und Ganzen anständig benommen hatte, wäre auch das keine Angeberei. Ja, ein wenig Stolz spielte dabei mit, weil sie den Körper dazu gebracht hatte, zu seinem eigenen Besten Dinge zu tun, die er nicht tun wollte, und ihn mit etwas Förderlicherem als einer regelmäßigen Zufuhr von Velveta-Nachos ernährt hatte, aber es war der Stolz einer Hausmeisterin, nicht so anders als die Befriedigung, die eine zuverlässige Reinigungskraft aus dem Glanz frisch gewischter Böden zog.

Manche Teile des Körpers riefen mehr Zärtlichkeit in ihr hervor als andere. Kleine Details bekamen sogar die gleiche Feindseligkeit ab, die etwa Valeria ihrem Gesamtpaket gegenüber zu empfinden schien. Serenata mochte ihre Nagelhäute nicht. Sie verstand den Zweck einer Übergangshaut nicht, die doch immer bloß aufsprang, austrocknete und einriss. Sich selbst überlassen, hätten sich diese epidermalen Räuber fraglos bis zu den Rändern ihrer Nägel vorgeschoben und das Keratin erstickt, so wie bösartige Algenblüten ganzen Seen die Luft abschnürten. In ihrem Ekel war Serenata dazu übergegangen, sich die Dinger in Fetzen von den Fingern und Zehen zu ziehen, woraufhin die blutigen Überreste ihr Kissen befleckten und ihre Socken ruinierten. Die Wunden taten weh und verheilten erst nach Wochen, aber sie betrachtete diese laienhafte Operation als Vergeltungsmaßnahme. Die »Selbstverletzung« im Miniaturformat hätte ihr peinlich sein können, aber sie empfand nichts dergleichen. Die Nagelhäute waren zur Unterwerfung gezwungen worden, und das verschaffte ihr Genugtuung.

Mit ihren Beinen war es etwas anderes. Als die primären Ermöglicher von Remingtons *Bewegung des Körpers durch den Raum* bildeten sie generell den stärksten Aspekt des Organismus, und speziell die ihrigen galten nach den Vorgaben ihrer Kultur als wohlgeformt. Sie waren verhältnismäßig lang, die Oberschenkel, in angespanntem Zustand, fest. Die Schienbeine schwangen sich sanft wie Skipisten von den Knien abwärts. Die Fußgelenke waren passend dazu schmal. Bewundernde Pfiffe, wenn sie kurze Röcke trug, hatten sie nie gestört. Die Stämme, auf denen sie stand, bildeten die Linien, an denen Ich und Fleisch sich trafen. Sollte die Seele in irgendeinem Sinne mit dem Körper synonym sein, dann war Serenata eins mit ihren Beinen. Und jetzt brachte sie mit ihnen eine Art groteskes Menschenopfer dar.

Natürlich hörten die sich beschleunigenden Funktionsstörungen nicht bei ihren Knien auf. Ein wiederkehrender Schmerz im rechten Handgelenk warnte sie, dass ihre Liegestütze gezählt waren. Es kam auch vor, dass sie sich einen Knöchel verstauchte, wenn sie im falschen Winkel von einem flachen Bordstein heruntertrat. Die Muskelkrämpfe im Rücken häuften sich, unberechenbar und lähmend, von nichts ausgelöst, was sie tat oder unterließ. Seit sechs Monaten machte ihre Wirbelsäule jedes Mal *Pong*, wenn sie sich während ihrer üblichen fünfhundert Sit-ups aufrichtete – eine unheimliche, unrunde Verzögerung, die zweifellos auf Reibungswiderstand hindeutete. Das Knacken und Knirschen, die sich dehnenden Haltetaue, das Ächzen des Rumpfes beschworen die Spannung des Films *Titanic* kurz vor dem Untergang des Schiffes herauf.

Außerdem war plötzlich genau das eingetreten, was Tommy vorhergesagt hatte: Das rechte Knie funktionierte fast überhaupt nicht mehr. Dr. Churchwell bezeichnete dessen Implosion zwar nach wie vor als ein »Aufflammen« der Arthritis, gab aber zu, dass sich so ein Aufflammen ab einem bestimmten Punkt nicht wieder legen und die unablässige Quälerei zum neuen Normalzustand werden würde. In sportlicher Hinsicht hatte sie Startverbot.

Da der Orthopäde meinte, das gleichzeitige Einsetzen zweier künstlicher Gelenke komme für den Patienten einem Auffahrunfall mit sechs Fahrzeugen gleich, empfahl er Serenata, das zweite Knie in drei bis sechs Monaten machen zu lassen – was ihr die erfreuliche Aussicht bot, dass sie sich kaum von der einen Tortur erholt haben würde, wenn die ganze Horrorshow von vorne begann. Aufgrund des kritischen Zustands, in dem sich ihr rechtes Knie befand, schob der Chirurg den Eingriff am Columbia Memorial für Ende Mai in seinen OP-Plan ein, wofür er Himmel und Hölle in Bewegung gesetzt zu haben behauptete. Doch aus Serenatas Perspektive bedeutete es, sechs lange Wochen wie ein Stück Seife in einer überschwemmten Schale zu zerfließen.

Unterdessen war Remington auf die Zielgerade seines Trainings für den Mettle eingebogen. Das System, an das er sich jetzt hielt, sah vor, alle zwei Tage zu laufen, Rad zu fahren und zu schwimmen, also alle drei Sportarten nacheinander zu trainieren, mit Krafttraining im BruteBody an den Tagen dazwischen. Tagsüber sahen sie und ihr Mann sich selten. Sie teilten eine Postadresse; in jeder anderen Hinsicht hatten ihre parallelen Universen kaum Schnittmengen. Bis zu ihrem jähen Rauswurf aus der Welt des Energieverbrauchs war ihr nicht bewusst gewesen, wie sehr ihre Ehe in letzter Zeit von dem schmalen Venn-Diagramm sich überlappender Gewohnheiten abhing. Der Exzess des Konvertiten hatte ihre täglichen Fürsorgehandlungen oben im ersten Stock vielleicht rein symbolisch aussehen lassen, aber dass sie weiterhin über eine Latte gesprungen war, die sie als ziemlich hoch betrachtete, hatte ihr brodelndes Minderwertigkeitsgefühl in Schach gehalten. Jetzt lag die Latte auf dem Boden. Sie hatte sich zu den lehmigen, missgestalteten Knollen auf dem Wohnzimmersofa gesellt.

Dieser Eindruck des totalen physiologischen Kollapses war lächerlich. Selbst ein in Wasser getränktes Stück Seife wurde nicht über Nacht zu einer gallertartigen Pfütze, und eine relativ schlanke weibliche, für ihr Alter schön straffe Figur würde den

Weg der Verflüssigung noch langsamer gehen. Emotional hingegen setzte die Auflösung sofort ein.

Beim abendlichen Entkleiden wandte sie ihrem Mann den Rücken zu, zog hastig die Jeans aus und streifte sich mit einer einzigen verzweifelten Bewegung das Hemd über den Kopf, sodass das Pflegeetikett sich in ihrer Haarspange verfing. Während sie das Hemd früher auf einen Bügel gehängt hätte, um es noch einen zweiten Tag anzuziehen, drehte sie es jetzt noch nicht mal mehr richtig herum, bevor sie es zu ihrer Jeans auf den Teppich schleuderte, um sich den Sport-BH schneller vom Leib zerren und unter die Bettdecke springen zu können. So warm, wie es in diesem späten Frühling war, hätte sie sich normalerweise einfach so auf die Matratze gelegt, mit ausgestreckten Beinen und weit ausgebreiteten Armen, um sich in der Brise des Ventilators zu aalen, doch jetzt zog sie sich die Decke bis unters Kinn. Es war nicht so, dass sie sich vorher etwas auf ihre Figur eingebildet hatte oder sie zur Schau stellen wollte; sie hatte sich nur nie gezwungen gefühlt, sich zu bedecken. Jetzt verbarg sie sich sowohl vor ihrem Mann wie vor sich selbst, wandte den Blick vom Ganzkörperspiegel ab, wenn sie aus dem Zimmer hoppeln musste, um zu pinkeln. Ihr war nicht bewusst gewesen, wie wohl sie sich mit ihrem nackten Körper gefühlt hatte, bis sie sich für ihn schämte.

Im Gegensatz dazu schlenderte Remington, auch wenn er ebenfalls humpelte und es zu verbergen suchte, mit großer Unbefangenheit nackt vom Schlafzimmer ins Bad. Manchmal wanderte er sogar, bevor er schlafen ging, noch eine Stunde oder länger mit nacktem Hintern durchs Haus. Er hatte inzwischen eine tiefe Bräune angenommen, die knapp über den Knien so abrupt endete, dass es aussah, als hätte er seine Radlerhose noch an. Die liebenswerte kleine Schwellung in Höhe seiner Taille war längst verschwunden, er hatte nirgends mehr auch nur ein Gramm Fett, und wenn er ging, wellten sich die Sehnen in seinen Beinen und Pobacken wie in einer fortwährenden Lichtshow, die an die alten verpixelten Reklametafeln am Times Square erinnerte. Dennoch war er gerade sechsundsechzig geworden. Und sie würde es ihm nie sagen, aber man sah ihm jedes Jahr an, mindestens. Sein Körper war ausgemergelt. Von der vielen Sonne noch faltiger geworden, wirkte er gejagt, großäugig, fast verrückt.

Obwohl Serenata sich oft fragte, ob sie eigentlich Lust auf den Rest ihres Lebens verspürte (und hieß das, da es ja keine natürlichen Ursachen gab, dass sie mit Suizid drohte?), war ihr überaus bewusst, wie unangebracht ihre Melodramatik war, selbst wenn das Zerreißen der Kleider sich vorwiegend in ihrem Kopf abspielte. Das Ende der Kniebeugen mit dem Ende der Welt gleichzusetzen war erniedrigend; über ihr schwebte eine erwachsenere Intelligenz, die in jedem Sinne auf sie herabsah. Ohne eigenes Verschulden – jedenfalls glaubte sie nicht, dass sie es selbst verschuldete – hatte sie ihre Funktionsfähigkeit eingebüßt. Doch keine noch so große Besonnenheit ihrerseits konnte etwas daran ändern, dass der erzwungene Müßiggang sie ins Schleudern gebracht hatte. Die Kränkung rührte an etwas, das tiefer lag als Eitelkeit. Sosehr sie ihre täglichen Verrichtungen Remington gegenüber auch als mechanisch darstellte, hatte sich doch ausgerechnet das Trainieren auf unsinnige Art damit verbunden, wer sie war, sodass sie sich jetzt, da es entfiel, reduziert und ziemlich verloren fühlte. Nach der OP, wenn sie eine echte Invalidin wäre, würde die Dissoziation nur noch schlimmer werden.

Sie kritisierte Remington, weil seine Prioritäten durcheinandergeraten waren, dabei war sie genauso neurotisch wie er. Als der Mai fortschritt, wurden die Zeichen unmissverständlich: exzessiver Schlaf; Schwierigkeiten, selbst kleinere Synchronjobs von wenigen Zeilen zu Ende zu bringen; ein Hang dazu, grotesk lange dazusitzen und nichts zu tun; die Drückebergerei vor Erledigungen wie Wäschewaschen, die auf einmal unüberwindlich schien; keine Lust, Tommy oder Griff zu besuchen – ja im Grunde keine Lust, überhaupt das Haus zu verlassen. Sie war eindeutig in eine Depression gerutscht. Und das nur, weil sie die fünfhundert Burpees nicht in Angriff nehmen konnte, auf die die allermeisten Leute liebend gern verzichtet hätten.

*

Deacon hätte für seinen Besuch keinen schlechteren Zeitpunkt wählen können, und das gefiel ihm sicher sehr gut.

Als er anrief, behauptete ihr Sohn, er zöge in eine andere Bude um und brauche übergangsweise ein Bett, äußerte sich allerdings typisch vage zu dem Datum, an dem seine zweifelhafte neue Wohnung verfügbar sein würde. Auf ihre Frage, was mit seinen Sachen sei, antwortete er, er habe *nicht viel Zeug*. Vielleicht war es materialistisch, jemanden mit kaum nennenswertem Besitz für nicht vertrauenswürdig zu halten, aber wenn einer mit neunundzwanzig nicht auf ein paar Teller und eine Schreibtischlampe achtgeben konnte, worauf konnte er dann noch nicht achtgeben?

Mit erheblichen Bedenken willigten sie und Remington ein, ihn für *ganz kurze Zeit* zu beherbergen. Für Valerias Verdacht, was den Lebensunterhalt ihres Bruders anging, fehlten ihnen die Beweise, und er war immer noch ihr Sohn.

Deacons ausweichende Angaben zum Zeitpunkt seines Erscheinens waren offenbar eine Umschreibung für »morgen« gewesen. Am Abend hatte Remington, der sich wohl gerade erst in Rage redete, ärgerlich verkündet, der Junge würde seinem

Trainingsplan keine *fünf Minuten* und auf keine *fünf Meter* in die Quere kommen. Und schon am nächsten Nachmittag stand Deacon vor der Tür. Oder vielmehr *in* der Tür, denn während der letzten längeren Schmarotzerphase des jungen Mannes in ihrem ersten Hudsoner Sommer hatten sie ihm einen Schlüssel ausgehändigt, den er nie zurückgegeben hatte.

»Du hättest ruhig anklopfen können«, sagte Serenata, damit beschäftigt, haufenweise grüne Bohnen für ein Abendessen zu kupieren, das nun offenbar kein Candle-Light-Dinner mit ihrem Mann werden würde. Am Esstisch zu sitzen, wenn sie Gemüse klein hackte, fühlte sich immer noch komisch an. Ihre Messerfertigkeiten waren aufs Stehen zugeschnitten.

»Familie«, sagte Deacon schulterzuckend. Verwandtschaft war ein Konzept, auf das er sich berief, wenn es ihm gerade passte. »Du hast auch nie angeklopft, wenn du in mein Zimmer geplatzt bist.«

»Anfangs schon. Aber das hat dir als faire Warnung gedient, all dein Diebesgut zu verstecken.«

»Ich freu mich auch, dich zu sehen.« Er stellte seine Tasche ab, die ins Gepäckfach einer Billigfluglinie gepasst hätte. Der junge Mann war wie immer eine Spur untergewichtig, sodass das übergroße Viskose-T-Shirt und die elegant geschnittene lange Hose ihn umflatterten wie modische Klamotten ein Mannequin. Bestimmt trug er schon seit Tagen dasselbe Outfit. Er favorisierte das dezente Farbspektrum von Lorbeer, Petrol, Artischocke und Salbei, in dem wohlhabende Leute ihre Häuser strichen, und kaufte immer teure Kleidung, aber er war faul.

»Ist das alles, was du auf der Welt besitzt?«

»Wie gewonnen, so zerronnen.« Der Ausdruck hätte eigens für Deacon Alabaster geprägt worden sein können. Er fand relativ leicht und umstandslos Jobs, kündigte sie aber auch leicht und umstandslos wieder. Mit seinen schmalen, tief liegenden

Hüften und einem so herausfordernden wie undurchschaubaren Blick verfügte er über jenes unangestrengt gute Aussehen und kühle Gebaren, das ihn für hübsche, aber unsichere Mädchen unwiderstehlich machte, und er verbrauchte sie wie Kleenex. Serenata wäre nicht erstaunt gewesen, wenn er unterwegs mehr als einmal *leicht und umstandslos* ein Kind gezeugt hätte, das er im Geist der Erbanlagenstreuung gedankenlos zurückgelassen hatte.

»Und wo ist Dad?«

»Wo wohl? Macht mit seiner Schickse die Trimmpfade unsicher.«

»Was? *Joggt* er etwa?« Da sie von Deacon nur hörten, wenn er etwas wollte, war er nicht auf dem Laufenden. Einer von ihnen musste das Projekt Tri mal erwähnt haben, schließlich redete Remington von nichts anderem, aber ihr Sohn hatte offenbar nicht zugehört. Er schien sich noch nie für seine Eltern interessiert zu haben, vor allem nicht für seinen Vater. Deacon hatte den Stil von Remington als jungem Mann, aber nichts von dessen Substanz. Folglich fühlte sein Vater sich schon verspottet, sobald Deacon das Zimmer betrat.

»Er nimmt in zwei Wochen an einem Triathlon teil.«

»Warum?«

Die schlichte Frage setzte Serenata matt. »Das hab ich ihn auch immer mal wieder gefragt. Seine Antworten sind nie zufriedenstellend. Er scheint zu glauben, dass seine Motivation auf der Hand liegt.«

»Ja, solche Masochisten gibt es in Windham überall.« Da er nie unter jenem Ehrgeiz gelitten hatte, der ihn in die Metropole hätte treiben können, war Deacon in seinen Zwanzigern von einer krepelnden Kleinstadt in New York State in die nächste gezogen – Dormansville, Medusa, Preston-Potter Hollow –, wo die Mieten niedrig waren und das Leben weder schwer noch angenehm. Anscheinend schätzte er das Beliebige daran, einfach irgendwo zu leben.

Nachdem er sich ein Bier genommen hatte, fuhr er fort: »Immer im Weg, trotten sie auf den Straßen entlang, weil es keine Bürgersteige gibt. Die Fäuste geballt, die Gesichter dunkelrot und fleckig, wie verdorbene Auberginen. Sie können jeden Tag tot umfallen, und was fangen die Vollidioten mit der ihnen verbleibenden Zeit an, sie machen sich so unglücklich wie irgend möglich.«

Ihr Sohn war chronisch verächtlich. Dabei hatte er selbst wenig geleistet – nach den Maßstäben der meisten Menschen nichts, außer von der Hand in den Mund zu leben –, weshalb es ein Rätsel war, woraus sich diese Herablassung speiste. Seine Mutter war zu dem Schluss gekommen, dass es die Geringschätzung des Außenseiters war. Er hatte sich nie mit dem Wunsch besudelt, etwas Bestimmtes zu erreichen, und das bewahrte ihn vor jedem Gefühl des Scheiterns oder der Enttäuschung. Dass er sich abseitshielt von der albernen Plackerei, der Überwindung belangloser Hindernisse, dem vergeblichen Streben und traurigen Zurückbleiben hinter den eigenen Zielen, all dem, wovon das sinnlose Bemühen der anderen Idioten in seiner Umgebung geprägt war, gab ihm eine Qualität des Über-allem-Stehens, das seine Freunde faszinierend fanden.

»Außerdem muss ich dich warnen: Ich lasse mir morgen ein künstliches Kniegelenk einsetzen.«

»Wozu willst du *das* denn machen?«

»Vielen Dank für dein Mitgefühl«, sagte Serenata. »Ich habe Schmerzen, und ich kann kaum laufen.«

»Dann lauf nicht.«

»Herr Doktor, wenn ich das hier mache, tut's weh.«

Deacon sah sie verständnislos an.

»Ein alter Henny-Youngman-Witz. Der Doktor sagt: *Dann machen Sie's nicht.*«

»Ziemlich lahm.«

»Ich bin lahm. Darum geht's ja gerade.«

Es schien fast so, als fühlten sie sich wohl miteinander. Also, bisher fühlte sie sich tatsächlich wohl mit ihrem Sohn. Auf eine merkwürdige Weise, die sie nicht genau festmachen konnte, war Mister Wen-kümmert-es-einen-Scheißdreck in diesem Moment der Angst und Verzweiflung der ideale Hausgast.

»Das heißt, deine Eltern sind beide, wie man so sagt, *gestresst*«, fuhr sie fort. »Bevor dein Vater kommt, sollte ich dich auch noch warnen, dass er in dieser Triathlon-Angelegenheit keinerlei Spaß versteht. Selbst von harmloser Hänselei kann ich dir nur abraten. Er ist sehr nervös, weil er nicht weiß, ob er bis zum Ende durchhält. Und Recht hat er. Vier Kilometer Schwimmen; gut hundertsechzig Kilometer auf dem Fahrrad; ein Marathon; und am Schluss noch ein Klimmzug, nur für den unwahrscheinlichen Fall, dass man den ganzen anderen Mist geschafft hat, ohne aus den Latschen zu kippen. Ich glaube, ich wäre selbst in meiner Glanzzeit nicht dazu in der Lage gewesen.« Sie hielt inne; das hatte sie vielleicht noch nie laut gesagt. »Und auch *wenn* in Lake Placid tatsächlich irgendwas schiefgeht, sag nichts. Versprich es mir einfach. Sag absolut nichts.«

»Du meinst so was wie: *He, Dad, ich hab gehört, du hast an diesem bekloppten Wettkampf teilgenommen und bist voll auf die Fresse geflogen?*«

Sie lachte. »Genau so was. Er hat viel zu viel in die Sache investiert. Wenn sich das Risiko nicht auszahlt, ist er erledigt.«

Während er sich eine Zigarette drehte, musterte Deacon sie theatralisch, bewegte sich hin und her, um ihr Gesicht zu betrachten. »Du findest es geistesgestört.«

Wieder entfuhr ihr ein kurzes Lachen. Mutter und Sohn hatten stets ein geheimes Einverständnis gehabt, dem sie zu widerstehen versuchte. Er besaß keinen moralischen Kompass. Und doch mochte sie seinen anarchischen Zug. (Na ja, es war mehr als ein Zug.) Er behandelte andere Menschen abscheulich, ging aber seinen eigenen Weg. Er war kein geselliger Typ. »Du kannst hier drinnen nicht rauchen. Und was ich von dem Vorhaben deines Vaters halte, spielt keine Rolle.«

Wieder dieser prüfende Blick, jetzt mit geneigtem Kopf. Es war ein Glück, dass Deacon so träge war. Wenn er sich ins Zeug legte, war er zu schlau. »Ich wette, es spielt doch eine Rolle. Ich wette, du findest gerade nichts wichtiger als dieses ganze Geschnaufe und Gekeuche.«

Ein wenig aus der Fassung gebracht, wies sie mit dem Kopf auf die unangezündete Selbstgedrehte. »Wo wir schon bei Hausregeln sind, muss ich dich was fragen.«

»*Hausregeln?* Ehrlich, Mom, ich kann mich nicht erinnern, dass du je so eine Spaßbremse warst.«

»Ich möchte, dass du mir erzählst, wovon du lebst.«

Es war schwierig, Deacon direkte Fragen zu stellen. Er hatte etwas Schlangenhaftes, war gut darin, Kugeln auszuweichen. Ihn festzunageln hieß, ihn zum Lügen einzuladen. Deacon log unbeschwert, aber sie fand es derart unangenehm, angelogen zu werden, dass sie, um unaufrichtige Antworten zu vermeiden, normalerweise auch das Fragenstellen vermied.

»Ich bin ein Entrepreneur«, sagte er lächelnd.

»Der *was* verkauft oder herstellt?«

»Die Leute brauchen Dinge, ich besorge sie ihnen.«

»Was zum Beispiel?«

»Was auch immer. Ist abhängig vom Markt.«

»Deine Schwester glaubt, du dealst mit Drogen.«

»Valeria glaubt vieles. Sie glaubt, Jesus sorgt sich persönlich um sie und ihre sabbernde, furzende Walmart-Sippe. Sie glaubt, sie hat eine Kindesmisshandlung *überlebt*. Valeria ist die Letzte, zu der ich gehen würde, wenn ich Infos über irgendwas brauche.«

»Also dealst du nicht mit Drogen? Gras ist mir egal. Ich meine Opioide oder Heroin.«

»Ich find's irgendwie interessant, warum dich das juckt. Theoretisch. Ich meine, ich kenne viele Süchtige. Angebot und Nachfrage: Die kriegen ihren Stoff schon irgendwoher. Gibt reichlich Konsumenten direkt hier in Hudson. Fühlst du dich ganz rein und unbefleckt, solange sie ihren Rausch nicht von mir haben?«

»Wenn wir dich dabei erwischen, wie du von diesem Haus aus dealst, fliegst du achtkantig raus.«

Er lachte in sich hinein. »Ich sag dir mal was. Wenn ich was mit Schmuggelware zu tun hätte, würde ich keinen Koffer voller zugeklipster Tütchen mit mir rumschleppen. Ich wär weiter oben in der Nahrungskette.«

»Weil du so ein Macher bist. So ein Mensch der Tat.«

»Nein, weil ich darauf aus bin, über die Runden zu kommen und mich keiner so großen Gefahr auszusetzen. Wie sich zeigt, ist dazu nicht viel nötig. Man lenkt keine Aufmerksamkeit auf sich. Man nutzt nur Gelegenheiten, die einem in den Schoß fallen. Man hält den Kopf in einem See aus Scheiße gerade hoch genug, um Luft zu kriegen, wie beim Hundepaddeln in der Toilette.«

Sie würde die Mauer, die Deacon hier errichtete, nicht durchdringen. Wenigstens hatte sie, wie Remington versprochen, ihrer beider Bedingungen genannt. »Und noch was«, fügte sie hinzu. »Kein Drogenkonsum auf dem Grundstück.«

»Muss ich mein Zimmer sauber machen und den Tisch decken?«

»Jetzt, wo du's sagst, ja, das wäre nett.« Sie verspürte einen

Impuls, war sich aber nicht sicher. Ehrlichkeit war ein Experiment. »Deacon, ich habe ziemliche Angst vor dieser OP. Die Physiotherapie danach ist grauenhaft. Die Chirurgen geben sich optimistisch, aber die Leute, von denen ich weiß, dass sie so eine OP schon hinter sich haben, humpeln auch ein Jahr später noch. Sie können kaum Sport machen, und sie nehmen zu.«

»Na und? Hast du nicht genug getan? Mensch, während meiner ganzen Kindheit bist du stundenlang durch Albany gestampft oder hast dich in deine geheime Folterkammer zurückgezogen, mit speziellen Geräten für Waterboarding oder was. Leg die Füße hoch!« Deacon selbst legte seine Füße auf einen Stuhl. »Du könntest doch erleichtert sein.«

»Bin ich auch, ein bisschen«, gab sie zu. Er könnte ihr Beichtvater sein. »Der Tag ist so viel länger. Und am Ende wartet nicht diese Strafe auf mich. Vielleicht habe ich was versäumt, indem ich mich geweigert habe, die Freuden der Lethargie auszuloten. Du machst nichts, oder? Ich meine, was Sport angeht.«

»Aus dem Bett aufstehen. Zum Klo schlurfen. Mir eine Ziese drehen, um mich von meinen schrecklichen Anstrengungen zu erholen. Apropos?« Er wedelte mit seiner Handarbeit.

»Ach, mach einfach. Hol dir eine Untertasse. Mir egal.« Sie wusste selbst nicht, was für ein Teufelchen sie da ritt, aber Deacon war ein schlechter Einfluss, und genau dafür war sie gerade empfänglich. Sie fühlte sich nutzlos, lustlos und respektlos.

»Ehrlich.« Deacon zündete sich so genüsslich eine an, dass sie neidisch wurde. »Warum nicht *aufgeben*? Du bist doch über sechzig, oder? Das physische Gewächs, das du bist, geht sowieso irgendwann ein – oder zur Hölle –, egal, was du tust. Hör auf, mit zwanzigjährigen Kindfrauen zu wetteifern, die dich locker schlagen könnten, selbst wenn sie in einem Kartoffelsack die Straße runterhüpfen würden. Entspann dich und wirf dich dem

Unvermeidlichen in die Arme. Irgendeinen Vorteil muss es ja haben, eine tatterige alte Schachtel zu werden.«

»Danke.«

»Du hattest doch deine Zeit, oder? Meine Freunde fanden dich immer heiß. Also mach rechtzeitig einen Abgang! Du siehst immer noch nicht übel aus, für eine Großmutter von ... Sorry, ich hab den Überblick verloren. Sind es jetzt vier oder fünf Kinder? Auf jeden Fall kannst du noch eine Kerbe in den Türrahmen machen. Valeria sagt, sie ist wieder schwanger.«

»Guter Gott, bitte sag, dass du mich veräppelst.«

»Wenn ich Witze erzähle, dann nicht immer mit derselben Pointe.«

»Holst du mal den Chenin Blanc aus dem Kühlschrank? Du treibst mich in den Alkohol.«

Deacon ließ die halbe Flasche in ein Ballonglas glucksen. »Jetzt mal im Ernst«, sagte er und nahm sich noch ein Bier. »Ich verstehe Frauen wie dich nicht. Und ich sehe sie ständig, diese ausgewrungenen Putzlappen, die sich auf irgendwelchen Tretmühlen abstrampeln. Sie verderben sich einen durchaus passablen Nachmittag, sehen weiterhin scheiße aus und bedauernswert noch dazu. Sie lügen sich in aller Öffentlichkeit und Peinlichkeit in die Tasche, dabei haben viele dieser Weiber ein Schweinegeld und könnten auf die Pauke hauen und sich das Prime Rib bestellen. Mom, du hast deine Schuldigkeit getan. Du warst – was, fünfundvierzig Jahre lang? – eine heiße Braut. Also hör auf zu hungern. Hör auf, Alkoholeinheiten zu zählen. Lass los. Und scheiß auf die künstlichen Knie. Besorg dir einen Rollator mit einem kleinen Korb für deine Einkäufe. Oder geh gar nicht mehr vor die Tür. Guck dir die neusten *Simpsons*-Folgen an.«

»Du bist eine Schlange«, sagte sie und prostete ihm zu. »Aber diese Frau – mit der dein Vater jetzt den Großteil seiner

Zeit verbringt –, hast du eine Ahnung, wie seine Trainerin aussieht?«

Schlüsselgeklapper an der Terrassentür. Dem Stimmenlärm nach zu urteilen, hatte ihr Mann ausgerechnet an diesem Abend seinen TriClub eingeladen. Da es nominell immer noch sein Haus war, stand Remington als Erster in der Tür und erstarrte augenblicklich. »Mach die sofort aus.«

Deacon hätte eine mildere Reaktion bei seinem Vater ausgelöst, wenn er ihm mit einer Schrotflinte gegenübergetreten wäre. »Mir geht's gut, danke der Nachfrage.« Er nahm einen tiefen Zug, bevor er die Selbstgedrehte widerstrebend auf der Untertasse ausdrückte. »Und wie geht es *Ihnen*, Sir?«

Remington wandte sich seiner Frau zu. »Seit wann? Was ist dein Problem?«

»Wo soll ich anfangen?«

»Und bitte stell deine Füße auf den Boden«, sagte Remington zu seinem Sohn. »Wir brauchen alle Stühle.«

»Mannomann.« Deacon fügte sich erneut in Zeitlupe. »Wieder so ein kuscheliges Wiedersehen.«

»Vielleicht überschlagen wir uns nicht vor Freude, aber wir können wenigstens die Form wahren.« Mit sichtlicher Überwindung streckte Remington die Hand aus, und Deacon schüttelte sie lasch. »Willkommen daheim.«

Nacheinander traten die anderen Clubmitglieder ein. Sie hatten einen weiteren Schwimm-, Radfahr- und Lauftag hinter sich, was für die Berufstätigen unter ihnen nur am Wochenende möglich war. Jetzt, da der Mettle näher rückte, war die Gruppe nervöser und streitanfälliger geworden. Cherry DeVries war mitunter weinerlich. Hank Timmerman hatte sich mehr als einmal verdrückt. Chet Mason verteilte lang und breit ungebetene Ratschläge zur Ausrüstung, nachdem sich alle ihre Ausrüstung längst gekauft hatten. Ethan Crick schien, was seinen Ruf als Hypochonder anging, auch den letzten Rest seines ohnehin mageren Humors verloren zu haben. Selbst Remington hatte seine lässige Selbstironie abgelegt und reagierte an diesem Abend gereizt auf Chets Genörgel, dass der Rest des Clubs bei jeder Etappe stundenlang habe warten müssen, bis er zu ihnen aufgeschlossen hatte – »Irgendwann war ich ja da, oder?« –, während er sonst einen Witz auf seine eigenen Kosten gemacht hätte. Nur Bambi und Sloan, die schon Mettles absolviert hatten, bewahrten sich ihre Sorglosigkeit, wachten aber über ihre Brut. Früher im Jahr war die Gruppe müde und übermütig bei ihnen eingefallen; jetzt kam sie müde und unmutig zurück.

Remington stellte Deacon die Clubmitglieder vor, dessen gelassener Blick verriet, dass er gar nicht erst versuchte, sich ihre Namen zu merken. Mit einer Ausnahme: »*Bambi?* Im Ernst? Na, dann können Sie mich Klopfer nennen.«

»Okay, *Klopfer.*«

Sie stützte sich mit dem Laufschuh auf dem Stuhl ab, den Deacons Füße geräumt hatten, und stellte wie auf einem Podest zur Schau, was Remington ihr Kunstwerk nannte.

»Sie sind ja eine von den ganz aufgeweckten Chicks«, sagte Deacon.

»Könnte man so sagen.« Während sie den anderen Schuh aufschnürte, musterte Bambi ihn kurz von oben bis unten. »Aber du bist keiner von den ganz aufgeweckten Dicks.«

»Nö«, sagte Deacon mit einem Lächeln. »Ich bin bloß ein Dick.«

Der Geist der Frotzelei, in dem die Clubmitglieder einst darum gewetteifert hatten, wer am schnellsten war, hatte einer tendenziell beißenden Rivalität mit höheren Einsätzen Platz gemacht. »Ich hatte am Hang bloß zu kämpfen, weil die Kettenschaltung dauernd in einen anderen Gang gesprungen ist, also *fick dich*«, sagte Chet finster zu Hank und zeigte ihm den Mittelfinger. Als Bambi anfing, sich ins Zeug zu legen, um ihre eigene persönliche Bestzeit in Lake Placid zu unterbieten, sah man sie nicht mehr zu den Nachzüglern zurückfahren, sondern sich ein Kopf-an-Kopf-Rennen mit Sloan zu liefern, der letztendlich in allen drei Sportarten weit vorne lag. Für Bambi war der Wettbewerb zwischen ihnen beiden jetzt von einem Tropfen Säure verätzt. Abseits der Strecke spielte sie ihr Geschlecht zu ihrem Vorteil aus. Aber am Ende des Tages gefiel es Bambi im Grunde nicht, ein Mädchen zu sein.

Was sie alle an diesem Abend aus dem Tritt brachte, war die Gegenwart von Deacon Alabaster. Der Fremde in ihrer Mitte zeigte nicht das geringste Interesse an ihren Zeiten. Wenn sie mit der geheuchelten Beiläufigkeit von Namedroppern außergewöhnliche Distanzen anführten, zuckte er mit keiner Wimper. Auch als Serenata vorhin die Heldentaten aufgezählt hatte, die sein Vater in zwei Wochen in Angriff nehmen würde, hatte Deacon vollkommen gleichgültig reagiert, wie ihr jetzt klar wurde. Ebenso gut hätte sie sagen können, sein Vater werde an einem Limerick-Wettbewerb teilnehmen. Gegen die Wut und die leicht durchschaubare Unsicherheit von der Sorte *Warum arbeitet ihr nicht in einem Obdachlosenheim?* war der Club in seiner Selbstgefälligkeit immun. Aber die Anwesenheit des Geringschätzigen und freimütig Unbeeindruckten war Kryptonit.

Noch dazu war er jemand, der noch nie im Leben Wadenheber, Barrenstütze und Armbeugen gemacht hatte – jemand, der es als Sport betrachtete, ein Sixpack und eine Tüte Chips vom 7-Eleven zum Auto zu tragen. Und doch war er dank des ästhetischen Multiplikationseffekts zweier attraktiver Eltern ein attraktiver Mann – und zwar atemberaubend attraktiv, *wer-zum-Teufel-ist das-denn*-attraktiv. Zu anderen Zeiten hatte seine Mutter diese Verknüpfung verblüffend oder sogar ein wenig ärgerlich gefunden. In diesem Moment fand sie es großartig.

Noch schlimmer für die Truppe war es, dass Deacon hip war, eine mysteriöse Eigenschaft, die ihr Sohn schon mit elf oder zwölf verkörpert hatte, als er auf dem Schulhof an Beliebtheit verzeichnete, was seiner Schwester an Desinteresse entgegenschlug. In seinen Tagen der Jugendkriminalität (vorausgesetzt, sie gehörten der Vergangenheit an) war seine unnahbare, gleichmütige Art zum Aus-der-Haut-Fahren gewesen. Was Hipness genau umfasste, war schwer auszumachen. Es genügte wohl zu sagen, dass man keine besaß, wenn man sich das Konzept erst erklären lassen musste. Und wer sie nicht besaß, konnte sie auch nicht erwerben. Coolsein gab es nicht zu kaufen, und erlernbar war es auch nicht.

Und so trieb Deacon den TriClub in den Wahnsinn. Sie waren alle Selbstverwirklicher, und hier war dieser aalglatte Inbegriff des einen Merkmals, das sie sich nicht anzueignen vermochten. Der Einzige unter ihnen, der immerhin ein Quäntchen Hipness erkennen ließ, war Deacons Vater – obwohl Remingtons Hipness eine altmodische William-Powell-Version war, mit guter Ausdrucksweise und guten Umgangsformen. Sloan ging in Hudson als hip durch, aber er brauchte dazu das Requisit seiner Oldtimer. Selbst Bambi war zu bedürftig, um hip zu sein – und von Deacon, dessen unverfälschte Gleichgültigkeit gegenüber allem, was für sie zählte, dem Anschein nach keine Pose war, würde sie nie die Wertschätzung bekommen, nach der sie sich sehnte. Außerdem ertrug Bambi Niederlagen nicht, und kein Schachzug, egal in welchem Spiel, stellte den Sieg so sicher wie die Weigerung, überhaupt mitzuspielen.

Für seine Eltern waren Deacons Besuche vor allem ein kostspieliges Problem; es war zur Gewohnheit geworden, dass sie ihn bezahlten, damit er wieder ging. Aber an diesem Abend war er eine willkommene Verstärkung für die Skeptikerecke seiner Mutter. Um Kapital aus der seltenen Vielzahl an Häretikern zu schlagen, schrieb sie Tommy, sie solle doch rüberkommen. In jenem ersten Sommer hatte Tommy ihren Sohn Tag für Tag angeschmachtet, während er draußen in der Hängematte döste. Als die Nachbarin jetzt erfuhr, dass Deacon da war, stand sie binnen fünf Minuten in der Tür. Zu dritt besetzten sie das eine Ende des Tisches, die Störenfriede in der letzten Reihe.

»He, Bambi.« Serenata hielt das gebundene Buch hoch, das Remington halb durchgelesen hatte. »Hast du die Biografie von diesem berühmten Ultra-Läufer gelesen? Der ist jetzt tot, musst du wissen.«

»Donald Ritchie? Ja, irgendwer bei BruteBody hat erwähnt, dass er letztes Jahr den Löffel abgegeben hat.«

»Ich fand es interessant, dass er schon mit dreiundsiebzig gestorben ist.«

»Warum interessant?«, fragte Bambi argwöhnisch. »Das ist doch alt genug.«

»Heute nicht mehr. Und er war in ziemlich schlechter Verfassung. Diabetes. Lungenprobleme. Er musste mit sechsundsechzig ganz mit dem Laufen aufhören. Remingtons Alter.« Serenata hatte nur das Ende des Buches überflogen: den guten Teil.

»Und? Ist das wieder so eine Jim-Fixx-Verhöhnung? Haha, der Autor von *Das komplette Buch vom Laufen* ist mit zweiundfünfzig zusammengeklappt – beim Laufen? Also kann es auf keinen Fall gut sein, seinen Hintern hochzukriegen. *Laufen ist tödlich.*«

»Um irgendeine Korrelation zwischen Ausdauersport und vorzeitiger Sterblichkeit herzustellen«, belehrte Remington seine zynische Ehefrau, »ist ein relativ früher Tod statistisch ungefähr so relevant wie *Ich kannte da so einen Typen.*« Er wandte sich seiner Trainerin zu. »Meine Frau behauptet auch, dass *alle, von denen sie weiß*, dass sie sich ein künstliches Knie haben einsetzen lassen, kaum mehr gehen können und fett werden. Sie würde dir selbst bestätigen, dass sie eine asoziale Misanthropin ist. Von wie vielen Fällen reden wir also? Zwei vielleicht. Höchstens drei. Das nenne ich unwissenschaftlich.«

»Viele Langstreckenläufer sterben früh«, sagte Serenata. »Meist an Herzinfarkten.«

»Keine höhere Inzidenz als in der allgemeinen Bevölkerung«, entgegnete Remington. »Außerdem, wer sagt, dass mit Elitesport eine höhere Lebenserwartung bezweckt wird? Selbst wenn ein weniger anstrengendes Leben bedeuten würde, dass man länger lebt – *wozu?* Wirklich, wozu soll es gut sein zu leben, bis man hundertzehn ist? Ich bin nicht so scharf darauf, älter als siebzig zu werden.«

»Das ist in vier Jahren«, sagte sie sanft.

»Ich kann auch rechnen«, blaffte er.

Wäre sie großmütig gewesen, hätte Serenata die Reizbarkeit ihres Mannes auch so interpretieren können, dass er sich, da sie wegen ihrer OP am nächsten Tag nervös war, wahrscheinlich ebenfalls Sorgen um sie machte. Aber sie empfand keine Großmut.

»He, hört euch das an.« Tommy hatte sich die Biografie geschnappt und las die Zusammenfassung auf der Rückseite. »Dieser Schotte ist hundertachtzig Kilometer am Stück gelaufen, in unter zwölf Stunden. Das sind ...«

»Stabile vier Minuten pro Kilometer«, sagte Bambi. »Mittelmäßig für einen Marathon, aber nicht schlecht für vier von den Scheißdingern hintereinander.«

»Das ist noch gar nichts«, sagte Remington. »Ritchie ist die gesamte Länge Großbritanniens – tausenddreihundertfünfzig Kilometer – in elf Tagen gelaufen.«

»Was war das Problem?«, sagte Deacon. »Gab's einen Bahnstreik?«

»Du hast keinen Respekt«, sagte sein Vater.

Deacon leckte das Papier für eine weitere Selbstgedrehte an. »Da hast du Recht.«

»Während des langen UK-Laufs«, las Serenata über Tommys Arm hinweg, »bekam er eine *fiebrige Erkältung* und hatte mit *fiesem Gegenwind und Schneeregen zu kämpfen*. Aus der Erkältung wurde eine Bronchitis ... Er hatte *Magenschmerzen, Blut im Stuhl, einen wunden Mund, regelmäßiges Nasenbluten, Schmerzen in der Brust und lief durch sintflutartigen Regen*. Manche Leute wissen wirklich, wie man Urlaub macht.«

»Du kannst mir nicht erzählen, dass du das nicht bewunderst«, sagte Remington.

»Das heißt also«, Deacon hob das Messer, mit dem seine Mutter die Bohnen geschnitten hatte, »wenn ich mich bei lebendigem Leib häute, verdiene ich mir endlich Daddys Anerkennung.«

»Und warum sollte *das* bewundernswert sein?«, sagte sein Vater.

»Leiden um des Leidens willen – wo ist der Unterschied?«, sagte Deacon.

»Donald Ritchie hat Rekorde aufgestellt!« Historisch betrachtet, hatte Remington nur die aus den Prügeln seiner eigenen Kindheit resultierende Selbstbeherrschung daran gehindert, dem Jungen gegenüber handgreiflich zu werden.

»Aber Rekorde worin?« Deacons Ton blieb distanziert, seine Haltung lässig, doch er gab nicht nach. Mit der einen Hand spielte er mit der unangezündeten Zigarette herum, in der anderen hielt er immer noch das Messer. »Ich könnte einen Rekord darin aufstellen, wie lange ich brauche, um zu verbluten.«

Serenata stand so energisch auf, wie ihr Knie es erlaubte.

»Deacon hat nur die legitime Frage aufgeworfen, was es eigentlich bringt, bei schlechtem Wetter und schlechter Gesundheit die gesamte Länge irgendeiner Insel abzulaufen.« Sie streckte ihm ihre Hand entgegen, damit er ihr das Messer gab. »Diskussion beendet.«

Ihr Telefon klingelte: Valeria. Sie ging auf die hintere Veranda. »Mama, ich hab in meinem Kalender stehen, dass du morgen diese OP hast.«

»Wie nett von dir, dass du dran denkst.«

»Ich hab mal in der Kirche rumgefragt, und alle sagen, es ist furchtbar! Weil man über Monate oder sogar Jahre schreckliche Schmerzen hat! Im Internet heißt es, dass einer von fünf Patienten für den Rest seines Lebens quasi permanent unter Schmerzen leidet!«

»Danke, Valeria. Das ist sehr hilfreich.«

»Also, ich finde es wirklich hilfreich! Ein älterer Herr in unserer Gemeinde hat gesagt, er wünschte, irgendwer hätte ihm vorher erzählt, was für eine Tortur das sein würde. Er sagt, es war sogar eine Prüfung seines Glaubens! Er konnte nicht verstehen, warum Jesus ihn so was durchmachen lässt. Er geht immer noch am Stock, und seine OP war vor zehn Jahren.«

»Aha. Es ist nett, dass du mich darauf vorbereitest.«

»Und das ist noch nicht alles«, sagte Valeria.

»Na toll«, sagte ihre Mutter.

»All dein Auf-der-Stelle-Laufen und Rumhüpfen – damit ist es endgültig vorbei. Ein bisschen Fahrradfahren wirst du wohl noch können. Und kurze Spaziergänge machen. Das ist alles.«

»Nein, mit den neueren Gelenken kann man sogar Tennis und Golf spielen und auch Skifahren.«

»Das sagen die Ärzte vorher, um das Geld zu kassieren, Mama. Und dann gibt's alle möglichen Ausnahmen – von denen so gut wie alle Patienten betroffen sind – und Blutgerinnsel und fehlerhafte Prothesen, von denen sie einem auch nichts erzählen. Wusstest du, dass sie dir im Fall einer *tiefgreifenden Entzün-*

dung das ganze Ding wieder rausreißen und dir vielleicht sogar das Bein abnehmen?«

»Ich bin gerührt, dass du meinetwegen so ausgiebig gegoogelt hast.«

»Ich werde für dich beten, Mama.«

»Und das ändert dann alles, nicht wahr? Deacon hat mir übrigens erzählt, dass man dir wieder gratulieren kann.«

»Stimmt«, sagte Valeria mit etwas angespannterer Stimme. »Der Geburtstermin ist um Weihnachten herum, wie Jesus selbst. Wir sind sehr froh drüber.« Aber sie klang nicht froh. Für einen Moment schien es sogar so, als wäre sie kurz davor zu weinen.

»Und wie geht es Nancee?«

»Ich finde, sie ist das blühende Leben. Aber diese nervigen Therapeuten haben sie auf eine sogenannte Sportdiät gesetzt. So was von albern! Ich soll ein Auge auf sie haben, und wenn sie nach oben will, soll ich ihr folgen und dafür sorgen, dass sie nur *ein Mal* die Treppe hochgeht.«

Als Serenata diesen ermutigenden Anruf beendet hatte und sich wieder zu den anderen gesellte, sagte Ethan: »He, Sera! Rem hat uns gerade erzählt, dass morgen deine OP ist. Wir wünschen dir alle viel Glück.«

»Ja«, sagte Chet. »Aber ich hab gehört, wenn man halbwegs gut in Form ist, steht man das viel leichter durch.« Das war das Anerkennungsähnlichste, was je ein Mitglied des Clubs über den Fitnesszustand von Remingtons Frau gesagt hatte – also dazu, dass sie keine totale Quarktasche war.

»Ich wollte gerade Hals- und Beinbruch sagen«, meinte Bambi. »Aber das erledigen die wohl schon für dich ...« Cherry stimmte mit ihrer zwanghaft falschen Zuversicht in den Chor der Wohlmeinenden ein: »Du wirst im Nullkommanix wieder auf dem Damm sein!« Nachdem auch Sloan und Hank sich auf

Grußkartenniveau geäußert hatten, wandte sich die Gruppe mit spürbarer Erleichterung anderen Themen zu. Das einfache Essen, das Serenata für die gewachsene Gästeschar, halbherzig genug, hatte zubereiten wollen, schien ihr auf einmal eine unüberwindbare Aufgabe zu sein, und sie stellte die Bohnen in den Kühlschrank. Solange sie sich für ihre baldige Verstümmelung wappnete, konnte sie für diese Leute nichts erübrigen.

Der nächste Anruf heiterte sie kurz auf. Er kam von Griff, dessen Verlegenheit sie seltsam berührend fand. Er versprach, ihr Cribbage beizubringen, wenn sie wieder auf den Beinen sei. Abgemacht, sagte sie. Ihn zum Auflegen zu bewegen war quälend – keiner von ihnen beherrschte soziale Umgangsformen sonderlich gut –, denn wenn man sich schon verabschiedet hatte und trotzdem noch am Telefon blieb (er: »Ich werde an dich denken, Herzchen!«, und sie: »Danke, ich bin so froh, dass du angerufen hast!«), hatte man sein Arsenal an Abschlussworten bereits erschöpft. Mit ihrem Latein am Ende, rief sie schließlich: »Also, tschüss, Griff!«, und drückte so schnell wie möglich auf die rote Taste.

»Hast du wieder angefangen zu trainieren, Liebes?«, erkundigte sich Cherry gerade bei Tommy. »Du siehst so viel besser aus!«

Tommy machte ein finsteres Gesicht. »Ich sehe immer noch wie eine Qualle aus. Ich war ein bisschen joggen, aber es geht langsam und fühlt sich nicht gut an. Das Komische ist, dass winzige Entfernungen schwerer sind. Sie beeindrucken niemanden, mich eingeschlossen. Ich soll es *ruhig angehen lassen*, aber ich hasse das. Die Hälfte der Zeit lasse ich es also tatsächlich ruhig angehen und sehe stattdessen fern. Und der Himmel ist trotzdem nicht eingestürzt. Als dann auch Serenata lahmgelegt war, haben wir zusammen ihre Werbetexte eingesprochen. Ich bin jetzt schon viel besser im Vom-Blatt-Sprechen. Früher musste ich üben, aber beim Synchronsprechen, vor allem in der Gaming-Branche, muss man auch ohne Vorbereitung liefern.«

Cherrys Aufmerksamkeit schweifte ab, sobald Tommy aufhörte, vom Laufen zu reden. »Ich schäme mich richtig, es zu sagen, Tommy, aber Sarge hat jetzt schon ein paarmal – also, er hat mich geschlagen. Das hat er vorher noch nie gemacht. Letztes Mal so, dass ich gefallen bin. Ich hab mich sogar gefragt, ob er hofft, mir so wehzutun, dass ich in Lake Placid nicht antreten kann.«

»Mann, das ist ja übel«, sagte Tommy. »Aber ist es das wirklich wert, Cherry?«

»Natürlich ist es das *wert*. Was meinst du damit?«

»Na ja, Sarge ist offensichtlich ein Arsch, und du könntest immer gehen. Vielleicht solltest du das sogar. Aber wenn du es nicht tun willst ... Ist der Mettle es wert, deine Ehe aufs Spiel zu setzen? Ich meine, ihr habt immerhin eure drei Kinder.«

Cherry richtete sich auf. »Dass du enttäuscht bist, weiß ich, Tommy, aber ich hätte nicht gedacht, dass du in deiner Verbitterung so weit gehst. Ich fasse es nicht, dass du versuchst, mir meinen MettleMan auszureden.«

»Ich dachte ja nur, also, auf lange Sicht ...« Tommy machte einen zögerlichen Rückzieher. »Ich meine, was bleibt dir denn hinterher, wenn du deine Familie nicht mehr hast?«

»Ich habe meinen Finisher-Kaffeebecher, mein Finisher-T-Shirt und meine Finisher-Selbstachtung.« Eingeschnappt wandte sie sich wieder den Einserschülern zu.

Unterdessen hatte Hank den Rest des Chenin Blanc entdeckt. Bambi legte eine Hand auf sein Glas. »Ich dachte, wir wären uns alle einig: kein Alkohol mehr, bis es vorbei ist.«

»Und was ist mit *Wer hart arbeitet, darf auch feiern?*«, sagte Hank.

»Beim Endspurt«, sagte sie, »ist alles harte Arbeit. Jetzt wirst du high vom Tri.«

Serenata machte einen Cabernet auf. Deacon wechselte zu Whiskey, und Tommy schloss sich ihm an. Von den offenen Flaschen angezogen, rutschte Hank näher an die Punks am Tischende heran.

»Ich überlege, nächstes Jahr die Ultras anzugehen«, sagte Sloan. »Ich bin bereit für Lake Placid, aber den einen Mettle zu machen und dann die Füße hochzulegen fühlt sich zu einfach an.«

»Meinst du die zwei oder drei Mettles am Stück oder die fünf?«, fragte Chet.

»Die Frage ist«, sagte Sloan philosophisch, »ob man zuerst einen doppelten oder dreifachen machen sollte oder gleich den fünffachen. Man will ja schließlich eine richtige Herausforderung, nicht?«

»Ich kann mir kaum vorstellen, auch nur einen einzelnen Triathlon durchzustehen«, sagte Cherry. »Ich bin fassungslos, dass irgendwer am nächsten Morgen aufstehen und gleich noch einen kompletten Mettle machen kann.«

»Mensch, Cherry«, sagte Chet, »ich bin mir nicht sicher, wo der Rekord jetzt steht, aber als ich das letzte Mal nachgesehen habe, gab es mindestens einen Typen, der dreißig hintereinander gemacht hat – dreißig Mettles in dreißig Tagen.«

»Das scheint mir ganz schön viel Aufwand an Energie und Geld«, sagte Deacon. »Mit einer Kugel kann man das Gleiche für fünfzig Cent in drei Sekunden erreichen.«

Die Tatmenschen ignorierten ihn. »Dann sollten wir einunddreißig anpeilen!«, verkündete Hank, von dem Cabernet aufgeputscht, den er zur Tarnung aus einem Kaffeebecher geext hatte.

»Sloan, findest du es nicht demoralisierend für deine

Freunde, die *Ultras* so hochzujazzen?«, fragte Serenata. »Einen einzelnen MettleMan zu machen scheint doch dann keine große Sache mehr.« Dass es überdies ziemlich geschmacklos war, vor einer Frau, die am nächsten Morgen von einer OP außer Gefecht gesetzt werden würde, große Reden über Höchstleistungen an Kraft und Ausdauer zu schwingen, kam niemandem in den Sinn.

»Ist immer gut, den Blick auf den nächsten Berg zu richten«, sagte Sloan. »Sonst kommt dir schnell alles schal vor. Du erlebst einen Wahnsinnsrausch, wenn du die Ziellinie überquerst, und auch am nächsten Tag – nachdem du fünfzehn Stunden geschlafen hast – bist du noch high. Aber dann ist da dieser Moment von … und jetzt? Du brauchst einen längerfristigen Plan. Kein neues Ziel zu haben kann dich ganz schön runterziehen, weißt du? Nach dem Motto, alles ist vorbei, und der beste Teil deines Lebens liegt hinter dir.«

»Unglaublich«, sagte Deacon und schenkte sich nach. »Für euch ist dieser Scheiß *der beste Teil eures Lebens*. Ihr tut mir echt leid.«

»Und was bezeichnest du als besten Teil deines Lebens, *Klopfer*?«, fragte Bambi.

»Eine süße Kleine zu bumsen, die gerade mündig geworden ist, und ihre enge kleine Dose am nächsten Morgen noch mal nachzufüllen. Mir ein Roggensandwich mit Pastrami und einer Extraportion Senf zu holen. Meine Laune mit einer kostensparenden Abkürzung aufzubessern, bei der ich nicht fünfzigmal um einen Stausee herumhecheln muss. Nach Hudson zu fahren und in der Liebe meiner Mutter zu baden.« Mit einem glaubwürdig anerkennenden Seitenblick auf Serenata holte Deacon die Bemerkung gerade noch vom Sturz in den Sarkasmus zurück.

»Für mich klingt das großartig!« Tommy stieß ihr Glas an

Deacons und trank es in einem Zug leer. »Ich möchte allerdings geschmolzenen Käse auf meinem Pastrami-Sandwich.«

»Jedem das Seine, ihr Loser«, sagte Bambi.

»Ich fange an zu glauben, dass du Recht hast«, sagte Chet zu Sloan. »Wo die Ultras sind, ist auch das Geld. Der normale Mettle wirkt fast schon ein bisschen traurig dagegen, oder? Um die Großsponsoren reinzuholen, muss man sicher mindestens den Fünffachen schaffen. Und zwar in einer guten Zeit. Kurz vor Mitternacht mit Ach und Krach den letzten Klimmzug zu machen reicht da nicht ...«

»Chet, kannst du mal aufhören, so große Töne zu spucken?«, unterbrach ihn Ethan. Von den Störenfrieden und den Strebern gleich weit entfernt sitzend, hatte der Augenarzt den ganzen Abend kaum ein Wort gesagt. »Du hast bisher noch nicht mal einen einzelnen MettleMan geschafft.«

»Ich *weiß*«, sagte Chet. »Aber Sloan hat Recht. Man muss sich immer weiter herausfordern. Wie er gesagt hat, den nächsten Berg in den Blick nehmen ...«

Deacon fing an »Climb Every Mountain« aus *The Sound of Music* vor sich hin zu singen.

»Ich brauche keinen weiteren *Berg*«, sagte Ethan, als Deacon gerade *jeden Strom durchwatet* hatte, aber noch keinem *Regenbogen gefolgt* war. »Menschenskinder, wir sind noch nicht mal mit diesem Lake-Placid-Albtraum durch, und ihr redet schon davon, als Nächstes drei oder fünf oder *dreißig* davon am Stück zu machen. Warum nicht gleich sechzig oder hundert? Warum nicht jeden Tag von morgens bis abends schwimmen, laufen und Fahrrad fahren, bis ... ja, bis was? So ungern ich es auch zugebe, aber was den offensichtlichen Schlusspunkt angeht, hat Deacon Recht.«

»Scheiße, Mann«, sagte Deacon. »Das habe ich in diesem Haus noch nie gehört.«

»Ich habe mit Tri angefangen, um fitter zu werden«, sagte Ethan. »Um mich besser zu fühlen, zufriedener mit mir selbst zu sein. Aber ich fühle mich nicht besser. Ich werde krank, soll aber trotzdem weiter trainieren und werde dann bloß noch kränker. Im Grunde fühle ich mich die ganze Zeit nur furchtbar. Irgendwas ist immer: eine Dehnung, eine Verstauchung, eine Sehnenentzündung ...«

»Warte, bis du sechzig bist«, sagte Serenata. »Dann musst du nicht erst aufstehen, damit es dir so geht.«

»Na ja, die Hälfte der Zeit fühle ich mich jetzt schon so – also *alt*. Alles knirscht und schmerzt und brennt. Im Grunde bin ich wohl stärker geworden, aber die meiste Zeit fühle ich mich total erledigt. Ihr hackt dauernd auf mir rum, weil ich angeblich so ein Waschlappen bin, aber ich habe eine Praxis, in der ich von morgens bis abends arbeite. Um Bambis Trainingsplan einzuhalten, musste ich um fünf Uhr aufstehen, zuletzt um halb fünf oder sogar vier. Ich leide also unter chronischem Schlafmangel. Und ich frage mich langsam, ob so ein Mettle überhaupt gesund ist. Die Distanzen sind unzumutbar ...«

»Das sollen sie auch sein«, sagte Bambi.

»Ja, Ethan«, sagte Remington. »Die ganze Idee ist in voller Absicht ein bisschen verrückt.«

»*Verrückt* kann *wild und übermütig* heißen, aber auch *gefährlich durchgeknallt*«, sagte Ethan, schob seinen Stuhl zurück und stand auf. »Denn ich gebe zu, ich verliere allmählich die Orientierung. Ich dachte, dass ich wüsste, wozu wir das machen, aber in letzter Zeit verstehe ich es selbst nicht mehr. In einem Punkt hat Chet Recht: Wir stellen alle keine Rekorde auf. Und auch Deacon hat Recht: Selbst wenn wir es täten, na und? Die ganze Sache hat wahnsinnig viel Zeit in Anspruch genommen und eine ungeheure Menge psychischer Energie, und inzwischen, mit all diesen Verletzungen, bin ich gesundheitlich in schlechterer Verfassung als vorher. Und jetzt pumpt ihr euch hier auf und redet schon vom nächsten Level, falls wir einen ganzen Mettle denn überhaupt schaffen. Heute Abend ist mir klar geworden, das ist mir alles zu absurd. Mir gefällt die Sache mit dem Pastrami- und Käsesandwich. Mir gefällt die Vorstellung, einen Acht-Kilometer-Lauf zu machen, in moderatem Tempo, um Appetit aufs Abendessen zu bekommen. Mir gefällt die Vorstellung, zu duschen und mit meiner Frau über was anderes zu sprechen. Kurz gesagt, Leute: Ich bin raus.«

Niemand machte den Mund auf, als Ethan seine Sachen nahm und ging.

»Wow«, sagte Cherry.

»Wow«, sagte Tommy.

»Seien wir ehrlich, er hatte nie das Zeug zum Tri«, sagte Bambi. »Bei all den Zweifeln stand ihm der *DNF* doch schon ins Gesicht geschrieben. Lasst euch das eine Lehre sein. Ich habe euch gewarnt: Das Einzige, was ihr euch *niemals* erlauben dürft, ist infrage zu stellen, warum ihr das hier überhaupt macht. Das ist der absolute Tod. Dann seid ihr innerhalb von zwei Minuten weg vom Fenster. Ihr öffnet die Schleusen für die Trägheit des Körpers, und ihr ertrinkt in den körperlichen Beschwerden. Das ist, als würdet ihr auf den kleinen Kerl mit den Hörnern und der Mistgabel hören, der auf eurer Schulter hockt. Deshalb sind wir ohne das Weichei besser dran. Für unsere Entschlossenheit war er die ganze Zeit bloß ein Klotz am Bein. Ethan Crick ist schwach.«

Merkwürdigerweise jedoch schien die Moral der verbliebenen Getreuen erschüttert, und sie gingen einer nach dem anderen nach Hause.

*

»Sie werden nie wieder dieselben sein«, sagte Serenata früh am nächsten Morgen, als sie noch im Bett lag. Sie war seit Stunden hellwach. »Sie werden nicht so aussehen wie vorher, sie werden sich nicht so anfühlen wie vorher – selbst wenn die Operationen in technischer Hinsicht gut laufen. Ich werde immer die Metalldetektoren auslösen. Ich werde teilweise zur Maschine. Ich bin auf dem besten Weg, unbelebt zu werden.«

»Vom RoboCop wirst du noch ein gutes Stück entfernt sein«, sagte Remington. »Außerdem willst du doch gar nicht, dass deine Knie dieselben bleiben. Sie tun höllisch weh.«

»Nach der Zerstückelung werden sie noch viel mehr wehtun.«

»Warum bist du so unheimlich apokalyptisch? Der Sinn des Ganzen ist doch, deine Mobilität zu *verbessern*. Deshalb sehen eine Menge Leute ihren Gelenk-OPs zuversichtlich und guten Mutes entgegen.«

»Dann habe ich also ein Einstellungsproblem.« Sie stand auf und zerrte sich einen Bademantel über, aber nach unten zu gehen hatte wenig Zweck; sie durfte seit Mitternacht nichts mehr essen oder trinken. Keinen Kaffee machen zu dürfen raubte dem Morgen die Struktur. Sie würde sich nicht auf die Zeitung konzentrieren können. Es gab nichts zu tun, als zu warten.

»Im Grunde sagst du, dass damit dein Leben vorbei ist«, antwortete Remington, »und dass du lieber tot wärst. Was glaubst du, wie das für mich ist?«

»So wie es für mich war, als du deinem Club gesagt hast, du willst nicht älter als siebzig werden.«

Er hob eine Hand. »Berechtigter Einwand. Sagen wir zweiundsiebzig.«

»Seit deinem Marathonrausch konzentrierst du dich ausschließlich auf deine körperliche Leistungsfähigkeit. Wenn du jetzt verblüfft tust, weil ich es als Ende des schönen Lebens empfinde, ein hoffnungsloser Krüppel zu werden, ist das einfach unfassbar scheinheilig.«

»Könnte dein *Einstellungsproblem* sich negativ auf das Ergebnis der OP auswirken?«

»Das ist doch New-Age-Humbug.« Sie machte einen Wutknoten in den Gürtel des Bademantels. »Meinst du, du kannst mir *Zuversicht und guten Mut* einreden? Warum ist die Tatsache, dass diese Operation mich ins Mark trifft, mein Bild von mir selbst untergräbt und mich mit der Aussicht konfrontiert, jemand werden zu müssen, der ich nicht sein will – warum ist das so ein Affront für dich? Warum muss ich mich so fühlen, wie du es mir sagst? Denn ich höre nur, dass dies nicht *dir* passiert.«

»Wir sind im Moment in unterschiedlichen Situationen.«

»Du wusstest, dass diese Operation mir bevorstehen würde. Du hast dich freiwillig dazu entschieden, in einer anderen Situation zu sein als ich. Du bist von mir abgerückt und in die Tri-Welt geflohen wie Peter Pan auf die Insel der verlorenen Jungs. Ich glaube, du hattest Angst davor, das mit mir zusammen durchzustehen. Als könnte ich dich in meine gruseligen Altersprobleme hineinziehen. So wie gestern Abend zum Beispiel – du hast den ganzen Club mit nach Hause geschleppt, um bloß nicht mit deiner Frau allein zu sein, die sicher die Wände hochgehen würde. Wenn du dir unsere Ehe als Raum vorstellst, hast du dich in eine der äußersten Ecken verzogen. Du hast mich ganz allein gelassen. Anfangs dachte ich noch, Tri wäre deine wütende Überreaktion auf Lucinda Okonkwo, aber inzwischen habe ich's geschnallt: Es ist eheliche Fahnenflucht, schlicht und ergreifend. Außer dass du dir keine eigene Wohnung zu suchen brauchst.«

»Ich verstehe ja, dass du Angst hast, aber du benimmst dich irrational ...«

»Deacon hat es sofort verstanden. Bei diesem perversen Projekt von dir geht es ausschließlich um mich. Darum, so wie ich zu werden oder mich zu ersetzen oder mich zu übertreffen ...«

»Um dich geht es dabei nur insofern, als ich am Anfang dachte, ich würde mir deine Hochachtung verdienen!«

»Ich hatte schon Hochachtung vor dir!«

»Aber ich muss vor mir selbst Hochachtung haben. Und in meinem Alter bleibt mir nicht mehr viel Zeit. Wenn ich einen Triathlon machen will, dann jetzt oder nie.«

»Und was ist so falsch an nie?«

Zu ihrem Erstaunen war er buchstäblich in die äußerste Ecke des Schlafzimmers gegangen und stand dort jetzt nackt, die Hände in die Hüften gestützt. »Ich habe mir manchmal vorgestellt, ich würde in meinem eigenen finsteren Tal wandern und hätte eine Frau, mit der ich kein Unglück fürchten müsste: *denn du bist bei mir*. Eine Frau, die mir das Beste wünschen und mit einem Kuss und Champagner an der Ziellinie auf mich warten würde.«

»Stimmt schon, aber ich dachte eher an Sekt.«

»Dass deine Knie-OP und mein MettleMan zeitlich so nah beieinanderliegen, ist nicht ideal.«

»Hm. Findst du?«

»Aber das Datum von Lake Placid steht seit über einem Jahr fest.«

»Also ist die Fast-Gleichzeitigkeit meine Schuld.«

»Niemandes Schuld. Einfach bedauerlich.«

»Für wen?«

»Für uns beide. Ich kann dir während deiner Reha nicht so zur Seite stehen, wie ich es gern getan hätte.«

»Ich denke, das macht es vor allem für mich bedauerlich. Und was die Koinzidenz angeht – es ist gar keine, stimmts? Es war vorhersehbar, mehr oder weniger. Du hast es praktisch so geplant.«

»Ich habe nichts dergleichen getan. Und das Letzte, was ich geplant habe, ist, dass Deacon ausgerechnet jetzt hier auftaucht. Das tut mir leid. Es ist eine zusätzliche logistische Belastung, und er nicht gerade ein Ozean des Mitgefühls.«

»Ich habe überraschend viel Trost bei ihm gefunden. Und wenn ich Probleme habe, mit den Schmerzen fertigzuwerden, weiß ich wenigstens, wo ich Opioide herkriege.«

»Das ist nicht witzig.«

»Es ist noch nicht lange her, da hättest du es witzig gefunden. Du bist auf fatale Weise in den Bann der übermäßig Ernsten geraten ... Was machst du da?«

»Ich ziehe mir meine Fahrradklamotten an, wie du siehst.«

»Ich dachte, du bringst mich ins Krankenhaus.«

»Hab ich auch vor. Aber ich bin in einer halben Stunde mit Bambi verabredet. Wir arbeiten an meiner Schalttechnik, um geringeren Widerstand und eine höhere Drehzahl zu erreichen. Da du nicht vor zwölf im Columbia Memorial sein musst, kann ich noch vierzig Kilometer einschieben.«

Sie waren immer ein redseliges Paar gewesen, aber die Gefahr all der vielen Wörter lag darin, dass man um Gefühle herum oder über Gefühle hinweg oder von Gefühlen generell bloß redete, um die Gefühle nicht wirklich fühlen zu müssen, und die echten Momente zwischen ihnen spielten sich in den Lücken zwischen den Wörtern ab. Diese Lücke hier war mehr als ein Riss; sie weitete sich allmählich zu einem Schlund.

»Schau mal«, sagte er, als ihm klar wurde, dass er keine spritzige Antwort bekäme. »Wir sind ja wohl kaum im Garten Gethsemane, oder?«

11

»Wo bleibt er denn? Es ist zehn vor zwölf!«

Deacon sammelte mit dem Zeigefinger Toastkrümel von seinem Teller. »Mhm. Wer so langsam unterwegs ist, von dem kann man keine Pünktlichkeit erwarten.«

»Er geht nicht ans Telefon, und ich weigere mich, noch eine weitere demütigende Nachricht zu hinterlassen. Ich kann gar nicht glauben, dass er sich entschieden hat, ausgerechnet den heutigen Vormittag mit dieser Frau zu verbringen.«

Deacon genoss ganz offensichtlich das bei diesem Besuch neu konfigurierte Familiengefüge. Zwar waren seine Eltern während seiner Pubertät unterschiedlicher Meinung darüber gewesen, wie mit einem Halbstarken umzugehen sei, aber ihre damaligen Differenzen waren rein methodischer Art. Im Großen und Ganzen hatten sie eine geschlossene Front gebildet – schlimmer noch, sie waren, indem sie Einvernehmen demonstrierten, als wortgewandte, selbst verstärkende, wenn nicht sogar selbstgefällige Einheit aufgetreten, die bei allem und jedem im Recht war. Serenata hatte erst kürzlich eingeräumt, dass ihr demonstratives, Noël-Coward-haftes Paargeplänkel abscheulich gewesen war. Die Kinder hatten ihre Eltern als in einer undurchdringlichen Blase eingeschlossen erlebt, auch wenn sie das Problem anders verortete: Sie und Remington waren zu glücklich verheiratet gewesen. Sie hatten keinen hinreichenden Bedarf an anderen Menschen – nicht an Freunden, nicht an Verwandten, und leider Gottes nicht an eigenen Kindern. Ihre Zweisamkeit hatte ihnen vollkommen genügt, was für Außenstehende wie Selbstzufriedenheit wirkte, und ihr Behagen schien andere auszuschließen. Irgendwann war die Blase geplatzt. Wenn sie ehrlich zu sich selbst war, fühlte sie sich im Umgang mit Deacon jetzt entspannter, weil sie bisher aus Loyalität zu ihrem Mann Abstand gegenüber ihrem Sohn gehalten hatte. Der Junge machte Remington so wütend.

»Diese Bambi-Maus ist 'ne ganz schön linke Tussi«, sagte Deacon. »Du darfst dich von ihr nicht verrückt machen lassen. Sie provoziert dich mit voller Absicht.«

»Das soll keine Beleidigung sein, aber ich verstehe immer noch nicht, was sie an deinem Vater findet. Manchmal glaube ich, ich hab die Erklärung, und dann schaue ich mir die beiden an, dieses ungleiche Paar, und meine Theorien brechen in sich zusammen.«

»Du hast gesagt, dass sie eine ist, die unbedingt gewinnen will. Solche Leute, denen ist es egal, welchen Preis sie zahlen. Sie würde bis zum letzten Atemzug um eine billige Plastikpfeife kämpfen.«

»Ich weiß schon, dass Operationen selten pünktlich anfangen, aber sie legen großen Wert darauf, dass man trotzdem pünktlich bei der Aufnahme erscheint. Wenn ich zu spät komme, besteht die Gefahr, dass mir mein Termin gestrichen wird.«

»Ist das nicht sowieso dein heimlicher Wunsch?«

»Mein ganzes Leben lang habe ich mir was darauf eingebildet, dass ich mich zu Dingen überwinden konnte, die ich eigentlich nicht wollte. Irgendwie wollte ich meine Liegestütze eben doch machen. Aber das hier will ich. Wie sich zeigt, bin ich genauso schlecht darin wie alle anderen, mich zu etwas zu zwingen, was ich wirklich nicht tun will. Wir müssen los.«

Galant trug Deacon ihr die Tasche – eine kleine Geste, zu der er sich niemals durchgerungen hätte, als die Blase seiner Eltern noch intakt war – und hielt die Tür seines zerbeulten Mercedes auf.

»Nicht drauf zu achten, dass er rechtzeitig zurück ist ...« Beim Einsteigen hielt sie sich an der Tür fest, um ihr rechtes Bein zu entlasten. »Ich weiß nicht, vielleicht ist es ein gutes Zeichen, dass er meine Gefühle immer noch verletzen kann.«

»Dein Herzallerliebster macht dir zwar keine warmen und kuschligen Gefühle mehr«, sagte Deacon, »aber die Fähigkeit, dich runterzuziehen, tja – das ist die magische Kraft, die sich als Letzte verabschiedet.«

»Ich weiß nicht recht, wie tröstlich das ist. Trotzdem danke, dass du hier bist.«

»*De nada*«, sagte er und setzte den Wagen zurück.

»Sollte sein heutiges Fernbleiben ein Vorgeschmack auf die Zukunft sein, werde ich deine Hilfe brauchen. Natürlich werde ich nicht Rad fahren können. Aber bei dem obligatorischen Vorbereitungskurs auf die Operation – lauter fette Leute; ich fand das nicht besonders schmeichelhaft – hat es geheißen, dass ich auch nicht Auto fahren darf. Man kann den Fuß nicht schnell genug vom Gaspedal auf die Bremse verlagern. Und das ist bloß der Anfang, was die Einschränkungen angeht.«

»Du kannst immer noch einen Rückzieher machen, wenn du willst.«

»Ich halte der Trainerin deines Vaters nur äußerst ungern etwas zugute, aber in einem Punkt hatte sie gestern Abend Recht: Man darf die Prämisse nicht anzweifeln. Nie nach dem Warum fragen.«

»Scheint mir das Erste zu sein, was du tun würdest.«

»Ich weiß, das hört sich kontraintuitiv an. Und für jemanden wie deinen Vater, der vom Wesen her ein nachdenklicher

Mensch ist, muss das besonders befremdlich sein. Aber wenn man sich einmal zu etwas bekannt hat, ist es ein großer Fehler, sich zu zwingen, dieses Bekenntnis ständig zu erneuern. Mein Knie bringt mich um. Und es wird mich weiterhin umbringen, wenn ich mich von denen nicht zersägen lasse wie ein Bücherregal.«

Es war eine kurze Fahrt, und die ganze Zeit hielt sie nach Remington Ausschau – danach, wie er unterwegs zu ihrem Haus fieberhaft in die Pedale trat und sich Vorwürfe machte, dass er sich von seiner Trainerin zu fünfzehn Extrakilometern hatte anstacheln lassen. Als sie auf den Parkplatz des Columbia Memorial Hospital einbogen, stellte sie sich vor, wie er in die Einfahrt schliddern, das wertvolle Tri-Bike achtlos auf den Rasen werfen und durch die Seitentür poltern würde, inständig hoffend, dass sie nicht ohne ihn aufgebrochen waren. Auch während des Ausfüllens der Aufnahmepapiere schielte sie immer wieder zum Eingang, durch den jeden Moment ihr Ehemann hereingestürmt kommen mochte. Nachdem sie das Klemmbrett zurückgegeben hatte, führte die Aufnahmeschwester sie ins Wartezimmer für Operationspatienten und sagte, sie dürfe dorthin gerne eine befreundete Person oder ein Familienmitglied mitnehmen.

»Das kann hier Minuten oder Stunden dauern«, erklärte Serenata ihrem Sohn. »Du hast deinen Teil getan. Es ist völlig in Ordnung, wenn du loswillst.«

In früheren Zeiten wäre Deacon jetzt gegangen. Er war beileibe kein Altruist. »Nix da«, sagte er. »Ich hab dein Reise-Scrabble dabei.«

Sie bat die Aufnahmeschwester, ihren Mann ins Wartezimmer zu schicken, sollte er die Güte haben, hier aufzutauchen, zog sich einen unförmigen Kittel und rutschfeste Slipper-Socken über und verstaute ihre Klamotten und Wertsachen in einem Spind. Jede medizinische Kraft, mit der sie es zu tun bekam, und sei es nur, dass jemand die Decke für die ihr zugedachte Transportliege brachte, wollte von ihr Name, Geburtsdatum und den zu operierenden Körperteil genannt bekommen. Sie gab ihre Antworten in monotonem, aber freundlichem Tonfall; die Leute taten bloß ihre Pflicht. Mittels eines Vorhangs schuf man eine bescheidene Privatsphäre für Deacon und sie. Als Dr. Churchwell erschien und mit einem Edding die Buchstaben Knie-TEP auf das Gelenk schrieb, das demnächst in einem medizinischen Mülleimer landen würde, war sie ein wenig perplex, dass er nach allem, was sie miteinander zu tun gehabt hatten, noch immer befürchtete, er könne sich irren und ihr versehentlich die Milz herausnehmen.

Das Reise-Scrabble erwies sich als Geschenk des Himmels. Es gab ihr etwas, worauf sie sich konzentrieren konnte, ersparte ihnen den Small Talk. Vor allem aber lenkte es sie von dem Gedanken ab, dass sie Remington zwar *eheliche Desertation* vorwarf, aber nie wirklich geglaubt hatte, er wolle sich davor drücken, sie auf diesem schweren Gang zu begleiten, nie wirklich geglaubt hatte, er verbrächte mehr Zeit mit Bambi Buffer als mit seiner Frau, weil er in seine Trainerin verknallt war, und nie wirklich geglaubt hatte, was sie ihrem Schwiegervater erzählt hatte: dass ihre Ehe in irgendeiner Weise in Gefahr sei oder am Ende oder unglücklich wie die meisten. Vielleicht erzählte sie anderen Menschen Dinge, damit sie sie nicht sich selbst erzählen musste. Sie stellte all diese schrecklichen Behauptungen auf, und wenn dann, nachdem sie sie aufgestellt hatte, nichts Schreckliches geschah, schien das der Beweis zu sein, dass sie doch nicht schrecklich waren oder vielleicht gar nicht wahr. Die Zeit verstrich, und sie legte *E-X-S-U-D-A-T* mit dreifachem Buchstabenwert auf dem X, nicht schlecht unter den gegebenen Umständen, und schließlich kam der Anästhesist und wollte wissen, ob sie regelmäßig irgendwelche Medikamente einnehme.

»Ich glaube, da fragen Sie die Falsche«, sagte sie mit einem trockenen Blick auf Deacon – auch das nicht schlecht unter den gegebenen Umständen.

Nachdem Blutdruck, Puls und Blutsauerstoff gemessen waren, schafften sie und Deacon noch drei weitere Runden. Als jemand die Kanüle brachte, um ihr einen intravenösen Zugang zu legen, protestierte sie, sie könne jetzt unmöglich den Abgang machen, weil das Spiel noch nicht vorbei und sie am Gewinnen sei. Weder der Anästhesist noch sein Assistent lächelten, und sie spürte, wie sie in deren Augen vom *Wer* zum *Was* geworden war. Sie waren nicht etwa herzlos, doch die Tatsache, dass jemand in einer solchen Kunstwelt lebte, war bei der Ausübung ihres Berufes nebensächlich oder gar hinderlich.

Deacons Uhr verriet, dass sie schon über zwei Stunden hier warteten. Remington hatte sich noch immer nicht blicken lassen. Die Spielsteine waren wieder in ihrem Säckchen verstaut, und Serenata konnte sich nicht mehr zwanghaft damit beschäftigen, wie sich mit einem Kontingent von sechs Vokalen, darunter vier *As*, eine nennenswerte Punktzahl erzielen ließe. Stattdessen wurde sie von all den Gedanken heimgesucht, die sie sich nicht nur heute, sondern schon seit Monaten, vielleicht schon das ganze letzte Jahr erfolgreich vom Leibe gehalten hatte.

Zum ersten Mal fragte sie sich, wer das Haus bekommen würde. Zum ersten Mal wägte sie gegeneinander ab, ob einer von ihnen das Ding haben wollen würde, nachdem es zum Mausoleum der misstönenden Trostlosigkeit später Lebensjahre geworden war, oder ob allein knappe Ressourcen sie zwingen würden, das Eigentum zu verkaufen und den Erlös zu teilen. Zum ersten Mal fragte sie sich, ob sie in Hudson bleiben würde, und dachte voller Sorge daran, wie verzweifelt Griff wäre, wenn sie die Stadt verließe. Und zum ersten Mal wurde ihr klar, wie sehr sie sich selbst damit belog, dass sie das Alleinsein verherrlichte, was nur dann prächtig erschien, wenn es im Kontrast zu etwas anderem stand; pausenloses Alleinsein firmierte unter einem anderen Begriff. Es waren unliebsame Tagträume, die man als schlechte Vorbereitung auf eine größere Operation hätte betrachten können, aber gerade die Operation war es, die diese Überlegungen angemessen erscheinen ließ. Wenn man bereit war, sein eigenes Bein zu opfern und in Einzelteile zersägen zu lassen, dann lag jede Art der Trennung im Bereich des Möglichen. Als eine Schwester ihr eine Beatmungsmaske vor dem Gesicht befestigen wollte, fing Serenata an zu weinen. Die Welle hatte sie unvorbereitet getroffen, als würde sie aufs Ufer zuschwimmen und ein hinterrücks heranrollender Brecher hätte sie unter sich begraben. Es war nicht ganz klar, was genau sie überwältigt hatte, Remingtons erstaunliches Fortbleiben oder die Tatsache, dass sie das hier nicht machen wollte, ja dass sie nach Hause wollte. Als die Schwester fragte, ob etwas nicht in Ordnung sei, klang auch das nicht unbedingt kalt, aber mechanisch. Niemand interessierte sich dafür, was sie fühlte, sondern nur, was der Körper fühlte.

»Es tut mir leid«, antwortete sie in einer Schluchzpause, als sie ein paar Worte hervorzubringen vermochte. »Ich glaube, so kindisch war ich nicht mal als Kind.« Deacon hielt ihre Hand, und auch wenn es vielleicht besser gewesen wäre, ihr Mann hätte ihr die Hand gehalten, verhielt sich ihr Sohn anständiger, als er es nach ihrer Erinnerung je getan hatte, und während sie langsam in die Bewusstlosigkeit abdriftete, hatte sie auf einmal die leise Ahnung, dass sie vielleicht doch keine ganz und gar grauenvolle Mutter gewesen war.

*

Die Rückkehr aus einer Vollnarkose war weniger ein Erwachen als eine Auferstehung. Die Unterscheidung machte deutlich, wie inhalts- und ereignisreich das Schlaferlebnis war und wie sehr man sich im nächtlichen Schlummer sonst der vergehenden Zeit bewusst war. Schlaf hatte rein gar nichts mit Abwesenheit zu tun, weshalb es eine alberne Vorstellung war, Sterben sei nichts anderes als friedlich im Bett wegzudämmern. Nachdem Serenata das Bewusstsein wiedererlangt hatte, konnte sie, groggy, wie sie war, immerhin rückschließen, dass irgendetwas geschehen war, nachdem sie Deacons Hand gehalten hatte. Doch der Zeitabschnitt fehlte. Er war aus ihrem Leben herausgehackt, herausgesägt worden.

Als eine Schwester kam, um ihr ein Antiemetikum zu verabreichen, fragte sie sich, ob das Hin-und-Herschwappen zwischen Nichtexistenz und Existenz eine spirituelle Seekrankheit verursachte. Das Gesicht der Schwester schien ihr atemberaubend, Violetttöne mischten sich mit gebrannter Siena, und ihr Ausdruck verströmte Wärme und Klugheit; das Braun ihrer Augen war von einer solchen Tiefe, dass sich ihre Pupillen bis in Serenatas Hinterkopf zu bohren schienen. Sie fand es überwältigend, dass eine völlig Fremde sich darum sorgte, ob ihr Magen in Unordnung war. Die gleiche Dankbarkeit wallte in ihr auf, als eine zweite Schwester ihre Vitalparameter maß, wofür sie ihr wiederholt dankte und ihr versicherte, ja, es gehe ihr gut, wie nett, dass Sie das fragen. Alle hier schienen so besorgt um ihr Wohlergehen, obwohl sie keinen Grund dafür hatten, alles war so berührend und menschlich und wahrhaftig.

Die Wände waren in weichen abgestuften Grautönen gestrichen, wie ein Gemälde – ein subtiles Gemälde, das man stundenlang anschauen und auf dem man immer noch Neues entdecken konnte. Durch ein fernes Fenster fiel ein einzelner Lichtbalken, dessen sattes Gelb die frühsommerliche Abendsonne spiegelte; es war dieses Licht, für das Fotografen ihr Leben gaben, ein Licht, in dem jeder Gegenstand golden und von Gott auserwählt erschien. Während Serenata dalag, gerade aus dem Nichtsein ins Sein zurückgekehrt, wurde ihr der Luxus des Atmens ganz neu bewusst – wie wunderbar, dass man die schiere Atmosphäre in sich hineinsaugen konnte, um ihr zu entnehmen, was man benötigte, und dann den größten Teil dankbar zurückzugeben. Wie großartig, einfach da zu sein. Sie tadelte sich – vorsichtig, behutsam – dafür, jemals die Mühen und Plagen infrage gestellt zu haben, die es mit sich bringen würde, noch viele Jahre an diesem erstaunlichen und unergründlichen Ort mit seinen Farben und Formen, seinen Gerüchen und Geschmäckern zu verweilen. Allein schon die physische Welt erleben zu dürfen, war den Eintrittspreis wert.

Sie dachte an Remington, der behauptete, nicht älter als siebzig, oder war es zweiundsiebzig, werden zu wollen, und das brachte sie natürlich dazu, in einem weiteren Sinne über ihn nachzudenken. Sie erinnerte sich dunkel an eine von ihm verursachte Enttäuschung, die jedoch von dem stärkeren Eindruck überlagert wurde, dass auch sie ihn enttäuscht hatte. Sie war nicht nett zu ihm gewesen, wieder und wieder, und sie hatte sich verweigert. Er wollte etwas, es war nicht völlig klar, was, und das war auch Remington nicht klar gewesen. Vermutlich würde er es nicht bekommen, jedenfalls nicht so, wie er die Sache anging. Aber sie musste ihm gestatten, seine eigenen Fehler zu machen und dann zu ihr zurückzukehren, denn wenn sie das nicht täte, täte er es auch nicht. Er tat etwas, das nicht Teil ihres gemeinsamen Lebens war, aber es schadete ihr nicht. Er tat etwas, das viele andere Menschen ebenfalls taten, und da war es doch sonderbar, dass sie ausgerechnet mit Aktivitäten, die viele andere Leute ausübten, grundsätzlich Schwierigkeiten hatte. Wie all diese anderen Leute auf ihren Fahrrädern. Sie hatte ihr langes Fahrradfahrerinnenleben geliebt, also gab es keinen Grund, nicht auch allen anderen den Genuss zu gönnen, die Freiheit zu erleben und den Fahrtwind zu spüren, sich mit dem Fahrrad verwegen in eine Kurve zu legen.

Und in diesem Moment wurde ihr klar, dass sie unter dem Einfluss von Medikamenten stand.

Dr. Churchwell rauschte herein, lässig und forsch wie immer. Ungefähr fünfundsechzig Jahre alt, lief er mit einem blond gefärbten jungenhaften Wuschelkopf herum. Die Tatsache, dass er näher bei der Tür als bei ihrem Bett stehen blieb und mit gelangweiltem und flapsigem Ausdruck vom Erfolg ihrer Operation berichtete, ließ von Anfang an keinen Zweifel daran aufkommen, dass er, bevor sie auch nur in der Lage wäre, eine der Fragen zu formulieren, auf die sie dringend Antwort brauchte, längst wieder verschwunden wäre. In Wahrheit hatte sie Dr. Churchwell nie sonderlich gemocht, aber er stand in dem Ruf, der beste Kniechirurg am Columbia Memorial zu sein, einer mittelgroßen Institution in einer kleinen Stadt, da konnte sie also nicht übertrieben wählerisch sein. In seiner chronischen Arroganz hatte er einen beträchtlichen Teil ihrer Termine damit verbracht, sich seiner Verdienste als Squashchampion zu rühmen. Mit der Impertinenz eines Fernsehpredigers hatte er darüber hinaus mit den NFL-Spielern und Olympioniken geprahlt, die er operiert hatte und die ihm immer noch dankbare Weihnachtskarten schickten – und Serenata keinerlei Illusionen gemacht, dass es die Karten einer armseligen Amateurin mit popeligen Fünfzehn-Kilometer-Läufen jemals auf den Kaminsims in seinem Wohnzimmer schaffen würden.

Doch in ihrem Medikamentenrausch konnte Serenata hinter dem spitzbübischen Ausdruck und dem ramponierten Teint den verwegenen Medizinstudenten erkennen, den sich so viele Mütter als Ehemann für ihre Töchter gewünscht hätten. Die

Gefiederpflege des Arztes sollte seine Feld-Wald-und-Wiesen-Angst vor dem Altwerden verdecken. Je näher er den Gebrechen seiner Patienten kam, desto erbitterter arbeitete er daran, sich von ihnen zu unterscheiden und für sich eine Ausnahme zu reklamieren – eine Ausnahme in Hinblick auf Gesetze, für die es, das wussten Ärzte besser als irgendjemand sonst, keine Ausnahmen gab. In ungefähr fünf Jahren wäre er unweigerlich gezwungen, in den Ruhestand zu gehen, und dann würde sich niemand mehr für seine Squashtrophäen interessieren. Er wäre ein alter Mann wie alle anderen auch, lediglich mit mehr Geld. Und was die Prahlerei anging: Seine Arbeit war respektabel, aber mechanisch. Er musste gewisse Patienten in den Stand des Besonderen erheben, um selbst als besonders gelten zu können, und vielleicht war es als gutes Zeichen zu werten, dass er einige von ihnen als Menschen betrachtete und nicht bloß als Möbelstücke. Abgesehen davon wurden Chirurgen von jedermann mit derart übertriebener Hochachtung behandelt, dass ihnen ihr klischeehafter Narzissmus gewissermaßen nicht vorzuwerfen war.

»Die Operation war reine Routine«, sagte er, nachdem sie versucht hatte, mehr Einzelheiten zu erfahren.

»Tut mir leid, dass ich Sie gelangweilt habe.«

»Ich mache fünf davon pro Tag«, sagte der Chirurg. »Obwohl ich zugeben muss, dass Ihre Patella und die Gelenkfläche Ihrer lateralen Femurkondyle aussahen, als wären sie von einer Dampframme bearbeitet worden. Sie hätten das wirklich früher machen lassen sollen – *wie von mir empfohlen*. Sie sind im allerletzten Moment des Zeitfensters, das ich Ihnen genannt hatte, gekommen. Ich bezweifele, dass wir die komplette Gelenkstreckung auch nur annähernd wiederherstellen können.«

»Ich wollte so lange wie möglich auf mein echtes Knie zurückgreifen können, falls bei der OP etwas schiefgeht.«

»Jaja, das kriege ich andauernd zu hören. Ihr seid alles Angsthasen, die befürchten, keine volle Runde Krocket mehr spielen zu können. Schön und gut, aber wenn Sie dank dieser ignoranten Verzögerung, die Sie ganz allein zu verantworten haben, am Ende hinken sollten, ist das Ihre Schuld. Also, Sie bekommen noch für drei Tage Oxycodon, danach wechseln wir zu NSAR. Und bleiben Sie bei der Physiotherapie am Ball, sonst haben Sie nicht die geringste Chance auf Wiederherstellung der Gelenkstreckung.«

Sie war ein wenig gekränkt, dass ihr Orthopäde nach zweijähriger Behandlung so wenig Verständnis für seine Patientin an den Tag legte. »Ich bin keine Drückebergerin. Ich bin eher der Typ, der dazu neigt, Dinge zu übertreiben.«

»Na ja, übertreiben sollten Sie's auch nicht«, sagte er ärgerlich. »Es besteht die Gefahr, dass Sie das Narbengewebe verletzen, und das könnte Entzündungen von der Größe der letzten Waldbrände in Kalifornien nach sich ziehen. Schlimmer noch, es könnte sich der Zement lösen, und dann müssten wir ganz von vorne anfangen. Und das wäre dann *wirklich* langweilig.« Er verschwand, ohne sich zu verabschieden.

»Hier ist Besuch für Sie, Mrs. Terpsichore«, sagte ein Pfleger, der ein paar Minuten darauf den Kopf zur Tür hereinsteckte. Er hatte ihren Nachnamen verstümmelt, und Serenata war es egal. Ohne pharmazeutische Intervention wäre sie am Boden zerstört gewesen, weil es sich bei dem Besuch nicht um ihren Mann handelte. Stattdessen war sie entzückt, als sich Tommy schüchtern an die Seite ihres Bettes schlich.

»Hallo«, sagte Tommy. »Wie fühlst du dich?«

»Total high«, sagte Serenata. »Ich habe den Verdacht, dass ich mich miserabel fühle und es nur nicht weiß.«

»Ist es gut gelaufen?«

»Ja, obwohl ich befürchte, dass Dr. Churchwell meinen Fall ein bisschen öde fand.«

»Bei diesem medizinischen Kram?«, sagte Tommy. »Ich glaube, da will man nicht unbedingt interessant sein. Hast du's dir schon angeschaut?«

»Nein.«

Zusammen lugten sie unter die Bettdecke. »Ach du meine Güte.«

Das bauchige, rohrförmige, mit Serenatas Rumpf verbundene Objekt, bedeckt von einem dicken weißen Rechteck, schien nicht zu ihrem Körper zu gehören. »Das erinnert mich an diese riesigen Schweinebraten im Supermarkt, die mit einer durchlöcherten Gaze abgedeckt, von Metzgergarn zusammengehalten und in Zellophan eingeschweißt auf einer schmierigen Styroporschale liegen«, sagte Serenata. »Sogar der Wundverband – der sieht aus wie die kleine Windel, die sie unter das Fleisch legen, nur liegt sie hier obendrauf.«

»Schatz, ich hab das auch durchgemacht«, sagte Tommy. »Da denkst du bloß: Ich erkenne diesen gigantischen Klumpen nicht wieder! Was hat mich auf einen Festwagen bei Macy's Thanksgiving-Parade verschlagen?«

»Du warst so sauer. Du hast immer bloß gesagt: *Ich hab nicht mal ein Stück Pizza zu essen gekriegt.*«

»Du warst die Einzige, die nett zu mir war.«

»Ich bin erleichtert zu hören, dass ich überhaupt zu jemandem nett gewesen bin. Ich glaube, zu Remington war ich nicht besonders nett.« Sie hatte eine trockene Kehle. »Und ich kann mich ums Verrecken nicht erinnern, warum.«

»Das wird dir wieder einfallen«, sagte Tommy. »Wenn du erst mal von den Opioiden runter bist.«

»In dem Fall weiß ich nicht, ob ich davon runterwill.«

»Ziemlich normale Reaktion. Was meinst du, warum die so süchtig machen?«

»Ich hatte keine Ahnung ...« Serenata versuchte, in Worte

zu fassen, was sie dachte. »Ich bin überrascht, wie sich das anfühlt. Es tröstet mich festzustellen, dass man dank dieser Drogen so viel Wärme für andere Menschen empfindet. Ich meine, ich bin froh zu erfahren, dass es so vielen jungen Leuten wie dir in erster Linie darum geht, sich als *Wohltäter* zu fühlen. Offenbar wimmelt es in diesem Land von Menschen, die sich nach der Erfahrung sehnen, in Edelmut und Optimismus zu schwelgen. Es ist eigenartig bewegend, dass sie Leben und Gesundheit aufs Spiel setzen, keine Kosten scheuen und sogar stehlen, bloß um andere Menschen als wunderbar und mit ihnen einig zu erleben. Eine solche Sucht ist nicht verwerflich. Vielleicht ist Deacon gar nicht so verkommen, wie ich immer gedacht habe.«

Tommy lachte. »Es ist ein bisschen gruselig, aber irgendwie mag ich diese neue Seite an dir. Voll philosophisch und rührselig. Aber ich fürchte, ich muss dich enttäuschen: Soweit ich weiß, erlebt man diesen Freude-an-der-Welt-Schub nur am Anfang. Später nimmst du das Zeug bloß noch, um dich vom Selbstmord abzuhalten.«

»Ich bevorzuge meine Version der Opioidsucht.«

»Hör mal ...« Tommy machte eine Pause. »Wir haben das abgesprochen. Ich meine Bambi ... tut mir leid ... also, sie hat mich angerufen. Wir haben beschlossen, dass es besser ist, wenn du es erst hinterher erfährst. Es schien uns nicht richtig, dass du dich unmittelbar vor der Operation aufregst.«

»Sag schon, was ist?« Die Schmerzmittel senkten offenbar nicht die Beunruhigungskapazität.

Tommy hob die Hände. »Jetzt dreh nicht durch! Er ist weder tot noch sonst was. Aber Remington hatte einen Fahrradunfall.«

»Und wie schlimm war es?«

»Du meinst, für deine Zwecke?« Tommy neigte den Kopf. »Wahrscheinlich nicht schlimm genug.«

Das kam nicht bei ihr an. »Wo ist er?«

»Hier. Man könnte ihm also offiziell zugutehalten, dass er zu deiner Knieoperation ins Krankenhaus gekommen ist. Nur, dass er die ersten vier Stunden im Wartezimmer der Notaufnahme saß. Irgendwann hat sich jemand seiner angenommen, und ich glaube, sie untersuchen ihn auf Schädel-Hirn-Trauma. Und sie müssen ihn röntgen. Er hatte ziemlich schlimme Schmerzen, als wir bei ihm im Wartezimmer gesessen haben, und er war total durch den Wind. Aber ich glaube nicht, dass sie ihn über Nacht hierbehalten. Er ist übel zugerichtet. Er hat Prellungen und so lange blutige Schürfwunden an einem Arm und Bein, wo er über den Boden geschlittert ist. Trotzdem, Bambi glaubt nicht, dass er sich irgendwas gebrochen hat.«

»Hat sie ihm wieder das Leben gerettet? Das wäre dann das dritte Mal. Mein Gott, wie wunderbar.« Ein Funke Sardonismus hinter dem Zuckerwattevorhang aus narkosebedingtem Wohlwollen.

»Da ist sie wieder, die alte Serenata! Diesmal gab es keine Mund-zu-Mund-Beatmung, allerdings hat sie wohl den Krankenwagen gerufen.«

»Nicht, dass das wirklich wichtig wäre, aber ... Aber darüber würde ich mir Sorgen machen: Carlisle.«

»Wer ist das?«

»Ich will bloß wissen, was mit seinem Rad ist? Der kleine Bambi-Lord mag sich selbst noch so wichtig nehmen, aber das ist Remingtons wahre Liebe.«

»Totalschaden. Der Rahmen ist verbogen. Todeskuss.«

Serenata seufzte. Es würde nicht genügen, das Hinscheiden dieses Rivalen mit Genugtuung zu betrachten. »Was sind schon zehn Riesen zum Fenster raus – solange ich weiter diese Medikamente bekomme.«

»Er hat ja immer noch sein altes Rad«, brachte ihr Tommy in Erinnerung.

Es klopfte an der Tür, und die Physiotherapeutin schob einen Rollator ins Zimmer. »Die Klatschstunde ist vorbei, Mädchen! Höchste Zeit, an die Arbeit zu gehen.«

Aus dem Bett aufzustehen war eine langwierige, komplizierte und unbequeme Angelegenheit. Die Therapeutin stand bereit einzugreifen, und Serenata stützte sich mit ihrem ganzen Gewicht auf den Rollator. Das rechte Knie ließ sich nicht beugen, doch ihre Laune hellte sich auf, als sie bei der obligatorischen Schlurfrunde durchs Zimmer keinerlei Schmerzen verspürte, sodass sie sich fragte, ob die Leute nicht viel zu viel Aufhebens um diese verdammte Reha machten, bis ihr klar wurde: Das Elefantenbein war noch taub. *Oh.*

Später schaute Deacon herein und beklagte sich, dass nun beide Eltern Totalausfälle seien und sie ihn nicht vorgewarnt hätten, dass ein Aufenthalt in ihrem Haus in Hudson die Aufgabe mit einschloss, sich *rund um die Uhr als Krankenpfleger zu betätigen*. Man konnte nicht behaupten, dass die Beschwerde gut gelaunt vorgebracht wurde.

Irgendwann öffnete sich die Tür sperrangelweit, und da stand ihr Mann höchstpersönlich. Er trug eine nicht zusammenpassende Kombination aus Shorts und T-Shirt, die sich eine der Frauen bei ihnen zu Hause gegriffen haben musste – jahrealte Klamotten, die jetzt lose an ihm herunterhingen. Vermutlich hatte auch das Lycra-Radoutfit einen Totalschaden erlitten. Auf seiner Stirn klebte ein Stück Verbandsmull; eine Wange war aufgeschürft und mit blutigen kleinen Pünktchen übersät. Seine Gliedmaßen waren so umfassend bandagiert, dass er aussah wie eine Comicfigur.

»Da wären wir also«, sagte sie, »wir zwei Kriegsheimkehrer.«

»Es ist nicht so schlimm, wie es aussieht«, sagte Remington. »Aber es tut mir wahnsinnig leid wegen heute Morgen …«

»Muss es nicht. Ich kenne ja jetzt den Grund. Aber es war mir wichtig, dass du mich begleitest. Es ist wichtig, dass es dir noch wichtig war.«

»Das versteht sich von selbst.«

»Nichts versteht sich von selbst. Nicht mehr.« Sie schlug die Decke zurück, um den Schweinsbraten bloßzulegen, und wies mit dem Kopf auf seinen Oberschenkelverband. »Sieh dich an. Du machst mir alles nach.«

»Das ist es doch, was du mir die ganze Zeit unterstellst. Dass ich dich nachmache.«

»Ich war nie ganz sicher, welche Befürchtung schlimmer ist: dass dein sportliches Erwachen im fortgeschrittenen Alter allein mit mir zu tun haben könnte oder dass es nichts mit mir zu tun hat. Kannst du dich bitte hinsetzen? Schon dich da so stehen zu sehen macht mich müde.«

Beim Hinsetzen zuckte er zusammen. »Tommy hat mir versichert, dass die Operation gut gelaufen ist?«

»Soweit ich weiß. Und bei dir?«, fragte sie. »Nichts gebrochen?«

»Prellungen, Schwellungen, ein paar Fleischwunden. Leichtes Schädel-Hirn-Trauma – diese Helme …«

»Kinderkram«, sagte Serenata. »Und niemand zieht die Riemen richtig fest, weil man sonst Kopfschmerzen kriegt. Wenn ein Helm halbwegs bequem sitzt, dann rutscht er über die Stirn nach hinten. Wenn du dann den Abflug über den Lenker machst, kannst du genauso gut eine Baseballkappe aufhaben. Bei dem gewaltigen Aufschwung, den das Radfahren in diesem Land genommen hat, begreife ich nicht, warum es immer noch so schwer ist, Helme richtig einzustellen, warum sie immer noch so bescheuert aussehen und immer noch nicht richtig funktionieren.« An einer solchen launigen Anteilnahme, beflügelt von der Geschwätzigkeit, die nun, da die Wirkung des Betäubungsmittels nachließ, die Oberhand gewann, hatte es seit *Ich habe beschlossen, einen Marathon zu laufen* zwischen ihnen eklatant gemangelt.

»Angeblich habe ich Glück gehabt«, sagte Remington.

»Danach siehst du allerdings wirklich nicht aus. Was ist passiert?«

»Wir sind zur Abwechslung eine neue Strecke gefahren. Wenn sie, du weißt schon ...«

»Nachdem wir ihren blöden Namen seit einem Jahr nicht haben vermeiden können, können wir es jetzt auch nicht.«

»Na gut, *Bambi* hätte mich gewarnt, aber sie war dieses Stück Nebenstraße auch noch nie gefahren. Sie war weit hinter mir, weil sie wollte, dass ich mein eigenes Tempo finde, andernfalls hätte es sie wahrscheinlich auch geschmissen. Wir sind bergab gefahren, und der Asphalt hatte dieses verwaschene Grau mit untergemischtem Schotter. Es war unmöglich zu erkennen, dass ganz unten in der Talsohle der Belag plötzlich zu bloßem Schotter wechselte. Losem Schotter. Im Auto hätte der Wechsel des Belags weiter nichts ausgemacht. Auf dem Rad dagegen ... keinerlei Haftung. Ich bin ins Schleudern geraten und dann im hohen Bogen vom Rad geflogen, das an einem Baum gelandet ist.«

»Leute in unserem Alter sollten niemals mit Tempo bergab fahren«, sagte Serenata. »Leute in Tommys Alter auch nicht, aber nur wir Greise kennen die Risiken.«

»Wer die Risiken bedenkt, wird gar nichts mehr unternehmen.«

»Dann sollten wir vielleicht gar nichts mehr unternehmen.«

Genau in diesem Moment gab etwas in ihm nach. Sein Kopf fiel nach vorn; er sackte in sich zusammen. Serenata hatte selbst

Fahrradstürze erlebt, und wie bei jedem Trauma kam es zu verzögerten Reaktionen. Vorsichtig schob sie sich auf eine Seite des schmalen Bettes und schlug die Decke zurück. Er passte gerade so neben sie und schmiegte die Schläfe in ihre Schulterkuhle, während sie ihm einen Arm um den Rücken legte. Er schob einen Arm unter ihr Krankenhaushemd und umfasste ihre Brust, die immer schon perfekt in seine Hand gepasst hatte.

*

Wenn einst der Abend von Qualen geprägt war, war es nun der ganze Tag. Als sie, nach zwei Nächten im Columbia Memorial, nach Hause zurückkehrte, wurde die Genesung für sie zum Fulltime-Job, denn an irgendwelche ökonomisch produktiven Tätigkeiten war nicht zu denken. Der Umstieg von Oxycodon auf Paracetamol war wie die Versetzung eines Generaldirektors in die Poststelle. Jedes Mal, wenn die Physiotherapeutin für eine Therapiestunde zu ihr nach Hause kam, jedes Mal, wenn sie sich später am Tag mit einer Pistole an der Schläfe zwang, die Übungen zu wiederholen, und jedes Mal, wenn sie von einem Lehnstuhl im Wohnzimmer in die Küche wankte (aber erst, nachdem sie eine Viertelstunde darüber nachgedacht hatte, ob eine Tasse Tee die Reise wert sei), ging es, *wusch*, die gleiche schwindelerregende Lernkurve hinauf, die sie auf dem Radweg an der West Side erklommen hatte – der gleiche Hochgeschwindigkeits-Crashkurs in Sachen Schmerz, das gleiche *Überraschung! So also fühlen sich Höllenqualen an, und darum mag sie niemand.* Bald schon fiel die Erwägung, in den ersten Stock raufzugehen, für sie in dieselbe Kategorie wie der Entschluss, nach Cleveland zu ziehen.

Auch musste Serenata gleich zu Beginn das stets von ihr gepflegte Selbstbild aufgeben, sie sei ein Mensch mit *hoher*

Schmerzschwelle, denn es stellte sich heraus, dass ihre Schwelle so niedrig war wie die jedes anderen Menschen auch, so niedrig wie irgend möglich: auf Bodenniveau. All ihre viel gepriesene *Disziplin* erwies sich als nutzlos, wenn es darum ging, Übungen zu machen, die, bevor man ihr die Knochen zersägt hatte, gar nicht als Übungen gezählt hätten. Hinzu kam, dass Menschen, die halbwegs gut in Form waren, beim Fitnesstraining keinen nennenswerten Schmerz empfanden; es waren die Untrainierten, die wirklich litten. Und so entpuppte sich die Einschätzung, die ihr ursprünglich geholfen hatte, die Operation überhaupt in Angriff zu nehmen – dass sie es nämlich gewohnt war, sich selbst *anzutreiben*, sodass sie im Handumdrehen wieder *auf den Beinen* wäre –, binnen drei Minuten von Tag eins als eigennützige, unverfrorene Lüge. Und auch ihr Bild von sich als Stoikerin konnte sie vergessen. Ein Elastikband um den Knöchel zu wickeln und das rechte Bein von einem 110-Grad-Winkel auf 109 Grad zu beugen, trieb ihr die Tränen in die Augen. Vor der Therapeutin, vor Remington, und die Tränen erfüllten sie nicht einmal mit Scham, weil Scham, wie die Tränen selbst, nichts brachte.

Die ganze Sache war so erniedrigend, dass sie schon bald jeden Funken Selbstachtung verlor. Sie war eine müde, niedergeschlagene alternde Frau, deren Nutzen für die Menschheit gegen null ging, deren Vorstellung von Glückseligkeit darin bestand, still dazusitzen, und deren wenige Grübeleien über ihre Situation sie schon früher angestellt hatte: wie einsam der Schmerz einen machte, und wie unwirklich er Menschen erschien, die ihn nicht ebenfalls empfanden; wie schnell sich Menschen mit dem Schmerz anderer langweilten, nachdem sie anfangs wohlfeiles Mitleid gezeigt hatten; wie die eigentümliche Unfähigkeit, sich an diesen Schmerz wirklich zu erinnern, die Funktion eines primitiven Überlebensmechanismus gehabt haben musste, denn wenn man sich der Höllenqualen tatsächlich erinnern könnte, würde man den Schutz der Höhle niemals verlassen, nicht einmal für die Futtersuche. In ihrer endlosen Wiederholung waren diese Reflexionen eine weitere Tortur.

Die Tatsache, dass Remington ebenfalls lädiert war, stellte eine Komplikation dar. Die langen Schürfwunden an seinem Arm, in denen Schottersteinchen tiefe Löcher hinterlassen hatten, mussten regelmäßig neu verbunden und mit einer schmerzhaften antibiotischen Tinktur gesäubert werden. Die Schulter war auf der Seite des Aufpralls geschwollen und wund. Der begrenzte Bewegungsradius ließ eine Verletzung der Rotatorenmanschette befürchten. Er hatte ein beträchtliches Hämatom am Ellenbogen, und durch die innere Blutung war die Haut bis weit in den Unterarm hinab rundum violett verfärbt. Auch entlang eines Beines gab es Schwellungen, Prellungen und vom Schotter verursachte kleine Löcher, und kaum begann die Schürfwunde am Oberschenkel zu verheilen, da platzte die Kruste, sobald er auch nur einen Schritt machte, wieder auf und blutete. Das Sprunggelenk war in eine von der Natur niemals vorgesehene Richtung verdreht worden, die Achillessehne war überdehnt und schmerzte bei jedem Schritt. Schwere Stürze führten nicht nur zu einer Verzögerung der emotionalen, sondern auch der physischen Reaktion. Nach ein oder zwei Tagen begann sein ganzer Körper zu schmerzen, und es war, als wäre er ein Haus nach einem Erdbeben, bei dem sich das Rahmenwerk verzog, die Vierkantbalken an ihrer Vernagelung zu zerren begannen und Fenster und Türen aus dem Lot gerieten.

Zwischen ihnen entstand eine Art Kameradschaft. Doch sie litten unausweichlich unter einer leisen Konkurrenz in der Frage, wer von ihnen mehr Mitgefühl verdiente, auch wenn es sich um einen sinnlosen Wettstreit handelte. Mitgefühl war kein Nullsummenspiel. Deacon zeigte für keines seiner beiden

Elternteile große Anteilnahme, also blieb ihr gegenseitiges Mitgefühl das einzige, um das es zu kämpfen galt, und sie hätten sich einfach auf ein Tauschgeschäft verständigen können. Hinzu kam, dass Mitgefühl, wie ein Billigparfüm, dessen blumiger Duft sich sofort verflüchtigt, ihnen beiden nicht im Geringsten guttat.

Ein lästiges Problem bestand in den Flecken, die das Blut und diverse blassere Ausflüsse auf den Laken hinterließen. Ihnen beiden fehlte die Energie, jeden Morgen die Bettwäsche zu schrubben, und Deacon, dem schon die Ausflüge zum Supermarkt die Laune verdarben, würde sich bestimmt nicht mit den blutverschmierten Laken seiner Eltern am Waschbecken abrackern, als ginge es um die Vernichtung von Beweismitteln. Also blieben die Flecken. Sie wechselten jede Nacht die Bettwäsche, bis Serenata beschloss, dass sie, bis bei ihnen beiden die Wunden aufhörten zu nässen, in den bereits ruinierten Laken schlafen würden. Bald schon erinnerte das Bett an eine Rotkreuzpritsche im Ersten Weltkrieg.

Es mochte sonderbar erscheinen, aber sie sprachen nicht darüber. Remingtons stummes, niedergeschlagenes Herumgehumpel im Haus ließ sich einerseits durchaus als nachvollziehbar nüchternes Verhalten nach einem Beinahe-Zusammenstoß mit der Sterblichkeit verstehen, andererseits aber auch als die unvermeidliche depressive Stimmung, die jeden befallen würde, der über ein Jahr auf ein Ereignis hintrainiert hätte, an dem er nun nicht mehr würde teilnehmen können. (Unglücklicherweise war es zu spät, um das saftige Meldegeld für den MettleMan zurückzufordern.) Er würde eine Weile brauchen, sich mit der Enttäuschung abzufinden, und so schien es strategisch sinnvoll, einen großen Bogen um das sensible Thema zu machen. Bestimmt würde er sich dem Unvermeidlichen stellen, wenn er wieder ganz gesund wäre. Vielleicht würde er die Erfahrung irgendwann positiv bewerten, selbst wenn sie nicht zu dem erwarteten Triumph geführt hatte. Er musste doch aus der ganzen Trainiererei an und für sich einen Nutzen gezogen haben. Unter den Verbänden war er in besserer Form. Begabter darin als sie, mit Menschen aus unterschiedlichen Gesellschaftsschichten zurechtzukommen, war er in Gegenwart der Leute aus dem TriClub aufgeblüht. Irgendwann würde er diese Zeit vielleicht als lehrreich und sozial bereichernd empfinden. Und dass ihm die potenzielle Schmach, die Strecke nicht komplett geschafft zu haben, erspart bliebe, *das* würde sie natürlich nicht erwähnen. Jede Andeutung, dass ein Rückzug auch eine Begnadigung war, würde sich nach einem Vorwurf der Feigheit anhören. Er stieg aus, weil er einen fürchterlichen Unfall gehabt hatte. In der Welt des Tri wäre das eine weit respektablere Entschuldigung als Ethan Cricks plötzlicher Vernunftanfall.

Die Gnade der Rückschau mochte Serenata sogar helfen, seine empörende Schwäche für diese Dirne mit einer gewissen Nachsicht zu betrachten (das archaische Pejorativ war hier vollkommen passend). Er war sechsundsechzig. Die Aufmerksamkeit Jüngerer war schmeichelhaft. Waren die Wunden erst einmal verheilt und kehrte seine Energie zurück, dann hätten sie vielleicht auch wieder Sex, und zwar mit neuem Enthusiasmus, zu dem ein paar verbliebene Fantasien über seine ehemalige Trainerin beitragen mochten – solange Remington keine Dreierbeziehung mit dieser grässlichen Frau im realen Leben vorschlug.

Vor allem aber stand Serenata vor der Herausforderung, jetzt, da ein voller Mettle vom Tisch war, ihre Erleichterung zu verbergen.

*

»Was machst du da?« Es war das einwöchige Jubiläum ihrer Operation und seines Unfalls. Sie saß am Esstisch und machte Streck- und Beugeübungen, die so lächerlich aussahen, dass man meinen konnte, sie leide an einem nervösen Zucken im Bein.

»Wonach siehts denn aus?« Remington zog die Schuhbänder fest. »Ich gehe laufen.«

Serenata wurde bang ums Herz. Selbstverständlich war sie davon ausgegangen, dass er das Training ganz aufgeben würde. Aber in Bewegung zu bleiben würde ihm guttun, und diese griesgrämige Reaktion, bloß weil Remington endlich wieder das Haus verließ, war gemein. Das künstliche Kniegelenk hatte sie ihr eingeflüstert. Ihre derzeitige Version eines Marathons bestand darin, sich die vier Stufen an der Terrassentür herunterzuquälen und mit dem Rollator bis zur nächsten Ecke zu humpeln. Und selbst dann musste sie Deacon bitten, ihr den Rollator zur Auffahrt zu bringen; sie konnte ihn nicht tragen und sich gleichzeitig an ihrem Stock und am Geländer festhalten. Sie musste vorsichtig sein mit dieser Wenn-ich-das-nicht-kann-dann-kannst-du-das-auch-nicht-Gehässigkeit. Die Genesung war auch so schon fürchterlich genug, warum also zur Schreckschraube werden?

»Ist das nicht ein bisschen früh?«

»Es ist ein bisschen spät. Der Mettle ist in sechs Tagen.«

Die Fliegengittertür knallte hinter ihm zu. »Hey, Champ!«, rief eine vertraute Stimme vom Ende der Auffahrt, »Kann's losgehen?«

*

Serenata blieb auf ihrem Stuhl sitzen. Deacon kam von einer seiner mysteriösen Unternehmungen zurück, die ihn den größten Teil des Tages in Anspruch nahmen. Mit ungewohnter Aufmerksamkeit für die häusliche Statue, zu der seine Mutter geworden war, fragte er: »Was ist los? Dein Gesicht ... du siehst aus, als hätte dir gerade jemand das andere Bein in Stücke gehackt.«

»Dein Vater plant immer noch, bei diesem Triathlon mitzumachen.« Sie sprach mit tonloser Stimme.

»Überrascht mich nicht. Du bist dagegen. *QED*.«

»Ehepartner über sechzig sollten keine Entscheidungen wie Teenager treffen.«

»Hör auf meinen Rat. Lass es laufen. Was kann schlimmstenfalls passieren?«

»Komisch, genau darüber hab ich mir Gedanken gemacht.«

»Wenn du Recht hast und er es nicht kann, dann wird er es nicht tun«, sagte Deacon. »Ganz einfach.«

»Deacon, ich bitte dich höchst ungern, weil du gerade erst nach Hause gekommen bist. Aber macht es dir etwas aus, noch mal für eine Weile zu verschwinden? Ich muss mit deinem Vater reden, wenn er zurück ist, und zwar unter vier Augen.«

»Okay. Aber dir ist klar, dass du ihm das nicht ausreden kannst.«

»Mag sein, aber ich nehme es als Herausforderung.«

Als Remington zurückkehrte, war sie bereit für die beiden.

»Tja, dein Sturz hat dich ein bisschen runtergebremst«, sagte Bambi von hinten, als das Duo hereinkam. Trotz der knapp dreißig Grad war ihr pinker Lauf-BH makellos; sie hatte kein bisschen geschwitzt. »Hallo, Sera! Hab dich seit dem großen Gemetzel gar nicht mehr gesehen. Wie geht's der Prothese?«

»Der *Prothese* geht's blendend. Schwierigkeiten hat alles, was an ihr dranhängt.« Serenata bemühte sich um einen sachlichen Ton, als sie feststellte: »Liebling, du blutest.«

An Remingtons durchgeschwitzten und rot gesprenkelten

Verbänden hatte sich das Tape gelöst. Die Wunden sollten nicht nass werden, weshalb er, statt Duschen zu gehen, an der Spüle ein Küchenhandtuch unter den Wasserhahn hielt. »Der Schorf reißt auf«, sagte er und rieb sich Gesicht und Nacken. »Das ist unvermeidlich. Bitte entschuldigt mich, meine Damen. Ich gehe nach oben, mich umziehen.«

Die beiden Frauen waren kaum je zusammen allein gewesen. Es war unbehaglich.

»Es dauert ein bis zwei Jahre, dann fegst du bei Price Chopper ohne Stock durch die Gänge«, sagte Bambi. »Ich kann dir ein paar Übungen zeigen, die dir helfen.«

»Danke«, sagte Serenata. »Aber ich bin in der Obhut einer Physiotherapeutin, und zusätzliche Übungen sind das Letzte, was ich brauche. Sag mal, verzeih, wenn ich das frage – kommt die Idee von dir, dass Remington immer noch den ganzen Mettle mitmacht, auch nach dem Fahrradunfall? Hast du ihn mit irgendwas geködert, ich meine, hast du ihn angestachelt oder ihm mit dem Fehdehandschuh gedroht? Hast du dafür gesorgt, dass es ihm peinlich ist zurückzutreten?«

»Schätzchen, du hast Tri einfach nicht kapiert. Damit Rem das überhaupt in Angriff nimmt, muss die Idee von ihm selbst kommen. Wenn du Tri machst, um jemand anderem einen Gefallen zu tun, schaffst du es keine drei Meter weit.«

Serenata wechselte die Strategie. »Ich frage mich bloß, ob sich Remington deiner professionellen Meinung nach ausreichend von seinen Verletzungen erholt hat, um teilzunehmen. Deine Einschätzung würde er ernst nehmen, viel ernster als meine.«

Bambi zuckte die Schultern. »Er ist noch ganz. Aber ob er teilnehmen sollte, das kann nur Rem selbst beurteilen.«

Wozu bist denn du dann gut? »Fühlst du dich nicht verantwortlich? Natürlich nicht für den Unfall, aber für irgendwelche

Folgeschäden, die er sich zufügen könnte, wenn er an dem Rennen teilnimmt?«

»Ich animiere meine Klienten niemals, mich verantwortlich zu machen, weder für ihre Entscheidungen noch für ihre Leistung. Das widerspricht allem, was ich lehre. Übrigens steht's auch so im Vertrag.«

»Ich frage mich, ob du nicht erwägen könntest ... an ihn zu appellieren. Ihm vorzuschlagen, dass er wenigstens über eine mögliche Verschiebung nachdenkt und erst im nächsten Jahr antritt.«

»Du warst selbst am Boden, also hast du doch garantiert eine Vorstellung davon, wie viel Zeit und Schweiß das Training für einen Mettle erfordert. Und Rem war länger dabei als die meisten – nicht neun, sondern vierzehn Monate. Ich kann einen Klienten nicht mit gutem Gewissen dazu drängen, das alles wegzuwerfen, außer es steht felsenfest, dass er es nicht schafft. Und dein Mann hat ein kolossales Herz. Das ist der geheime Saft, den kein Trainer einem Klienten verabreichen kann, weil er von Anfang an da sein muss. Ich nehme an, dass ihr beide miteinander auskommt, immerhin seid ihr schon eine ganze Zeit lang verheiratet. Trotzdem muss ich mich fragen, ob du deinen Mann eigentlich kennst.«

»Es überrascht mich nicht, dass er ein Sturkopf ist.«

Bambi schüttelte den Kopf. »Da sieht man's schon, diese Sprache ... Wie wär's mit *unbeugsam* oder *tapfer*? So, wie es ihn gerade zusammengestaucht hat, ist ein Mettle noch viel heldenhafter.«

»Bedeutet Heldentum nicht letztendlich, dass jemand um eines *anderen* willen etwas Riskantes unternimmt?«

Die Trainerin runzelte die Stirn. »Nö«, verkündete sie nach einem Moment intensiven Nachdenkens. »Beim Tri geht es darum, sein eigener Held zu sein, ein Held um seiner selbst willen.«

»Nur, dass wir uns hier richtig verstehen: Du hast kein Interesse daran, Remington dazu zu bringen, die Sache noch mal zu überdenken? Du wirst ihn nicht drängen, sich klarzumachen, was er seinem Körper abverlangen würde, der gerade erst mit über dreißig Stundenkilometern quer über zwei schotterbedeckte Fahrspuren geschliddert ist? Du würdest ihm nicht versichern, dass sein Rückzug unter den gegebenen Umständen nicht als Schwäche zu deuten wäre? Ich könnte dich nicht dafür gewinnen, ihn davon zu überzeugen, dass sogar Tapferkeit darin liegt – *Heldenhaftigkeit*, um mit dir zu reden –, wenn man eine kurzfristige Enttäuschung für langfristiges Durchhaltevermögen akzeptiert?«

»Ich bin ein Medium für meine Klienten«, sagte Bambi. »Keiner bezahlt mich dafür, dass ich ihnen sage, was sie *nicht* können. Da draußen gibt es genug Typen, die sich glücklich schätzen, den Leuten für umsonst die Tour zu vermasseln – ich will hier keine Namen nennen –, dafür braucht es mich nicht. Und du weißt, ich bin nicht verheiratet; vielleicht heißt das, dass ich besser keine Paare beraten sollte. Aber ich tu's trotzdem. Wenn ich einen Mann hätte, dann würde ich versuchen, das Beste aus dem Kerl rauszuholen. Meine Ansprüche wären sogar noch höher als die, die er selbst an sich stellt ...«

»Du hast Recht, du solltest keine Paarberatung machen.« Serenata sprach leise, damit sie oben nicht zu hören war. »Es tut mir leid, aber ich warne dich. Ich glaube, dass du dich, indem du sklavisch an deinem hirnamputierten Hurra-Denken festhältst, um deine professionelle Pflicht herumdrückst. Ein Blick genügt, und jeder Idiot erkennt, dass Remington ins Bett gehört. Wenn du auch nur einen Funken Moral im Hirn hättest, dann würdest du ihn anweisen, die Füße hochzulegen und den MettleMan und überhaupt jede Art von Training zu vergessen, bis er sich erholt hat. Ich weiß nicht, ob du irgendeinem Berufsverband angehörst oder eine Zulassung brauchst. Aber falls dem so sein sollte und du angesichts des Zustands, in dem er sich befindet, keine überzeugenden Schritte unternimmst, um ihn aufzuhalten, werde ich dich melden. Schriftlich, mit allen Einzelheiten, Fotos von seinen Verletzungen in der Anlage. Und ich werde dafür sorgen, dass du deine Lizenz verlierst, oder wie auch immer man es nennt, wenn du deinem Pfuschgewerbe in New York State nie wieder wirst nachgehen dürfen. Ich hinterlasse eine vernichtende Ein-Sterne-Besprechung auf deiner Website. Und ich geh auf alle anderen einschlägigen Websites, die ich finden kann – von sämtlichen Sportmagazinen, jedem Work-out-Blog, jedem kommerziellen Fitnessstudio im Umkreis von Hunderten Kilometern, einschließlich BruteBody –, und demoliere dort deine Reputation in den Kommentaren. Um sicherzustellen, dass du das Wohlergehen anderer nicht gefährdest, könnte ich vielleicht sogar meinen Ekel vor den sozialen Medien überwinden.«

Bambi stand auf. »Drohungen kommen bei mir nicht gut an. Und du bist kaum in der Verfassung, welche auszusprechen. Wir wär's also mit dieser Drohung: Ich kann Rem erzählen, was du gerade gesagt hast. Auch bei ihm würde das nicht gut ankommen.«

»Was würde nicht gut ankommen?«, tönte es aus dem Flur.

»Erpressung«, sagte Bambi, als Remington in die Küche kam. »Rem, ich seh dich morgen um drei am Pool, bis dahin hab ich die wasserdichten Klamotten aufgetrieben. Für den Moment, danke für das Angebot, aber ich glaube, ich verzichte auf den Eistee.«

»Worum ging's?«, fragte Remington, gleich nachdem sie die Fliegengittertür zugeknallt hatte.

»Eine Meinungsverschiedenheit.«

»Worüber?«

»Dreimal darfst du raten.«

Remington machte sich ein Sandwich; vielleicht hatte er Hunger, vielleicht wollte er sich aber auch nur irgendwie beschäftigen. Er glaubte wohl nicht, diesem Gespräch entkommen zu können.

»Deine Schwellung ist immer noch nicht abgeklungen«, hob sie an, während er geräucherte Truthahnscheiben auseinanderfummelte. »Du kannst den Arm nicht über die Schulter heben. Deine Achillessehne ist, genau wie deine Kniesehne, gezerrt oder entzündet, und beides am selben Bein. Deine Prellungen werden immer noch dunkler, weil das Blut an die Oberfläche dringt, was bedeutet, dass die Verletzungen tief sind. Jedes Mal, wenn der Schorf aufreißt, öffnest du ein neues Tor für Infektionen. Hattest du eben beim Laufen keine Schmerzen?«

»Das spielt keine Rolle.« Er mochte es. Er mochte es, dass es wehtat.

Einschüchterung wäre tödlich. Genau wie Spott und der Versuch zu gewinnen. Sie hatte es von Anfang an falsch angepackt.

»Schatz. Mein Liebling.« Ihre berufliche Erfahrung in der Modulation der Stimme musste doch zu irgendetwas gut sein. Besser noch – zärtlich zu reden hieß, Zärtlichkeit zu empfinden. »Willst du dich nicht setzen?«

Widerwillig brachte er seinen Teller an den Tisch. Das Sandwich rührte er nicht an.

»Ich kann nachvollziehen, warum du mir nicht traust«, sagte sie. »Ich weiß, es hat ausgesehen, als würde ich mit dir konkurrieren. Als würde ich verteidigen wollen, was einmal mein Hoheitsgebiet war. Als wäre ich gekränkt, weil du mich in meiner großartigen Kondition übertroffen hast. Als wäre ich wütend darüber, plötzlich ein solches Wrack zu sein – obwohl doch, wenn es mich ein kleines bisschen tröstet, mit dir im selben Boot zu sitzen, nichts verkehrt daran ist, mich dir nah fühlen zu wollen, oder?«

»Nicht, solange die Nähe nicht erdrückend ist.«

»Und es tut mir leid, dass ich dein Unterfangen als bescheuert bezeichnet habe. Ich kann an meiner Meinung nichts ändern, das stimmt. Aber die Meriten eines Triathlons stehen derzeit nicht zur Debatte. Sogar Bambi sagt, dass du fast ertrunken wärest. Du hättest um ein Haar einen Hitzschlag gehabt...«

»Nicht das wieder.«

»Ich hole das Trio deiner Nahtoderfahrungen nicht als Knüppel aus dem Sack. Aber von den dreien macht mir Syracuse die meisten Sorgen. Ein Hitzschlag kann tödlich sein. Deine inneren Organe versagen. Und du hast nicht aufgehört. Du wolltest mich damit beeindrucken, dass du den Lauf trotzdem zu Ende bringst, und ich war beeindruckt, aber nicht, wie du gehofft hast. Dass du im Quasi-Delirium weitergelaufen bist, bedeutet, dass *ich dir* nicht trauen kann. Damit ist es aktenkundig: Du weißt nicht, wann du aufhören musst. Versuchst du, dich umzubringen?«

»Natürlich nicht. Obwohl es schlimmere Methoden gibt, den Abgang zu machen.«

Sie beugte sich vor. »Ich bin deine Frau. Du hast ein Versprechen abgegeben, als du mich geheiratet hast. Es steht mir zu, dich zu haben und zu halten. Ich bin erst zweiundsechzig. Ich sehe zurzeit vielleicht nicht danach aus, aber es ist nicht ausgeschlossen, dass ich neunzig werde. Ich weiß, dass wir beide aufs Greisendasein nicht besonders scharf sind. Das ist niemand. Aber es gibt etwas, das schlimmer ist, als wenn wir zusammen alt und klapprig werden. Du hast Warnschüsse vor den Bug bekommen – drei Stück. Deine Teilnahme an dem Rennen wäre selbst in Hochform äußerst fragwürdig, aber sieh dich doch an!

Überall Verbände und Blutergüsse und Prellungen! Ich merke doch an der Art, wie du dich durchs Haus bewegst, dass dir der ganze Körper wehtut – jeder Muskel, jedes Gelenk, bis in die Knochen. Das war ein fürchterlicher Unfall. Mir ist klar, dass dich keine Schuld trifft. Wenn da keine Warnschilder stehen, die den Wechsel des Belags anzeigen, kann es auf dem Schotter jeden vom Rad holen. Aber zu ignorieren, was der Unfall mit dir gemacht hat, bedeutet mangelnde Dankbarkeit für das Wunder, dass du überhaupt noch am Leben bist.«

»Mangelnde Dankbarkeit wäre es, nicht allen erdenklichen Vorteil aus dem Umstand zu ziehen, dass ich gänzlich unbeschadet aus der Sache rausgekommen bin. Ein paar Kratzer und Prellungen als Entschuldigung zu nehmen, um hinzuschmeißen, wäre feige und gäbe mir das Gefühl, feige zu sein. Ich kann nicht verstehen, warum du mit mir in einem Zustand der Entmannung leben möchtest.«

»Ich möchte mit dir leben, Punkt, und in welchem Zustand ist zweitrangig! Also bitte. *Bitte* verzichte auf diesen Triathlon. Ich erzähle allen, dass dein Ausstieg auf meine Kappe geht, dass ich dich gedrängt habe. Ich weiß, dass du misstrauisch bist und dass ich dir Gründe dafür geliefert habe, aber diesmal versuche ich nicht aus Eifersucht, dich abzuhalten, oder weil wir uns in diesen vier Monaten in einem ständigen albernen Konkurrenzkampf befunden haben und ich mich durchsetzen will, ja nicht mal, um dich von Bambi Buffer wegzukriegen: Ich tue es, weil ich dich liebe und diese Veranstaltung gefährlich ist. Bitte, ich flehe dich an.« Und dann tat sie das Schlimmste, was sie in dieser Situation tun konnte: Sie sank auf die Knie.

»Komm hoch!«, schrie er und sprang auf. »Komm runter von diesem verdammten Knie!«

»Ich flehe dich an.« Wenn sie manipulativ sein wollte, gab es für echte Tränen keine bessere Garantie als ihre derzeitige Haltung. »Lass diesen MettleMan. Ich weiß, es bedeutet ein Opfer, aber es ist nicht viel, worum ich dich bitte. Bring das Opfer mir zuliebe. Ich verzweifele sowieso schon am Altwerden. Ich ertrage die Vorstellung nicht, es allein durchstehen zu müssen.«

Remington zog sie an den Achselhöhlen hoch und setzte sie wieder auf den Stuhl. »Du bist immer abgegrenzt, so ganz bei dir, so bedürfnislos. Du verschmähst die Annehmlichkeiten der Gesellschaft anderer Menschen. Du schätzt ihre Unterstützung gering. Du verachtest gemeinsamen Enthusiasmus als hirnlose Konformität. Das heißt wohl, dass mein Hiersein dir etwas bedeutet, dass ich besonders für dich bin, ein anderer Mensch, den du ertragen kannst. Also gut, das freut mich. Und es ist wahr. Ich gebe dir Recht. Du bittest mich nie um viel. Und darum ist es *niederträchtig, niederträchtig*, dass es, wenn du mich endlich einmal um etwas bittest, das eine und einzige auf der ganzen Welt ist, von dem du *weißt*, dass ich darüber nicht mit mir reden lasse.«

12

»Wenn du meine Trainerin im Internet verleumdest«, sagte Remington am Steuer mit Unheil verheißend ruhiger Stimme, »dann mache ich mithilfe von Google Search jede einzelne Seite ausfindig, auf der du ihren Namen erwähnt hast. Ich werde als Kommentar hinzufügen, dass meine alternde behinderte Frau nach einer kürzlich erfolgten Knieoperation jede Bewegung scheut und ans Haus gefesselt ist. Ich werde sagen, dass sie mir meine neuen Zielsetzungen und meine neuen Mitstreiter verübelt und dass die körperliche Erscheinung meiner Trainerin ihr zu schaffen macht. Ich werde meine Frau als jemanden darstellen, der seit Jahren versucht, mich an der Erfüllung meiner sportlichen Bestimmung zu hindern. Ich werde dich wortwörtlich damit zitieren, dass du die gesamte Tri-Bewegung als *Schlafmittel*, als *klein*, meiner *unwürdig* und, oh, mein Favorit, als *nur für Weiße* verunglimpfst. Ich kenne diese Community besser als du, weil du keine Ahnung hast, was *Community* überhaupt bedeutet. Und ich kann dir jetzt schon sagen, wessen Geschichte sich überzeugender anhören wird. Du wirst Bambis Ansehen allenfalls heben, ihr Unterstützer zutreiben und neue Kunden für ihr Geschäft generieren.«

Es war das Einzige, was er auf der dreistündigen Fahrt nach Lake Placid am Freitagmorgen sagte. Seit Monaten hatte sich Serenata dagegen gewehrt, bei dieser grotesken Übung in Massenhysterie dabei sein zu müssen. In den letzten paar Tagen hatte sie gebettet, mitkommen zu dürfen. In den Außenbezirken ihres Zielortes waren die Straßen mit Bannern geschmückt: *LAKE PLACID WELCOMES METTLEMAN CHAMPIONS!* Das orangefarbene Logo mit den vier Spitzen flatterte in Form gezackter Flaggen an sämtlichen Straßenlaternen. Auf großen digitalen Hinweisschildern wurden Autofahrer in roten Lettern vor Verkehrsbehinderungen am Sonntag gewarnt, wenn auf der Dreiundneunzig-Kilometer-Runde, die zweimal zu absolvieren war, Radfahrer den Vorrang hätten. Als sie im Auto Stoßstange an Stoßstange durch die Haupteinkaufsstraße des Touristenortes krochen, sahen sie auf den Dachträgern neben ihnen jede Menge Fahrräder. Auf Autoaufklebern war *SOLID METTLE* und *SUCCEED OR DIE TRIING* zu lesen. Werbetafeln am Straßenrand kündeten von Preisnachlässen für Kunden, die den offiziellen Teilnehmerausweis vorweisen konnten. Den pittoresken, schicken Geschäften am Ort – Läden für Popcorn, aromatisierte Olivenöle, Kosmetika – waren Umsatzsteigerungen garantiert.

Ihr Motel war eher eine Fernfahrerabsteige als eine Luxusherberge, wie sie einem Kämpferherz zugestanden hätte. Aber angesichts von Zuzahlungen bei der Krankenversicherung, einem verminderten Haushaltseinkommen wegen des neuen Tabus der *kulturellen Aneignung*, Bambis absurd hohem Vorschuss und zwei satten Startgebühren für diese Franchise-Veranstaltung war ein sparsamer Umgang mit ihren Ressourcen alternativlos. Außerdem legte Serenata vor allem Wert darauf, dass der Zugang zu ihrem Zimmer über den Vorplatz barrierefrei war.

Beim Check-in fragte der leutselige Besitzer Remington, ob er zu den Teilnehmern des Rennens am Sonntag gehöre. Anders als in Saratoga Springs hielt niemand in der Schlange vor der Rezeption Serenata – gestützt auf ihren Aluminiumstock, mit Knieverband unter den weiten Shorts, die rechte Wade dick, geschwollen und farblos – für eine Wettkämpferin.

Ihre Anwesenheit war eine Last. Damit seine Frau an jenem Nachmittag am Briefing für die Athleten teilnehmen konnte, musste sich Remington durch den Verkehr zurück in die Stadt quälen, um sie vor dem MettleMan-Gelände abzusetzen, einem großen Platz voller weißer Zelte. Ohne Invalidin im Schlepptau wäre er vielleicht mit dem Rad dorthin gefahren. Doch sie drängte darauf, sogar bei dem für die Veranstaltung völlig nebensächlichen Froufrou dabei zu sein, denn sie wollte unbedingt *das Ereignis von vorne bis hinten* miterleben.

Während Remington einen Parkplatz suchte, saß Serenata eine Dreiviertelstunde lang mit hochgelegtem Bein auf einer Tribüne und überlegte: Sie wollte ein Auge auf ihn haben. Sie hatte nicht vor, das Wochenende im Geist erbarmungsloser Feindseligkeit zu verbringen. Und wenn er darauf bestand, dieses Affentheater durchzuziehen, dann war sie gewissermaßen in der Pflicht, ihm moralische Unterstützung zu leisten.

Alle anderen Autos waren vollgestopft mit Freunden und Angehörigen. Zwar hatte sie diverse Anläufe unternommen, Griff zum Mitkommen zu bewegen, aber sein Widerstand gegen die geriatrische Selbstgefälligkeit, die sein Sohn zur Schau zu stellen beabsichtigte, war unerbittlich. Als sie Deacon bat, sie zu begleiten, hatte er nur *gelacht*. Tommy konnte die Vorstellung nicht ertragen, bei einer Veranstaltung, an der sie hatte teilnehmen wollen, hinter einer Absperrung zu stehen und Beifall zu klatschen. Valerias mürrischer Ehemann Brian war zu dem Schluss gekommen, dass Nancees pausenloser Bewegungszwang daher rührte, dass sie von Dämonen besessen sei. Da er die kultische Verehrung sportlicher Vollkommenheit als eine Art Götzendienst ansah, zwang er Valeria sogar, ihren Spinningkurs in der *Young Women's Christian Association* aufzugeben. Und Triathlons waren für ihn eine *anmaßende Verwechslung von Menschlichem und Göttlichem*. Seiner schwangeren Frau wurde eine Neuauflage ihrer Jubelekstase an der Ziellinie in Syracuse strikt untersagt. Hank Timmerman hatte eine kleine lokale Produktionsfirma dafür gewonnen, einen Dokumentarfilm über seine inspirierende Reise vom Verfall zur Wiedergeburt zu drehen, und das Filmteam bot ihm eine Mitfahrgelegenheit an. Die anderen Mitglieder des TriClubs fuhren separat mit ihren eigenen Claqueuren.

Also war Remington mit einer Gefolgschaft bestehend aus einer einzigen Schlachtenbummlerin in Lake Placid eingetroffen, die als Gratulantin noch dazu eine jämmerliche Figur abgab. Während sich an den Ständen die, wie ihr Sohn sagen würde, *aufgeweckten Chicks* und *aufgeweckten Dicks* sammelten, steigerte sich die Aversion seiner einzigen Unterstützerin zur Übelkeit.

Remington entdeckte sie kurz vor Beginn des Informationstreffens für Erstteilnehmer auf einem der unteren Tribünenplätze. Es herrschten fast dreißig Grad, weshalb er lange Hosen und Oberhemd gegen Laufshorts und Muskelshirt eingetauscht hatte. Eine der größten Veränderungen beim Älterwerden bestand darin, dass Heilungsprozesse elend lange dauerten, als fehlte den Zellen die Lust, ihre Erneuerungsenergie auf einen Organismus zu verschwenden, der längst unterwegs zur Müllhalde war; bei Serenata dauerte es inzwischen drei Wochen, bis nach winzigen Verbrennungen beim Kochen die obere Hautschicht abfiel und das Rosa darunter zum Vorschein kam, und es blieben Narben zurück. Dementsprechend sah Remington immer noch aus wie aus der Intensivstation entlaufen. Die Leute drehten sich nach ihm um.

Der etwa zwanzigjährige Youngster neben ihm hob angesichts der Verbände und Prellungen, die sich gerade gelb zu verfärben begannen, die Augenbrauen. Remington murmelte: »Fahrradsturz – bei voller Fahrt.«

»Wow«, sagte der Junge. »Und du machst hier trotzdem mit? Das ist fantastisch!« Wenn Serenata tatsächlich versucht hätte, Bambi Buffer online dafür niederzumachen, dass sie keinen Druck auf ihre Klienten ausübte, sich ihre Gebrechen einzugestehen, wäre Serenata bei diesen Leuten untendurch gewesen.

»Mein Trainer sagt, das Wichtigste beim Mettle ist, dass man ganz bei sich bleibt«, fuhr der Junge fort und sah starr geradeaus. Er war auffällig blass und mickrig und schien hauptsächlich mit sich selbst zu reden. »Er sagt, der schlimmste Fehler von Erstlingen ist es, sich dem Tempo der anderer anzupassen. Dann klappst du später zusammen. *Sei nie schneller unterwegs als im Training*, sagt Jason.« Die ganze Tribüne wackelte vom zwanghaften Bibbern seines Beins. Schon zwei Tage vor dem eigentlichen Ereignis schlotterte der arme Kerl vor Angst.

Sämtliche Informationen, die ein beschwingter junger Mann von der Veranstaltungsleitung mitzuteilen hatte, waren in der Broschüre, die er verteilte, präzise aufgeführt. Aber so wie in Serenatas Vorbereitungskurs für Kunstgelenkoperationen lediglich das entsprechende Handbuch nachgebetet worden war, wurde auch hier niemandem mehr zugetraut, irgendetwas selbstständig zu lesen. Im Internet wichen Texte mehr und mehr dem Podcast. Zivilisatorisch gesehen befand sich die Menschheit auf dem Weg zurück zur mündlichen Überlieferung am Lagerfeuer.

Die meisten Instruktionen betrafen eine Unzahl von Taschen – für die diversen Klamotten und für den *besonderen persönlichen Bedarf* wie Peanut Butter Cups oder trockene Socken. Der Instruktor betonte die Wichtigkeit, jede Tasche mit der Startnummer zu versehen und sie ihrer Farbe entsprechend an der richtigen Depotstelle abzugeben. Es war entscheidend, hier zu dieser und dort zu jener Uhrzeit zu erscheinen und sich während eines bestimmten Zeitfensters zur Anbringung seiner

Body Markings (Alter, Startnummer) einzufinden. Das Wegwerfen von Müll während des Rennens zog eine *Rote Karte* nach sich, das Gleiche galt fürs Pinkeln in private Vorgärten, stattdessen waren die mobilen Toiletten zu benutzen; zwei Rote Karten, und man war *DQ*, disqualifiziert. Alle fünfzehn Kilometer an der Radstrecke und alle anderthalb Kilometer an der Laufstrecke befanden sich Wasserstationen, wo es auch Energy-Gels, Gatorade und Bananen gab – Hühnerbrühe würde allerdings erst nach Einbruch der Dunkelheit ausgegeben. Die Räder konnten am Sonntag bis ein Uhr nachts abgeholt werden, danach wieder am Montag ab sechs Uhr früh. Tausende Menschen gleichzeitig in die Erschöpfung zu treiben schien ein beträchtliches organisatorisches Unterfangen zu sein.

»Anders als bei unseren Konkurrenten«, sagte der junge Mann abschließend, »gibt es bei Mettles für die ersten beiden Segmente keine Zeitbegrenzung, sodass man, sollte man auf der Schwimmstrecke einen Krampf haben und länger brauchen als geplant, nicht gleich das Handtuch werfen muss. Manche Typen sind eben verdammt gute Läufer, aber ein bisschen langsamer auf dem Rad, und wir finden nicht, dass man für eine Mischung unterschiedlicher Leistungsprofile bestraft werden sollte. *Aber:* Es gibt ein Zeitlimit für die Gesamtveranstaltung, und das wird *ausgesprochen strikt* gehandhabt. Wenn dein Kinn nicht bis Schlag Mitternacht den Zielbalken berührt, *puff*, verwandelt sich deine Kutsche in einen Kürbis. Kapiert? Um Mitternacht ist der Mettle *vorbei*. Wer also noch draußen auf der Strecke ist, wird von unseren Leuten eingesammelt. Unsere freiwilligen Helfer werden bis dahin schon eine Menge harte Arbeit für euch geleistet haben. Es wird spät sein, sie haben Familie und verdienen es, nach Hause zu kommen. Wer es bis zum Gongschlag nicht geschafft hat, kann es im nächsten Jahr wieder versuchen. Außerdem müsst ihr bedenken: Wir brauchen diese strikte Begrenzung, um sicherzustellen, dass es tatsächlich etwas bedeutet, MettleMan zu werden. Wenn wir euch für die Strecke drei Wochen Zeit lassen, dann wäre der goldorange Becher, den die bekommen, die es ins Ziel schaffen, tatsächlich bloß für Kaffee gut. Und jetzt geht da raus und zeigt allen, was ihr draufhabt!«

Um die Zeit bis zur Eröffnungsfeier totzuschlagen, bummelten Remington und Serenata an den Verkaufsständen in den Zelten entlang, wo nicht nur hochwertige Sportklamotten angeboten wurden, sondern auch Kompressionssocken, Mischgetränke aus Cayennepfeffer, Ingwer und Honig zum Vorbeugen von Muskelkrämpfen, Proteinergänzungsmittel in Form von Rindersülze oder Knochenbrühe, Massageroller und exotisch anmutende Tri-Bikes mit integrierten Hydrationssystemen und Trinkschläuchen aus Vinyl.

Sie waren enge Verwandte des nervösen Rosses, das Remington an den Baum gesetzt hatte, weshalb ihm die ausgestellten Räder aufs Gemüt schlugen und sie schließlich in das Franchise-Zelt wechselten. Unter dem Schild BOAST OF A LIFETIME! lagen Stapel von T-Shirts: TRI NOW, WINE LATER; METTLE DETECTOR; I'M BETTER THAN YOU ARE (AND I CAN PROVE IT); SELF IS THE FINAL FRONTIER; LIMITS ARE FOR LOSERS; YOU ARE YOUR TIME. Es gab Geschirrtücher, Schnapsgläser, Bierhumpen, Handtaschen, Rucksäcke, Brotdosen, Fußkettchen, Schürzen, Armbanduhren, Papierkörbe, Trainingstagebücher, E-Zigaretten, Briefbeschwerer, Bilderrahmen, Stiftehalter, Flipflops, Handyhüllen und Zahnbürsten mit MettleMan-Logo, außerdem MettleBaby-Teddybären und -Lätzchen. An einer Kleiderstange hingen Windjacken mit der goldenen Rückenaufschrift FULL METTLE JACKET.

»Was hab ich dir gesagt?« Serenata zitierte *GoodFellas*: »*Don't buy anything.*«

Remington packte angesichts der Langsamkeit seiner Frau auf dem Weg bergauf die Ungeduld, und er bemerkte: »Wir hätten deinen Rollator mitnehmen sollen.« Das war ein Satz, den sie mit Anfang sechzig von ihrem Mann niemals zu hören erwartet hätte.

Im Park am See stand eine Bühne neben einer übergroßen Leinwand, auf der Werbung für weitere Sportausrüstung lief, begleitet von Hip-Hop aus dem Soundsystem. Kinder turnten am vorderen Rand herum, machten Handstand und schlugen Räder. Am Hang saßen Leute in Grüppchen auf Wolldecken, schlürften Iso-Drinks und mümmelten Vollkorn-Burritos. Die Szene hätte etwas Pastorales gehabt, wäre da nicht eine greifbare Nervosität gewesen. Was an Gesprächsfetzen zu verstehen war, drehte sich hauptsächlich ums Wetter und war keineswegs Small Talk. Die Regenwahrscheinlichkeit war für Sonntag auf über fünfzig Prozent gestiegen, und ein großer Teil der hier Versammelten hatten nicht die Wahl, im Trockenen zu bleiben und Kreuzworträtsel zu lösen.

Serenata winkte und freute sich zu sehen, dass Cherry DeVries ihre ganze Familie mitgebracht hatte – nicht nur die drei Kinder, sondern auch einen korpulenten, für die Hitze viel zu warm angezogenen Mann, der am Rand ihrer Decke saß und rachgierig auf einem belegten Baguette herumkaute.

»Sera, ich glaube, du kennst meinen Mann Sarge noch gar nicht«, sagte Cherry. Der Kontrast zu den geschmeidigen schlaksigen Jungspunden zu beiden Seiten ließen sie in ihrer Übergröße umso liebenswerter erscheinen.

»Es ist so reizend von Ihnen, dass Sie mitgekommen sind, um Ihre Frau zu unterstützen«, sagte Serenata.

»Cherry ist auf der Interstate eine notorische Spurwechslerin«, sagte er. »Ich lass meine Kinder nicht für drei Stunden auf der I-87 mit meiner Frau am Steuer allein.«

»Und wie geht es dem Knie?«, fragte Cherry.

Es war nie ganz klar, was für eine Antwort die Leute auf diese häufig gestellte Frage eigentlich erwarteten: »Allein das Rumgestehe hier weckt in mir Selbstmordgedanken«?

»Prima«, sagte Serenata stattdessen. Das war die Antwort, die auf diese Frage erwartet wurde.

Remington begrüßte Chet, Sloan und Hank mit viel Rückenklopfen und Abgeklatsche. Nach all der Zermürbung und zunehmenden Rivalität schien der winzige Verein zu einem Gefühl des Alle-für-einen zurückgefunden zu haben. Die Mutterhenne flitzte zwischen ihren Küken herum und beugte sich zu jedem einzeln herunter, um letzte Ratschläge zu geben: »Also, ich weiß, dass du aufgeregt bist, Hank, aber vergiss nicht, das hier ist keine Party. Und pass auf, dass die Filmcrew den Ordnern nicht im Weg steht.« – »He, nicht so lässig, Sloan. Es ist nie leicht, auch wenn wir schon mal mitgemacht haben.« – »Chet, geh auch heute schon früh ins Bett. Zehn, spätestens. Und morgen ist um halb neun *Schlafen* angesagt, nicht erst Zähneputzen.« Was immer sie Remington mitzugeben hatte, raunte sie ihm so dicht am Ohr zu, dass Serenata kein Wort verstand.

Bambi war in ihrem Element. Selbst inmitten dieser Menschen stach sie mit ihrer Physis hervor. Sie gab sich kumpelhaft gegenüber ehemaligen Klienten, nahm sich Zeit, verteilte Lob (»Machst einen strammen Eindruck, Rex!«) oder spaßige Ermahnungen (»Wie oft soll ich dir das noch sagen, Paul, iss weniger Calzone!«). Der Kameramann der Dokumentarfilmcrew konnte gar nicht genug von ihr bekommen. »He, ich dachte, in dem Film geht's um mich«, mäkelte Hank. »Ihr wolltet mich zu meinen *falschen Entscheidungen* befragen ...«

»Füllmaterial«, sagte der Kameramann und hielt weiter drauf.

Das *Füllmaterial* hatte seine Garderobe für die Eröffnungszeremonie sorgfältig gewählt: ein weiches lachsfarbenes Trikot mit Spaghettiträgern und aus einem Material, das den Reflex auslöste, es anfassen zu wollen, hauchdünne cremefarbene Shorts, die in der Brise flatterten und unter denen sich ihre Hüftbeuger deutlich abzeichneten, und umwerfende Stöckelschuhe, mit denen sie aus unerfindlichen Gründen nicht im Rasen versank. Dieser Körper dürfte ihrem Geschäft einen stattlichen Betrag an Werbekosten erspart haben.

Um nicht mit einem Knie, das sich nicht über neunzig Grad strecken ließ, durchs Gras humpeln zu müssen, hatte sich Serenata auf einen Stein am Seeufer gesetzt. Auf der Bühne begann das Programm: mit der Präsentation von Wohltätigkeitsorganisationen, die Gelder für obskure Krankheiten sammelten; mit dem ältesten Teilnehmer in diesem Jahr, der mit vierundachtzig bereits seinen sechsten Mettle absolvierte; und mit dem letztjährigen Gewinner, einem Profi mit arglosem, durchschnittlich hübschem Gesicht, der zwei Meter fünfzig groß zu sein schien und seine *Tri-Witwe* und seine *Tri-Waisen* lobte, weil sie sich nie darüber beklagten, dass er an den Wochenenden nicht da war, um Waffeln zu futtern. In der Tat waren die Profis, wenn sie den Blick über den Hang schweifen ließ, leicht zu identifizieren. Die Männer überragten alle anderen so eklatant, als gehörten sie zu einer anderen Spezies. Sie hatten breite Schultern, aber alles andere an ihnen war schmal: die winzigen Taillen, die schmächtigen Hüften, die festen kleinen Pobacken. Sie hatten tendenziell lange Füße und große Hände. Aber als geheimnisvollster Aspekt an dieser besonderen Brut fiel auf, dass sie kein bisschen sexy waren. Man verspürte nicht das geringste Verlangen, mit einem Mann zu vögeln, der sich selbst begehrte.

Obwohl der Zeremonienmeister die vielen Nationalitäten, das Altersspektrum und die zahlreichen Erstlinge und ehemaligen Militärs unter den diesjährigen Teilnehmern hervorhob, konnte Serenata bei Musterung der Menge keine großen Überraschungen entdecken. Sie identifizierte zwei schwarze Athleten, deren unbekümmertes Gebaren auf eine begüterte Herkunft schließen ließ. Einen Chinesen, *check*; einen Inder, *check*. Zwar waren Frauen respektabel vertreten, aber die überwiegende Zahl der Teilnehmer machten weiße Männer aus.

Was das Thema Alter anging, neigten die Kohorten, wenn man die Unterstützer abzog (fülliger, mehr Sonnenbrände, mehr Körperbedeckung), zur Gruppenbildung. Die zahlreichen Unterdreißiger gehörten, wie Tommy March, einer Generation an, deren Vorstellung von Selbstperfektionierung untrennbar mit Diät und Training verbunden war, während für Griffs Altersgenossen ebendieser Begriff für eine Erweiterung des Wortschatzes und fürs Französischlernen gestanden hatte. Dann gab es noch die Zweitleben-Genießer über fünfzig – braun gebrannt, hager und mit kurz geschorenen grauen Haaren, um die Glatzenbildung zu verbergen. Sie hatten denselben Blick drauf, den Serenata inzwischen auch von Remington kannte: brennend, fokussiert auf eine vage mittlere Distanz. Vielleicht hatten sie Unternehmen aufgebaut und Vermögen angehäuft, doch die Resultate waren unbefriedigend gewesen. Die Jungen wollten Status. Die Alten wollten Sinn.

Schließlich kam der MettleMan-Gründer ans Mikrofon – ein Bär von einem Mann namens Doug Rausing, dessen Wampe auf eine gegenwärtige Bevorzugung administrativer Tätigkeiten schließen ließ. Er dankte den Sponsoren und lud die ersten einhundert Zieldurchgänger ein, am zwanzigjährigen Jubiläums-Mettle-of-Mettles in Alaska teilzunehmen.

»Ob ihr's glaubt oder nicht«, dröhnte Rausing, »als diese Unternehmung vor achtzehn Jahren gestartet ist, haben an der Veranstaltung ganze siebenundsiebzig raubeinige Sterbenkommt-nicht-infrage-Athleten teilgenommen. Und inzwischen sind wir zu einer weltweiten Bewegung geworden. Wer sich diesem Stresstest in seiner Ursubstanz noch nie unterzogen hat, findet knapp eintausendfünfhundert Wettkämpfer vielleicht ein bisschen überwältigend. Darum möchte ich ein paar Worte speziell an euch Erstlinge richten. Es mag so aussehen, als wärt ihr Teil einer Menge, und ihr könnt euch darauf verlassen, dass eure Brüder und Schwestern euch in dieser Gemeinschaft der Marter Rückendeckung geben. Aber letztendlich seid ihr auf euch allein gestellt, denn das ist es, worum es beim MettleMan geht: unerbittlich zu erkennen, woraus ihr geschnitzt seid, unerbittlich zu erkennen, ob ihr das Zeug habt. Ganz gleich, wie viele andere Athleten um euch herum sind, wenn ihr am frühen Sonntagmorgen in den kalten See springt, seid ihr vollkommen und, das müssen wir uns alle eingestehen, manchmal bestürzend *allein*.

Ich wette, dass eine ganze Menge von euch Schiss haben. Verdammt, vielleicht sogar Todesangst. Aber einer der Gründe, warum ihr eure inneren Dämonen bekämpft, sind die *äußeren* Dämonen, gegen die ihr ankämpfen müsst, seit ihr zum ersten Mal die Unverschämtheit besessen habt, euch öffentlich zu etwas zu bekennen, das ziemlich weit hergeholt zu sein scheint. Bei jedem Schritt hierher sind euch Steine in den Weg gelegt worden. Vielleicht haben sie euch sogar ausgelacht. Stimmt's? Haben sie euch etwa nicht ausgelacht?«

Die Menge kicherte bestätigend.

»Weil *sie* sagen, das ist unmöglich«, fuhr Rausing fort. »*Sie* sagen, das ist verrückt. *Sie* sagen, Menschen sind nicht dafür gemacht, derartige Strecken zu bewältigen, im Wasser, per Rad, zu Fuß, direkt hintereinanderweg, ohne Pause. *Sie* sagen, ihr werdet zusammenbrechen. *Sie* sagen, ihr fügt eurem Körper irreparablen Schaden zu und beendet euer Leben niedergeschlagen und kränkelnd und von Reue zerfressen. Aber was auch immer am Sonntag passiert, es gibt nur eine einzige Reue, die ihr nicht erleben wollt: es niemals versucht zu haben, *never trying* – das ist T-R-I. Ihr würdet bereuen, auf die Sportverderber, die Angsthasen und die Weicheier gehört zu haben. Ihr würdet bereuen, auf die winselnde, wehleidige Mickerstimme gehört zu haben, die euch eure Peiniger – die Neinsager, die Ausredensucher, die betulichen Bedenkenträger, die Sesselzyniker, die tristen Schwarzseher – tatsächlich *erfolgreich* in euer *höchst eigenes Hirn* gepflanzt haben!

Also befehlt ihr der Mickerstimme, sie soll sich verpissen. Sie ist die Stimme des Versagens, der Unzulänglichkeit und Resignation. Sie ist die Stimme der *Kleinen blauen Lokomotive*. Sie ist die Stimme des Lehrers in der dritten Klasse, der dir eine Fünf gegeben hat, der Eltern, die dich in dein Zimmer geschickt haben, des Studienberaters, der gesagt hast, Princeton sei für dich nicht drin. Des Therapeuten, der dir Prozac verschreiben wollte, des Professors, der gesagt hat, dass du niemals dein Examen schaffen würdest, des Personalchefs, der deine Bewerbung gelöscht hat, des Lektors, der deine *Great American Novel* abgelehnt hat, ohne über Seite drei rausgekommen zu sein. Es ist dieselbe Stimme, die dir einreden will, dein Land befinde sich im Niedergang, deine Landsleute seien alle drogensüchtig und die Zukunft gehöre – verzeih, lieber Bao Feng, der steht dahinten und ist ein prima Bürger der Vereinigten Staaten – den Chinesen. Es ist die Stimme des Teufels, meine Freunde. Es ist die Stimme des Teufels.

Hört nur auf euer tiefstes Inneres. Konzentriert euch ausschließlich darauf, die nächste Boje zu erreichen und dann die Boje danach. Darauf, die Kuppe des nächsten Hügels zu erklimmen, und dann die Kuppe des Hügels danach. Darauf, die nächste Kilometermarkierung zu passieren, und dann die Kilometermarkierung danach. Schmerz? Schmerz ist das Feuer, in dem wir geschmolzen werden, und wenn wir auf der anderen Seite aus dem Hochofen herauskommen, sind wir glühender Stahl. Wir sind die menschliche Spezies in doppelter Schallgeschwindigkeit. Wir sind die stärkeren, schlankeren, rankeren, wilderen, potenteren Vertreter der Menschheit, die beweisen werden, dass es *keine* Grenzen gibt und dass es *nichts* gibt, was wir nicht erreichen können, weil WIR-METTLEMEN-SIND!«

Die Jubelschreie der Menge waren laut genug, um Serenatas gemurmeltes »Leni Riefenstahl, wo bist du?« zu übertönen.

*

»Wenn du mir noch ein einziges Mal erzählst, dass ich das nicht machen muss«, sagte Remington und linste durch die Vorhänge ihres Motelzimmers auf den nassen Parkplatz, »könnte es passieren, dass ich dir eine runterhaue.«

Es war halb vier in der Früh. Vergangene Nacht hatte sich Serenata, nicht gewillt, den Schlaf eines Achtjährigen zu bewachen, ins Badezimmer verkrochen, gegen das Licht ein Handtuch vor den Türspalt gelegt und auf der Toilette mit runtergeklapptem Deckel gelesen. Da sie erst vor anderthalb Stunden neben ihm eingenickt war, war Remington nicht der Einzige, der jemandem eine runterhauen wollte. Doch äußerlich gelang es ihr, putzmunter zu wirken. Nachdem sie von Bambi verpfiffen worden war, hatte sie sich kein einziges Mal beklagt, sich nicht mehr kritisch geäußert, keine abfälligen Bemerkungen gemacht. Dies war die Show ihres Mannes. Sie hatte tapfer gekämpft, und sie hatte verloren.

Sie riskierte einen Blick vor die Tür. Es war stockdunkel. Die Luft war nasskalt. »Im Augenblick nieselt es bloß«, berichtete sie.

»Die Aussichten für sieben liegen derzeit bei sechzig Prozent«, sagte er, während er auf seinem Handy herumstocherte, »danach steigende Tendenz.«

»Na ja, es gibt solchen und solchen Regen, oder? Manchmal hat ein leichtes Nieseln auch etwas Erfrischendes.«

Glücklicherweise hatte sie einen Campingkocher und eine Espressokanne eingepackt. Scheiß auf die Kraftriegel und Gels; sie hatte auch eine Schachtel mit pudergezuckerten Doughnuts besorgt.

»Du hättest nicht mit mir aufstehen müssen, ehrlich.« Es war irgendwie erleichternd, dass er einem Doughnut nicht widerstehen konnte. »Ich muss bis fünf einchecken. Für dich gibt es da nichts zu tun. Und wie willst du nachher an die Strecke kommen, um zuzuschauen?«

»Uber. Oder du kannst mich mitnehmen. Ich könnte dir beim Anziehen des Neoprenanzugs helfen. Das ist ganz schön fummelig mit all den Verbänden und der Schulter.«

»Die Helfer assistieren bei den Übergängen, und das machen sie gut.« Er schien sich mit seiner Zurückweisung schlecht zu fühlen. »Aber wenn alles vorbei ist, werde ich trockene Sachen brauchen. Wenn du diese Tasche zum Ziel mitbringst, wäre das eine große Hilfe. Und außerdem ... Tut mir leid, vergiss es.«

»Vergiss was?«

»Ich wollte vorschlagen, dass du das Rad für mich aus diesem Meer von Gestellen rausholst, wenn ich auf der Marathonstrecke bin, das würde uns im Berufsverkehr am Montagmorgen einen gewaltigen Vorsprung verschaffen. Aber mit deinem Knie ...«

»Ein Fahrrad ist eine elegante Gehhilfe. Ich könnte es mit einem Uber herbringen. Ich soll das Knie ohnehin bewegen, und ich hab am Freitag eine Physio ausfallen lassen.«

Er gab ihr den Abholschein für das Rad. »Aber wenn das zu schwierig ist, holen wir es am Montag früh; wir werden dann bloß lange anstehen müssen. Tu dir bitte nicht weh.«

Als er sich die Tasche mit dem Haifischhaut-Neoprenanzug über die Schulter warf, versuchte sie einen Abschiedsgruß zu formulieren – aber ihr fiel nichts anderes ein, als dass er das alles nicht machen müsste. Vernünftigerweise nahm sie ihn auf dem Vorplatz lediglich fest in den Arm und hielt den Mund.

*

Da ihr im Hotel nichts weiter zu tun blieb, als noch ein paar Doughnuts zu futtern, traf Serenata früh genug auf dem Zuschauerhügel ein, um einen Platz in der ersten Reihe mit freier Sicht auf den Strand zu ergattern, von wo aus hinter einer Biegung die Schwimmer starteten. Der Himmel war verhangen und trübe, und sie brauchte das Licht ihres Handys, um eine ebene Stelle für ihren Klapphocker zu finden. Sie war es gewohnt gewesen, zwölf Stunden am Tag zu stehen. Aber allmählich bekam sie ein Gefühl dafür, wie bequem man das Lager wechseln konnte. Wenn man erst einmal das Land der Trägheit betreten hatte, fand man die ganzen quirligen Derwische, die überall herumsprangen und -wirbelten und -gestikulierten, immer befremdlicher.

Als also einer der Ordner mit einem fluffigen orangenen Klöppel den mit dem Signet des Veranstalters gezierten Messinggong schlug und sich die erste Gruppe von Schwimmern, alles Profis, ins Wasser stürzte, verspürte Serenata nicht den leisesten Wunsch, bei dem Rennen dabei zu sein. Schon gar nicht, als das morgendliche Nieseln zum Wolkenbruch wurde. Schräge Wasservorhänge fegten über den See, der sich im Gegenzug aufbäumte, als würde der Regen von unten nach oben fallen. Die Tropfen trommelten auf die orangenen Plastikbojen wie auf Kesselpauken. Sie hatte sich an der Motelrezeption einen Regenschirm ausgeliehen, doch selbst die Spritzer, die vom Nylon prallten und auf ihren Beinen landeten, waren lästig. Körperliche Annehmlichkeiten hatten durchaus ihren Reiz – Ruhe, Behaglichkeit; im Trockenen sein, geschützt, nicht zu kalt und nicht zu heiß, und mit vollem Bauch. Schön und gut, viele ihrer Landsleute übertrieben es mit dem eigenen Wohlbefinden. Dennoch, das Ziel des überwiegenden Teils der Menschheit war nicht endlose Schufterei, sondern das Gegenteil, das Ende der Schufterei; nicht endloses Leid sondern das Ende allen Leids. Es würde von Undankbarkeit gegenüber all den Ahnen zeugen, die bei der Entwicklung von stabilen Regenschirmen und bequemen kleinen Klapphockern Pate gestanden hatten, wenn sie es nicht genießen würde, einfach hier sitzen zu können, statt grausame vier Kilometer bei strömendem Regen schwimmen zu müssen.

Kraulen bei schwerem Regen konnte ein Gefühl des Ertrinkens auslösen; der Unterschied zwischen Luft und Wasser verwischte. Insofern war es beeindruckend, wie die Profis von Boje zu Boje jagten. So ziemlich jeder konnte Rad fahren und wirklich jeder konnte laufen. Aber Schwimmen war eine Fertigkeit, und die hier gezeigten Schwimmzüge glichen einem Wunderwerk.

Was die anderen Zuschauer nicht hinderte, unbekümmert und unaufmerksam zu sein. Die Profis schienen ohne Unterstützer anzureisen; man mochte es seltsam finden, aber dies war ein Job, und die Familie zu Hause zu lassen senkte die Kosten. Niemand auf dem Hügel fieberte mit diesen Athleten mit. Im Gegenteil, eine Frau in der Nähe beklagte sich bei ihrer Begleiterin: »George sagt, die Profis ruinieren diesen Sport für alle anderen. Nicht nur stellen sie die anderen bloß, wenn sie aufhören, sie steigen dann auch noch als Amateure in den höheren Altersgruppen ein. Und gewinnen natürlich, was denn *sonst?* Das ist zwar kein Betrug im engeren Sinne, aber es kommt dem nahe.«

Die Schwimmer konnten sich nach ihren Bestzeiten selbst einteilen, und alle fünf Minuten wurde eine neue Gruppe auf die Bahn geschickt. Weil man davon ausging, dass die letzte Gruppe mehr als zwei Stunden für die Strecke brauchen würde, startete sie um 6.35 Uhr, kurz nachdem die Profis ihre zweite Runde begonnen hatten – vermutlich um zu vermeiden, dass die Bummelanten umgeschwommen wurden.

Da: Remington war Letzter. Sein Schwimmstil war unverwechselbar. Bei jedem Zug traf der vorgestreckte Arm mit einem harten Schlag aufs Wasser. Sein Kraulen hatte sich stets durch eine gewisse Plumpheit ausgezeichnet, und dank der Schulterverletzung wirkten die Bewegungen des rechten Arms jetzt noch schwerfälliger. Dass er die Schmerzen während der ganzen letzten Woche mit keinem Wort erwähnt hatte, war ein schlechtes Zeichen. Der Regen erreichte eine erbarmungslose Stetigkeit. Das war kein durchziehender Schauer, das war ein verregneter *Tag*.

Serenata hielt die Augen offen. In regelmäßigen Abständen waren Boote stationiert, aber Starter #1083 war für diese Rettungsschwimmer nichts als eine Nummer, und sie traute ihnen nicht.

Gegen sieben schleppten sich alle männlichen Profis an den Strand und rannten durch den Sand. Zehn Minuten nach der führenden Gruppe hatten auch die weiblichen Profis das Wasser verlassen. Serenata stellte ihr Fernglas scharf. Remington war noch nicht an der gegenüberliegenden Wendemarke, die seine erste halbe Runde markierte.

Als ihr Mann sie schließlich umrundete, wurde er von einem Pulk Amateure überholt, die den zweiten Durchgang schwammen. Es war schon Viertel nach sieben. Eine Schwierigkeit, mit der er würde zurechtkommen müssen, waren all die anderen Schwimmer, die nicht unbedingt rücksichtsvoll unterwegs waren, die ihre eigenen Probleme mit Krämpfen oder Aussetzern hatten und deren Schwimmbrillen vielleicht beschlagen oder verrutscht waren, sodass sie, selbst wenn sie höflich sein wollten, in diesem Wildwasser kaum etwas sehen konnten. Zusammenstöße schienen unvermeidlich. Zum Regen kämen die Spritzer der anderen Schwimmer hinzu; von allen Seiten angerempelt zu werden musste irritierend sein, und ständig von Schwimmern überholt zu werden, die schon drei Viertel der Strecke hinter sich hatten, demoralisierend.

Als Remington endlich das Floß in Ufernähe passierte und seine zweite Runde begann, war es 7.55 Uhr. Er hatte für zwei Kilometer eine Stunde und zwanzig Minuten gebraucht, eine Zeit, die die meisten Leute mit Brustschwimmen hätten schlagen können. Die Mehrzahl der Wettkämpfer hatte das Wasser bereits verlassen, etwa drei Dutzend waren noch unterwegs, lagen aber allesamt vor ihm. Nach und nach vergrößerte sich der Abstand zwischen Remington und dem vorletzten Schwimmer – einer Frau. Um 8.50 Uhr planschte diese Vorletzte ans Ufer und taumelte durch den mit orangenen Nelken geschmückten Torbogen. Remington, der noch eine halbe Runde zu absolvieren hatte, war allein auf dem See.

Er wurde langsamer. Für die letzte halbe Runde hatte er nicht vierzig, sondern fünfzig Minuten gebraucht, ein Tempo wie beim Hundepaddeln. Das rhythmische Schlagen seiner Arme war noch träger geworden. Eines der Dinghis mit Außenbordmotor fuhr zu ihm. Ein Rettungsschwimmer beugte sich über den Rand, zweifellos, um sich zu vergewissern, dass er nicht in Not war, aber vielleicht auch, um ihn zu fragen, ob er lieber an Bord kommen und die ganze Sache abblasen wolle. Sie betete, dass er das Angebot annehmen würde. *Sag ihnen einfach: »Tut mir leid, aber ich hatte kurz vor dem Rennen einen schweren Unfall und hab mir die damit verbundenen Konsequenzen nicht klargemacht.« Das ist die Wahrheit, und die ist kein bisschen ehrenrührig. Nur bitte komm raus aus dem Wasser und raus aus dem Regen. Wir können zurück ins Motel fahren, und da kannst du ausgiebig und brühwarm duschen. Ich werde dir mit den Gerätschaften im Zimmer einen heißen Kakao machen, mit Sahnepulver und Zucker, das gibt zusätzliche Kraft. Wenn du dich aufgewärmt und gestärkt fühlst und trockene Sachen anhast, suchen wir uns ein gemütliches Lokal für ein üppiges Frühstück mit Würstchen und Pancakes. Du musst auch nicht reden. Und ich werde nie und nimmer behaupten, ich hätte es dir ja gesagt.*

Das Schlauchboot drehte ab – folgte ihm allerdings wachsam in wenigen Metern Abstand.

Alle anderen Zuschauer hatten den Hügel verlassen. Serenata achtete nicht darauf, wie sie ihren Schirm hielt, und wurde nass bis auf die Haut, aber sie war außer sich. Sie versuchte zu winken und durch Öffnen und Schließen des Schirms Zeichen zu geben, aber Remington schien sie nicht zu bemerken, und die Ablenkung wäre vermutlich ohnehin alles andere als hilfreich gewesen.

Irgendwann erreichte er schließlich flaches Wasser und kroch einem Lazarus gleich ans Ufer. Es war 9.41 Uhr: Drei Stunden und sechs Minuten, das musste Rekord sein, wenn auch kein von ihm angestrebter. Sie hätte stolz auf ihn sein sollen, und vielleicht war sie das auch. Aber dieser Stolz ähnelte einem Grauen.

Sie klappte den Hocker zusammen und schob ihn in ihre Tasche, deren Gurte sie sich um die Schulter schlang. Als sie sich vorsichtig, ihren Stock in der einen und den Schirm in der anderen Hand, loswagte, erschwerte der Matsch ihr das Fortkommen. Mit kleinen Schritten ging sie zu der schmalen Rinne, die alle Wettkämpfer auf ihrem Weg zu ›T1‹ bereits passiert hatten, während hinter der Absperrung Zuschauer jubelten und für Freunde und Verwandte Plakate schwenkten. Jetzt war Serenata der einzige Zaungast. Helfer in orangenen T-Shirts und billigen transparenten Ponchos lungerten ungeduldig an den Seiten herum, weil sie endlich den klitschnassen Kunstrasenteppich zusammenrollen und dieses verdammte Teilstück als erledigt abhaken wollten. Unterwegs zum Zelt, wo ein Helfer ihm den Neoprenanzug vom Körper pellen und ihm in seine Radlerklamotten helfen würde, wankte Remington mit bleiernen Bewegungen auf seine Frau zu, wobei seine nackten Füße über den Kunstrasen patschten.

Als sich im Vorbeigehen ihre Blicke trafen, war sein Ausdruck hohl und leer. Er schien sie nicht zu erkennen. Abgesehen von fernem Donnergrollen und dem Platschen seiner Füße herrschte Grabesstille. Es wäre pervers gewesen, dieses Spektakel der Selbstzerstörung mit Anfeuerungsrufen zu begleiten. Sie unternahm den matten Versuch, ein ermutigendes Lächeln aufzusetzen, und wandte dann den Blick ab.

*

Serenata war zu einer Straße hochgehumpelt, von der aus man das MettleMan-Areal überblicken konnte und freie Sicht auf das Meer von Fahrradständern hatte. Es musste Stellplätze für eineinhalbtausend Räder geben, aber Remingtons war leicht zu identifizieren – es stand als Einziges noch da. Als ihr Mann das T1-Zelt verließ und ihm ein Helfer im Poncho den Lenker in die Hand drückte, winkte Serenata, aber er hatte anderes im Kopf, als nach seiner Frau Ausschau zu halten. Aus der Entfernung konnte sie nicht sicher sein, ob sie sich sein Schwanken, als er aufstieg und losradelte, lediglich einbildete.

Vielleicht lag es am Regen, vielleicht hatte sich unter der örtlichen Bevölkerung, nachdem man die Veranstaltung hier seit achtzehn Jahren beherbergte, eine gewisse Blasiertheit breitgemacht, jedenfalls standen nur wenige Menschen am Straßenrand. Die widrigen Rahmenbedingungen sorgten für eine Können-wir-es-bitte-rasch-hinter-uns-bringen-Stimmung. Doch plötzliche Anfeuerungsrufe, Trillerpfeifen und Rasseln verrieten Aufregung. Die Profis kamen am Ende ihrer ersten Dreiundneunzig-Kilometer-Runde den Hügel hinabgeschossen, wobei in der Kurve wahre Wasserfontänen von ihren Reifen aufspritzten.

Serenata interessierte das nicht. Sie hatte nie begriffen, warum Radrennen, im Verhältnis zu denen das Trocknen nasser Farbe ein vergleichsweise aufregendes Ereignis war, ein Zuschauersport sein sollten. Selbstmitleid mochte unter den gegebenen Umständen unangebracht sein, aber sie war immer noch klitschnass, sie fror, und ihr Knie brüllte vor Schmerz. Sie watschelte auf der kommerziell genutzten Seite der Rennstrecke den Hügel hinauf und fand ein Restaurant mit Tischen im Freien unter großen Schirmen. Dort saß zu ihrer Überraschung die Dokumentarfilmcrew bei Rührei und Rösti.

»Warum seid ihr nicht unterwegs und macht Aufnahmen von einer wundersamen Wiedergeburt?«, fragte sie.

»Anders als sie uns im Biologieunterricht beigebracht haben«, sagte der hippe Kameramann, »verwandeln sich Schmetterlinge manchmal zurück in Raupen.«

»Hat Hank die Grätsche gemacht?«

»Wir waren gestern Abend ziemlich lange unterwegs, um die Wahrheit zu sagen«, gestand der hohlwangige Produzent.

»Aber er hat uns versichert, dass er darauf trainiert hat, diesen Quatsch hier auch ohne viel Schlaf runterzureißen.«

»Wenn ihr gestern Abend alle *unterwegs* wart«, sagte sie, »soll das heißen, dass er hacke war?«

»Ich hab nicht drauf geachtet«, lautete die diplomatische Antwort des Regisseurs, der eine *OBAMA-'08*-Kappe trug.

»Hat er euch zufällig auf die Kurzgeschichten von Lorrie Moore angesprochen?«

»Jetzt, wo Sie's sagen«, antwortete der Regisseur, »jep.«

»Er war hacke«, sagte Serenata.

»Als wir heute Morgen im Motel an seine Tür geklopft haben«, sagte der Kameramann, »hat er nicht aufgemacht. Verdammte Scheiße. Völlig umsonst um halb fünf aufgestanden. Nachdem er beim Check-in fürs Schwimmen durch Abwesenheit geglänzt hat, sind wir alle wieder ins Bett.«

»Nicht bloß das Aufstehen im Stockfinstern war umsonst«, sagte der Produzent. »Die Doku ist verkackt, und was machen wir bei strömendem Regen im beschissenen Lake Placid? Motel, Essen, Sprit – wir haben echt keine Knete mehr.«

»Auch wenn das kein Trost ist, aber wie mies ihr euch auch fühlen mögt«, sagte Serenata, »Hank dürfte sich noch viel mieser fühlen. Er trainiert seit Monaten für dieses Rennen.«

»Vielleicht hat unser Hankilein angesichts der Wettervorhersage kalte Füße gekriegt«, mutmaßte der Regisseur. »Ich meine, seht euch diese Typen doch mal an.« Er deutete auf die überflutete Strecke, die man vom Lokal aus perfekt einsehen konnte und auf der gerade die letzten Profis vorbeikamen. »Die sind übergeschnappt.«

»Immerhin«, sagte Serenata, »machen die Profis aus Gründen, die ich nicht ganz verstehe, Geld bei der Sache. Aber für alle anderen«, sie beugte sich vertraulich über das Rührei des Kameramanns, »*gibt es absolut keinen Grund, hier mitzumachen.*«

»Aber ist ihr Mann nicht bei dem Rennen dabei?«, fragte er.

»Mhm. Ich fürchte, ja.«

»Ha!«, sagte der Regisseur. »Das ist die erste despektierliche Äußerung, die ich gehört habe, seit wir hier sind. Setzen Sie sich doch zu uns.«

Serenata bestellte Pancakes und Würstchen.

Der Kameramann nickte beifällig. »Ich weiß nicht, warum, aber seit wir bei dieser Versammlung von Halbgöttern gelandet sind, will ich bloß noch essen, schlafen, trinken und fernsehen. Sachen machen, bei denen man sich nicht anstrengen muss und bei denen man nicht nass wird.«

»Während mein Mann letztes Jahr den Marathon in Saratoga Springs gelaufen ist«, sagte sie, »hab ich ein Vermögen für Klamotten ausgegeben, die ich nicht brauche, habe ein riesiges Mittagessen verputzt und mich in den Hotelpool gelegt, wo ich nichts Kräftezehrenderes getan habe, als mich treiben zu lassen.«

»Ich kann's gar nicht erwarten, dass das Pendel zu Hedonismus und Randale zurückschwingt«, sagte der Kameramann. »Ich glaube, ich bin in die falsche Generation reingeboren. Der jetzigen geht es nur um *Erlösung*, ist euch das mal aufgefallen? Kohle und Karriere und Heiligsprechung. All die Typen, mit denen ich in New York Film studiert habe, sind verknallt in die Katharsis – allem wird abgeschworen, Fleisch, Milchprodukten, Kohlenhydraten, saisonfremdem Gemüse und Plastik. Die haben keine nachsichtige oder rebellische Faser im Leib. Oh, und es geht ihnen auch nicht allein um Erlösung. Man muss noch *Rechtschaffenheit* ergänzen. Die wollen alle Überwachungskameras sein.«

»Als ich jung war, haben wir die Regeln gebrochen. Soweit ich das beurteilen kann, lieben Ihre Altersgenossen nichts so sehr wie neue aufzustellen.« Sie schwang die Hand. »Und sie mit der Peitsche durchzusetzen.«

Er berührte sie am Handgelenk. »Gute Arbeit. Trotzdem, ich bin überrascht. Tattoos haben heutzutage doch alle.«

Außenseiter erkennen einander. »Cincinnati, 1973. Die machen alle *mich* nach.«

Sie flirteten, ein wenig. Es war schön. Die Pancakes kamen. Ein riesiger Haufen.

»Vielleicht können Sie das Material, das Sie schon im Kasten haben, retten«, schlug sie vor, »indem Sie eine allgemeinere Dokumentation über die wachsende Popularität von Triathlons machen?«

»Schnee von gestern«, sagte der Kameramann. »Solche abgedrehten Ausdauerveranstaltungen gibt es überall im Land. Und die dicksten Dinger sind jetzt solche Ultra-hyper-maxi-giga-mach-dir-in-die-Hosen-Events in der Tundra im Januar oder im Death Valley im Juli. Im Vergleich dazu ist das hier lächerlich. Darum brauchen wir die Süchtiger-findet-Erleuchtung-Story. So ziemlich das Einzige, was sich aufzubewahren lohnt, sind ein paar Clips von dieser Bambi-Tusse, wie sie Inspiration in Momenten der, ah, *Selbstreflexion* liefert.«

»Wenn man vom Teufel spricht.« Als die Frau vorbeiflitzte, registrierte Serenata befriedigt, dass Bambis heiß geliebtes babyblaues und kanariengelbes Fahrradtrikot dermaßen vor schwarzem Matsch starrte, dass es wohl nicht mehr zu retten sein würde.

»Schlitzohr Rausing«, sagte der Regisseur und sah von seinem Handy auf, »meldet schon drei Fahrradstürze, in einen waren mehrere Fahrer verwickelt. Miserable Bodenhaftung. Einer der Stürze war ziemlich heftig. Der Typ hat sich den Schädel aufgeschlagen.«

Besorgt kramte Serenata ihr eigenes Handy hervor. Auf den Fahrrad- und Laufstrecken waren die Wettkämpfer mit den gleichen elektronischen Fußbändern ausgestattet wie Remington in Saratoga Springs, sodass sie mittels der MettleMan-App, die sie sich im Motel runtergeladen hatte, seine Position verfolgen konnte. #1083 war Letzter des gesamten Feldes, aber der blaue Punkt bewegte sich immer noch schneller, als es einem Mann mit aufgeschlagenem Schädel möglich gewesen wäre.

Als sie fertig gegessen hatten, beschloss die Kameracrew, auszuchecken und nach Hudson zurückzufahren – zur Strafe ohne Hank. Sie nahmen Serenata mit ins Motel, wo sie sich statt ihres Mannes unter die heiße Dusche stellte und trockene Sachen anzog, die er so viel dringender gebraucht hätte als sie. Gegen Mittag hatte #1083 die Halbstreckenmarkierung der ersten Radrunde passiert. Sie war unruhig und nahm ein Uber zurück in die Stadt, wo sie sich ein dickes Sweatshirt kaufte. Auf die Kälte war sie nicht vorbereitet gewesen. Sie probierte Wildpilz-Olivenöl und Erdbeer-Balsamico mit französischem Baguette. Sie ging in den Popcorn-Laden und kaufte eine Gewürzneuheit, die nach *Beer Can Chicken* schmecken sollte.

Als sich #1083 dem Ende der ersten Radrunde näherte, kehrte sie in das Restaurant mit dem fantastischen Blick auf die Strecke zurück und bestellte eine Schale gebratene Calamari, um die Besetzung des Tisches zu rechtfertigen. Sie vermisste die Kameracrew. Die Solidaritätserfahrung mit den Sportverderber-, Angsthasen- und Weicheier-Kollegen hatte ihr gutgetan.

Direkt unterhalb von Serenatas Tisch hatte eine beängstigend hagere Frau in für die Kälte zu sommerlichen Sportklamotten mit einer aufdringlich lauten Kuhglockenrassel hinter der Absperrung Stellung bezogen. Die schnellsten Amateure beendeten bereits ihre zweite Runde. *Jedes – einzelne – verdammte – Mal*, wenn einer der Radler vorbeikam, veranstaltete die selbst ernannte Cheerleaderin ein lautes Tuten und Rasseln, begleitet vom Geschrei der üblichen Dämlichkeiten: »Los, Baby! Zeig's ihnen! Es leben die Totgesagten, Baby! Halt durch! Wir stehen alle hinter dir! Schnapp sie dir, schnapp dir die Runde!« Das ewige Gerassel war die reinste Folter.

Irgendwann war auf der App zu sehen, wie der blaue Punkt um die Kurve kroch. Serenata ließ ihre Calamari stehen und lehnte sich über das Holzgeländer der Restaurantterrasse. Da war er, gesenkter Kopf, der zeitlos bekloppte Helm, und, wie alle anderen Fahrer, matschbespritzt. Die Verbände sahen aus wie Dünnpfiff. Während zweier wertvoller Sekunden, in denen die abgemagerte Claqueurin ihr pausenloses Gerassel unterbrach, ließ Serenata ihr raues Säuseln erklingen, das den Mann bezaubert hatte, der seinen Schlips bei Lord & Taylor zurückgeben wollte: »REM-MING-TON.« Er wandte den Kopf und bedachte sie mit einem vertraulichen Nicken.

Von dem sie wie viele Stunden würde zehren müssen? Sie sah auf die Uhr. Er hatte für die Runde 4:09 Stunden gebraucht. Das machte einen Durchschnitt von ... 22,5 Stundenkilometern, was, wenn man bedachte, wie ausgelaugt er nach dem Schwimmen gewirkt hatte, vollkommen in Ordnung war. Also: Er war nicht ertrunken. Er hatte keinen weiteren Fahrradunfall gehabt. Und wenn er das Tempo hielt, würde er den Marathon plus 0,3 Kilometer gegen 18 Uhr beginnen, womit ihm tatsächlich eine Restchance blieb, vor Mitternacht im Ziel zu sein. Was ihre eigenen Gefühle anging, so war sie zu gleichen Teilen beeindruckt und angewidert. Nur in einem Punkt gab es für sie nicht den geringsten Zweifel: Sie verspürte kein Verlangen danach, für den Rest ihrer beider Leben, solange sie noch bei halbwegs passabler Gesundheit waren, Veranstaltungen wie dieser beizuwohnen. Die Antwort auf die Frage, wie sie es fände, wenn er den vollen Mettle vor dem Gong schaffte, war also abhängig davon, ob er die erfolgreiche Beendigung als Befriedigung empfinden oder ob er auf den Geschmack nach mehr kommen würde.

*

Der Kameramann hatte nicht Unrecht gehabt, was die natürliche Reaktion des Ungläubigen auf diese ganze Zurückweisung alles Fleischlichen anging. Sie aß den Rest der Calamari.

Gemäß App würde der Sieger gegen 15.40 Uhr im Ziel sein. Obwohl man nicht behaupten konnte, dass sie darauf brannte zu erfahren, wer von den ihr völlig Unbekannten den ersten Platz belegen würde, hatte sie keine Lust, noch mal zurück ins Motel zu fahren. Also schlingerte sie den Hügel runter zur Laufstrecke, die sich die letzten hundert Meter vor der Ziellinie zwischen den Reihen der sich allmählich wieder füllenden Fahrradständer hindurchschlängelte. Hinter der Zuschauerabsperrung hatte sich eine ansehnliche Menge versammelt. Schamlos nutzte sie ihre Behinderung, um besondere Rücksichtnahme zu erwirken, und hatte am Ende mit ihrem tragbaren Segeltuchhocker einen Platz in der ersten Reihe ergattert. Sie rückte das rechte Bein so zurecht, dass es halb gestreckt war, und genoss die gute Aussicht auf den Zielbogen, dessen orangener Nelkenschmuck sichtlich unter dem Dauerregen gelitten hatte. Zwischen den vertikalen Stützen war eine horizontale Stange angebracht: für den Klimmzug.

Um die Zeit totzuschlagen, rief sie die Startnummern des Hudson TriClub auf. Hank Timmerman war gestrichen worden. In diesem Moment warfen bereits erste ambitionierte Amateure den Helfern ihre Räder zu und eilten ins T2-Zelt, aber Cherry DeVries hatte noch viele Kilometer vor sich. Serenata drückte der Frau die Daumen; sollte sie schlecht abschneiden, würde Sarge ihr das ewig vorhalten. Sloan Wallace war nicht in einer Liga mit den Profis, aber er hatte schon drei Viertel der Laufstrecke geschafft; seine Leistungen waren so herausragend, dass er sich berechtigte Hoffnung auf eine gute Platzierung hätte machen können, wären nicht die aktiven und die jüngst zurückgetretenen Profis am Start, über die sich die Frau auf dem Hügel beklagt hatte. Sie brauchte Willenskraft, um nach *Bam Bam* zu schauen, deren blauer Punkt sich, wie sie zufrieden feststellte, weit hinter dem von Sloan befand. Das würde die Trainerin fürchterlich wurmen.

»O Gott«, rief Serenata laut aus. Chet Mason war in der Rubrik *Ausgeschieden* gelistet. Eigenartigerweise brach es ihr das Herz für den jungen Mann.

Helfer verteilten lange orangene Streifen, und Serenata ließ sich irritiert einen in die Hand drücken. Das Ding sah aus wie ein Pferdekondom. Die erfahreneren Zuschauer in ihrer Nähe pusteten die Dinger zu Knüppeln auf, als wollten sie Ballontiere basteln. Erst als auf der anderen Seite der Kurve die Menge aufbrauste, begriff sie das Prinzip: Die Zuschauer lehnten sich vor, um mit den aufgeblasenen orangenen Würsten rhythmisch gegen die hohlen Plastikabsperrungen zu prügeln und dabei *Los! Los! Los! Los!* zu brüllen, als der führende Profi in Sicht kam. Es war ein primitiver Stammesritus in Plastik.

Trotz neun Stunden und vierzig Minuten Selbstgeißelung legte der führende Musterknabe, von Regen und Matsch triefend, auch noch die letzten Schritte bis ins Ziel laufend zurück. Er sprang zur Klimmstange hoch und hob in einer einzigen fließenden Bewegung sein Kinn über die Kante, um dann die langen Beine zu heben und in Turnermanier einen Abgang mit Unterschwung hinzulegen. Die eingeübte Nummer eines Angebers.

»DU ... BIST ... METTLEMAN!«, dröhnte es aus dem Lautsprecher.

Helfer liefen mit Handtüchern und einer Rettungsdecke zu dem Sieger, dem zugleich von jemand anderem eine protzige Medaille um den Hals gehängt wurde. Er wurde den Fotografen an der Seitenlinie zugetrieben.

Dreißig Sekunden später der zweite Zieldurchlauf – eindrucksvollerweise von einer Frau, hoch aufgeschossen, knochig, flachbrüstig und so irrsinnig leicht, dass der alles entscheidende Klimmzug sie keinerlei Anstrengung zu kosten schien. Doch als sie, begleitet von einem weiteren »DU ... BIST ... METTLEMAN!« – die Krönungen waren offenbar geschlechtsunspezifisch –, mit den Füßen den Boden berührte, gaben ihre Beine nach, und sie sank in den Matsch. Diesmal brachten die Helfer einen Rollstuhl und beeilten sich, die Wettkämpferin in ein Zelt zu schieben, das mit einem weißen Kreuz markiert war.

Medizinische Versorgung vor dem Fototermin war eher die Regel als die Ausnahme. Nach den triumphalen letzten, stampfenden Schritten auf der Zielgeraden zitterten die meisten Profis am ganzen Leib und konnten sich, wenn überhaupt, nur mit Mühe auf den Beinen halten. Selten wurde man wie hier Zeuge vom Einsatz des letzten Quäntchens Energie, Kraft und Wille, und von dem Moment, wenn diese Vorräte schließlich ganz und gar verbraucht waren.

Vom Gewummer der Knüppel bekam Serenata Kopfschmerzen. In ihrer Versehrtheit fühlte sie sich vom Druck der Menge ein wenig bedroht und räumte ihren Spitzenplatz, wobei sie ihren Stock benutzte, um die Wasser zu teilen. Sie schleppte sich auf die Tribüne, wo das Briefing der Athleten stattgefunden hatte, und fand, da sie das alles wenig interessierte, den größeren Abstand zur Ziellinie vollkommen angemessen. Jedes Mal, wenn ein weiterer Teilnehmer eintraf, erscholl aus dem Lautsprecher mit erstaunlich frischem Enthusiasmus der immer gleiche dröhnende Taufspruch »DU ... BIST ...« und so weiter.

Sie checkte wieder die App und war irritiert, weil Remington auf seiner zweiten Radrunde nicht nennenswert vorangekommen war.

Sie riss die Preisschilder von dem neuen Sweatshirt und zog es an, darüber den Regenponcho mit Kapuze aus demselben Laden; der Arm, mit dem sie den Schirm hielt, wurde allmählich schwer. Sie raffte den Nylonstoff fest um sich, weil es vom Kapuzenschirm tropfte, und kauerte sich in Erwartung der vor ihr liegenden Langstrecke zusammen: die loyale Unterstützerin, die treue Ehefrau, das armselige Exemplar eines Fans. Es hieß, die Zeit vergehe schneller, je älter man würde. Nun ja, nicht immer.

*

Gegen fünf Uhr nachmittags durchdrang ein vertrautes Gesicht ihre Katatonie: Gerade war Sloan Wallace ins Ziel gekommen. Wenn man davon ausging, dass er gegen 6.10 Uhr ins Wasser gesprungen war, hatte er die Gesamtstrecke in unter elf Stunden absolviert. Da diese Leute ununterbrochen über ihre Zeiten redeten, war ihr schmerzlich bewusst, dass *die Elf zu knacken* nicht nur Sloans, sondern auch Bambis entscheidender Ansporn gewesen war. Serenata checkte den blauen Punkt der Trainerin mit einem bösen Grinsen: Das würde die Kuh niemals schaffen.

Aber sie hatte nichts gegen Sloan, und so humpelte sie runter zu dem mit FINISHER gekennzeichneten Zelt. Drinnen saßen die Profis einzeln an getrennten Klapptischen, mit stumpfem, leerem Ausdruck wie abgeschaltete Roboter, und sprachen kein Wort miteinander. Die Körbe mit Pop-Tarts und Müsliriegeln, die überall herumstanden, blieben unberührt. Ungefähr ein Dutzend Amateure, die inzwischen eingetrudelt waren, ließen sich gut identifizieren, weil sich Trauben von aufgeregten Freunden und Verwandten um sie gebildet hatten. Sloan allerdings, der gerade dabei war, einen Liter Gatorade in sich hineinzuschütten, als Serenata ihm zuwinkte, hatte kein solches Gefolge um sich versammelt und schien erfreut, sie zu sehen.

»Ich bin hier, um dir zu gratulieren«, sagte sie. »Tut mir leid mit dem Wetter. Es muss mörderisch gewesen sein.«

»Ja, und wenn man bedenkt, dass wir uns vor allem wegen der Hitze gesorgt haben!«

»Und ... wo ist deine Familie?«

»Meine Ex hat den Kindern verboten zu kommen«, sagte er. »Ich bin jedes zweite Wochenende an der Reihe. Heute ist ihr Wochenende.«

»Ziemlich gemein, dass sie nicht bereit war zu tauschen.«

»Wem sagst du das.«

Nachdem sie über die Tücken der Strecke gesprochen hatten und Serenata versicherte, dass Remington nach wie vor wild entschlossen unterwegs sei, fragte sie: »Hast du eine Ahnung, was mit Chet los ist? Auf der App taucht er unter *Ausgeschieden* auf.«

Sloans Gesicht verdüsterte sich. Chet war gewissermaßen sein Schützling. »Mist, das ist echt verdammt schade. Ich kann mir nicht vorstellen, dass er einfach aufgegeben hat. He, Patti!«, rief er einer Helferin zu. »Hast du eine Ahnung, was mit Chet Mason los ist? Klein, gedrungen, um die dreißig, und ist ausgeschieden?«

»Ach, der«, sagte Patti. Gerüchte über die Missgeschicke von Wettkämpfern schienen sich schnell zu verbreiten. »Muskelspasmen in der Wade. Es geht um Spasmen, nicht um Krämpfe, und ich schätze, das ist ein großer Unterschied. Es heißt, er habe versucht weiterzumachen, und das muss ein furchtbarer Anblick gewesen sein. Ungefähr so ...« Das Mädchen illustrierte mit einem gekrümmten Humpeln, was sie meinte. »Ich hab ihn gesehen, als sie ihn ins Sanitätszelt gebracht haben. Manche Typen simulieren Verletzungen, wenn sie es in Wahrheit nicht mehr packen. Aber der Wadenmuskel, den konnte man richtig *sehen*, als riesigen traubenförmigen Knoten. Er konnte das Bein kaum noch belasten. Das ist nichts, womit man ins Krankenhaus geht – das muss sich von selbst wieder zurechtschütteln –, aber sie haben ihn nicht weiterlaufen lassen. Manno, ich hab noch nie einen erwachsenen Mann so weinen sehen. Ich meine, er hat gebrüllt wie ein Baby.«

»Vor Schmerz?«, wollte Serenata wissen.

»Ich glaube nicht«, sagte Patti.

»Sieh mal an, wen haben wir denn da!«, rief Sloan. »Wo warst du so lange?«

»Ich hab unterwegs *Muffins* gekauft, was denkst denn du«, schnauzte Bambi ihn an und kam, während sie sich mit einem Handtuch den Matsch abwischte, zu ihrem Tisch. »Hab nicht mal meine persönliche Bestzeit geknackt, ganz zu schweigen von unter elf. Während mich dein schmieriger Gesichtsausdruck ahnen lässt, dass du es geschafft hast?«

»Zehn sechsundfünfzig vierzehn«, sagte Sloan grinsend. »Nicht übel für eine pitschnasse Strecke.«

»Ich finde es nicht gerade toll, durch all die Scheiße gegangen zu sein, um am Ende wie die letzte Idiotin dazustehen«, raunzte Bambi. Wie ein Beizmittel hatte ihr Elend eine Schicht von ihrem Wesen abgelöst. Die strahlende Fassade war verschwunden. Sie verströmte Niedertracht und Missgunst wie ein ganz normaler Mensch.

Dann wandte sie sich der Helferin zu: »He, du da, was hast du gerade von Chet erzählt?«

Patti genoss die ungewohnte Aufmerksamkeit (Preisfrage: Warum meldete sich jemand *freiwillig* zu dieser undankbaren

Sklavenarbeit? Wohl kaum wegen des Ruhms) und wiederholte ihre Darbietung.

»Fuck, mein erster Ausfall«, sagte Bambi. »Und dieser Kameratyp hat mir beim Check-in fürs Schwimmen erzählt, dass Hank sich unerlaubt von der Truppe entfernt hat. Was für ein Haufen Deppen. He, gib mal her.« Ohne eine Begrüßung schnappte sie sich Serenatas Handy, auf dem diese natürlich den Rennverlauf ihres Mannes verfolgte. »Rem liegt viel zu weit zurück. Er ist ein mieser Läufer, wie wir wissen. Der Sack hat nicht den Hauch einer Chance, ins Ziel zu kommen. Dieses Jahr ist ja richtig zum Verlieben: Ein Verweigerer, ein Verwundeter, zwei *DNFs*, und einer, der nicht antritt.«

So viel zum positiven Denken.

Serenata ging wieder auf die Tribüne. Als es zu dämmern begann, gestand sie sich ein, dass Bambi nicht Unrecht hatte. Wenn Remington seine ursprüngliche Geschwindigkeit beibehalten hätte, wäre er inzwischen auf der Laufstrecke. Es trafen nur noch vereinzelt Radfahrer am T2 ein. Um sieben war #1083 das einzige Rad auf der Strecke.

Die Tracking-App nahm der Sache jegliche Spannung, sodass sie zur Stelle sein würde, wenn er um 19.40 Uhr um die Kurve käme. Das Warten hatte ihr Gelegenheit gegeben, ihre Rechenkünste aufzufrischen. Seine Durchschnittsgeschwindigkeit war von über zweiundzwanzig auf sechzehn Stundenkilometer gesunken. Die Umziehzeit eingerechnet, musste er jetzt eine Strecke, die der Sieger in 3:14 zurückgelegt, für die aber das Gesamtfeld im Vorjahresdurchschnitt 4:57 gebraucht hatte, in 4:20 schaffen. Und beim heutigen Lauf war die fabelhafte Bambi Buffer mit 4:10 unterwegs gewesen. Wie standen die Chancen, dass Remington 42,48 Kilometer in einer Zeit laufen konnte, die nur zehn Minuten über der seiner amazonenhaften Trainerin lag, wenn er in Saratoga Springs für 42,16 Kilometer siebeneinhalb Stunden gebraucht hatte? NULLKOMMA-NULL!

Um eine hochexplosive Abscheu zu entwickeln, war nichts geeigneter, als stundenlang untätig im Kalten und Nassen herumzusitzen. Auf ihren Stock gestützt, stand sie an einem der oberen Tribünenplätze – von wo aus nicht nur sie ihn die letzten hundert Meter der Radstrecke entlangstrampeln sehen konnte, auch er konnte sie sehen – und schrie so laut, dass jeder Stimmtrainer sie vor der Gefahr einer Beschädigung ihres Instrumentes gewarnt hätte: »Remington Alabaster, es reicht! Gib auf und lass uns was essen gehen! Du schaffst das Zeitlimit niemals!«

Drei Minuten später verließ der verdammte Idiot in seinen Laufklamotten das T2-Zelt.

*

Nach einer dritten Mahlzeit im selben Restaurant – es lag der Anlage am nächsten – humpelte sie zurück zur Ziellinie. Die Entfernungen waren kurz, aber zusammengenommen hatte sie an diesem einen Tag, was ihr Knie anging, eine viel zu große Strecke zurückgelegt. Sie hatte Ibuprofen gefuttert wie Gummibärchen.

Natürlich gab es keinen Grund zur Eile. Es war fast elf, als sie die Rechnung bezahlte, und Remingtons blauer Punkt hatte noch nicht mal die Hälfte der Strecke geschafft. Er lief mit durchschnittlich 5,5 km/h: ein flottes Spaziertempo. Wenn er die verbleibenden vierundzwanzig Kilometer in einer Stunde bewältigen wollte – begleitet von einem Festival an Scheuerstellen, einer gezerrten Achillessehne, einer Zerrung des Oberschenkels, einer Verletzung der Rotatorenmanschette und möglichen Muskelschädigungen aufgrund seiner Prellungen –, müsste er Hicham El Guerroujs Rekord von 2:31 Minuten pro Kilometer fünfzehn Mal in Folge einstellen.

Auch unverletzt hatte Remington einen eigenartigen Laufstil. Er zog die Beine hoch, sodass er seine gesamte Energie in die Vertikale zu investieren schien. Aus einiger Entfernung sah es aus, als würde er auf der Stelle treten. Obwohl er, gemessen an seiner Größe, leicht war, trafen seine Füße mit demselben dumpfen *Patsch* auf dem Boden auf wie seine Arme beim Schwimmen auf dem Wasser. Tatsächlich gelang es ihm, seine Bleienten-Qualitäten vom Wasser aufs Land mitzuschleppen.

Physisch war er bereits am Start ein Wrack gewesen. Wie er es emotional wegstecken würde, wenn er es nicht bis ins Ziel schaffte, konnte sie nicht vorhersagen – aber *gut* gewiss nicht.

Die Kurve vor dem Zieldurchlauf erstrahlte jetzt in farbigem Licht. Da es inzwischen nicht mehr regnete, hatte sich mehr Publikum eingefunden. Die versammelte Menge war spürbar emotionaler, als es die Zuschauer bei den Profis gewesen waren. Die Läufer, die in der letzten Stunde vor Mitternacht ins Ziel kamen, waren wahrscheinlich Menschen, die man als *stinknormal* bezeichnen würde und die das Außergewöhnliche versuchten, wofür sie Horden von fanatischen Unterstützern als Zeugen mitgebracht hatten. Folgerichtig wurde Serenata, kaum hatte sie ihren Behindertenspezialhocker aufgestellt, von einer kämpferischen Brünetten so heftig angerempelt, dass sie beinahe umgekippt wäre. »Ich hab drei Leute auf der Strecke, die gleich reinkommen, Schätzchen. Ich muss ganz nach vorne.« Bei jedem Wettkämpfer, der von nun an hinter der Kurve auftauchte – und das konnten nicht alles *ihre* Leute sein –, kreischte die aggressive Zuschauerin in einer Lautstärke los, die die meisten Frauen bei einer natürlichen Geburt nicht zustande gebracht hätten.

Die Läufer am Ende des Feldes gaben zugegebenermaßen ein bewegendes Bild ab. Es handelte sich um Hausfrauen, Tankwarte, Lehrer und Kabelträger, die es nicht gewöhnt waren, im Rampenlicht zu stehen. Zum Teil eher klein oder vielleicht ein bisschen pummelig, gehörten sie nicht zu jenen perfekt proportionierten Mustermenschen, die bei Madison Avenue Laufschuhe für zweihundert Dollar verkauften. Den meisten Teilnehmern, die seit elf Stunden auf der Strecke waren, mangelte es sowohl am nötigen Geld als auch an der nötigen Großspurigkeit, sich Personal Trainer zu leisten, sie mussten vielmehr mit Websites oder Büchern vorliebnehmen. Es dürfte ihnen eine brutale Entschlossenheit abverlangt haben, die Kraft für diesen Wettkampf aufzubringen und die Ziellinie zu erreichen. Wie Ethan Crick waren viele von ihnen monatelang morgens um vier oder fünf aufgestanden, um zu schwimmen, zu radeln oder zu laufen und anschließend einen vollen Arbeitstag in Angriff zu nehmen. Einige der Frauen mussten in der Phase des quälend langsamen Muskelaufbaus, der Voraussetzung für den Klimmzug zum erfolgreichen Abschluss des Rennens war, erhebliches Gespött seitens ihrer Familien ertragen haben. Es war nicht an Serenata zu entscheiden, ob sie diesen krönenden Augenblick – »DU ... BIST ... METTLEMAN!« – zu Recht als Höhepunkt ihres Lebens betrachteten.

Ein Teil derer, die das Zeitlimit nur knapp schafften, hatten möglicherweise damit gerechnet, schon Stunden früher ins Ziel zu kommen. Diese Leute, schlank, groß, durchtrainiert, männlich, waren auffällig gut in Form und mussten von der Schwierigkeit der Strecke überrascht worden sein. Den erlösenden orangenen Bogen schon in Sichtweite, fiel es einigen von ihnen mordsschwer, einen Fuß vor den anderen zu setzen, und sie waren ungefähr so schnell wie die postoperative Serenata mit ihrem Stock. Sicher war es ihnen ein wenig peinlich, gleichzeitig mit Leuten ins Ziel zu kommen wie ... Cherry DeVries!

Serenata hatte sich bisher nicht entschließen können zu tröten, zu pfeifen oder mit einem aufblasbaren orangenen Würstchen gegen die Absperrung zu hämmern, und schon gar nicht zu kreischen wie die Irre links von ihr. Doch als die vertraute Mutter dreier Kinder herantrottete, breitete sich ein Grinsen auf ihrem Gesicht aus, und sie rief: »Gut gemacht, Cherry!«

»CHER-*RIE*! CHER-*RIE*! Was für ein Mädchen! Du hast es geschafft! Wir lieben dich über alles! CHER-*RIE*! CHER-*RIE*!« Das war Sarge.

Mit vorgestreckter Brust und erhobenen Hauptes schaffte es Cherry, noch ein letztes Mal Tempo zuzulegen. Sie warf sich keuchend auf den dargebotenen Plastikstuhl und opferte drei Sekunden ihrer Zeit, um den Jubel zu genießen, ehe sie die Stange packte und mit geschlossenen Augen einen gemächlichen, makellosen Klimmzug absolvierte. Als sie zu Boden sank, während der Zeremonienmeister sie offiziell zur MettleMan kürte, ließ sich unmöglich sagen, ob sie lachte oder weinte.

Serenata gab das kleine Stückchen Boden preis, das die Kreischerin ihr gelassen hatte, und schlängelte sich zu dem Platz vor dem Finisher-Zelt durch. Als sie Cherry entdeckte, hatte Sarge einen Arm um seine Frau gelegt und posierte für die Kinder, die Fotos mit ihren Handys machten. Der Mann strahlte. Da werde einer schlau draus. Vielleicht hatten Triathlons auch ihr Gutes.

Serenata drängte sich dazwischen und umarmte die matschbespritze Frau; das war's mit dem neuen Sweatshirt. »Du bist ein fabelhaftes Vorbild für deine Töchter«, flüsterte sie Cherry ins Ohr.

»Und was ist mit Remington?«, fragte Cherry.

»Er läuft ein bisschen hinterher.«

Cherry sah auf die Uhr. »O nein! Das heißt, er wird's nicht schaffen?«

»Sieht nicht so aus. Aber es wird ihn berühren, dass du in der Verfassung, in der du gerade sein dürftest, trotzdem nach ihm fragst.«

»Kannst mich ruhig loben, Champ! Hab ich dir nicht *gesagt*, dass du das Zeug hast?« Bambi, die sich umgezogen hatte und nun hautenge Jeans und einen eng anliegenden pinkfarbenen Pullover trug, packte Cherry besitzergreifend am Nacken. »Ist dir klar, dass du dieses Jahr meine einziger Erstlingserfolg bist? Dein Bild landet bei mir auf der Website, Mädchen. Ich erwarte bis Ende der Woche einen schriftlichen Bericht von dir.«

Während Sloan die überraschend erfolgreiche Absolventin umarmte (»Willkommen im *echten* Club, Cherry! Besuch mich in der Werkstatt, wir gehen zusammen los und lassen dir das Tattoo stechen«), trat Serenata einen Schritt zurück und checkte Remingtons Punkt in der App. »Das ist komisch«, sagte sie laut.

»Was ist los, Schatz?«, fragte Cherry.

»Sein Punkt hat sich seit zwanzig Minuten nicht von der Stelle bewegt.«

»Vielleicht tankt er an einer Wasserstation auf. Lass mal sehen.« Cherry war sichtlich perplex, als sie feststellte, wie viele Kilometer der Punkt noch vor sich hatte. »Oder vielleicht, weißt du ... Er hat das Unvermeidliche eingesehen. Es ist zehn vor zwölf, Liebes.«

Aber Remington würde nur unter Zwang aufgeben. Vielleicht hatte er sein Handy nicht dabei, aber er hatte eine Uhr. Bei Antritt der Laufstrecke hatte er bereits genau gewusst, dass die Zeit nicht reichen würde, um vor Mitternacht im Ziel zu sein. Als um Schlag zwölf der Bronzegong ertönte, spürte Serenata die Vibration im Bauch.

Auch danach kamen noch jede Menge Läufer ins Ziel, und obwohl sie alle die Formalität des Klimmzugs absolvierten, war der Zeremonienmeister auf beleidigende Weise verstummt. Sie waren müde, sie waren nass, sie waren wesentlich fitter als der Durchschnitt, aber sie waren keine MettleMen. Sanitäter und Helfer, die Rettungsdecken verteilten, blieben vor Ort, aber die Anspannung, die das Ereignis begleitet hatte, war gewichen. Das Personal fing an, den Müll einzusammeln.

Als die Motoren einiger robuster Buggys angelassen wurden, ging Serenata zu einem der Fahrer. »Ich mache mir Sorgen um meinen Mann, Nummer 1083?« Sie zeigte auf den Punkt in der App. »Er hat noch etwa zwanzig Kilometer bis ins Ziel und ist seit einer halben Stunde an derselben Stelle.«

»Keine Sorge, wir fahren jetzt los, um alle Nachzügler einzusammeln.«

»Kann ich mitkommen?«

»Tut mir leid, wir brauchen die freien Plätze für die Leute, die wir einsammeln. Sie haben es vielleicht nicht ganz geschafft, aber sie werden erschöpft sein und – gelinde gesagt – nicht in bester Stimmung.«

»Na gut, könnten Sie mich wenigstens anrufen, wenn Sie ihn finden, damit ich weiß, dass alles in Ordnung ist?«

»Kein Problem.«

Sie hinterlegte ihre Nummer auf dem Handy des Mitarbeiters. Doch als der hilfsbereite junge Mann eine halbe Stunde später anrief, sagte er: »Ma'am, wir haben das elektronische Fußband von Nummer 1083 gefunden, aber nicht den Typen, zu dem es gehört. Er hat es abgenommen.«

»Er ist noch irgendwo da draußen. Sie müssen ihn finden.«

»Tschuldigung, wenn ich Ihnen jetzt juristisch komme, aber ehrlich gesagt, ich muss ihn *nicht* finden. Lesen Sie das Kleingedruckte in der Vereinbarung, die er unterschrieben hat. Diese

Einrichtung übernimmt für Unfälle keine Haftung. Und er hat seine Erkennungsmarke abgenommen, was total gegen die Vorschriften verstößt, wir waschen hier wirklich unsere Hände ...«

»Aber wir reden von einem alten Mann, einem älteren Mann mit ernsthaften Verletzungen, der so was vorher noch nie mitgemacht hat, und der da jetzt ganz allein ...«

»Ma'am, wir hatten alle einen langen Tag. Ihr Mann, oder jedenfalls sein Fußband, war unser letzter Nachzügler, und wir fahren jetzt zurück zur Basis. Wollen Sie meinen Rat? Wenn er nicht auftaucht, suchen Sie die Bars ab. Sie ahnen nicht, wie hart es einige dieser Leute trifft, wenn sie das Zeitlimit nicht schaffen. Es gibt sogar eine Kneipe auf der 86sten mit dem Namen *The DNF*. Sehr beliebt bei den Leuten hier.«

»Das Einzige, worauf mein Mann es heute abgesehen hat, ist der Klimmzug im Ziel. Er will nicht, dass Sie ihn einsammeln. Ich wette, er hat sich vor den Scheinwerfern Ihres Buggys versteckt ...«

Ihr Gesprächspartner hatte bereits aufgelegt.

Bestürzt irrte sie hinter der Ziellinie herum, wo die geschäftige Schluss-mit-lustig-Atmosphäre der Aufräumarbeiten nach einem Rockkonzert herrschte. Sie duckte sich durch den Eingang ins Finisher-Zelt, wo nur noch ein paar Standhafte rumhingen. Cherry und ihre Familie waren gegangen. Der einzige Mensch, den sie kannte, war Bambi, die Serenata den Rücken zuwandte, die Füße in den pink-schwarzen Cowboystiefeln auf dem Tisch vor sich. Sie trank zusammen mit einer anderen durchtrainierten, tough aussehenden Frau Rotwein aus einem großen, randvollen Plastikbierbecher.

»Du bist Trainerin, du weißt, was für ein Flop das ist«, sagte Bambi gerade. »Und das hier, das war quasi ein klinisches Experiment, klar? Das typische Rennpferd-Ackergaul-Projekt für eine Wissenschaftsmesse. Als er anfing, war er der mit Abstand trostloseste Sportler, den ich je trainiert habe. Weißt du, was er beim Saratoga-Marathon gelaufen ist? *Sieben sechsundzwanzig.*« Die andere Frau johlte. »Und du kennst mich: Ich wachse mit meinen Aufgaben. Das hat schon was geradezu Zwanghaftes. Ich bin in Saratoga auf den Zockler aufmerksam geworden und konnte mich einfach nicht beherrschen. Ich hab gedacht, wenn ich es schaffe, diesen Clark Kent in eine Telefonzelle zu stecken, kann ich mich damit bis weit über das Haltbarkeitsdatum jedes Käsedipps hinaus brüsten. Eine Wiedergeburtsgeschichte von dem Kaliber kann jede Menge neues Business generieren. Ich hab mit Sloan sogar um Geld gewettet – *noch* ein Wettkampf, den der Schuft heute gewonnen hat. Wenn der Typ nicht so gut im Bett wäre, könnte man ihn nicht ertragen.«

»So sieht's aus ...«, stimmte die andere Frau zu und wackelte mit den Augenbrauen.

»Härter als seine Deltamuskeln ist nur sein Schwanz. Ist das ganze Gelaber von wegen *Ich hab dir doch gesagt, dass er's nicht schafft,* tausendmal wert. Egal, gut ist jedenfalls, dass ich mit dem Vorschuss von dem alten Kauz reichlich Kasse gemacht hab. Kompensation für seine Frau, wenn du's wissen willst. Der größte Nachteil an dem Knacker. Die Ziege hängt ihm am Hals wie ein menschlicher Mühlstein. Verklemmte Jammerfotze. Eine von diesen Ich-mach-zehn-Hampelmänner-am-Tag-also-bin-ich-eine-von-euch-Tussen. Und *uijuijui*, war die eifersüchtig!«

»Ich kenn die Nummer«, sagte die Kollegin und nahm einen Schluck direkt aus der Flasche. »Man braucht bloß den Raum zu betreten.«

»Und sie fühlen sich schwach und fett und traurig.«

»Was sie ja auch sind.« Die beiden prosteten einander zu.

»Und dieser alte Knacker«, sagte Bambi, »er ist hinter mir hergelaufen wie ein Hündchen. Ich hab ihn einmal rangelassen. Nur mit der Hand. Nichts weiter passiert. Du weißt ja, bei all dem Training ist man leicht ein bisschen *verspannt.*«

»Diese alten Typen, die sind immer so dankbar. Wie wenn sie ein wertvolles Museumsstück anfassen dürfen. Dieser Fünfundachtzigjährige, der zum sechsten Mal teilnimmt? Er ist einer von mir. Ich hab ihm mal erlaubt, mir die Hand unters Shirt zu schieben, ich schwöre, er hat fast *geheult.*«

Serenata hatte genug gehört. »Bambi, Remington wird vermisst. Er hat sein Fußband abgenommen und kann nicht mehr getrackt werden.«

Bambi drehte sich um und sah kein bisschen so aus, als fühlte sie sich ertappt. »Was soll ich da machen?«

»Die Strecke verläuft größtenteils abseits der Straße. Ich kann kein Taxi nehmen. Jemand muss zurück und nach ihm suchen.«

»Lady, erst drohst du mir, und jetzt willst du einen Gefallen.«

»Ja«, sagte Serenata.

»Du schlürfst Limonade an der Seitenlinie und meinst wahrscheinlich, diese Veranstaltung ist ein Spaziergang im Park. Ist sie nicht. Ich bin müde. Ich bin ziemlich betrunken. Ich schulde dir einen Scheiß. Ich geh nirgendwohin, nur noch zurück in mein Motel, um mich vögeln zu lassen.«

Dies war nicht der Moment, um darüber nachzusinnen, wie wenig von dem, was Bambi gesagt hatte, überraschend klang.

*

In Serenatas Physio-Sitzungen hatte die Therapeutin erst vor Kurzem damit begonnen, sie auf dem Standrad trainieren zu lassen. Was bedeutete, dass sie kaum in der Lage war, auf einem zu fahren, das sich tatsächlich fortbewegte. Es war zwanzig Minuten vor eins.

Ein Helfer verglich die Startnummer mit dem Abholschein und übergab ihr Remingtons Rad, wobei er kritisch ihren Stock musterte. »Kommen Sie klar?«

»Das werden wir sehen.«

Sie stützte sich auf den Lenker, wie sie es bei Carlisle in Manhattan getan hatte, und schob das Rad zur Ziellinie. In der Werkzeugtasche entdeckte sie einen Schraubenschlüssel, um den Sattel niedriger zu stellen. Sie fand das Merkblatt vom Athletenbriefing, studierte die Topografie der Laufstrecke und versuchte, sich die Einzelheiten, so gut es ging, einzuprägen. Sie ließ den Klapphocker, den Poncho und den Regenschirm zurück, steckte das gebogene Ende des Stocks dicht an Remingtons Wechselklamotten in die Tasche, legte sich die langen Gurte diagonal über die Schulter und schob die Tasche auf ihrem Rücken zurecht. Auf dem linken Bein stehend, kippte sie das Rad bodenwärts und hob das rechte Bein über den Sattel. Es im dazu notwendigen Winkel zu beugen tat höllisch weh. Als sie schlingernd losrollte, musste sie daran denken, dass die eine Sequenz, die sie in der Praxis der Therapeutin auf dem Standrad absolviert hatte, schmerzhaft und kurz gewesen war.

Sie begann, die leer gefegte Laufstrecke in umgekehrter Richtung abzufahren. Nach dem xanthippischen Gekreische in ihrem Ohr, laut genug, um einen temporären Gehörverlust zu verursachen, war die Stille schieres Glück.

Abgesehen von der Ruhe gab es wenig zu genießen. Beim höchsten und tiefsten Stand des rechten Pedals – maximale Beugung und Streckung des Beins – weiteten sich ihre Pupillen angesichts des stumpfen, schockartigen Schmerzes. Auch die Erzeugung eines Drehmoments auf der rechten Seite kam einer Folter gleich, sodass sie sich überproportional auf ihr linkes Bein verließ. Nicht einfach, da das Fahrrad Klickpedale, sie aber keine Schuhe mit Pedalplatten hatte. Der Rahmen war zu hoch, und die Bremsen waren empfindlich. Schon allein wegen des matschigen Bodens ging sie die Sache langsam an. Immerhin war die Strecke gut beleuchtet und gut markiert, mit gezackten orangenen Fähnchen, die alle zehn Meter im Wind flappten.

Sie hatte jedes Recht, wütend zu sein, und im tiefsten Inneren war sie es vielleicht auch. Er war offenbar entschlossen, das Rennen inoffiziell zu beenden, nachdem er das Zeitlimit verpasst hatte; er mochte sich ausmalen, wie er im Mondschein den finalen Klimmzug absolvierte, nachdem alle anderen nach Hause gegangen waren. Zweifellos hatte er sich vor dem Einsammel-Buggy versteckt. Doch bei dem Tempo, in dem er ›lief‹, würde er nicht vor vier Uhr früh nach der Klimmstange greifen, sofern man das Ding überhaupt so lange hängen ließ. Ganz zu schweigen davon, dass er zu der heutigen Veranstaltung eigentlich gar nicht hätte antreten dürfen. Das ganze Triathlon-Debakel hatte ihre Ehe zu einem Zeitpunkt in ihrer beider Leben getroffen, da es am allerdringendsten gewesen wäre, sich aufeinander verlassen zu können. Sollte sie etwa abhauen und sich mit zweiundsechzig einen neuen Mann suchen? Mal abgesehen davon, dass er seine verdammten Finger von Bambis Muschi hätte lassen sollen. Die Trainerin war der Typ, der sich noch das letzte Haar weglasern ließ. Vielleicht gefiel ihm die neue Erfahrung, die gruselige präpubertäre Glätte.

Aber in Zeiten der Krise war Wut meistens nur eine Phase, und die schien sie übersprungen zu haben. Remington war verletzt, und er war alt. Er hatte nie aufgehört, wie ein vernünftiger Mensch zu *klingen*, doch die Darbietung von Vernünftigkeit war nicht mehr als ein lebenslanger Habitus; in letzter Zeit hatte seine Vernunft nur noch aus inhaltsleeren Worten bestanden. Er war ein bisschen verrückt geworden. Dass er sich jetzt, mitten in der Nacht, nachdem das Rennen vorbei war, noch draußen im Wald herumtrieb: Das war mehr als ein bisschen verrückt. Zorn wäre da kaum angebracht. Serenata war besorgt, und sie hatte Angst.

Eine der Besonderheiten beim Mettle war die Laufstrecke abseits der Straße. Bei Konkurrenzveranstaltungen wurde der Marathon auf Asphalt ausgetragen. Ein schmalerer Waldweg bedeutete eine zusätzliche Herausforderung. Auf Wurzelwerk und Fels fand man weniger Halt. Das Überholen war schwieriger. Wer nicht die breiteren Streckenabschnitte nutzte, konnte leicht hinter Gruppen von langsameren Läufern festhängen, was einem – das Schlimmste überhaupt – die Zeit vermasselte. Doch Doug Rausing hatte wahrscheinlich nicht beabsichtigt, eine Laufstrecke abseits der Straße auch für ein Fahrrad zur größtmöglichen Herausforderung zu machen. Sie war froh, dass die zahlreichen Läufer den Boden planiert und den Matsch, indem sie ihn über ihren Klamotten verteilten, reduziert hatten, und sie war dankbar, dass die Organisatoren an einer Strecke, die vom Ende des Feldes erst im Dunkeln absolviert werden würde, für wirkungsvolle Beleuchtung gesorgt hatten (in diesem Fall war sie ausnahmsweise ein großer Fan von LEDs). Dennoch war ein Waldweg schwieriger zu befahren als eine Straße, und bergauf wurde es mörderisch.

An zahlreichen Stellen, wo asphaltierte Straßen die Strecke kreuzten, hatten Helfer mit Fahnen den Verkehr aufgehalten, damit die Läufer passieren konnten. Der Plan also: Remington finden. Ihn dann, angesichts des fürchterlichen Preises, den sie mit ihrem Knie bezahlte, überzeugen – und das war der Teil des Plans, in den sie wenig Vertrauen hatte – aufzuhören. Zusammen zur nächsten Kreuzung gehen und ein Uber rufen.

Indem sie die verlassenen Wasserausgabestationen zählte, die in Abständen von je anderthalb Kilometer aufgebaut waren, konnte sie ihr Fortkommen ungefähr abschätzen; das Rad hatte einen Tacho, aber ohne Lesebrille waren die Zahlen nicht zu erkennen. Nachdem sie fünf Stationen passiert hatte, begann sie, alle ein oder zwei Minuten »REMINGTON!« zu rufen.

Wieder kreuzte der Weg eine zweispurige Landstraße. Sie sah in beide Richtungen, rollte im Leerlauf hinüber zu den Fahnen und Lichtern auf der anderen Seite und fuhr in einem niedrigen Gang den kleinen Hügel durch den Wald hinauf. »REMINGTON!« Mit wachsender Ungeduld erreichte sie den höchsten Punkt und riskierte auf der Abfahrt ein etwas höheres Tempo.

Alles war plötzlich schwarz. Der Vorderreifen traf auf ein Hindernis. Das Hinterrad brach seitlich aus, und sie verlor den Halt. Als sie auf dem Boden aufschlug, hörte sie etwas rappeln und wegschliddern.

Als sich ihre Augen an die Dunkelheit gewöhnt hatten, wagte sie eine Bestandsaufnahme. Man hatte die Beleuchtung ausgeschaltet. Natürlich. Warum sie brennen lassen, wenn die Veranstaltung vorbei war? Sie war glücklicherweise auf der linken Seite gelandet. Schulter und Hüfte hatten den Schlag abbekommen. Und sie war nicht besonders schnell gewesen. Vorsichtig setzte sie sich auf. So weit schien alles in Ordnung.

Das scheußliche Wetter war endlich abgezogen und der Himmel aufgeklart. Aber in einer Gegend wie dieser mit einem geschlossenen Blätterdach über ihr war der Mond keine große Hilfe. Bei abgeschalteter Beleuchtung würde sie langsamer vorankommen, und in Waldstücken wie diesem hier würde sie das Rad schieben und mit dem Handy für Licht sorgen müssen. Sie zog sich die Tasche vor die Brust und wühlte blind zwischen Remingtons Sachen, dem Stock, Restaurantquittungen, Ibuprofen, dem Merkblatt vom Athletenbriefing. Sie ertastete den Müsliriegel, den sie im Finisher-Zelt hatte mitgehen lassen. Ihr Portemonnaie. Lesebrille. Die obligatorische Wasserflasche.

Kein Handy.

Das unverkennbare Schliddergeräusch.

Tastend klopfte sie im Stockfinsteren rund um sich herum den Boden ab und mühte sich, ihre Suche systematisch in konzentrischen Kreisen zu erweitern. Matsch. Steine. Laub. Fahrrad. Sie brauchte das Licht ihres Handys, um das verdammte Handy zu finden.

Es war die klassische Wendung eines modernen Thrillers, oder? Damit das Publikum nicht höhnte: »Warum hat sie nicht einfach *Google Maps* benutzt?«, musste man sich des Handys entledigen.

Serenata verbrachte gute zehn Minuten damit, die Umgebung abzutasten. Aber was sie mit dem Knie nicht tun konnte, war herumkriechen. Tatsächlich hieß es in dem Merkblatt für Kunstgelenkoperationen, dass man sich wahrscheinlich für den Rest seines Lebens nie wieder gemütlich würde hinknien können. In der unmittelbaren Umgebung war es so dunkel, dass das Handy auch am helllichten Tag unverhohlen schimmernd und ganz in der Nähe hätte daliegen können, ohne dass sie es gesehen hätte.

Resigniert wischte sie sich die Matschhände an der Segeltuchtasche ab, bevor sie sie wieder auf den Rücken schob. Sie hob das Rad auf – es war ungewohnt für sie, dass es keinen Namen hatte – und benutzte es als rollende Gehhilfe, um sich zu dem Fleckchen Mondlicht am Fuß der Steigung vorzuarbeiten. »REMINGTON!«

Das alles wuchs sich allmählich zu einem noch größeren Fiasko aus, als es das schon am Anfang gewesen war. Auf helleren Abschnitten konnte sie immer noch radeln, aber in den Waldstücken musste sie das Rad als Gehhilfe oder als gigantisches Skateboard benutzen, wie sie es an der West Side getan hatte. »REMINGTON!« Die flackernden orangenen Fähnchen verhöhnten sie mit ihrer Fröhlichkeit.

Schließlich erreichte sie eine Lichtung, wo der Weg breit und eben und flach quer über eine Wiese verlief. Sie war angesichts der vorausliegenden Gerade im Begriff, unbeholfen aufs Rad zu steigen, als ihr am Rand ihres Gesichtsfeldes ein Umriss auffiel. Ein Umriss wie von einem Menschen.

Er lag mitten auf dem Weg, in jener Kruzifixhaltung, die er nach dem ersten Dreißig-Kilometer-Lauf auf dem Wohnzimmerboden eingenommen hatte – eine Positur, die sie damals ulkig gefunden hatte. Sie rollte wie besessen auf ihn zu, warf das Rad beiseite und bückte sich. Im Mondlicht hatte sein Gesicht eine bläuliche Färbung. Er sah aus wie tot.

Sie konnte einen Puls fühlen. Aber der war schwach und unregelmäßig. Als sie ihm die Wangen tätschelte und ihn auf die Stirn küsste, reagierte er nicht. Sie schob seine Lider nach oben, wusste aber nicht, wonach sie schauen sollte.

Sie hätte zu dieser hirnrissigen Suchaktion niemals aufbrechen dürfen. Sie hatte sich an ihre neue Nutzlosigkeit, an die bloße Last, auf die ihr postoperatives Selbst nunmehr reduziert war, noch nicht gewöhnt. Sie hätte von der MettleMan-Anlage aus 911 anrufen und die Rettungsaktion den Profis überlassen sollen. Aber jetzt half kein Bedauern.

Die letzte Kreuzung mit einer Landstraße lag knapp anderthalb Kilometer zurück. Sie deckte ihn mit der Fleecejacke zu, die sich unter seinen Wechselklamotten fand, und schob ihm ihr zusammengerolltes Sweatshirt als Kissen unter den Kopf. Sie ließ ihm den Müsliriegel und die Wasserflasche da. Auf dem Weg zurück zur Kreuzung stürzte sie in ihrer Eile auf einem der düsteren Abschnitte ein weiteres Mal. Jetzt war das Vorderrad verbogen und schleifte ununterbrochen an den Bremsbacken. Sie holte den Stock aus der Tasche und legte die letzten paar hundert Meter in einem taumelnden Sprint zurück. Siehe da, es gab so etwas wie eine Schmerzgrenze, die zu überschreiten unmöglich schien; wenn jedoch genug auf dem Spiel stand, konnte man tatsächlich geradewegs durch die steinerne Mauer der Grand-Coulee-Talsperre marschieren. Rückblickend betrachtet war es erstaunlich, dass das sich nähernde Fahrzeug anhielt, statt der wilden Frau weiträumig auszuweichen und aufs Gas zu treten. Sie musste wie eine Wahnsinnige ausgesehen haben.

Nachwort

Der Begriff *Generation* war ein Artefakt. Das Wort schaffte scharfe Abgrenzungen in einem fließenden, grenzenlosen Kontinuum, als würde man versuchen, eigenständige Sektionen eines Flusses zu definieren. Auch eine Kohorte, die so groß war wie die von Serenata, würde eine solche Vielfalt von Menschen umfassen, dass jede vermeintliche Homogenität eine Unterstellung wäre: ein weiteres Artefakt. Nichtsdestotrotz hatten die sogenannten Babyboomer die zweifelhafte Reputation erlangt, den Alterungsprozess zu leugnen. Indem sie sich an die flüchtige Jugend klammerten, hatten sie sich zum Gespött mancher jüngerer Witzbolde gemacht – obwohl es ganz danach aussah, als würden Tommy Marsh oder Chet Mason ihre Hinfälligkeit keinen Deut mehr genießen, als es die Boomer taten. Was gab es da zu mögen?

Diese Vorstellung, dass Boomer historisch gesehen besonders verblendet seien, was die Unerbittlichkeit ihres Verfalls anging, fand Serenata inzwischen ungerecht. Niemand wurde alt, um die Fülle des menschlichen Daseins auszukosten. Man starb. Das massenhafte Altwerden war ein neues Phänomen, und was die Zugehörigkeit zu den Alt-Alten anging, wären sie und ihresgleichen Pioniere. Ganz abgesehen davon war Serenata Terpsichore zuvor noch nie alt geworden, weshalb es plausibel erschien, dass sie diese Kunst nicht besonders gut beherrschte.

Was man dazu offensichtlich brauchte, war Demut. Aber hier ging es um eine Sorte Demut, die man nicht huldvoll in die Arme schloss. Sie wurde einem untergeschoben. Man wurde demütig, weil man *gedemütigt* worden war. Altern war eine Erfahrung, der man erlag, und man gewöhnte sich nicht deswegen an die neuen Umstände, weil man besonders schlau war, sondern weil man keine Wahl hatte. *Also, auf geht's*, beamte sie ihren jüngeren Brüdern und Schwestern zu. *Macht euch lustig. Über unseren Selbstbetrug, über unsere Eitelkeit, die alle Gründe, eitel zu sein, überlebt. Auch eure Stunde wird schlagen.*

Sie und ihr Mann waren gedemütigt worden. Remington hatte sich zwar von seinem Herzanfall erholt, doch sein Kardiologe hatte von jeder Art des Joggens abgeraten. Schwimmen hatte der Arzt auf Brust und Rücken beschränkt. *Behutsames* Radfahren war erlaubt (allerdings bestand bei Remington seit Lake Placid eine merkwürdige Aversion gegen sein namenloses Gefährt, das Sloan freundlicherweise noch eingesammelt hatte; sein Besitzer hatte lediglich das verbogene Vorderrad repariert, um das Bike dann auf eBay anzubieten). Doch Remington nutzte keine dieser eingeschränkten Aktivitätsgenehmigungen. Tommy hatte Recht: Wenn man einmal die Extreme gekostet hatte, war die Vorstellung, auf Großmuttermaß zurückzuschalten, weniger attraktiv, als ganz aufzuhören.

Bei seiner Frau war die Genesung vom Ersatz des Ersatzknies beschwerlicher als die Erholung von der ursprünglichen Operation und zeitigte weniger befriedigende Ergebnisse. Streck- und Beugekapazitäten waren noch beschränkter als zuvor. Für die brüllenden Schmerzen beim Treppensteigen schien keine Besserung in Sicht. Aber nach ein paar Jahren konnten sie erste Spaziergänge unternehmen. Bisweilen von Pausen unterbrochene und beschauliche Spaziergänge, und das leichte Stocken bei jedem Schritt gab sich erst nach dem Ersatz des linken

Knies, wonach beide ihrer Beine leicht verkürzt waren. Bei Serenata verschwanden die sichtbaren Kräuselungen an den Armen, und bei Remington bildeten sich wieder Wülste an den Hüften, doch es gab Schlimmeres, und ihre fortschreitende Hinfälligkeit wurde durch eheliches Mitgefühl kompensiert. Die Landschaft war bei diesen Ausflügen immer dieselbe, aber sie konnten sich unterhalten, und die Boote und das Aufkommen an Tieren entlang des Flusses boten mehr Abwechslung, als es das Intervalltraining mit Kniehebelauf je getan hatte.

Sie lebten bescheiden – wieder, notgedrungen. Zuzahlungen bei der Krankenversicherung und die Kosten für Remingtons überstandene Obsession hatten einen großen Teil des Kapitals verschlungen, das ihnen vom Verkauf des Hauses in Albany geblieben war. Da die Ächtung von *kultureller Aneignung* weiter auf dem Vormarsch war, bekam Serenata kaum noch lukrative Hörbuchjobs. Bis ihre Altersversorgung griff, musste sie sich mit dem Schreiben von Essays für Collegebewerbungen über Wasser halten, die von Studenten abgekupfert wurden. Eine in gewisser Hinsicht schmachvolle Betätigung, aber sie lernte dabei eine Menge über Bienenzucht, *König Lear* und invasive Pflanzen. Neuer Gesprächsstoff für Spaziergänge.

Da er wieder Zeit hatte, setzte sich Remington an die Spitze einer Bewegung zur Umstellung der Straßenbeleuchtung in Hudson auf LED-Lampen mit niedrigen Kelvin-Werten; eine rundum wirksame Abschirmung und Gehäuse, die mit der die Innenstadt prägenden Architektur des neunzehnten Jahrhunderts harmonierten, waren Teil des Konzepts. Das kleine Komitee, ein sozialer Ersatz für den TriClub, setzte sich aus Freiwilligen erfrischend verschiedener Herkunft zusammen, zu denen der mit Bürgersinn ausgestattete Ethan Crick ebenso gehörte wie, unerwarteterweise, Brandon Abraham, der sich beim Amt für Transport und Verkehr hatte frühpensionieren lassen, um zusammen mit seiner umwerfenden Frau ein Haus in Hudson zu kaufen; Brandon und Remington wurden schnell Trinkkumpane. Remington hatte aus seinen Fehlern gelernt und drängte das Komitee, dem Stadtrat im Geist von Kameradschaft und geteilten Interessen zu begegnen.

Nach Installation der neuen energiesparenden Beleuchtung verzeichnete Hudson eine spürbare Zunahme des Tourismus und eine Belebung seines noch jungen Nachtlebens. Andere Städte schickten Emissäre, um das anmutige Design zu studieren, und die berichteten bei sich daheim dann voller Begeisterung von dem behaglichen nächtlichen Ambiente, das dem Gaslichtimitat zu verdanken war. Als der Stadtrat von Hudson daraufhin beschloss, die baufälligen Fischschuppen am Ufer, in denen Margaret Alabaster einst Stör ausgenommen hatte, in Künstlerateliers umzuwandeln, wandte man sich mit der Bitte um Prüfung der Baupläne ohne Umschweife an Remington. Bei einer Besprechung, in der es um historisch unzureichend authentische Pläne ging, verlor Remington die Beherrschung und schlug mit der Hand auf den Tisch. Als er sich vor lauter Entschuldigungen kaum noch einkriegen konnte, waren die Stadträte irritiert. Nachdem er ihnen seine alte Geschichte aus dem Amt erzählt hatte, wurde es zum ewigen *Running Gag*, auf den Tisch zu schlagen, um die aufmüpfige Truppe zur Raison zu bringen.

Nachdem sich Tommy von ihrer Rhabdomyolyse restlos erholt hatte, entwickelte sie eine kühle Verachtung für Zeitgenossen, die ihr Fitness-Regime allzu ernst nahmen, und unterstrich diese geringschätzige Phase damit, dass sie ihr Fitbit-Imitat hinters Bett pfefferte (auf dem immer noch ZWEIFELE NICHT prangte – ein flexibles Motto) und sich nicht die Mühe machte abzutauchen, um es zwischen lauter Staubmäusen wieder zutage zu fördern. Um ins Schwitzen zu kommen, erwies sich ein

Tangokurs als höchst erfreuliche Alternative. Unter Serenatas Tutorenschaft wurde das Mädchen zur gefragten Kandidatin für Synchronisationen mit Bewegungserfassung; sie hatte eine ideale, geschmeidige und schlanke Figur für die körperlich immer herausfordernderen Rollen. Da Serenatas Knie diese Arbeit für sie selbst unmöglich machten, leitete sie alle Anfragen von alten Kontakten, die bei ihr landeten, an die Nachbarin weiter. Bald zog Tommy nach Brooklyn, was ein Verlust war, doch sie besuchte ihre kränkelnde Mutter so oft, dass die beiden Nachbarinnen Freundinnen blieben.

Als Serenata bei Price Chopper Cherry DeVries über den Weg lief, türmten sich in deren Einkaufswagen Brownies und Chips, aber auch Diätlimonade und Hühnerfrikassee von Weight Watchers – das amerikanische Yin und Yang. An Cherrys Körper war alles wieder so verteilt wie auf ihrem Vorherbild. Aber sie ließ das Jahr, das sie dem Triathlon gewidmet hatte, in derart strahlendem Licht erscheinen, dass der vorübergehende Effekt, den es auf ihre Figur gehabt hatte, nebensächlich wurde. »Mal ehrlich«, schwärmte sie, nachdem sie Serenata für deren großzügige Gastfreundschaft in jenen Tagen gedankt hatte, »das ganze Ding – nicht bloß das Rennen selbst, sondern auch das Training –, ich schwöre, das war die wundervollste Erfahrung meines Lebens. Seitdem behandeln meine Kinder mich anders, und Sarge auch. Er *respektiert* mich. Er hat seitdem nie wieder die Hand gegen mich erhoben.«

»Wahrscheinlich hat er Angst vor dir«, sagte Serenata. »Hast du je in Erwägung gezogen, noch mal mitzumachen?«

»Nein, Gott bewahre.« Sie hob ihren linken Unterarm mit der orangenen Doppel-M-Tätowierung. »Ich hab bewiesen, was es zu beweisen galt, meiner Familie und mir selbst. Ich kann dir gar nicht sagen, wie viel glücklicher ich seitdem bin. So, und du pass auf dich auf, Schatz.«

Eins zu null für MettleMan.

Remington besuchte wieder regelmäßig seinen Vater, der genug Taktgefühl besaß, ihm das Desaster von Lake Placid nicht unter die Nase zu reiben. Sie spielten viel Cribbage. Die Investitionen des Paares an Zeit und Zärtlichkeit gipfelten in dem Erwerb einer Lebensversicherung, die sich auszahlte, als Griff mit vierundneunzig tot umfiel. Sie würden ihn vermissen, aber sie würden sich nicht weiter dafür schelten, den streitsüchtigen und doch insgeheim weichherzigen alten Mann zu Lebzeiten vernachlässigt zu haben.

Remingtons wohlhabender Bruder in Seattle gönnte ihm das Erbe des väterlichen Hauses von Herzen. Die Immobilie erwies sich als Gottesgeschenk, nachdem Valeria endlich ihren muffköpfigen Mann verlassen hatte und einen erschwinglichen Unterschlupf brauchte, in dem sie sechs Kinder großziehen konnte. Großelterliches Babysitten wurde selbstverständlich erwartet, was eine Art Prüfung war, wenngleich der Kontakt mit gescheiten säkularen Verwandten dazu beitragen mochte, dass die Kinder nicht zu gehirngewaschenen Spinnern heranwuchsen.

Nachdem sie aus purer Erschöpfung das *Homeschooling* aufgegeben hatte, entfremdete sich Valeria jedoch von der Kirche, deren Wiedergeborenen-Abteilung in Hudson weniger klüngelig war als der *Shining Path* in Rhode Island und daher mit Wucht die alten Zeiten in ihr wachrief, als man ihr die kalte Schulter gezeigt hatte. Nach einer kurzen, aber hingebungsvollen Phase heftigen Alkoholgenusses erwies sich die örtliche Dependance der Anonymen Alkoholiker als hinreichend evangelikal, um die entstandene Lücke zu füllen, zumal sie genau die richtige Kombination aus Selbstmitleid, Überheblichkeit und tadelndem Missionarsgehabe gegenüber den Eltern lieferte (ihre Mutter, so die Theorie, trinke zu viel Wein). Nun ja, der zweite Kult ersetzte den ersten derart perfekt, dass Serenata sich fragte, ob sich ihre Tochter nur deshalb gezwungen hatte, für sechs Monate Alkoholikerin zu werden, um ihm beitreten zu können. Immerhin überboten die Geschichten, die Valeria von den Treffen mitbrachte und die von den entsetzlichen Abgründen zeugten, in denen Säufer versinken konnten, all das abgeschmackte *Freude, Freude, Freude, Freude in meinem Herzen* um ein Vielfaches.

Ihre älteren Kinder, Gott sei's geklagt, waren schon höchst wirkungsvoll indoktriniert und warnten ihre vom Glauben abgefallene Mutter, dass sie in der Hölle landen würde, sollte sie Christus den Herrn nicht wieder als ihren Erlöser akzeptieren. Es lag eine erbarmungslose Gerechtigkeit darin, dass Valeria bis in alle Ewigkeit mit Jesus konfrontiert sein würde.

Nancee blieb in Fragen der Ernährung argwöhnisch, verschlossen und eigenwillig, aber sie schaffte es per Sportstipendium an die State University of New York in New Paltz, wenngleich ihre bemerkenswerte Begabung, im Kreis zu laufen, in einer Art beruflicher Sackgasse enden sollte. Ihr Bruder Logan hingegen wurde auf Anhieb in Rensselaer angenommen; als Chemieingenieur würde er bei der Stellensuche freie Wahl haben. Trotzdem blieb es ein Rätsel, wie ein blitzgescheiter Junge wie er immer noch glauben konnte, dass sich die Menschen die Erde mit Dinosauriern geteilt hatten.

Deacon, der viel zu viele Kunden an die Notfallambulanz verloren hatte, neigte nicht zu moralischer Gewissenserforschung, aber er hinterfragte den Wert einer unternehmerischen Tätigkeit, bei der sich der Kundenstamm selbst eliminierte. Nachdem Chet Mason als Sloans rechte Hand ins Gewerbe der Restaurierung von Oldtimern eingestiegen war, übernahm Deacon Chets frei gewordene Stelle als Barista. Die Arbeit war nicht besonders anstrengend und erlaubte es Deacon, lässig Hof zu halten. Doch zwischen früh einsetzendem Haarausfall und der Stoffwechselverlangsamung, die viele Männer in ihren Dreißigern ereilt, begann Deacon, ein wenig an Gewicht zuzulegen, und er lief Gefahr, sein gutes Aussehen einzubüßen. Nachdem er ein paar Monate mit Bambi Buffer ausgegangen war, und sei es nur, um seinen Vater zu ärgern, fing sich ausgerechnet Deacon das Fitnessvirus ein.

Die Sache zwischen Deacon und Bambi war natürlich nicht von Dauer. Aber als die Trainerin nach der beiderseits mit Gleichmut hingenommenen Trennung bei ihm im Café vorbeischaute, erfuhr er Neuigkeiten, die seine Mutter auf garstige Weise als befriedigend empfunden hätte. Eigentlich noch zu jung für eine Skeletterkrankung, die wohl durch die Torturen, die sie ihrem Körper jahrzehntelang zugemutet hatte, zusätzlich beschleunigt worden war, hatte man bei Bambi eine degenerative Spondy-soundso diagnostiziert: Ein Rückenwirbel hatte sich verschoben, und die Folge war ein Impingement ihres Ischiasnervs, das lähmende Schmerzen verursachte und damit das Laufen, Schwimmen, Radfahren ebenso unmöglich machte wie das Training mit Gewichten – eigentlich war sogar alles unmöglich außer Sitzen und Im-Bett-Liegen. Der Zustand würde sich verschlimmern. Sollte sie sich am Ende einer Rückenoperation unterziehen, würde eine Wirbelsäulenversteifung Marathons, Triathlons und wahrscheinlich auch ihrem Kerngeschäft, Leuten kräftig in den Hintern zu treten, ein Ende setzen. Siehe da, ein Crashkurs in Sachen *Grenzen*.

Aber Serenata empfand angesichts dieser Wendung des Schicksals keinerlei Genugtuung. Wie vergänglich Bambis lebende Skulptur letztlich auch war, die Trainerin hatte etwas geschaffen, das schön war, und wenn etwas Schönes von dieser Welt verschwand, gab es nichts zu feiern. Die Frau würde unglücklich sein, doppelt unglücklich wegen der Schmerzen einerseits und des Dahinschwindens ihres Kunstwerks andererseits. Und angesichts jeglicher Zunahme des Unglücks in dieser Welt gab es nichts zu feiern.

Da sie einen ähnlichen Verlust zu beklagen hatte, tendierte Serenata eher zur Identifikation als zum Hochmut. Auf den ersten Blick hatte sie sich nicht allzu sehr verändert, jetzt, da sie nicht mehr allabendlich anderthalb qualvolle Stunden damit verbrachte, sich in Form zu halten. Aber sie wusste um den Unterschied. Sie hatte ein wenig zugenommen. Wenn sie im Stehen die Fingerspitzen auf die Oberschenkel legte, fühlten die sich nicht mehr fest an. Sie vermisste das kräuselnde Spiel des Lichts auf ihren Schultern, aber eine Arthritis in den Handgelenken machte Liegestütze unmöglich. Ihre Beine waren von vertikalen Narben entstellt. Die Waden bildeten unter Spannung nicht mehr die Form von Kommas. Sie erinnerte sich ihres Körpers von vor ein paar Jahren mit der wehmütigen, ratlosen Zuneigung zwischen zwei guten Freundinnen, die sich ohne die Schuld der einen oder der anderen voneinander entfremdet hatten.

Manchmal dachte sie an die Unterhaltung im Gold Street Studio, als der Techniker davon gesprochen hatte, dass *die Privilegierten ausgedient* hätten, und sie mit gespielter Empörung geantwortet hatte: *Ich habe ausgedient?* Nein. Sie hatte an jenem Tag nicht das Gegenteil bewiesen. Sie konnte froh sein, dass sie stark, voller Energie, auch attraktiv gewesen war, und das über Jahrzehnte; wie der Regisseur konstatiert hatte, konnte sie von Glück sagen, überhaupt mal *gedient* zu haben. Aber dieser Abschnitt ihres Lebens, der es mit sich gebracht hatte, angeschaut zu werden, wenn auch meist von sich selbst, gehörte der Vergangenheit an. Das war nur fair. Jetzt waren andere Leute mit dem Dienen an der Reihe. Es mochte enttäuschend sein, ausgedient zu haben, aber es war nicht tragisch.

Denn bei der Löffelliste ging es nicht in erster Linie darum, die noch offenen Punkte systematisch abzuarbeiten, sondern sich zu überwinden, die Liste in den Müll zu werfen. Es hatte durchaus etwas Erregendes, den ganzen Krempel fahren zu lassen – zunächst widerwillig, dann mit Freude. Es hatte etwas Erregendes, in kleinen Schritten zu sterben. Sie wandelte mit ausgebreiteten Armen der Apathie entgegen. Sie würde es nicht an die große Glocke hängen – der Streit lohnte nicht –, aber Serenata war keineswegs verpflichtet, sich einen Deut um Klimawandel, Artensterben oder die Weiterverbreitung von Nuklearwaffen zu scheren. Sie hatte die Tür im Auge und hoffte, einer großen Abrechnung für die Menschheit, die höchstwahrscheinlich bevorstand, rechtzeitig zu entkommen. Die letzte dieser Abrechnungen lag schon allzu weit zurück, und eine gewisse Korrektur war überfällig. Alle Zivilisationen trugen den Keim ihres eigenen Untergangs in sich, und dem mörderischen Chaos, das hinter der nächsten Ecke lauerte, schlicht dank der Tatsache zu entgehen, dass man ein bisschen früher geboren war als die grünschnäbeligen Pechvögel, hätte als gerissen gelten können.

Sie kämpfte nicht mehr gegen eine Misanthropie an, die immer unbekümmerter, ja sogar skurril wurde und ihr heuchlerisches Unwesen trieb, je mehr Serenata sich dem eigenen Vergessensein näherte. Das mit Abstand Beste am Altwerden war, dass man sich in dem riesengroßen Interessiert-mich-einen-Scheißdreck suhlen konnte. Jüngere Leute wie Tommy würden ihr die fröhliche Langeweile mit lauter am Horizont heraufziehenden Bedrohungen vermiesen, die sie als kriminell verantwortungslos und unverzeihlich hartherzig dastehen ließen. Aber Serenata hatte sich ihren Ennui verdient. Wunderbarerweise übte nichts, was sie tat, einen spürbaren Einfluss auf den Rest der Welt aus. Keine der jemals im Rahmen ihrer beruflichen Tätigkeit entstandenen Aufnahmen hatten irgendetwas oder irgendjemanden auch nur um ein My verändert. Ihre Wirkungslosigkeit machte den Planeten für alle sicherer.

Serenata mochte andere Leute nicht besonders, und die mochten sie auch nicht. Sie hatte nicht die Absicht, sich um das Schicksal ihrer Mitmenschen zu sorgen, während sie ihrem eigenen ins Auge sah. Altern war wie große Ferien. Sie war harmlos – wenngleich sie die Erste wäre, die zustimmen würde, wenn man beschlösse, ihr und ihren ruchlosen Altersgenossen vorsorglich das Wahlrecht zu entziehen. Die Zukunft brauchte sie nicht, und sie brauchte die Zukunft nicht. Andere, die ihr nachfolgten, würden sie früh genug entdecken: die Wonnen grandioser Indifferenz.

Ihre Leben waren annähernd vorbei, und die Endgültigkeit hatte eine angenehme Seite. Eine Last war von ihnen genommen. Die Entscheidungen, die es noch zu treffen galt, waren überschaubar. Wenn die Hauptgeschichte zu Ende war, blieb im Wesentlichen die Verpackung – das luxuriöse und im Grunde überflüssige Zusammenknoten loser Enden, wie wenn man ein Samtband um eine Tiffany-Schachtel schlang. Remington war zu der Überzeugung gelangt, etwas beweisen zu müssen, und hatte einen hohen Preis bezahlt, noch dazu in einem Alter, in dem er die dämliche Vorstellung, irgendwem etwas beweisen zu müssen, längst hätte *ad acta* legen sollen. Denn mal ehrlich: Wen interessierte das?

Schon bald würde sich niemand mehr daran erinnern, dass sie überhaupt gelebt hatten, und schon gar nicht daran, was sie erreicht hatten oder womit sie gescheitert waren. (Infolge von Seuchen, einem Asteroiden oder der Tatsache, dass sich die Sonne zu einem roten Giganten aufbriet, würden auch Madonna, Abraham Lincoln, Stephen Hawking, Leonardo da Vinci, Aristoteles, die letzte Gewinnerin von *Dancing with the Stars* und – tut mir leid, Logan – Jesus Christus unweigerlich derselben Amnesie anheimfallen. Es gab also keinen Grund, das Vergessenwerden persönlich zu nehmen.) Auch musste die Einsicht, dass ihre Leben mittlerweile weitgehend gelebt waren, bei ihnen nicht zu Depressionen führen. Die Anerkennung dieses Umstandes konnte einen besinnlichen Aspekt haben, ein Staunen, eine Wertschätzung all dessen, was längst vergangen war.

Obwohl Serenata das Altwerden erstaunlich fand, wusste sie, dass dieses Überraschtsein ganz alltäglich war; außergewöhnlich waren hingegen jene seltenen Käuze, die ihren Verfall als erwartbar hinnahmen. Übrigens war es ebenso erstaunlich, vor der Empfängnis nicht existent gewesen zu sein; hier zu sein, obwohl man vorher nicht hier gewesen war, war erstaunlich; und dann nicht mehr hier zu sein: gut, ja, alles irgendwie erstaunlich. Aber das Nichtsein war vielleicht der am leichtesten zu begreifende Zustand, der natürlichste Zustand – der Zustand, der keinerlei Vorstellungskraft erforderte. In welchem Fall es *nicht* erstaunlich wäre, noch nicht hier gewesen zu sein, während es sehr wohl erstaunlich war, hier zu sein; und danach wieder nicht hier zu sein, wäre ebenfalls nicht erstaunlich. Der schwierige Teil war der dazwischen: das lange, langsame Ausatmen vom Sein zum Nichts. Gütiger wäre es gewesen, einfach abgeschaltet zu werden wie ein Haushaltsgerät. Der schleppende Verfall des Körpers, derweil der Hausherr noch in ihm gefangen war, bedeutete eine Folter, wie man sie in Guantanamo oder Bergen-Belsen erdacht haben könnte. Jedes hohe Alter war eine Geschichte von Edgar Allan Poe.

Also setzte Serenata ihrem Gram eine rudimentäre Dankbarkeit entgegen. Der Organismus, der sie beherbergte, diente auch weiterhin seinen vorwiegend animalischen Zwecken. Mithilfe einer neuen, vom Arzt verschriebenen Brille konnte er sehen: die Vögel über dem im Sonnenuntergang flirrenden

Hudson; das Gesicht ihres Mannes, in dem sie noch immer den jungen Bauingenieur erkannte, der fieberhaft verkündet hatte: *Verkehr ist eine höchst emotionale Angelegenheit!* Er konnte hören: *Kind of Blue* von Miles Davis oder Remingtons Meinung zu den Vorteilen des Kreisverkehrs, die so viel einnehmender war als sein Gerede über *Tri*. Ihr Organismus brachte sie, wenn auch nicht so schnell wie früher, von einem Ort zum anderen: zu einer wahrhaft grauenvollen Inszenierung am Hudson Playhouse; durch eine Weinreise; nach Hause. Er konnte fühlen: den Windhauch, der die Haare auf ihren Armen kitzelte, bei jener Temperatur, kurz bevor man sich einen Pullover überzog; den Körper ihres Mannes, dessen Verschleiß sich in perfekter Harmonie mit ihrem vollzogen hatte, sodass sie sich im Bett einwandfrei ineinanderfügten wie Zahnrad und Kette bei einem Fahrrad, die sich so gleichmäßig abnutzten, dass man, wollte man eins erneuern, gleich beide austauschen musste.

Obwohl niemand jenseits der fünfzig eine so krude Funktionalität voraussetzen sollte, verlangte die Kultur der Zeit nach immer höheren Performance-Standards. Mehr denn je wurde der soziale Status durch den Fettanteil des eigenen Körpers, durch die Definition der Muskeln und schlank machende Großtaten in Sachen Kondition determiniert, sodass Ausdauerveranstaltungen jeglicher Art Hochkonjunktur hatten. Laut Deacon waren Triathlons – auch die Ultras – inzwischen *passé*. Extremhindernisläufe oder OCRs waren »wesentlich cooler«, sagte er. »Unter stromführenden Drähten durchkriechen. Fünfzig-Kilo-Sandsäcke eine Steigung von dreißig Grad hochschleppen. Seilklettern, Speerwerfen. Matsch bis in die Augenhöhlen. Wer so einen Parcours absolviert, ist hinterher dermaßen erledigt, dass er im wahrsten Sinne des Wortes nicht mehr denken kann. Im Ernst. Nach dem Spartan? Ich wollte mich bei meiner Bank einloggen und konnte die Sicherheitsfragen nicht beantworten.

Es hat fünf Minuten gedauert, bis mir der Name meiner Highschool wieder einfiel.«

»Hört sich toll an«, erwiderte Serenata. Er verstand die Ironie nicht.

Derweil nahm, so wie es das Silicon Valley prophezeit hatte, die Nutzung von künstlicher Intelligenz an Fahrt auf. Lernfähige Roboter mit Kreativpotenzial, die informationsbasierte Entscheidungen treffen konnten, hatten in Neuengland die wenigen in der Industrie verbliebenen Arbeitsplätze vernichtet und die Zahl der in der Landwirtschaft Beschäftigten auf eine Handvoll Aufsichtspersonen auf örtlichen Farmen reduziert. Der jüngste Trend bei der künstlichen Intelligenz nahm die Tätigkeiten von Akademikern ins Visier: Medizin, Rechnungswesen, Justiz. Diverse von ausgeklügelten Algorithmen geschaffene Gemälde, Popsongs und sogar Romane waren kommerzielle Erfolge geworden.

»Es war mir ein bisschen peinlich«, sagte Serenata auf einem ihrer rituellen Spaziergänge am Hudson an einem Frühsommerabend, »darum habe ich dir, glaube ich, nicht erzählt, dass ich ein Exemplar von diesem computergenerierten Bestseller *Amygdala* bestellt habe. Aus schierer Neugier.«

»Verständlich«, sagte Remington. »Und, was sagst du?«

»Ich weiß nicht, ob ich das aufregend oder niederschmetternd finden soll, aber um ehrlich zu sein, war ich ziemlich gefesselt. Mir war natürlich klar, dass dem Ganzen bloß eine Formel zugrunde liegt, aber die Formel funktioniert. Ich wollte wissen, wie es weitergeht.«

»Hier kommt die Testfrage: Hat dich die Auflösung des Plots überrascht?«

Sie sah ihn resigniert an. »*Ja.*«

Er lachte. Mit den tiefen Falten glich sein Gesicht immer mehr dem von Samuel Beckett. »Was ist mit der Sprache?«

»Die war gut!«, sagte sie entrüstet. »Ich würde nicht von großer Literatur sprechen, aber es gab keine Patzer. Kein *O Gott, das ist so eine fürchterliche Metapher*, keine Dialoge, wo man denkt: *Das würde im wirklichen Leben kein Mensch so sagen.* Man hat dem Ding beigebracht, eine Prosa zu schreiben, die nicht groß auffällt. Wenn ich das richtig verstehe, haben sie die künstliche Intelligenz mit Klassikern gefüttert, und Computer haben inzwischen auch gelernt, unterschiedliche Stile zu produzieren. Also, das ist nun wirklich *kulturelle Aneignung*. Bald haben wir neue Hemingways, neue Graham Greenes, neue Dickenses. Wir werden nicht in der Lage sein, den Unterschied zu erkennen.«

»Ich bezweifele keine Sekunde, dass künstliche Intelligenz eine effizientere Verkehrsflusskontrolle entwickeln könnte, als ich es je zustande gebracht habe. Wenn noch nicht geschehen, könnte sie das gesamte Amt für Transport und Verkehr von Albany ersetzen.«

»Insbesondere eine Mitarbeiterin«, sagte Serenata. »Aber wie dem auch sei, ich habe nachgedacht. Über Deacon und seine OCRs. Ich will hier kein heikles Thema aufwärmen, aber du und der MettleMan. All die Werbung für gestählte Körper, an den Hauptstraßen reiht sich ein Fitnessstudio ans andere. Na ja, irgendwie ergibt es auf bescheuerte Weise Sinn, oder? Es ist, als würden wir die Plätze tauschen. Maschinen sind die besseren Menschen geworden. Was bleibt uns übrig? Menschen werden die besseren Maschinen.«

Er drückte ihre Schulter. »Da hast du vielleicht nicht ganz Unrecht. Weißt du, ich bekomme langsam Hunger, und es wird dunkel. Wie wär's, wenn wir umkehren?« Als sie zustimmte, musterte er eindringlich ihr Gesicht und sagte ohne konkreten Anlass: »Du bist immer noch eine sehr, sehr gut aussehende Frau.«

»Findest *du*?«, fragte sie.

»Was sonst spielt eine Rolle?«

Sie küssten sich. Zwei Läufer wichen ihnen aus, machten ärgerliche Gesichter; das ältere Paar stand im Weg und würde ihnen die *Zeit* vermasseln.

»Wir widern sie an«, sagte Serenata.

»Junge Leute haben keinen Sex mehr. Sie sind zu erschöpft.«

»Du musst gerade reden. Zwei verdammte Jahre lang hast du mich praktisch nicht angerührt, du Mistkerl.«

»Na dann. Ich hab was nachzuholen.«

Hand in Hand machten sie sich auf den Weg zurück zum Haus. Sie sahen einen Reiher, und sie sahen Schildkröten. Bald würde es Flanksteak geben, das schon in der Marinade im Kühlschrank stand, und einen teureren Burgunder als sonst, den sie aufgespart hatte: lauter Dinge, auf die man sich freuen konnte. Die Abenddämmerung war genau die Zeit des Tages gewesen, die Serenata oft grunzend und schnaufend im ersten Stock verplempert hatte, während im Hintergrund *The Big Bang Theory* lief. Als bei ihr die Menopause einsetzte, war sie froh gewesen, die Menstruation hinter sich zu lassen. Sei's drum, aus Altersgründen den Burpees zu entsagen hatte auch sein Gutes.